Angewandte Psychologie für die Wirtschaft

Jörn Basel · Sylvia Manchen Spörri
(Hrsg.)

Angewandte Psychologie für die Wirtschaft

Arbeit – Konsum – Gesellschaft

Hrsg.
Jörn Basel
Hochschule Luzern – Wirtschaft
Luzern, Schweiz

Sylvia Manchen Spörri
Hochschule Luzern – Wirtschaft
Luzern, Schweiz

ISBN 978-3-662-68558-7   ISBN 978-3-662-68559-4 (eBook)
https://doi.org/10.1007/978-3-662-68559-4

Die Deutsche Nationalbibliothek verzeichnet diese Publikation in der Deutschen Nationalbibliografie; detaillierte bibliografische Daten sind im Internet über ▶ https://portal.dnb.de abrufbar.

© Der/die Herausgeber bzw. der/die Autor(en), exklusiv lizenziert an Springer-Verlag GmbH, DE, ein Teil von Springer Nature 2024

Das Werk einschließlich aller seiner Teile ist urheberrechtlich geschützt. Jede Verwertung, die nicht ausdrücklich vom Urheberrechtsgesetz zugelassen ist, bedarf der vorherigen Zustimmung des Verlags. Das gilt insbesondere für Vervielfältigungen, Bearbeitungen, Übersetzungen, Mikroverfilmungen und die Einspeicherung und Verarbeitung in elektronischen Systemen.
Die Wiedergabe von allgemein beschreibenden Bezeichnungen, Marken, Unternehmensnamen etc. in diesem Werk bedeutet nicht, dass diese frei durch jedermann benutzt werden dürfen. Die Berechtigung zur Benutzung unterliegt, auch ohne gesonderten Hinweis hierzu, den Regeln des Markenrechts. Die Rechte des jeweiligen Zeicheninhabers sind zu beachten.
Der Verlag, die Autoren und die Herausgeber gehen davon aus, dass die Angaben und Informationen in diesem Werk zum Zeitpunkt der Veröffentlichung vollständig und korrekt sind. Weder der Verlag noch die Autoren oder die Herausgeber übernehmen, ausdrücklich oder implizit, Gewähr für den Inhalt des Werkes, etwaige Fehler oder Äußerungen. Der Verlag bleibt im Hinblick auf geografische Zuordnungen und Gebietsbezeichnungen in veröffentlichten Karten und Institutionsadressen neutral.

Planung/Lektorat: Marion Kraemer
Springer ist ein Imprint der eingetragenen Gesellschaft Springer-Verlag GmbH, DE und ist ein Teil von Springer Nature.
Die Anschrift der Gesellschaft ist: Heidelberger Platz 3, 14197 Berlin, Germany

Das Papier dieses Produkts ist recycelbar.

Flüchtige Moderne – flüssige Wirtschaftswelt?

Laut dem polnisch-britischen Soziologen Zygmunt Bauman leben wir in der „flüchtigen Moderne". Damit meinte er einen Zustand ständiger Veränderung, Instabilität und Ungewissheit, der die heutige Gesellschaft kennzeichnet. Bauman entwickelte 2003 dieses Konzept, um die einzigartigen Herausforderungen und die Dynamik der postmodernen Ära zu erfassen. Unsere Zeit ist durch rasche Veränderungen in verschiedenen Lebensbereichen, in der Technologie, Kultur, Wirtschaft sowie in den sozialen Strukturen gekennzeichnet. Sie mögen jetzt einwenden: „Das ist doch nicht neu, das beschrieben schon die alten Griechen". Die Binsenweisheit „Die einzige Konstante im Universum ist die Veränderung" wird schließlich dem griechischen Philosophen Heraklit von Ephesos zugeschrieben.

Und doch passiert in diesen Jahrzehnten etwas, das noch nie zuvor dagewesen ist, und es ist dabei, die meisten unserer Lebenswelten zu transformieren. Nach Bauman befinden wir uns im Übergang von der „festen" Moderne, deren stärkstes Symbol die „fordistische Fabrik" war, zur „flüchtigen" Moderne, in der sich soziale Formen so schnell auflösen, dass sie schon verflüssigt sind, während sie noch geformt werden.

Nehmen wir das Beispiel der Arbeitswelt: Nahmen viele Vorgesetzte vor wenigen Jahren noch fälschlicherweise an, dass ihre Angestellten die Überwachung vor Ort benötigen, damit sie effizient arbeiten, so wurden sie mit dem ersten Corona-Lockdown im Frühling 2020 eines Besseren belehrt. Nach einer erstaunlich kurzen Eingewöhnungszeit funktionierten die allermeisten Betriebe auch unter den außergewöhnlichen Umständen einer Pandemie.

Es war der Durchbruch des Homeoffice, der Videokonferenzen, der hybriden Zusammenarbeit. Eine solch radikale und rasche Umstellung der Arbeits- und Produktionsweise wäre zur Zeit der Industrialisierung nicht möglich gewesen. Zum einen fehlten die dazu nötigen Technologien, die uns heute weltumspannend untereinander vernetzen: Wir können heute arbeiten, ohne einen Fuß aus dem Haus setzen zu müssen.

Zum anderen fehlte damals das heute vorherrschende Gebot, flexibel und kreativ zu sein. Im Taylorismus wurden die Arbeiter und Arbeiterinnen angewiesen, sich möglichst auf ein Teilgebiet zu spezialisieren – etwa auf eine Montagearbeit am Fließband einer Autofabrik –, um eine größtmögliche Effizienz zu erreichen. Die Anweisung von oben hatte mehr Gewicht als Vorschläge von unten. Kreativität und Autonomie waren etwas für diejenigen Menschen, die sich diesen Luxus leisten konnten. Die Gebote der festen Moderne lauteten: Sei diszipliniert! Sei gehorsam! Bleib an deinem Platz! In der festen Welt hatte jede und jeder seinen Platz: Man übernahm meist den Beruf der Vorfahren und blieb seinem Arbeitgeber oft ein Leben lang treu.

In der flüchtigen Moderne hingegen ist die Veränderung die Norm. Zudem ist alles viel stärker mit allem verbunden als je zuvor. Diese globale Hypervernetzung führt neben anderen Faktoren zu Volatilität, Unsicherheit, Komplexität und

Ambiguität. Ein Phänomen, das unter dem Schlagwort VUCA *(Volatility, Uncertainty, Complexity, Ambiguity)* bekannt wurde. In der „VUCA-Welt" lauten die Gebote: Sei flexibel! Sei kreativ! Erfinde dich stets neu!

Wer in dieser flüchtigen, respektive „flüssigen" Wirtschaft erfolgreich sein will, muss sich rasch in sehr unterschiedlichen Kontexten unter Beweis stellen – eine hybride Sitzung mit den Kolleginnen leiten oder über Video eine Verhandlung in Englisch mit Geschäftskunden führen, die in einer anderen Zeitzone arbeiten. Und wenn es sein muss, arbeiten wir auch von einem Tag auf den anderen im Homeoffice, wie es zu Beginn der Pandemie der Fall war.

Doch nicht immer gelingt es uns, im turbulenten Fluss dieser neuen Arbeitswelt mitzuschwimmen. Manche sind im Homeoffice vereinsamt oder wurden wegen der tiefgreifenden Umwälzungen sogar krank. Psychische Erkrankungen wie Depressionen und Angststörungen haben seit der Corona-Pandemie stark zugenommen. Dabei hat die Pandemie nur einen Prozess beschleunigt, der schon im vollen Gange war. Ein Prozess, der das Wohlbefinden der Arbeitnehmenden zunehmend zu gefährden droht: die digitale Transformation fast aller Bereiche der Wirtschaft. Gemäß einer Analyse von Volkszählungsdaten der US-Ökonomin Karen Harris werden in den USA allein in den nächsten zehn bis zwanzig Jahren 20 bis 25 % der Arbeitnehmenden durch die Automatisierung verdrängt. Dabei ist nicht nur die Verdrängung an sich problematisch, sondern auch das Tempo, mit dem sich dieser Prozess vollzieht. Die Verdrängung erfolgt heute, zu Beginn der digitalen Transformation, bereits doppelt so schnell wie im Jahr 1900, auf dem Zenit der Industrialisierung.

Individuelle Resilienz und der Aufbau von resilienten Organisationen werden darum immer wichtiger, um Schritt halten zu können. Dass Resilienz an Bedeutung gewinnt, zeigt sich auch in unseren Biografien: Neuanfänge sind Teil des Lebens geworden. Wir starten eine Laufbahn und schwenken um, wenn sich der Arbeitsmarkt verändert oder eine von uns beherrschte Schlüsseltechnologie von einer anderen verdrängt wird. Dann fangen wir wieder von vorne an – oder an einem anderen Punkt. Das Schwimmen in einer flüssig gewordenen Wirtschaft erfordert neben Resilienz auch neue Skills. Der US-Psychologe Martin Seligman und die US-Psychiaterin Gabriella Rosen Kellerman heben in ihrem Buch *Tomorrowmind* drei dieser Skills hervor: geistige Beweglichkeit, Kreativität und Prospektion. Während der erste Skill ein wichtiger Baustein der Resilienz ist, helfen uns Kreativität und Prospektion, komplexe Probleme zu lösen und umsichtig zu handeln.

Neben der digitalen Transformation ist auch nachhaltiges Handeln zu einem Megatrend in unserer Gesellschaft geworden. Zurecht: Wenn wir die planetaren Grenzen nicht überschreiten wollen, gilt es, das vorherrschende Mindset des grenzenlosen Wachstums zu überwinden. Anstelle des quantitativen Wachstums muss das qualitative Wachstum treten, welches ökologische und psychische Ressourcen miteinbezieht und sie respektiert. Eine ausschließliche Fokussierung auf die Akkumulation materieller Ressourcen führt uns in die Sackgasse.

Der Weg nach vorne ist vorgezeichnet: Die Weltgemeinschaft hat sich mit der Agenda 2030 der Vereinten Nationen Ziele der ökologischen und sozialen Nachhaltigkeit gesetzt. Die gute Nachricht ist, dass sich in einer flüssig gewordenen Wirtschaftswelt der Kurs eines „Unternehmensdampfers" schneller und flexibler auf diese Ziele ausrichten lässt. Dabei spielen nicht nur die Entscheidungstragenden in Politik und Wirtschaft eine wichtige Rolle. Der kanadische Philosoph Marshall McLuhan hat ein Bonmot geprägt, das uns allen eine Rolle zumisst: „Auf dem Raumschiff Erde gibt es keine Passagiere, wir sind alle die Crew."

Joël Frei

Inhaltsverzeichnis

Der Faktor Mensch in wirtschaftlichen Prozessen 1
Jörn Basel und Sylvia Manchen Spörri
1 Arbeit und Organisation 4
2 Markt und Konsum 6
3 Gesellschaft 7
   Literatur 9

Freiwilligenarbeit: Herausforderung und Chance für alle Generationen 11
Svenja C. Schütt, Theo Wehner und Elisabeth Kals
1 Freiwilligenarbeit über alle Generationen hinweg als Beitrag zur Zukunftssicherung unserer Gesellschaft 12
2 Generationenübergreifende Freiwilligenarbeit mit ihren Merkmalen, Herausforderungen und Chancen 14
2.1 **Merkmale projektbasierter generationenübergreifender Freiwilligenarbeit** 15
2.2 **Generationenübergreifendes Lernen im Zentrum generationenübergreifender Freiwilligenarbeit** 15
2.3 **Herausforderungen in der generationenübergreifenden Freiwilligenarbeit** 17
   Literatur 18

Die Auswirkungen der künstlichen Intelligenz auf die Zukunft der Arbeit 23
Sylke Piéch
1 Der Nutzen von KI-Systemen für Führungskräfte 26
2 Die Rolle der Führungskraft beim Einsatz von KI-Technologien 26
3 Führungskompetenzen im digitalen Zeitalter 27
4 Die Zusammenarbeit in hybriden Teams 27
5 Erfolgsfaktoren für die Mensch-Roboter-Kollaboration 28
5.1 **Rollenklärung und Akzeptanz** 28
5.2 **Zeitmanagement und Fehlerkultur** 29
5.3 **Berücksichtigung interkultureller Unterschiede und Datenschutz** 29
5.4 **Ethik und Transparenz** 30
6 Der unterschiedliche Umgang mit Veränderungen 30
7 Situatives Führen 31
7.1 **Stufen der Selbstständigkeit** 31
7.2 **Zur Umsetzung des situativen Führungsstils** 32
8 Die Bedeutung der Talententwicklung 32
9 Vom Wert der Arbeitskultur 32
   Literatur 35

New Work und digitale Transformation 37
Sarah Genner
1 Digitale Transformation der Arbeitswelt 39

2	New Work und Digital Leadership	41
3	Organisationsentwicklung im digitalen Wandel	43
4	Upskilling und Talent Management	45
5	New Work in der Praxis	47
	Literatur	50

Führung virtueller und hybrider Teamarbeit ... 53
Thomas Hardwig und Margarete Boos

1	Virtuelle und hybride Teamarbeit	55
2	Führung virtueller und hybrider Teamarbeit	56
2.1	**Management von Distanz: Arbeitsgestaltung über Kollaborationsplattformen**	56
2.2	**Ein verändertes Führungsverständnis: Verteilte Führung und Selbstorganisation**	58
2.3	**Unterstützung des Teamzusammenhalts: Schaffung sozialer Präsenz**	59
	Literatur	61

Führung und Nachhaltigkeit ... 65
Sylvia Manchen Spörri und Alexander Götmann

1	Einordnung und Definition von nachhaltiger Führung	67
1.1	**Nachhaltige Entwicklung**	68
1.2	**Sustainable Development Goals**	69
1.3	**Nachhaltiges Management**	69
1.4	**Nachhaltige Führung**	71
2	Psychologische Führungsansätze für die nachhaltige Entwicklung	73
2.1	**Gesundheitsförderliche Führung im Kontext der Nachhaltigkeit**	73
2.2	**Transformationale Führung im Kontext der Nachhaltigkeit**	75
2.3	**Ethische Führung im Kontext der Nachhaltigkeit**	78
3	Entwicklung nachhaltiger Führungskräfte: Erkenntnisse und Implikationen	80
3.1	**Entwicklung von nachhaltigen Führungskompetenzen durch Erfahrungslernprogramme**	80
3.2	**Inner Development Goals**	81
	Literatur	83

Future Skills ... 87
Moana Monnier

1	Was sind Skills und wie unterscheiden sie sich von Kompetenzen?	89
1.1	**Kompetenzen**	89
1.2	**Skills**	90
2	Die Rolle des Fachwissens in der Zukunft	90
3	Die Future Skills	91
3.1	**Extrapersonelle Future Skills**	91
3.2	**Intrapersonelle Future Skills**	93
	Literatur	96

„New Work" und Gesundheit ... 97
Ferdinand Baierer und Jürgen Glaser

1	Wandel der Arbeitswelt	98
2	Zum Verständnis von „New Work"	99
3	„Old Work" und „New Work"	100
4	Befundlage zu flexibel-entgrenzter Arbeit und Gesundheit	103
5	Anforderungen an Betriebe und Beschäftigte	105
	Literatur	108

Werteorientiertes Generationsmanagement als Investition in ein strategisches Personalmanagement ... 111
Martina Stangel-Meseke

1	Generationen im Kontext der Workplace Diversity und der Generationsforschung	113
2	Wahrnehmung älterer Mitarbeitender in Unternehmen	114
3	Kritische Würdigung der Umsetzung des Generationsmanagements	116
4	Komplexität mit Werten begegnen	117
5	Werteorientiertes Generationsmanagement und Perspektiven für ein strategisches Personalmanagement	119
	Literatur	123

Mythen der Personalauswahl ... 125
Uwe P. Kanning

1	Das Denken in „Generationen"	127
2	Bewerbungsunterlagen	128
3	Einstellungsinterview	130
4	Intelligenztest	131
5	Künstliche Intelligenz	131
	Literatur	133

Konsumentenverhalten im Mehrkanalhandel ... 135
Erik Maier

1	Kanäle im Handel	136
1.1	**Phasen des Kaufprozesses**	136
1.2	**Typen von Kanälen im Handel**	138
1.3	**Komplementäre Fähigkeiten der Verkaufskanäle**	139
2	Verhaltensformen im Mehrkanalsystem	140
2.1	**Research-Shopping**	140
2.2	**Mono-, Multi- und Omnichannel-Handel**	141
2.3	**Synergien zwischen Verkaufskanälen**	143
3	Einflussfaktoren der Kanalnutzung	143
3.1	**Produkttypen**	143
3.2	**Einkaufssituation**	144
3.3	**Heterogenität der Kundenbedürfnisse**	145
	Literatur	147

Kundenvertrauen und Misstrauen ... 151
Jörn Basel

1	Von*Urvertrauen zu Kundenvertrauen*	153
2	Facetten des Vertrauensbegriffs	155
3	Relevanz und Messung von Kundenvertrauen	156

4	Verlorenes Vertrauen und Misstrauen	159
	Literatur	163

Nachhaltiger Konsum … 167
Marcel Zbinden und Dominik Georgi

1	Individuelles Verhalten	169
1.1	**Psychologische Einflussfaktoren des individuellen Verhaltens**	169
1.2	**Intentions-Verhaltens-Lücke**	170
2	Systemische Einbettung	172
2.1	**Verhalten des Staates**	172
2.2	**Verhalten der Hersteller**	174
2.3	**Verhalten von NGOs**	175
3	Interventionsansätze für nachhaltigeren Konsum	176
3.1	**Beeinflussung interner/personaler Bedingungen**	176
3.2	**Beeinflussung externer/situativer Bedingungen**	176
	Literatur	178

User Experience (UX) … 181
Daniel Felix

1	Was ist User Experience?	182
2	Der Entwicklungsprozess *User-centered Design*	184
3	Benutzerforschung	187
3.1	**Contextual Inquiry (Beobachtungsinterviews)**	188
3.2	**Unbeteiligte Beobachtung**	189
3.3	**Interview**	189
3.4	**Umfragen**	190
3.5	**Cardsorting**	190
3.6	**Fokusgruppen**	191
3.7	**Herausforderungen der Benutzerforschung im UX-Design**	191
4	Entwurf/Prototyping	192
4.1	**Informationsarchitektur und Wireframes**	192
4.2	**UI- und Interaktionsdesign**	193
5	Barrierefreiheit	193
6	Evaluation	194
6.1	**Usability-Tests**	194
6.2	**Heuristische Evaluation**	194
6.3	**Kognitives Walkthrough**	195
6.4	**A/B-Tests**	195
6.5	**Eye-Tracking**	195
6.6	**Umfrageforschung**	195
	Literatur	197

Die Genese der Customer Experience … 199
Sarah Seyr

1	Technologischer Fortschritt und Kundinnen- bzw. Kundenerwartungen: Treiber von Customer Experience	200
2	Die Genese von Customer Experience im Luzerner Modell	202

3	Neue Technologien in der Interaktion: AI, AR/VR und Robotics formen die Erwartung	204
4	Mit Predictive Analytics Personalisierung gestalten	205
5	Von Fragmenten zum Ganzen: datenbasiertes Customer Experience Management	206
	Literatur	209

Nachhaltige Mobilität durch gezielte Maßnahmen fördern ... 211
Christian Weibel und Timo Ohnmacht

1	Das Phasenmodell der selbstregulierten Verhaltensveränderung	213
2	Einflussfaktoren und Interventionsmöglichkeiten	214
2.1	**Vorüberlegungsphase: Verändern der Normen**	215
2.2	**Absichtsphase: Verändern der Einstellung und der wahrgenommenen Verhaltenskontrolle**	216
2.3	**Handlungsphase: Handlungsplanung, Probleme der Umsetzung**	219
2.4	**Gewohnheitsphase: Rückfälle vermeiden**	220
	Literatur	221

Experimentieren in Unternehmen ... 225
Gerhard Fehr

1	Theoretischer Hintergrund	228
2	Experimente in Unternehmen	228
2.1	**Strategievalidierung und Designphase**	229
2.2	**Prozessoptimierung und operative Prototypen**	230
2.3	**Innovationsförderung**	230
2.4	**Risikominimierung**	230
3	Schritte in eine experimentelle Zukunft	231
3.1	**Förderung einer experimentellen Kultur**	231
3.2	**Integration von Experimenten in den Strategieprozess**	231
3.3	**Einrichtung eines Prozesses und Nutzung von Technologie**	232
3.4	**Lernen und anpassen**	232
3.5	**Rolle des Managements**	232
4	Herausforderungen im Experimentier-Prozess überwinden	233
5	Experimentierfähigkeit am Beispiel von Booking.com	235
5.1	**Wer ist Booking.com?**	235
5.2	**Welche Maßnahmen hat Booking.com umgesetzt, um Marktführer unter den Online-Buchungsportalen zu werden?**	235
6	Zukunftsperspektiven und Implikationen des Experimentierens unter Berücksichtigung der Entwicklung im Bereich Künstliche Intelligenz	237
6.1	**Automatisierung von Experimenten**	237
6.2	**Personalisierung und Individualisierung**	237
6.3	**Optimierung von Geschäftsprozessen**	238
6.4	**Ethik und Verantwortung**	238
6.5	**Wechselwirkung zwischen Mensch und Maschine**	239
	Literatur	240

Corporate Social Responsibility ... 243
Tim Schwertner und Matthias Sohn
1 Wer interessiert sich für CSR, und warum? ... 245
2 Investoren und CSR ... 246
3 Wie kommunizieren Unternehmen ihre Nachhaltigkeitsperformance? ... 247
4 Welche Faktoren begünstigen, dass Führungskräfte sich für CSR engagieren? ... 250
Literatur ... 253

Eigennutz oder Gemeinschaftssinn? ... 257
Erich Kirchler
1 Soziale Dilemmata ... 258
2 Kontrollen und Strafen ... 260
3 Psychologische Verhaltensdeterminanten ... 261
4 Fehlschläge von Kontrollen und Strafen ... 261
5 Macht der Behörden und Vertrauen ... 263
6 Strategien zur Förderung der Kooperationsbereitschaft ... 265
Literatur ... 268

Verhaltensorientierte Wirtschaftsethik ... 271
Jörn Basel
1 Bad Apples – individuelle Einflussgrößen ... 274
2 Bad Barrels – organisationale Einflussgrößen ... 279
3 Unethische Komplizenschaft ... 282
4 Gestaltungspotenziale im Rahmen der Compliance ... 284
Literatur ... 287

Glossar für das Buch Angewandte Psychologie für die Wirtschaft; Basel & Manchen Spörri

Autorenverzeichnis

Ferdinand Baierer
Institut für Psychologie, Universität Innsbruck, Innsbruck, Österreich

Jörn Basel
Institut für Tourismus und Mobilität, Hochschule Luzern – Wirtschaft, Luzern, Schweiz

Margarete Boos
Georg-August-Universität Göttingen, Göttingen, Deutschland

Gerhard Fehr
FehrAdvice & Partners AG, Zürich, Schweiz

Daniel Felix
ergonomie & technologie (e&t) GmbH, Zürich, Schweiz

Sarah Genner
Hochschule für Wirtschaft Zürich (HWZ), Zürich, Schweiz

Dominik Georgi
Institut für Kommunikation und Marketing, Hochschule Luzern – Wirtschaft, Luzern, Schweiz

Jürgen Glaser
Institut für Psychologie, Universität Innsbruck, Innsbruck, Österreich

Alexander Götmann
Institut für Betriebs- und Regionalökonomie, Hochschule Luzern – Wirtschaft, Luzern, Schweiz

Thomas Hardwig
Georg-August-Universität Göttingen, Göttingen, Deutschland

Elisabeth Kals
Katholische Universität Eichstätt-Ingolstadt, Eichstätt, Deutschland

Uwe P. Kanning
Fakultät Wirtschafts- und Sozialwissenschaften, Hochschule Osnabrück, Osnabrück, Deutschland

Erich Kirchler
Fakultät für Psychologie, Universität Wien, Institut für Höhere Studien, IHS, Wien, Österreich

Erik Maier
HHL Leipzig Graduate School of Management, Leipzig, Deutschland

Sylvia Manchen Spörri
Institut für Betriebs- und Regionalökonomie, Hochschule Luzern – Wirtschaft, Luzern, Schweiz

Moana Monnier
Institut für Betriebs- und Regionalökonomie, Hochschule Luzern – Wirtschaft, Luzern, Schweiz

Timo Ohnmacht
Institut für Tourismus und Mobilität, Hochschule Luzern – Wirtschaft, Luzern, Schweiz

Sylke Piéch
Educational Technology Lab, Deutsches Forschungszentrum für Künstliche Intelligenz (DFKI) und Akademie für Leadership & Digitaltransfer, Berlin, Deutschland

Tim Schwertner
Wirtschaftswissenschaftliche Fakultät (Wiwi), Europa-Universität Viadrina Frankfurt (Oder), Frankfurt (Oder), Deutschland

Svenja C. Schütt
Katholische Universität Eichstätt-Ingolstadt, Eichstätt, Deutschland

Sarah Seyr
Institut für Kommunikation und Marketing, Hochschule Luzern – Wirtschaft, Luzern, Schweiz

Matthias Sohn
Wirtschaftswissenschaftliche Fakultät (Wiwi), Europa-Universität Viadrina Frankfurt (Oder), Frankfurt (Oder), Deutschland

Martina Stangel-Meseke
FOM Hochschule für Oekonomie und Management, Fachbereich Wirtschaftspsychologie, Dortmund, Deutschland

Theo Wehner
ETH Zürich, Zürich, Schweiz

Christian Weibel
Institut für Tourismus und Mobilität, Hochschule Luzern – Wirtschaft, Luzern, Schweiz

Marcel Zbinden
Institut für Kommunikation und Marketing, Hochschule Luzern – Wirtschaft, Luzern, Schweiz

Der Faktor Mensch in wirtschaftlichen Prozessen

Jörn Basel und Sylvia Manchen Spörri

Inhaltsverzeichnis

1   Arbeit und Organisation – 4

2   Markt und Konsum – 6

3   Gesellschaft – 7

       Literatur – 9

© Der/die Autor(en), exklusiv lizenziert an Springer-Verlag GmbH, DE, ein Teil von Springer Nature 2024
J. Basel und S. Manchen Spörri (Hrsg.), *Angewandte Psychologie für die Wirtschaft*,
https://doi.org/10.1007/978-3-662-68559-4_1

Insights

- Automatisierung, Digitalisierung und Steuerung über Algorithmen lassen manchmal vergessen, dass der ursprüngliche Antrieb für wirtschaftliches Handeln in menschlichen Bedürfnissen, Einstellungen und Motiven zu finden ist.
- Als empirische Wissenschaft beschäftigt sich Wirtschaftspsychologie mit dem Erleben und Verhalten des Menschen im ganzheitlichen wirtschaftlichen Kontext.
- Für die moderne Wirtschaftspsychologie eröffnet sich ein breiter Gestaltungsspielraum, welcher technologische Entwicklungen wie künstliche Intelligenz ebenso berücksichtigen kann wie drängende Fragen zu wirtschaftsethischen Herausforderungen.
- Die partizipative Einbindung des Faktors Mensch bei der Gestaltung sozio-digitaler Systeme kann Technologien zum Fortschrittstreiber machen.
- Die Personalentwicklung braucht innovative Konzepte, um Mitarbeitende durch breite Kompetenzentwicklung für die Zukunft fit zu machen und durch wertorientiertes Generationenmanagement den Fachkräftemangel zu bewältigen.
- Die nachhaltige Entwicklung birgt durch die integrative Behandlung ökonomischer, sozialer und ökologischer Aspekte die Chance, Dilemmata zwischen wirtschaftlichen Zielen und Humanfaktoren zu lösen.
- Durch die Förderung von individueller und organisationaler Resilienz können Krisen besser bewältigt, Gesundheit erhalten und Chancen bei Veränderungen wahrgenommen werden.
- Der psychologische Blickwinkel auf Markt und Konsum hat sich von der ursprünglichen Fokussierung auf Werbemodelle und -wirkung emanzipiert und rückt aktuell vor allem den Konsumenten und die Konsumentin und ihr Verhalten in den Mittelpunkt.
- Eine fundierte Auseinandersetzung mit dem Thema personalisierte Kundenerfahrung wird im Zuge höherer Wettbewerbsintensität zur unternehmerischen Pflichtaufgabe.
- Vergleichbar mit der Betrachtung von Arbeit und Konsum geht es bei der Bezugnahme auf gesellschaftliche Rahmenbedingungen auch darum, das Verhalten der Menschen als Bürgerinnen und Bürger zu verstehen und politische Gestaltungsoptionen an mehrheitsfähigen Einstellungsmustern auszurichten.

Einleitung

Wirtschaft wird vom – und streng genommen auch primär für den – Menschen gemacht. Eine selbstverständliche Erkenntnis, welche jedoch im Kontext einer verstärkt technologisch getriebenen Wirtschaftswelt leicht in den Hintergrund tritt. Denn Automatisierung, Digitalisierung und Steuerung über Algorithmen lassen manchmal vergessen, dass der ursprüngliche Antrieb für wirtschaftliches Handeln in menschlichen Bedürfnissen, Einstellungen und Motiven zu finden ist. Diese Strukturen sind naturgemäß facettenreich, und wohl auch deshalb hat sich die akademisch ausgerichtete Psychologie lange Zeit damit schwergetan, einen ganzheitlichen Blick auf das menschliche Wirtschaften zu richten (Fichter, 2018, S. 18). Zwar wurde insbesondere der Aspekt der menschlichen Arbeit und Produktivität intensiv erforscht (▶ Abschn. 2); was jedoch fehlte, war der Einbezug des Faktors Mensch, welcher zusätzlich die Teilbereiche Arbeit und Konsum miteinander in Verbindung setzt und dabei auch den gesellschaftlichen Kontext berücksichtigt.

Diese übergreifende Ausrichtung entspricht unserer Vorstellung von zeitgemäßer Wirtschaftspsychologie und soll in ihrer Vielschichtigkeit in diesem Werk reflektiert werden (siehe ◘ Abb. 1).

Diese Perspektive erlaubt eine vielseitige Betrachtung des Faktors Mensch in unserem wirtschaftlichen System: sei es beim Erwerb neuer Kompetenzen – sogenannter *Future Skills* – im Kontext der New Work, oder etwa als Führungskraft, die hybride Teams über die Distanz koordinieren soll, und natürlich auch als Konsument, welcher entscheiden darf, ob er einem stetig wachsenden digitalen oder lieber dem klassischen, stationären Handel sein Vertrauen schenkt.

Eine solche Struktur ist allerdings nur dann zielführend, wenn darin auch übergeordnete gesellschaftliche Themen integriert werden. So ist die Nachhaltigkeitsthematik nicht nur eine Frage der Konsumentscheidungen, sondern findet sich auch in den Anforderungen, welche zunehmend im Rahmen der Corporate Social Responsibility (CSR) an wirtschaftliche Organisationen gestellt werden. Dadurch eröffnet sich für die moderne Wirtschaftspsychologie ein breiter Gestaltungsspielraum, der technologische Entwicklungen wie künstliche Intelligenz ebenso berücksichtigen kann wie drängende Fragen zu wirtschaftsethischen Herausforderungen.

> **Wirtschaftspsychologie**
>
> Als empirische Wissenschaft beschäftigt sich Wirtschaftspsychologie mit dem Erleben und Verhalten des Menschen im ganzheitlichen wirtschaftlichen Kontext. Diese Auseinandersetzung lässt sich in die drei Bereiche Arbeit und Organisation, Markt und Konsum sowie in psychologisch relevante gesellschaftliche Entwicklungen unterteilen.

◘ **Abb. 1** Beispiele für den Gestaltungsspielraum der Wirtschaftspsychologie

1 Arbeit und Organisation

Megatrends des 21. Jahrhunderts stellen neue Herausforderungen an die Arbeitswelt und die Integration des Faktors Mensch: digitale Transformation, Globalisierung, demografischer Wandel und Fachkräftemangel, Bedeutsamkeit der Nachhaltigkeit mit ökologischen, ökonomischen und sozialen Aspekten und weltweite Krisen wie die Covid-19-Pandemie und kriegerische Auseinandersetzungen (Credit Suisse, 2022).

Die Vernetzungsmöglichkeiten durch digitale Technologien, das Internet of Things und die Entwicklung der künstlichen Intelligenz ebnen den Weg für eine **vierte industrielle Revolution,** die Produktionsprozesse und Geschäftsmodelle grundlegend verändert (Becker et al., 2017). Die Erbringung wissensintensiver Dienstleistungen nutzt immer stärker Kommunikations- und Kollaborationstechnologien, die orts- und zeitunabhängige Arbeit in hybriden oder virtuellen Teams und Netzwerken ermöglichen (Weichbrodt & Soltermann, 2022). Damit verbunden sind Phänomene wie eine Veränderung der Organisationsformen hin zu Netzwerken und holokratischen Systemen, selbstorganisierende, agile Teams, innovationsförderliche Organisationskulturen, neuartige Mensch-Maschine-Interaktionen, Flexibilisierung von Arbeitsort und -zeit, Verwischung der Grenzen zwischen Arbeit und Freizeit. Mit den zahlreichen Wahlmöglichkeiten, Arbeit und Leben zu gestalten, entstehen eine Multioptionsgesellschaft und das Menschenbild des **„Virtual Man",** der sich diese Technologien zu eigen macht und sie flexibel anpasst. Die Gesundheitsförderlichkeit als Bewertungskriterium für die Arbeitsgestaltung wird aufgrund zunehmender Stressoren durch Verdichtung, Zunahme an Wahloptionen und fortwährende Veränderung immer wichtiger (Kauffeld & Sauer, 2019, S. 26). Durch interdisziplinäre Forschung von Hochschulen und Institutionen, die sich mit Technikfolgen beschäftigen, können Empfehlungen für die Gestaltung sozio-digitaler Systeme hinsichtlich des Zusammenspiels von Mensch, Technik und Organisation entwickelt und Folgen für den Bedarf an zukünftigen Kompetenzen beim Personal sowie zur Gestaltung der Organisationskultur aufgezeigt werden.

Das Tempo der digitalen Transformation ist hoch und die Veränderungen – vor allem durch künstliche Intelligenz – für Nichtexpertinnen und -experten kaum fassbar. Konkurrierende Vorstellungen von einer Zukunft der Arbeit finden sich als vielversprechende Narrative im öffentlichen Diskurs (Dries et al., 2023). Eine Gefahr besteht jedoch darin, dass der Transformationsprozess von bestimmten Technologien und den entsprechenden Fachleuten dominiert wird oder dass diese unreflektiert eingesetzt werden, einfach weil es möglich ist, um des Automatisierens Willen.

> In wichtige Entscheidungen sollten deshalb die Betroffenen immer einbezogen werden und Technologie nicht als Selbstläufer, sondern als in Richtung einer gemeinsamen Vision gestaltbar verstanden werden. Dann ist die Digitalisierung keine Bedrohung mehr, sondern kann positiver Treiber des Fortschritts sein. (Grote, 2019, S. 25)

Praktikerinnen und Praktiker im Feld sind im Tempo den Forschungsinstitutionen unter Umständen voraus, was für einen **transdisziplinären Ansatz** spricht, bei dem Betroffene mit ihrer Expertise in Projekte eingebunden werden. Dieses Projektdesign fördert **Partizipation** und **Agilität. Innovative und kreative Methoden** wie Design Thinking oder Creative Leadership zur nutzerorientierten Gestaltung von

Technologien, Prozessen oder Geschäftsmodellen, die die aktive Einbindung von Mitarbeitenden und Cocreation mit Kundinnen und Kunden ermöglichen, können aus anderen Disziplinen wie der Kunst, der Konsumentenpsychologie und der Produktentwicklung erfolgreich integriert werden.

Die gesamtgesellschaftliche Bewegung der **nachhaltigen Entwicklung** hat dazu geführt, dass Organisationen ökonomische, soziale und ökologische Herausforderungen der Zukunft in unterschiedlicher Ausprägung in ihre Unternehmensziele aufnehmen, Programme des nachhaltigen Managements verfolgen (wie CSR) und nachhaltige Führungsmodelle implementieren (vgl. ▶ Kap. 5). Diese breite Transformation von Gesellschaft und Wirtschaft bietet die Chance, psychologisches Wissen noch aktiver in Unternehmen einzubringen und Lösungen für Dilemmata zwischen wirtschaftlichen Zielen und Humanfaktoren zu entwickeln.

Für die digitale und die nachhaltige Transformation benötigen Mitarbeitende **Kompetenzen,** die neben neuen fachlichen vor allem kommunikative und soziale sowie strategische Skills umfassen. Hier ist die **Personalentwicklung mit innovativen Konzepten** gefragt, wie beispielsweise erfahrungsbasiertem Lernen. Eine weitere Herausforderung für das **People Management** ist der aktuelle und zukünftige **Fachkräftemangel** durch das gleichzeitige Ausscheiden der Babyboomer mit dem Eintreten von geburtenschwachen Jahrgängen. Forschungen sowie Personalselektions- und -bindungsprogramme der Unternehmen gehen der Frage nach, welche spezifischen Bedürfnisse diese Kohorten haben. Die Psychologie trägt hier dazu bei, alltagspsychologische Vorstellungen von den Generationen X, Y und Z sowie von älteren Arbeitnehmenden zu hinterfragen und eine empirisch basierte Personalauswahl sowie ein differenziertes, wertorientiertes Generationenmanagement zu entwickeln. Dabei werden Menschen nicht mehr nur als Arbeitsressourcen, sondern als ganze Individuen, also „People" in die Organisation aufgenommen und entwickelt. Die Wirtschaftspsychologie unterstützt Unternehmen im „War for Talents" mit Konzepten für das Talentmanagement und Employer-Branding. Die Grenzen des Betriebes zur Gesellschaft weichen durch die Freiwilligenarbeit und den Kontakt zu den Arbeitnehmenden über die Pensionierung hinaus auf.

Aktuelle Herausforderungen für Gesellschaft und Arbeitswelt stellen **weltweite Krisen** wie die Covid-19-Pandemie und kriegerische Auseinandersetzungen dar. Durch die Entwicklung von **Resilienz** bei Arbeitnehmenden, Teams und Organisationen kann man sich für solche Krisen wappnen. Das Konzept der Resilienz mit interdisziplinären Wurzeln trägt über die Förderung von Haltungen und Fähigkeiten wie Optimismus, Akzeptanz, Lösungsorientierung, Bereitschaft, die Opferrolle zu verlassen und Verantwortung zu übernehmen, Netzwerkorientierung und Zukunftsplanung dazu bei, auch auf Unvorhergesehenes reagieren oder sogar proaktiv handeln zu können (Heller, 2015).

Die Transformation der Arbeitswelt ist gekennzeichnet von Komplexität und Unsicherheit, aber auch von Chancen für eine humane Arbeitsgestaltung und Organisationsentwicklung. Zusammenfassend spielt die Arbeits-, Organisations- und Personalpsychologie eine wichtige Rolle, um Veränderungen mitzugestalten, sich **inter- und transdisziplinär** einzubringen, Wissen in **Change-Prozesse** einfließen zu lassen und die **Partizipation** von Mitarbeitenden zu stärken. Dabei kann sie in interdisziplinären Diskursen und mit ihren Expertinnen und Experten in der Praxis proaktiv Einfluss nehmen. So kann sie den Faktor Mensch in die aktuelle vierte industrielle Revolution und in weitere Megatrends einbringen.

2 Markt und Konsum

Psychologische Erklärungsansätze im Bereich Markt und Konsum sind oftmals mit einem Paradoxon konfrontiert: Obwohl sich durch digitale Marktoptionen unsere Auswahlalternativen in vielen Bereichen vervielfacht haben, ist unsere Zufriedenheit nicht in gleichem Maße mitgewachsen. Auch sind wir im Verhältnis von unseren Konsumintentionen zu unseren tatsächlichen Konsumentscheidungen oftmals erstaunlich inkonsistent. So wünschen sich beispielsweise mehr als 90 % der Deutschen nachhaltiges Wirtschaften (Richter, 2023), gleichzeitig hinkt das **individuelle Nachhaltigkeitsverhalten** diesem Ziel in zahlreichen Lebensbereichen deutlich hinterher. Die sogenannte **Tyrannei der Auswahl** (Schwartz, 2004) oder das oft thematisierte **Intention-Action-Gap** (Sheeran & Webb, 2016) sind kennzeichnend für menschliche Aspekte von Markt und Konsum.

Die psychologische Perspektive auf Markt und Konsum hat sich folglich deutlich von der ursprünglichen Fokussierung auf Werbemodelle und -wirkung emanzipiert und rückt aktuell vor allem den selbstbestimmten Konsumenten und sein Verhalten selbst in den Mittelpunkt (Malter et al., 2020). Im Zuge technologischer Entwicklungen bedeutet dies eine besondere Hinwendung zu Themen, die sich mit **persönlichen Nutzungserfahrungen** und **digitalen Interaktionserlebnissen** beschäftigen. Konstrukte wie *Zufriedenheit* und *Vertrauen* stellen hierbei wesentliche Einflussgrößen dar. Die Corona-Pandemie ab dem Jahr 2020 ist in diesem Kontext sogar als Katalysator anzusehen, der die Relevanz dieser Themen noch weiter verstärkt hat (Lim et al., 2023; Sheth, 2020).

Die eingangs skizzierte **Multioptionsgesellschaft** (Gross, 2004), die uns in ihrem Glücksversprechen auch leicht überfordern kann, bedeutet aus Marktperspektive, dass hier die interaktive und individuelle Ansprache über diverse Kanäle, etwa via Influencer, zunimmt. Eine vertiefte Auseinandersetzung mit dem Thema **personalisierte Kundenerfahrung** wird im Zuge höherer Wettbewerbsintensität zur Pflichtaufgabe (Jain et al., 2017) – das Ganze eng verknüpft mit einer datengetriebenen Strategie, da Faktoren wie **Kundenpräferenzen und -motive** heute zum Beispiel durch die automatisierte Datenauswertung deutlich besser messbar sind als noch vor wenigen Jahren. Dass zumindest die Prognose von tatsächlichen Handlungen dennoch herausfordernd bleibt, zeigt sich allerdings eindrücklich an dem erwähnten Beispiel des nachhaltigen Konsums: Wäre die artikulierte Einstellung der meisten Menschen hier tatsächlich konsistent und temporär stabil handlungsleitend, würde sich eine andere Konsumlandschaft zeigen. Zur psychologischen Forschung gehört daher auch die Frage, weshalb wir unseren Konsumzielen nicht nachkommen und welche Faktoren unser Nachhaltigkeitsverhalten tatsächlich beeinflussen (Trudel, 2019).

Dieses weite Feld, das hier nur überblickartig skizziert werden kann, verlangt eine breite und interdisziplinäre Ausrichtung. Somit findet sich hier ein breites Spektrum an spezialisierten Disziplinen wie Werbepsychologie, Customer Behavior, User Experience (UX) oder Customer Experience (CX), welche wiederum ihre Anleihen in Bereichen wie Sozialpsychologie, Kognitionspsychologie oder Data Sciences haben.

3 Gesellschaft

Die beiden Bereiche Arbeit und Konsum sind nicht isoliert zu betrachten, sondern in einem gesellschaftlichen Kontext zu sehen. Dieser ist wiederum substanziell geprägt von Werten, beziehungsweise deren Wandel, wie auch von technologischen Entwicklungen.

Die Relevanz von Wirtschaftspsychologie zeigt sich hier unter anderem darin, dass methodische, aber auch konzeptionelle Ansätze aus diesem Bereich in der politischen Landschaft Einzug halten. Besondere Popularität erfährt hierbei der Einsatz von **Nudging** oder die Gründung sogenannter **Behavioral Insights Units,** welche dieses Wissen in Regierungen und in öffentliche Verwaltungen tragen sollen (Gofen et al., 2021). Subsumiert meistens unter dem Schlagwort „verhaltensorientiert" (behavioral) oder „verhaltensökonomisch" (Schubert, 2017), zeigt diese positive Entwicklung jedoch auch auf, dass die breite Öffentlichkeit den direkten Bezug auf (wirtschafts-)psychologisches Know-how nicht auf den ersten Blick sieht. Vermutlich liegt der Grund hierfür darin, dass eine solche Bezugnahme fälschlicherweise mit einer manipulativen oder klinisch ausgerichteten Bedeutung von Psychologie assoziiert wird. Dies stellt ein leider weit verbreitetes Vorurteil dar (Sunstein, 2016), und daher setzen Entscheidungsträger oftmals auf die weniger polarisierend wirkende Terminologie **Verhaltensökonomie,** verwandte Anglizismen *(Behavioral Economics)* oder verstecken das psychologische Wissen komplett hinter chiffrierten Bezeichnungen, wie etwa die Arbeitsgruppe „Wirksam Regieren" unter der damaligen Bundeskanzlerin Angela Merkel (Reisch & Sunstein, 2017).

Vergleichbar mit der Betrachtung von Arbeit und Konsum geht es bei den Bezugnahmen auf gesellschaftliche Rahmenbedingungen insbesondere darum, das Verhalten der Menschen als Bürgerinnen und Bürger zu verstehen und Gestaltungsoptionen an mehrheitsfähigen Einstellungsmustern auszurichten. Wenn beispielsweise der mehrheitliche Wunsch artikuliert wird, dass potenziell ungesunde Zusatzstoffe in Lebensmitteln transparent deklariert werden, besteht für eine Regierung der Auftrag, hier eine wirksame und verständliche Kommunikation sicherzustellen. Im Sinne eines **Experimentability-**Ansatzes (vgl. ▶ Kap. 17) müsste hier systematisch geprüft werden, welche Elemente gestalterisch zu berücksichtigen sind und wie sie sich auf das Verhalten der Konsumentinnen und Konsumenten auswirken (De Temmerman et al., 2021).

Dieser Sachverhalt verdeutlicht auch, dass die Anwendung wirtschaftspsychologischen Wissens nicht vollkommen wertfrei erfolgen kann (Basel & Meier, 2020). Dies allein schon aus der einfachen Logik heraus, dass eine nicht vorhandene Entscheidungsdirektive auch eine Vorgabe darstellt. Würde sich folglich eine Regierung entscheiden, dass bestimmte Zusatzstoffe in Lebensmitteln nicht explizit deklariert werden müssen, wäre dies eben nicht wertfrei. Gerade aus diesem Grund erscheint es auch wichtig, dass sich die Wirtschaftspsychologie der gesellschaftlichen Verantwortung stellt und das Wissen aus den Labors und Forschungsgruppen zum Wohle der Öffentlichkeit eingesetzt wird. Die globalen gesellschaftlichen Herausforderungen, insbesondere im Zuge der Klimakrise, erscheinen zu groß, als dass man hier allein auf einen „Tech-Fix" setzen könnte, welcher ohne die Berücksichtigung des Faktors Mensch funktionieren soll (Hight & Norbisrath, 2021).

> **Fazit**
>
> Arbeit und Konsum hängen eng miteinander zusammen und müssen im gesellschaftlichen Kontext betrachtet werden. Technologische Veränderungen, Wertewandel, demografischer Wandel und Fachkräftemangel, die Bedeutung von Nachhaltigkeit und aktuelle Krisen stellen gesamtgesellschaftliche und wirtschaftliche Herausforderungen dar. Diese erfordern eine Vernetzung der Themenfelder und Kompetenzen in den Bereichen Arbeit, Konsum und Gesellschaft. Eine breit aufgestellte Wirtschaftspsychologie wird die wechselseitigen Bezüge herstellen und Methoden über Fachbereiche hinweg gewinnbringend einsetzen. Eine anwendungsorientierte, interdisziplinäre Forschung kann Lösungen für die drängenden Probleme entwickeln und proaktiv Veränderungen mitgestalten.
>
> Aufseiten der Wirtschaft ist ein Bedarf an psychologischen Fachkräften sichtbar: Eine systematische Inhaltsanalyse von über 2000 deutschen Online-Stellenanzeigen, die eine Person mit einem psychologischen Abschluss suchten, ergab, dass der Beschäftigungsbereich Wirtschaft mit 23,1 % an zweiter Stelle steht, nach dem Gesundheitswesen mit 33,5 % (Richter et al., 2022).
>
> In der forschungsbasierten und praxisorientierten Ausbildung sollten Wirtschaftspsychologinnen und -psychologen qualifiziert werden, die die Herausforderungen durch die Megatrends bewältigen und an der digitalen sowie nachhaltigen Transformation mitwirken können. Die Studienangebote in Wirtschaftspsychologie sind in den letzten Jahren stark angestiegen, wie Zahlen des Rankings vom Centrum für Hochschulentwicklung in Deutschland zeigen. Das junge Studienfach, das erst seit 1998 existiert, wird nur vereinzelt an Universitäten und mehrheitlich an Fachhochschulen angeboten. Im Jahr 2020 fanden sich 47 Studienangebote auf Bachelor- und/ oder Masterstufe in Wirtschaftspsychologie mit einem Mindestanteil von 50 % in psychologischen Fächern (Hachmeister, 2020). Die Absolventinnen und Absolventen der anwendungsorientierten Ausbildung an den Universitäten und Fachhochschulen können zur Integration des Faktors Mensch bei der Bewältigung zukünftiger Herausforderungen beitragen.

Schlüsselbegriffe

- **Wirtschaftspsychologie:** Wirtschaftspsychologie ist die empirische Wissenschaft, die sich mit dem Erleben und Verhalten des Menschen im ganzheitlichen wirtschaftlichen Kontext beschäftigt.
- **Virtual Man:** Bild vom Menschen, der in der durch neue Informations- und Kommunikationstechnologien geprägten Arbeitswelt individuell digitale Kompetenzen entwickelt, flexibel ist, in Netzwerken arbeitet und sich zwischen zahlreichen Wahloptionen entscheidet.
- **Sozio-digitale Systemgestaltung und partizipative Projektdesigns:** Gestaltung des Zusammenspiels von sozialem und digitalem System (als Erweiterung des technischen Systems) unter Berücksichtigung der Kriterien humaner Arbeitsgestaltung und unter Einbezug Betroffener wie den Mitarbeitenden.
- **Nachhaltige Entwicklung von Organisationen:** Berücksichtigung der ökonomischen, sozialen und ökologischen Aspekte bei der Entwicklung von Unternehmen, ihren Zielen und Führungsansätzen.

- **Resilienz:** Proaktive Förderung der Widerstandskraft von Individuen, Teams und Organisationen.
- **Intention-Action-Gap:** Bezeichnet die Differenz zwischen Intention und tatsächlicher Handlung.
- **Multioptionsgesellschaft:** Ursprünglich durch den Soziologen Peter Gross geprägter Begriff, welcher im wirtschaftspsychologischen Kontext auf die Tatsache hinweist, dass sich bei zahlreichen (Konsum-)Entscheidungen die Auswahlalternativen signifikant erhöht haben und dass die entsprechenden Produkte oder Güter nun auch leichter und schneller verfügbar sind.
- **Nudging:** Die systematische Ausrichtung einer Entscheidungsumwelt zur vorhersagbaren Verhaltensbeeinflussung, jedoch unter Verzicht auf Zwang und auf monetäre Anreize.

❓ Verständnisfragen
- Was versteht man unter Wirtschaftspsychologie?
- Welche Aspekte müssen bei der Gestaltung sozio-digitaler Systeme berücksichtigt werden?
- Wie können Mitarbeitende in digitale Transformationsprojekte der Arbeitswelt eingebunden werden?
- Welche Chancen und Risiken birgt der Ansatz der nachhaltigen Entwicklung für den Faktor Mensch in der Arbeitswelt?
- Was sind zwei zentrale Paradoxa aus dem Bereich der Konsumpsychologie?
- Weshalb taucht die Bezeichnung „Psychologie" oft nicht auf, wenn staatliche Akteure psychologisches Wissen nutzen?

Danksagung
Wir danken allen beteiligten Autorinnen und Autoren aus Wissenschaft und Praxis, welche diesen vielschichtigen Blick auf die Wirtschaftspsychologie ermöglicht haben.

Literatur

Basel, J., & Meier, M. S. (2020). Nudging: Rechtliche Grauzonen und moralische Fallstricke. *Jusletter.* September. ▶ https://jusletter.weblaw.ch/juslissues/2020/1037/nudging--rechtliche-_6b454a85c5.html__ONCE&login=false.

Becker, W., Ulrich, P., & Botzkowski, T. (2017). Grundlagen. In W. Becker, P. Ulrich & T. Botzkowski (Hrsg.), *Industrie 4.0 im Mittelstand* (S. 7–36). Springer Fachmedien. ▶ https://doi.org/10.1007/978-3-658-15656-5_3.

Credit Suisse. (2022). *Supertrends 2022: Here to stay.* ▶ https://data.maglr.com/2763/issues/33512/439594/downloads/cs-supertrends_22_eng_rgb.pdf.

De Temmerman, J., Heeremans, E., Slabbinck, H., & Vermeir, I. (2021). The impact of the Nutri-Score nutrition label on perceived healthiness and purchase intentions. *Appetite, 157,* 104995. ▶ https://doi.org/10.1016/j.appet.2020.104995.

Dries, N., Luyckx, J., & Rogiers, P. (2023). Imagining the (distant) future of work. *AMD,* Artikel amd.2022.0130. Vorab-Onlinepublikation. ▶ https://doi.org/10.5465/amd.2022.0130.

Fichter, C. (2018). Einführung. In C. Fichter (Hrsg.), *Wirtschaftspsychologie für Bachelor* (S. 1–26). Springer. ▶ https://doi.org/10.1007/978-3-662-54944-5_1.

Gofen, A., Moseley, A., Thomann, E., & Kent Weaver, R. (2021). Behavioural governance in the policy process: Introduction to the special issue. *Journal of European Public Policy, 28*(5), 633–657. ▶ https://doi.org/10.1080/13501763.2021.1912153.

Gross, P. (2004). Consumer Confusion und Multioptionsgesellschaft. *Thexis – Fachzeitschrift für Marketing der Universität St. Gallen, 21*(4), 34–37. ▶ https://www.alexandria.unisg.ch/handle/20.500.14171/67472.

Grote, G. (2019). Den Menschen mitnehmen: Ein Gespräch mit Prof. Dr. Gudela Grote zur «digitalen Arbeitswelt». *Transfer* (2), 22–25. ▶ https://rittmeyer.com/fileadmin/user_upload/downloads/transfer/rit-transfer-1902-de-web.pdf.

Hachmeister, C.-D. (2020). *Trendstudiengang Wirtschaftspsychologie: Hohe Frauenquote, viele private Anbieter und kaum Standorte im Osten.* CHE. ▶ www.che.de/2020/trendstudiengang-wirtschaftspsychologie.

Heller, J. (2015). *Resilienz: Innere Stärke für Führungskräfte.* Orell Füssli.

Hight, M., & Norbisrath, U. (2021). The social nature of technology fixes. *Proceedings of the Estonian Academy of Sciences, 70*(2), 111–121. ▶ https://doi.org/10.3176/proc.2021.2.03.

Jain, R., Aagja, J., & Bagdare, S. (2017). Customer experience: A review and research agenda. *Journal of Service Theory and Practice, 27*(3), 642–662. ▶ https://doi.org/10.1108/JSTP-03-2015-0064.

Kauffeld, S., & Sauer, N. C. (2019). Vergangenheit und Zukunft der Arbeits- und Organisationspsychologie. In S. Kauffeld (Hrsg.), *Arbeits-, Organisations- und Personalpsychologie für Bachelor* (3. Aufl., S. 21–45). Springer. ▶ https://doi.org/10.1007/978-3-662-56013-6_2.

Lim, W. M., Kumar, S., Pandey, N., Verma, D., & Kumar, D. (2023). Evolution and trends in consumer behaviour: Insights from Journal of Consumer Behaviour. *Journal of consumer behaviour, 22*(1), 217–232. ▶ https://doi.org/10.1002/cb.2118.

Malter, M. S., Holbrook, M. B., Kahn, B. E., Parker, J. R., & Lehmann, D. R. (2020). The past, present, and future of consumer research. *Marketing Letters, 31*(2–3), 137–149. ▶ https://doi.org/10.1007/s11002-020-09526-8.

Reisch, L. A. & Sunstein, C. R. (2017). Verhaltensbasierte Regulierung (Nudging). In P. Kenning, A. Oehler, L. A. Reisch, & C. Grugel (Hrsg.), *Verbraucherwissenschaften: Rahmenbedingungen, Forschungsfelder und Institutionen* (S. 341–365). Springer Gabler. ▶ https://doi.org/10.1007/978-3-658-10926-4_19.

Richter, N. (2023). Umfrage: Wie umweltbewusst sind die Deutschen? *Süddeutsche Zeitung.* ▶ https://www.sueddeutsche.de/politik/umwelt-klima-umfrage-deutschland-wirtschaft-regierung-1.6092426.

Richter, T., Hertel, S., Kubik, V., Marksteiner, T., Souvignier, E., & Sparfeldt, J. R. (2022). In welchen Branchen und für welche beruflichen Tätigkeiten werden Psychologinnen und Psychologen gesucht und was sollten sie können? *Psychologische Rundschau, 73*(4), 229–242. ▶ https://doi.org/10.1026/0033-3042/a000557.

Schubert, C. (2017). Verhaltensökonomische Politikberatung. *Wirtschaftswissenschaftliches Studium, 46*(6), 39–41. ▶ https://doi.org/10.15358/0340-1650-2017-6.

Schwartz, B. (2004). The tyranny of choice. *Scientific American, 290*(4), 70–75. ▶ https://doi.org/10.1038/scientificamerican0404-70.

Sheeran, P., & Webb, T. L. (2016). The intention-behavior Gap. *Social and Personality Psychology Compass, 10*(9), 503–518. ▶ https://doi.org/10.1111/spc3.12265.

Sheth, J. (2020). Impact of Covid-19 on consumer behavior: Will the old habits return or die? *Journal of Business Research, 117,* 280–283. ▶ https://doi.org/10.1016/j.jbusres.2020.05.059.

Sunstein, C. R. (2016). The ethics of influence: Government in the age of behavioral science. *Cambridge University Press.* ▶ https://doi.org/10.1017/CBO9781316493021.

Trudel, R. (2019). Sustainable consumer behavior. *Consumer. Psychology Review, 2*(1), 85–96. ▶ https://doi.org/10.1002/arcp.1045.

Weichbrodt, J., & Soltermann, A. (2022). *FlexWork survey 2022: Befragung von Erwerbstätigen und Unternehmen in der Schweiz zur Verbreitung mobil-flexibler Arbeit.* Kurzbericht. FHNW. ▶ www.fhnw.ch/de/forschung-und-dienstleistungen/psychologie/gestaltung-flexibler-arbeit/phasenmodell#studienergebnisse.

Freiwilligenarbeit: Herausforderung und Chance für alle Generationen

Svenja C. Schütt, Theo Wehner und Elisabeth Kals

Inhaltsverzeichnis

1	Freiwilligenarbeit über alle Generationen hinweg als Beitrag zur Zukunftssicherung unserer Gesellschaft – 12	
2	Generationenübergreifende Freiwilligenarbeit mit ihren Merkmalen, Herausforderungen und Chancen – 14	
2.1	Merkmale projektbasierter generationenübergreifender Freiwilligenarbeit – 15	
2.2	Generationenübergreifendes Lernen im Zentrum generationenübergreifender Freiwilligenarbeit – 15	
2.3	Herausforderungen in der generationenübergreifenden Freiwilligenarbeit – 17	
	Literatur – 18	

© Der/die Autor(en), exklusiv lizenziert an Springer-Verlag GmbH, DE, ein Teil von Springer Nature 2024
J. Basel und S. Manchen Spörri (Hrsg.), *Angewandte Psychologie für die Wirtschaft*, https://doi.org/10.1007/978-3-662-68559-4_2

Insights
- Generationenübergreifende Freiwilligenarbeit hat zum Ziel, den außerfamiliären Austausch und das Miteinander der Generationen zu fördern, um trotz sozialer und demografischer Wandlungsprozesse intergenerationale Solidarität nachhaltig zu stärken.
- Intergenerationaler Erfahrungsaustausch und generationenübergreifendes Lernen – von-, mit- und übereinander – gelten als Alleinstellungsmerkmale generationenübergreifender Freiwilligenarbeit.
- Die derzeitige (generationenübergreifende) Freiwilligenarbeit birgt einerseits vielfältige Chancen, steht aber andererseits auch Herausforderungen und der Gefahr einer Reproduktion sozialer Ungleichheit gegenüber.

Einleitung

Unsere Gesellschaft befindet sich auf vielen Ebenen im Wandel: Unter anderem diversifizieren sich soziodemografische Strukturen, und mit der Pluralisierung von Altersstrukturen nimmt auch die Vielfalt an Werten und Interessen in der (Arbeits-)Gesellschaft zu. Menschen legen jedoch insgesamt zunehmend Wert auf das Erleben von Sinnhaftigkeit sowohl innerhalb als auch außerhalb der Erwerbsarbeit, gerade auch nach der Berentung. Gleichzeitig sind alle Alterskohorten aufgrund der zunehmenden Digitalisierung und räumlichen Mobilität der Gefahr sozialer Isolation ausgesetzt. So werden Rufe nach Solidarität und sinnhafter Selbstverwirklichung lauter, während Menschen seltener auf die selbstbezogene Eigennutzenmaximierung reduziert werden.

Zugleich kann eine zukunftsfähige (Arbeits-)Gesellschaft auf Menschen mit mannigfaltigen Lebenserfahrungen als wichtige Ressource kaum verzichten. So werden gesellschaftspolitisch debattierte Konzepte wie die generationenübergreifende Freiwilligenarbeit bedeutsamer, um den gesellschaftlichen Trends zu begegnen und diese mitzugestalten. In der Fachliteratur und in der Praxis werden eindeutige Chancen der allgemeinen und intergenerativen Freiwilligenarbeit als Puffer gegen diverse negative Konsequenzen des gesellschaftlichen Wandels hervorgehoben. Zu prüfen ist jedoch auch, mit welchen vielschichtigen Herausforderungen die bereitwilligen Individuen und Organisationen konfrontiert sind.

1 Freiwilligenarbeit über alle Generationen hinweg als Beitrag zur Zukunftssicherung unserer Gesellschaft

Wer sich mit der Entwicklung von Arbeit – sei sie bezahlt oder unbezahlt – auseinandersetzt, muss den Blick auch auf gesellschaftliche Entwicklungen richten, denn Gesellschaft und Arbeit prägen sich wechselseitig (Rammert, 2016; Schmidt, 2018). Ein herausfordernder Entwicklungstrend neben vielen weiteren diskutierten und belegten gesellschaftlichen Veränderungsprozessen ist der demografische Wandel. Dieser ist durch eine sinkende Geburtenrate bei gleichzeitig steigender Lebenserwartung gekennzeichnet und führt allmählich zur (Über-)Alterung der Gesellschaft (Statistisches Bundesamt [Destatis], 2019, 2021). Menschen leben heute länger und aktiver als noch vor einigen Jahrzehnten, und ihre Lebensentwürfe werden dynamischer, sodass Handlungsoptionen entwickelt werden müssen, die dieser steigenden Diversität gerecht werden (Bundesinstitut für Bevölkerungsforschung [BiB], 2021).

Menschen werden zudem zunehmend unabhängiger von Face-to-Face-Kontakten im Privat- und im Berufsleben, wodurch das Risiko des Auseinanderlebens und sozialer Vereinsamung steigt – gerade für wenig technikaffine Personen(-gruppen) wie ältere Menschen sowie verstärkt durch die Corona-Pandemie (Kemptner & Marcus, 2020).

Wie kann also Arbeit, im grundsätzlichen Sinne des Tätig-Seins (Bergmann, 2004; Böhle & Senghaas-Knobloch, 2019), in einer Gesellschaft gestaltet werden, wenn Menschen zunehmend älter werden und gleichzeitig aktiver bleiben? Besteht durch (Freiwilligen-)Arbeit die Möglichkeit, sozialer Vereinsamung vorzubeugen und Menschen jeden Alters gesellschaftlich sinnvoll einzubinden?

In gesellschaftspolitischen Debatten erscheint die Antwort eindeutig: Freiwilligenarbeit ist die häufig propagierte „Patentlösung" für gesellschaftliche Probleme sowie zur Steigerung des Sozialkapitals, und gilt gleichzeitig als hohe Tugend der Bürgerinnen und Bürger. So soll sie Menschen jeder Herkunft, jeden Alters, jeden Geschlechts etc. die Möglichkeit bieten, sich für das Gemeinwohl einzubringen und sozial zu integrieren (Deutscher Bundestag, 2002; Rameder, 2015), sowie gleichzeitig Solidarität und Demokratie in der Gesellschaft fördern (Gille & Jepkens, 2022; Loheide et al., 2020). Es gibt durchaus vielfältige wissenschaftliche Belege für die positiven Auswirkungen von Freiwilligenarbeit auf die beteiligten Individuen und auf die Gesellschaft, in der sie erbracht wird: Neben den Unterstützungsempfängerinnen und -empfängern erhalten auch die Engagierten etwa psychosoziale Ressourcen wie soziale Anerkennung, Vertrauen, Orientierung oder berufliches Fortkommen, erfahren Sinnhaftigkeit und sind mit ihrem Leben zufriedener (z. B. Lehmann et al., 2018; Putnam, 2000; Ramos & Wehner, 2015; Schütt, 2022).

Jedoch werden kritische Stimmen lauter, die eine Überschätzung des Potenzials von Freiwilligenarbeit diskutieren. Nach Rameder (2015) ist es zwar richtig, dass Freiwilligenarbeit Ressourcen stärkt und positive Wirkung auf die Beteiligten hat. Doch bestünden Probleme hinsichtlich der Zugänglichkeit und somit die Gefahr, soziale Ungleichheit im Kontext von Freiwilligenarbeit zu reproduzieren, wenn nicht aktiv Menschen aus bislang unterrepräsentierten Gruppen, wie Migrantinnen und Migranten oder die ältesten Generationen, gewonnen und im besonderen Maße begleitet werden (vgl. auch Brömme & Strasser, 2001; Gille & Jepkens, 2022). Gille und Jepkens (2022) beschreiben freiwilliges Engagement als „Privileg, sich beteiligen zu können [… und] Ausdruck einer [höheren] gesellschaftlichen Position" (S. 8). Hier wird die bisher ungelöste Aufgabe deutlich, im Rahmen von Freiwilligenarbeit soziale Zugangsbarrieren und soziale Ungleichheit zu reduzieren, um letztlich allen Menschen Zugang zu den gesellschaftlichen Ressourcen zu gewähren, die Freiwilligenarbeit freisetzt (Gille & Jepkens, 2022; Rameder, 2015).

Exkurs: Freiwilligenarbeit als Ergänzung der Erwerbsarbeit?
Arbeit lässt sich grundsätzlich unterteilen in Erwerbs- und Freiwilligenarbeit. Erwerbsarbeit ist primär durch Bezahlung, Professionalisierung und vertragliche Verpflichtungen gekennzeichnet (Ulich & Wiese, 2011; Wehner et al., 2015; Wehner et al., 2018). Dagegen versteht sich Freiwilligenarbeit allgemein als Tätigkeit, die unbezahlt, gemeinnützig, organisiert und öffentlich sichtbar stattfindet (Rohmann & Bierhoff, 2021; Strubel et al., 2021; Wehner et al., 2015; Wehner et al., 2018). Corporate Volunteering etabliert sich als Schnittstelle zwischen Erwerbs- und Freiwilligenarbeit, indem Freiwilligenarbeit im Kontext eines Unternehmens erbracht wird (Habisch, 2011; Strubel et al., 2021). Diese Form des zivilgesellschaftlichen Engagements gilt als soziale Verantwortungsübernahme wirtschaftlicher Unternehmen (Gentile & Wehner, 2012).

Die Motivlage, warum Menschen der einen oder der anderen Arbeit nachgehen, wird (alltagspsychologisch) oft als grundlegend verschieden angenommen: So würden Menschen vorwiegend der Erwerbsarbeit nachgehen, um Geld zu verdienen. Freiwillig engagierten Menschen werden dagegen primär altruistische und gemeinnützige Motive zugeschrieben. Allerdings gibt es Forschungsbefunde, die einen Motivpluralismus und somit eine komplexe Motivstruktur in beiden Arbeitskontexten stützen (Wehner et al., 2018). In beiden Bereichen spielt Sinnhaftigkeit eine zunehmend wichtige Rolle, zugleich ist für freiwillig engagierte Arbeitnehmende der persönliche Stellenwert der Freiwilligenarbeit höher als der der Erwerbsarbeit (Güntert & Wehner, 2012). Fehlendes Sinnerleben in der Erwerbsarbeit kann durchaus durch eine subjektiv sinnhafte Freiwilligenarbeit kompensiert werden, wenn die individuellen Motive der engagierten Personen durch ihre freiwillige Tätigkeit erfüllt werden (Clary & Snyder, 2002; Güntert, 2015).

2 Generationenübergreifende Freiwilligenarbeit mit ihren Merkmalen, Herausforderungen und Chancen

Trotz steigender Lebenserwartung und der folglich steigenden Anzahl an Generationen, die zur selben Zeit leben, wird der außerfamiliäre Kontakt insgesamt seltener (Filipp & Mayer, 1999; Miedaner, 2001; Stein, 2012). Eben dieser außerfamiliäre Austausch zwischen Generationen ist jedoch für die Aufrechterhaltung der Solidarität und für den Transfer von Erfahrungen entscheidend (Kommission der Europäischen Gemeinschaft, 2005; Miedaner, 2002). Freiwilligenarbeit bietet neben der Erwerbsarbeit einen wichtigen, strukturierten Kontext für intergenerationalen Austausch (Findenig, 2017; Schütt, 2022). Gerade die generationenübergreifende Freiwilligenarbeit gilt als besondere und adäquate Form des Engagements in einer altersdiversen Gesellschaft, um negative Konsequenzen des demografischen Wandels zu kompensieren (Neu, 2023; Schüler, 2005). Doch hat sie tatsächlich größeres Potenzial als andere Engagementkontexte, die unterrepräsentierten Gruppen der jüngsten und ältesten Generationen nachhaltig und wertvoll einzubinden?

Generationenübergreifende Freiwilligenarbeit ist im Kern durch den außerfamiliären Austausch und das Miteinander der Generationen charakterisiert und ist durch diese Ausrichtung von anderen Freiwilligenarbeitskontexten abzugrenzen (Schütt, 2022). Generationenprojekte verfolgen die Absicht, gemeinsame Lebensräume und Aktivitäten, soziale und kulturelle Netzwerke sowie altersübergreifende Lernarrangements aus- und aufzubauen, um den intergenerationalen Dialog zu stärken (Amrhein, 2005; Franz, 2006; Schüler, 2005). Intergenerative Freiwilligenarbeit klammert Generationendifferenzen nicht aus, sondern erkennt diese als Lernchance für alle Beteiligten an (Höpflinger, 2010). Findenig (2017) definiert sie als „eine bewusste, begleitete, initiierte, kontinuierliche, freiwillige, ... freizeitliche und nicht monetär intentionierte Interaktion zwischen mindestens zwei verschiedenen außerfamiliären Generationen für eine gemeinsame Sache" (S. 102). Mehrgenerationenhäuser, Zeitzeugenunterricht, Besuchs- und Begleitdienste oder Koch- und Computerkurse sind Beispiele generationenübergreifender Projekte, die im deutschsprachigen Raum seit einigen Jahren an Popularität gewinnen (vgl. Findenig, 2017; Höpflinger, 2010; Schüler, 2005). In der Natur der generationenübergreifenden Freiwilligenarbeit liegt also bereits das Ziel, Gruppen wie die jüngsten und ältesten Generationen gesellschaftlich stärker einzubeziehen.

2.1 Merkmale projektbasierter generationenübergreifender Freiwilligenarbeit

Bezüglich der Frage, was genau Generationenprojekte kennzeichnet, hat Schütt (2022) in einer qualitativen Studie mit 18 Expertinnen und Experten von Generationenprojekten sechs Kernmerkmale herausgearbeitet, die eine erfolgreiche Projektkonzeption auszeichnen (◘ Tab. 1).

Die beschriebenen Merkmale verdeutlichen, dass in der intergenerativen Freiwilligenarbeit ein besonderes Augenmerk auf die verschiedenen Bedarfe der altersheterogenen Zielgruppe gelegt wird. Dies verlangt eine hohe Sensibilität der Verantwortlichen sowie eine gute Planung und Organisation, um günstige Rahmenbedingungen zu schaffen.

2.2 Generationenübergreifendes Lernen im Zentrum generationenübergreifender Freiwilligenarbeit

Als ein Alleinstellungsmerkmal und zentrales Element generationenübergreifender Freiwilligenarbeit zeigt sich das generationenübergreifende Lernen (Franz, 2006; Schütt, 2022). Unter Berücksichtigung verschiedener Definitionen unterschiedlicher Fachdisziplinen und Bildungsnetzwerke definieren Kals et al. (2017) das generationenübergreifende Lernen wie folgt:

◘ **Tab. 1** Kernmerkmale von Generationenprojekten

Merkmal	Kurzbeschreibung
Generationenübergreifender Austausch	Bewusste Initiierung eines außerfamiliären Miteinanders der Generationen sowie eine Begegnung auf Augenhöhe. Dies ist die Grundlage für alle weiteren Gestaltungsmerkmale
Erfahrungs- und Wissenstransfer	Möglichkeiten zur Einbringung individueller Wissens- und Erfahrungsschätze aller beteiligten Generationen und Raum für generationenübergreifendes Lernen
Gemeinsame Aktivitäten	Bewusst initiierte Interaktion und gemeinsame Aktivitäten zwischen Generationen, welche möglichst die Interessenslagen aller beteiligten Generationen abbilden
Reziproker Nutzen	Möglichkeiten zur Einbringung individueller Potenziale aller beteiligten Generationen mit dem konkreten Ziel des reziproken Nutzens
Generationenverständigung	Förderung eines Austauschs über den Lebenshorizont aller beteiligten Generationen hinaus zum Aufbau eines wechselseitigen Verständnisses
Offene Gestaltung	Offener und freier Zugang für interessierte Personen aller Generationen und zielgruppensensible Gestaltung unter Berücksichtigung altersspezifischer Bedarfe

Anmerkung: Listung in absteigender Nennungshäufigkeit (Schütt, 2022).

> **Generationenübergreifendes Lernen**
>
> Generationenübergreifendes Lernen bedeutet wechselseitige Bildungspartnerschaft, mit deren Hilfe Menschen aller Alterskohorten etwas voneinander, miteinander und übereinander lernen, um so ihrer gemeinschaftlichen Verantwortung zum Erhalt und zur Vertiefung von Werten und Wissen, zum Erwerb unterschiedlicher Kompetenzen und Fähigkeiten sowie zur Entfaltung einer selbstbestimmten Persönlichkeit gerecht zu werden. Dadurch werden wechselseitiges Verständnis und gemeinschaftlicher Zusammenhalt zwischen den Generationen gefördert. (Kals et al., 2017, S. 5)

Dieser Definition liegt ein Verständnis von Lernen zugrunde, das weit mehr als die formale Wissensweitergabe umfasst. Der einseitige Nutzen im engen Verständnis von Lehr-Lern-Verhältnissen wird im transformatorischen Verständnis nach Koller (2007) überwunden und um die Befähigung zum kritischen Umgang mit und die Anwendung des Gelernten auf gesellschaftliche Herausforderungen erweitert. Durch den initiierten Austausch auf Augenhöhe können die Generationen ihre unterschiedlichen Erfahrungen, Werte und Denkweisen teilen, Perspektiven reflektieren und so auf unterschiedlichsten Ebenen lernen (Kals et al., 2017; Koller, 2010; Schütt, 2022). Da nach diesem Lernverständnis alle Generationen, unabhängig von ihrem Lebensalter, in die Rolle von Lehrenden und Lernenden schlüpfen, gilt Generationenlernen als genuin reziproker Prozess (Franz, 2006).

Projektbasierte generationenübergreifende Freiwilligenarbeit bietet einen geeigneten Rahmen für die Initiierung solcher transformatorischer und sozialer Lernprozesse (Schütt, 2022). Allerdings beschreibt Schmidt-Hertha (2014) drei Voraussetzungen, damit Generationenlernen erfolgreich etabliert werden kann: Generationenübergreifende Lernsettings müssen so arrangiert werden, dass 1) Generationen überhaupt etwas übereinander lernen und dabei spezifische Einstellungen und Erfahrungen reflektieren können, dass sie 2) reziproke und hierarchiefreie Lernprozesse ermöglichen, und dass sie 3) projektbasiert, initiiert und professionell gesteuert werden.

Generationenlernen wird im theoretischen Diskurs durch drei Zugänge definiert, wobei deren Grenzen in der Praxis oft fließend sind (z. B. Franz & Scheunpflug, 2014, 2016; Meese, 2005; Seidel & Siebert, 1990):
- *Voneinander-Lernen:* Diese Lernform umfasst die reziproke Weitergabe von (Erfahrungs-)Wissen und Kompetenzen an die themenspezifisch unerfahrenere Generation (z. B. Computer- oder Strickkurse).
- *Miteinander-Lernen:* Diese Lernform findet statt, wenn sich alle Generationen einer gemeinsamen Lernaktivität widmen, ohne dass eine Generation einen Expertenstatus hat (z. B. Umweltschutz).
- *Übereinander-Lernen:* Diese Lernform kennzeichnet einen Prozess, bei dem die Generationen sich wechselseitig und explizit über ihre biografischen Hintergründe berichten (z. B. Zeitzeugenunterricht).

In quantitativen und qualitativen Studien zeigt sich, dass die drei Lernformen auch tatsächlich nur in solchen Freiwilligenprojekten beträchtlich erlebt werden, in denen das Miteinander der Generationen als transparentes Ziel kommuniziert wird (Schütt, 2022).

> Generationenübergreifendes Lernen bildet ein zentrales Element generationenübergreifender Freiwilligenarbeit und leistet einen wichtigen Beitrag zur Reifung der Persönlichkeit, Weiterentwicklung von Kompetenzen, Sensibilisierung für die gesellschaftliche Verantwortung und Stärkung der Perspektivverschränkung aller Generationen.

Generationenübergreifende Freiwilligenarbeit bietet also einen fruchtbaren Boden für eine Förderung des Generationenlernens. Die aus dem demografischen Wandel resultierende Altersdiversität ist hier nicht mehr nur Herausforderung, sondern wird vielmehr zur Chance und Gelegenheit für einen wertvollen Austausch zur Stärkung der (Generationen-)Solidarität. So steht Generationenlernen etwa in engem Zusammenhang mit gesteigerter Empathie gegenüber anderen Generationen und stiftet Sinnhaftigkeit im Leben der Engagierten (Schütt & Kals, 2020; Schütt, 2022). Auch für die Erwerbsarbeit belegen erste empirische Befunde, dass Generationenlernen dort stattfindet und sich positiv auf die berufliche Engagementbereitschaft der Mitarbeitenden auswirkt (Schütt, 2022).

2.3 Herausforderungen in der generationenübergreifenden Freiwilligenarbeit

Trotz der vielfältigen Chancen kann generationenübergreifende Freiwilligenarbeit nicht als „Patentlösung" für die Überwindung negativer Konsequenzen des demografisch-gesellschaftlichen Wandels angesehen werden. Die Planung und Organisation generationenübergreifender Freiwilligenarbeit stellt Projektverantwortliche vor große generationenspezifische wie auch -unspezifische Schwierigkeiten und Herausforderungen (Schütt, 2022): Die größte Herausforderung liegt in der unregelmäßigen Teilnahme Engagierter, was auf die unterschiedlichen Zeitkapazitäten der beteiligten Generationen zurückzuführen ist. Dieser Punkt geht häufig mit einem mangelnden bzw. einem abnehmenden Commitment gegenüber der Tätigkeit einher. Zwischenmenschliche Konflikte bleiben ebenfalls nicht aus und machen eine konsequente Konfliktvermittlung erforderlich. Eine angemessene Zielgruppenansprache ist aufgrund der Heterogenität schwierig zu erreichen, da jede Generation mit ihren individuellen Einschränkungen und Bedarfen berücksichtigt werden muss. Letztlich hängt der Erfolg eines Projekts auch von dessen langfristiger Laufzeit ab, was eine ausreichende finanzielle Absicherung voraussetzt und auf politischer Ebene abgesichert werden muss.

Diese Aspekte sind sicherlich kein Ausschließlichkeitsphänomen der generationenübergreifenden Freiwilligenarbeit – diese wirkt hier letztlich wie ein Brennglas für Herausforderungen des gesamten Freiwilligensektors. Zwar forciert generationenübergreifende Freiwilligenarbeit die Beseitigung der ungleichen Zugänglichkeit für die jüngsten und ältesten Altersgruppen, doch bleibt die Frage offen, welche Personen sich letztlich tatsächlich einbringen und engagieren: Inwiefern sind auch hier primär Personen engagiert, die ohnehin sozial gut eingebunden sind, und weniger die Personen, die unter ihrer Einsamkeit leiden und besonders stark von einem entsprechenden Angebot profitieren würden?

❓ Fazit

Freiwilligenarbeit ist eine politisch und gesellschaftlich hoch geschätzte Form des zivilgesellschaftlichen Engagements, durch die psychosoziale Ressourcen freigesetzt werden. Gleichzeitig bestehen ungelöste Probleme, wie die Aufrechterhaltung sozialer Ungleichheit durch bestehende Zugangsbarrieren oder eine ungenügende Diversitätskompetenz, die den Einbezug benachteiligter und bisher unterrepräsentierter Personengruppen erschweren.

Mit generationenübergreifender Freiwilligenarbeit wird gezielt der Versuch unternommen, altersbedingt benachteiligten Personen den Zugang zu den Ressourcen zivilgesellschaftlichen Engagements zu erleichtern. Gerade die Organisation solcher Freiwilligenprojekte stellt aufgrund der Zielgruppenheterogenität eine Herausforderung dar. Wie erste empirische Studien mit Belegen zu positiven Wirksamkeiten für die beteiligten Individuen und letztlich für den gesamtgesellschaftlichen Zusammenhalt zeigen, lohnt sich jedoch dieser organisatorische Aufwand.

So kann für älter werdende, engagementbereite Menschen schon früh im Leben die (generationenübergreifende) Freiwilligenarbeit als eine sinnvolle Beschäftigung die existenzsichernde Erwerbsarbeit ergänzen.

Schlüsselbegriffe

- **Freiwilligenarbeit:** Arbeit, die unbezahlt, gemeinnützig, organisiert und öffentlich sichtbar verrichtet wird.
- **Erwerbsarbeit:** Arbeit, die bezahlt und professionalisiert ist sowie vertragliche Verpflichtungen umfasst.
- **Generationenübergreifendes Lernen:** Spezifische Form des Lernens zwischen Generationen, das sich in voneinander, miteinander und übereinander Lernen gliedert.

❓ Verständnisfragen

1. Was kennzeichnet generationenübergreifende Freiwilligenarbeit als propagiertes „Patentrezept" zur Kompensation negativer Konsequenzen demografischer Wandlungsprozesse?
2. Inwiefern kann generationenübergreifende Freiwilligenarbeit einen Beitrag dazu leisten, die (Alters-)Diversität in unserer Gesellschaft als Chance zu begreifen, anstatt sie als Problem zu verstehen?
3. Wie sollte schließlich diese Form der Freiwilligenarbeit gestaltet sein, um sie nachhaltig in die Gesellschaft integrieren zu können?
4. Welche Grenzen sind der generationenübergreifenden Freiwilligenarbeit gesetzt?

Literatur

Amrhein, V. (2005). Dialog der Generationen: Ein Spiegel des gesellschaftlichen Wandels. *Sozial extra, 29*(6), 23–25. ▶ https://doi.org/10.1007/s12054-005-0061-7.

Bergmann, F. (2004). *Neue Arbeit, neue Kultur: Ein Manifest*. Arbor.

Böhle, F., & Senghaas-Knobloch, E. (Hrsg.). (2019). *Andere Sichtweisen auf Subjektivität: Impulse für kritische Arbeitsforschung.* Springer Fachmedien. ▶ https://doi.org/10.1007/978-3-658-27118-3.

Brömme, N., & Strasser, H. (2001). Gespaltene Bürgergesellschaft? Die ungleichen Folgen des Strukturwandels von Engagement und Partizipation. *Aus Politik und Zeitgeschichte, 51*(25/26), 6–14.

Bundesinstitut für Bevölkerungsforschung (BiB). (2021). *Fakten zur demografischen Entwicklung Deutschlands 2010–2020*. ▶ https://www.bmi.bund.de/SharedDocs/downloads/DE/veroeffentlichungen/themen/heimat-integration/demografie/fakten-zur-demogrfischen-entwicklung-deutschlands-2010-2020.html.

Clary, E. G., & Snyder, M. (2002). Community involvement: Opportunities and challenges in socializing adults to participate in society. *Journal of Social Issues, 58*(3), 581–591. ▶ https://doi.org/10.1111/1540-4560.00277.

Deutscher Bundestag. (2002). *Bürgerschaftliches Engagement: Auf dem Weg in eine zukunftsfähige Bürgergesellschaft*. Bericht der Enquete-Kommission „Zukunft des Bürgerschaftlichen Engagements". ▶ https://doi.org/10.1007/978-3-322-92328-8.

Filipp, S.-H., & Mayer, A.-K. (1999). *Bilder des Alters: Altersstereotype und die Beziehungen zwischen den Generationen*. Kohlhammer.

Findenig, I. (2017). *Generationenprojekte: Orte des intergenerativen Engagements*. Potentiale, Probleme und Grenzen. Budrich UniPress.

Franz, J. (2006). Die ältere Generation als Mentorengeneration: Intergenerationelles Lernen und intergenerationelles Engagement. *Bildungsforschung, 3*(2), 1–18. ▶ https://doi.org/10.25656/01:4639.

Franz, J., & Scheunpflug, A. (2014). Voneinander, übereinander und miteinander lernen: Felder intergenerationeller Bildungsarbeit. In H. Binne, J. Dummann, A. Gerzer-Sass, A. Lange, & I. Teske (Hrsg.), *Handbuch Intergeneratives Arbeiten: Perspektiven zum Aktionsprogramm Mehrgenerationenhäuser* (S. 119–126). Budrich UniPress. ▶ https://doi.org/10.2307/j.ctvdf045h.13.

Franz, J., & Scheunpflug, A. (2016). A systematic perspective on intergenerational learning: Theoretical and empirical findings. *Studia Paedagogica, 21*(2), 25–41. ▶ https://doi.org/10.5817/SP2016-2-3.

Gentile, G.-C., & Wehner, T. (2012). Das Unternehmen in der Gesellschaft. In T. Wehner & G.-C. Gentile (Hrsg.), *Corporate volunteering* (S. 33–64). Gabler. ▶ https://doi.org/10.1007/978-3-8349-6908-8_1.

Gille, C., & Jepkens, K. (2022). Teilhabe und Ausschlüsse im Engagement: Ergebnisse empirischer Forschungsprojekte zu formellem und informellem Engagement. In C. Gille & K. Jepkens (Hrsg.), *Voluntaris: Sonderheft. Teilhabe und Ausschlüsse im Engagement* (S. 7–14). Nomos.

Güntert, S. T. (2015). Über Besonderheiten der Freiwilligenarbeit im Vergleich zur Erwerbsarbeit. In T. Wehner & S. T. Güntert (Hrsg.), *Psychologie der Freiwilligenarbeit: Motivation, Gestaltung und Organisation* (S. 23–37). Springer. ▶ https://doi.org/10.1007/978-3-642-55295-3_2.

Güntert, S. T. & Wehner, T. (2012). Facetten des Involvements und organisationalen Commitments: Freiwilligenarbeit und Erwerbsarbeit im Vergleich. *Wirtschaftspsychologie, 14*(1), 40–49. ▶ http://hdl.handle.net/11654/10365.

Habisch, A. (2011). Corporate volunteering als Element des Positive Organizational Scholarship. In M. Ringlstetter, S. Kaiser, & G. Müller-Seitz (Hrsg.), *Positives Management: Zentrale Konzepte und Ideen des Positive Organizational Scholarship* (S. 221–236). Springer Fachmedien.

Höpflinger, F. (2010). Intergenerationenprojekte: In Arbeitswelt und Nachbarschaft. In K. Lüscher, M. Stoffel, & M. Zürcher (Hrsg.), *Auf dem Weg zu einer Generationenpolitik* (S. 181–196). SAGW.

Kals, E., Roth, C., Schütt, S. C., & Thiel, K. (2017). *Generationenübergreifendes Lernen – eine Frage von Verantwortung und Gerechtigkeit: Analyse des Bildungspotenzials gesellschaftlichen Transfers*. Unveröffentl. Abschlussbericht. Katholische Universität Eichstätt-Ingolstadt.

Kemptner, D., & Marcus, J. (2020). *Alleinlebenden älteren Menschen droht in Corona-Zeiten Vereinsamung*. DIW. ▶ http://hdl.handle.net/10419/222871.

Koller, H.-C. (2007). Bildung als Entstehung neuen Wissens? Zur Genesung des Neuen in transformatorischen Bildungsprozessen. In H.-R. Müller & W. Stravoravdis (Hrsg.), *Bildung im Horizont der Wissensgesellschaft* (S. 49–66). VS Verlag.

Koller, H.-C. (2010). Grundzüge einer Theorie transformatorischer Bildungsprozesse. In A. Liesner & I. Lohmann (Hrsg.), *Gesellschaftliche Bedingungen von Bildung und Erziehung: Eine Einführung* (S. 288–300). Kohlhammer.

Kommission der Europäischen Gemeinschaft (16. März 2005). *Angesichts des demografischen Wandels: Eine neue Solidarität zwischen den Generationen*. Mitteilung der Kommission. ▶ https://eur-lex.europa.eu/LexUriServ/LexUriServ.do?uri=COM:2005:0094:FIN:DE:PDF.

Lehmann, A., Wehner, T., & Ramos, R. (2018). Freiwilligenarbeit: Psycho-soziale Ressource und sinngenerierende Tätigkeit. In B. Badura, A. Ducki, H. Schröder, J. Klose, & M. Meyer (Hrsg.), *Fehlzeiten-Report 2018* (S. 235–243). Springer. ▶ https://doi.org/10.1007/978-3-662-57388-4_20.

Loheide, M., Grastorf, I., & Gillenberg, N. (2020). Anwälte der Unerhörten: Unmittelbares Engagement für Demokratie. In K. Hummel & G. Timm (Hrsg.), *Demokratie und Wohlfahrtspflege* (S. 349–366). Nomos. ▶ https://doi.org/10.5771/9783748904069-349.

Meese, A. (2005). Lernen im Austausch der Generationen: Praxissondierung und theoretische Reflexion zu Versuchen intergenerationeller Didaktik. *DIE – Zeitschrift für Erwachsenenbildung, 2,* 39–41. ▶ https://www.die-bonn.de/zeitschrift/22005/meese0501.pdf.

Miedaner, L. (2001). *Alt und Jung entdeckt sich neu: Intergenerative Pädagogik mit Kindern und Senioren.* Herder.

Miedaner, L. (2002). Intergenerativität: Zur Einführung von Kindern in bürgerschaftliches Engagement mit und für SeniorInnen. In K. Möller (Hrsg.), *Auf dem Weg in die Bürgergesellschaft?* (S. 113–124). Verlag für Sozialwissenschaften. ▶ https://doi.org/10.1007/978-3-663-09303-9_8.

Neu, C. (2023). *Generationenübergreifendes bürgerschaftliches Engagement für Zukunftsthemen in Kommunen: Potenziale der verschiedenen Altersgruppen im Blick* (Bd. 17). ▶ https://population-europe.eu/files/documents/pe_dp_01.2023_web_einzels_0.pdf.

Putnam, R. D. (2000). Bowling alone: The collapse and revival of American community. In W. Kellogg & S. Whittaker (Hrsg.), *CSCW00: Computer Supported Cooperative Work.* Symposium im Rahmen der Tagung von Association for Computing Machinery (ACM), Philadelphia Pennsylvania USA, S. 357.

Rameder, P. (2015). *Die Reproduktion sozialer Ungleichheiten in der Freiwilligenarbeit: Theoretische Perspektiven und empirische Analysen zur sozialen Schließung und Hierarchisierung in der Freiwilligenarbeit.* Peter Lang. ▶ https://doi.org/10.3726/978-3-653-05595-5.

Rammert, W. (2016). *Technik – Handeln – Wissen.* Springer Fachmedien. ▶ https://doi.org/10.1007/978-3-658-11773-3.

Ramos, R., & Wehner, T. (2015). Hält Freiwilligenarbeit gesund? Erklärungsansätze und kontextuelle Faktoren. In T. Wehner & S. T. Güntert (Hrsg.), *Psychologie der Freiwilligenarbeit: Motivation, Gestaltung und Organisation* (S. 109–127). Springer. ▶ https://doi.org/10.1007/978-3-642-55295-3_7.

Rohmann, E., & Bierhoff, H.-W. (2021). Ehrenamt und Freiwilligenarbeit. In P. Genkova (Hrsg.), *Handbuch Globale Kompetenz* (S. 1–16). Springer Fachmedien. ▶ https://doi.org/10.1007/978-3-658-30684-7_77-1.

Schmidt, G. (2018). Arbeit und Gesellschaft. In F. Böhle, G. G. Voß, & G. Wachtler (Hrsg.), *Handbuch Arbeitssoziologie: Bd. 2. Arbeit, Strukturen und Prozesse* (2. Aufl., S. 143–168). Springer Fachmedien. ▶ https://doi.org/10.1007/978-3-658-14458-6_4.

Schmidt-Hertha, B. (2014). Different concepts of generation and their impact on intergenerational learning. In B. Schmidt-Hertha, S. J. Krašovec, & M. Formosa (Hrsg.), *Research on the education and learning of adults: Bd. 2. Learning across generations in Europe: Contemporary issues in older adult education* (S. 145–153). SensePublishers.

Schüler, B. (2005). *Dialog der Generationen: Wege des Miteinanders von Jung und Alt.* Friedrich-Ebert-Stiftung. Online-Akademie: Themenmodul Generationengerechtigkeit. ▶ http://library.fes.de/pdf-files/akademie/online/03598.pdf.

Schütt, S. C. (2022). *Generationenübergreifender Austausch in der Freiwilligenarbeit und in der Erwerbsarbeit: Eine multimethodale psychologische Analyse.* Nomos. ▶ https://doi.org/10.5771/9783748934929.

Schütt, S. C., & Kals, E. (2020). Generationenübergreifendes Engagement und die Förderung von Empathie. *Konfliktdynamik, 9*(3), 206–216. ▶ https://doi.org/10.5771/2193-0147-2020-3-206.

Seidel, E., & Siebert, H. (1990). *SeniorInnen studieren: Eine Zwischenbilanz des Seniorenstudiums an der Universität Hannover.* ZEW.

Statistisches Bundesamt (Destatis). (2019). *Bevölkerung im Wandel: Annahmen und Ergebnisse der 14. koordinierten Bevölkerungsvorausberechnung.* ▶ https://www.destatis.de/DE/Presse/Pressekonferenzen/2019/Bevoelkerung/bevoelkerung-uebersicht.html.

Statistisches Bundesamt (Destatis). (2021). *Ausblick auf die Bevölkerungsentwicklung in Deutschland und den Bundesländern nach dem Corona-Jahr 2020: Erste mittelfristige Bevölkerungsvorausberechnung 2021 bis 2035.* ▶ https://www.destatis.de/DE/Themen/Gesellschaft-Umwelt/Bevoelkerung/Bevoelkerungsvorausberechnung/Publikationen/Downloads-Vorausberechnung/bevoelkerung-deutschland-2035-5124202219004.html.

Stein, M. (2012). Wirksamkeit und Effekte intergenerativer Lernprojekte in Schulen: Erste Ergebnisse des Programms „Begegnung der Generationen". *Bildung und Erziehung, 65*(3), 275–292.

Strubel, I. T., Schütt, S. C., & Kals, E. (2021). Soziale Engagements. In P. Genkova (Hrsg.), *Handbuch Globale Kompetenz* (S. 1–14). Springer Fachmedien. ▶ https://doi.org/10.1007/978-3-658-30684-7_74-1.

Ulich, E., & Wiese, B. S. (2011). Arbeit außerhalb der Erwerbsarbeit. In E. Ulich & B. S. Wiese (Hrsg.), *Life Domain Balance: Konzepte zur Verbesserung der Lebensqualität* (S. 149–173). Gabler. ▶ https://doi.org/10.1007/978-3-8349-6489-2_7.

Wehner, T., Güntert, S. T., & Mieg, H. A. (2018). *Freiwilligenarbeit: Essenzielles aus Sicht der Arbeits- und Organisationspsychologie*. Springer.

Wehner, T., Güntert, S. T., Neufeind, M., & Mieg, H. A. (2015). Frei-gemeinnützige Tätigkeit: Freiwilligenarbeit als Forschungs- und Gestaltungsfeld der Arbeitsund Organisationspsychologie. In T. Wehner & S. T. Güntert (Hrsg.), *Psychologie der Freiwilligenarbeit: Motivation, Gestaltung und Organisation* (S. 3–22). Springer. ▶ https://doi.org/10.1007/978-3-642-55295-3_1.

Die Auswirkungen der künstlichen Intelligenz auf die Zukunft der Arbeit

Erfolgreiches Leadership im Rahmen der digitalen Transformation

Sylke Piéch

Inhaltsverzeichnis

1	Der Nutzen von KI-Systemen für Führungskräfte	– 26
2	Die Rolle der Führungskraft beim Einsatz von KI-Technologien	– 26
3	Führungskompetenzen im digitalen Zeitalter	– 27
4	Die Zusammenarbeit in hybriden Teams	– 27
5	Erfolgsfaktoren für die Mensch-Roboter-Kollaboration	– 28
5.1	Rollenklärung und Akzeptanz	– 28
5.2	Zeitmanagement und Fehlerkultur	– 29
5.3	Berücksichtigung interkultureller Unterschiede und Datenschutz	– 29
5.4	Ethik und Transparenz	– 30
6	Der unterschiedliche Umgang mit Veränderungen	– 30
7	Situatives Führen	– 31
7.1	Stufen der Selbstständigkeit	– 31
7.2	Zur Umsetzung des situativen Führungsstils	– 32

© Der/die Autor(en), exklusiv lizenziert an Springer-Verlag GmbH, DE, ein Teil von Springer Nature 2024
J. Basel und S. Manchen Spörri (Hrsg.), *Angewandte Psychologie für die Wirtschaft*, https://doi.org/10.1007/978-3-662-68559-4_3

8	Die Bedeutung der Talententwicklung – 32
9	Vom Wert der Arbeitskultur – 32
	Literatur – 35

🖲 Insights

- Einschätzen können, welchen Mehrwert KI-Systeme für Führungskräfte bringen und worauf bei der Implementierung zu achten ist.
- Welche Führungskompetenzen sind im digitalen Zeitalter relevant?
- Welche Faktoren sind bei der Zusammenarbeit mit Robotern bzw. digitalen Assistenzsystemen zu berücksichtigen?
- Den Situativen Führungsstil in seinen Potenzialen für die agile Arbeit kennenlernen.
- Die Bedeutung erkennen, warum ist eine gezielte Talententwicklung beim Einsatz von KI-Technologien relevant ist.

Einleitung

Die Schlüsseltechnologie *künstliche Intelligenz* (KI) gilt als Wachstumsmotor für wirtschaftliche und gesellschaftliche Entwicklungen. Nach einer Studie von McKinsey wächst der globale Markt für KI-basierte Dienstleistungen, Software und Hardware jährlich um 25 % (McKinsey & Company, 2017). Entsprechend den Angaben von Next Move Strategy Consulting wird der Markt für künstliche Intelligenz bis ins Jahr 2030 auf dann fast zwei Billionen US-Dollar ansteigen (Lauer, 2023). Wie die Bundesnetzagentur (BNetzA, 2023) resümiert, werden diese Wertschöpfungspotenziale vor allem durch Kostensenkungen, Qualitätsverbesserungen, exaktere Prognoseverfahren und neue Geschäftsmodelle und Anwendungen ermöglicht, die erst auf Basis von KI entwickelt werden können.

Auch in der deutschen Wirtschaft wird den KI-Technologien im Rahmen der digitalen Transformation eine große Bedeutung zugeschrieben. Bezogen auf eine Studie von Wakefield Research berichtet das Handelsblatt, dass rund 90 % der deutschen Manager und Managerinnen in den nächsten Jahren KI-Strategien entwickeln wollen, um global konkurrenzfähig zu bleiben (Bundesministerium für Wirtschaft und Klimaschutz [BMWK], 2023).

Mit den technologischen Entwicklungen wächst bei vielen Menschen die Angst vor Arbeitsplatzverlust. Demgegenüber beruhigen Experten, dass KI-Systeme eher helfen werden, die Belegschaft zu vergrößern (ebd.). Eine Tatsache ist jedoch, dass sich die Berufsbilder und die Zusammenarbeit stark verändern werden. Wenn zum Beispiel monotone, repetitive oder auch gefährliche Arbeiten von Robotern übernommen werden, dann können sich die Mitarbeitenden stärker auf kreative und wertschöpfende Aufgaben konzentrieren. In einem Interview hat Wolfgang Wahlster vom Deutschen Forschungszentrum für Künstliche Intelligenz (DFKI), dem weltweit größten Forschungszentrum auf dem Gebiet der KI und deren Anwendungen, diesbezüglich festgestellt:

> Der Mensch ist nicht zu ersetzen. [...] Unsere Wahrnehmung, unsere Sensomotorik ist allen technischen Systemen überlegen. In der Industrie der Zukunft werden Menschen in Teams mit Robotern zusammenarbeiten. (BMWK, 2023)

Damit die Zusammenarbeit in der Mensch-Roboter-Kollaboration erfolgreich gelingt, sind neben den technischen Parametern auch die entsprechenden organisatorischen Rahmenbedingungen und Strukturen zu entwickeln, Verantwortlichkeiten zu klären und die Mitarbeitenden aktiv an den Change-Prozessen zu beteiligen. Der Technologietransfer kann nur gelingen im Dreiklang von Mensch, Organisation und Technik.

In diesem Kontext kommt den Führungskräften eine entscheidende Rolle zu. Das gesamte Spektrum, das bei der Gewinnung der Mitarbeitenden für die Arbeit mit den neuen Technologien beginnt und sich über die Arbeitsorganisation und das Management erstreckt, wird durch sie maßgeblich gestaltet.

1 Der Nutzen von KI-Systemen für Führungskräfte

Wie können KI-Systeme die Führungskräfte in ihrem Wirken unterstützen? Zum einen wird die Komplexität unserer Welt durch den Prozess der Digitalisierung und den Einsatz von KI-Technologien maßgeblich erhöht. Zum anderen helfen KI-Werkzeuge bei der Bewältigung der Komplexität. Zum Beispiel können sie in einer hohen Geschwindigkeit Wissen aus unterschiedlichen Quellen extrahieren und somit wichtige Entscheidungshilfen für Führungskräfte und Mitarbeitende entwickeln. *Predictive Analytics Tools* nutzen zum Beispiel Machine-Learning-Techniken, um Daten zu analysieren und Vorhersagen zu treffen. Diese Daten, die in Echtzeit analysiert werden, können Führungskräfte in ihre Entscheidungsprozesse miteinbeziehen. Des Weiteren können *Natural Language Processing* (NLP) Tools Führungskräften dabei helfen, unstrukturierte Daten wie E-Mails, Dokumente und Social-Media-Beiträge zu analysieren und Einblicke in Trends und Meinungen zu gewinnen. Auch Kundenfeedback und -stimmungen können durch NLP-Tools analysiert werden. Die Visualisierung und Analyse von Geschäftsdaten und die Verbesserung von Geschäftsprozessen kann zudem durch *Business Intelligence Tools* unterstützt werden.

Der Hype um *ChatGPT* hat auch auf vielen Führungsetagen für Aufsehen gesorgt. ChatGPT ist ein großer Sprachmodell-Chatbot, der von OpenAI entwickelt wurde. Der Chatbot ist in der Lage, natürliche Sprache zu verstehen und darauf zu antworten, indem er Muster in den Eingaben erkennt und eine passende Antwort generiert. In der weiterentwickelten Version ist der KI-Chatbot kein reines Sprachmodell mehr, sondern kann mit unterschiedlichen Medien, z. B. Bildern umgehen; daher wird er auch als „multimodales Modell" bezeichnet (Liebig, 2023). Im konstruktiven Einsatz können durch ChatGPT beispielsweise die Produktivität und Kreativität gesteigert sowie Zeit gespart werden. Wie für alle KI-Systeme ist es entscheidend, dass der Umgang mit dem KI-Chatbot reflektiert, transparent, kritisch und ethisch verantwortungsbewusst erfolgt.

2 Die Rolle der Führungskraft beim Einsatz von KI-Technologien

Führungskräfte nehmen eine Schlüsselfunktion im Prozess der Digitalisierung und beim Einsatz von KI-Systemen ein. Von ihnen hängt es maßgeblich ab, ob der Technologietransfer in die Praxis gelingt. Dabei stehen Führungskräfte vor der Herausforderung …

1. den Einsatz digitaler Technologien in seinen Chancen und Risiken einschätzen zu können,
2. wenn möglich, unter Miteinbezug der Mitarbeitenden eine Auswahl aus den KI-Werkzeugen zu treffen,

3. ihre Mitarbeiterinnen und Mitarbeiter für die Arbeit mit den neuen Technologien zu gewinnen und
4. die Mitarbeitenden bei der Implementierung und Nutzung der KI-Systeme zu begleiten und zu unterstützen.

Führungskräften kommt dabei eine Vorbildfunktion zu. Ihre Einstellungen und ihr persönlicher Umgang mit KI-Tools können sich auch maßgeblich auf die Motivation und Haltung der Mitarbeitenden auswirken.

3 Führungskompetenzen im digitalen Zeitalter

Nach dem *Future Skill Report* von Stepstone werden technische Fähigkeiten und der Umgang mit KI-Systemen immer wichtiger für die Arbeitnehmerinnen und Arbeitnehmer (Oberrauter-Zabransky, 2023). Zugleich sind nichtdigitale Schlüsselqualifikationen, wie zum Beispiel das unternehmerische Denken, Kommunikationskompetenz und Selbstmanagement, entscheidend für den beruflichen Erfolg. Aufgrund ihrer Verantwortung und Vorbildrolle sind insbesondere die Führungskräfte besonders gefordert, ihr digitales Wissen und ihr Führungs-Know-how stetig weiterzuentwickeln. Entsprechend der Alpha-Intelligence-Studie vom Institut für Führungskultur im digitalen Zeitalter (IFIDZ, 2022) sehen mehr als die Hälfte der Führungskräfte bei sich einen großen Entwicklungsbedarf im Bereich „Digitalkompetenz" (53 %). Zugleich schätzen 37 % von ihnen, einen hohen Qualifizierungsbedarf im Bereich „Selbstführung/-management" zu haben. Bereits Sokrates sagte: „Wer die Welt bewegen will, sollte erst sich selbst bewegen" (Melzer, 2008). Bevor wir andere Menschen führen können, ist es entscheidend, uns selbst in unseren Gedanken, Emotionen und Handlungen zu führen. Den eigenen Selbstwert zu erkennen, eine innere Stabilität zu erlangen und mit Selbstvertrauen auch unbekannte und mehrdimensionale Situationen gut zu meistern wird für Führungskräfte immer wichtiger werden, denn durch die zunehmende Digitalisierung wird auch die Arbeitswelt in ihren Anforderungen immer komplexer werdenden. In einem Interview mit Beate Kreuzer (2017) äußerte Harry Gatterer, dass uns das lineare Denken in Zukunft nichts mehr nützen werde: „Da hat man in einer komplexen Welt immer mehr nicht gesehen als gesehen." Nach seiner Einschätzung braucht es eine Rücknahme des Tempos und Geduld sowie eine hohe Achtsamkeit, um sich in einer höheren Komplexität zu bewegen.

Um erfolgreich als Führungskraft zu agieren, braucht es darüber hinaus ein vielseitiges Spektrum an Führungskompetenzen. Wie aus ◘ Abb. 1 ersichtlich wird, sollten sämtliche Führungsaktivitäten auf gegenseitigem Respekt, Wertschätzung, Achtung und Vertrauen beruhen. Wertschätzende Führung ist die Grundlage für eine erfolgreiche Zusammenarbeit (Piéch, 2020a).

4 Die Zusammenarbeit in hybriden Teams

Hochgradige Automatisierungsprozesse bringen zudem Änderungen in der Unternehmenskommunikation und in der Gestaltung der Zusammenarbeit mit sich. Aktuell wird oft unterschätzt, welche Anforderungen an Führungskräfte hinsichtlich

☐ Abb. 3.1 Führungskompetenzen im digitalen Zeitalter

der aktuellen und neuen Arbeits- und Teamformate gestellt werden. Neben den Präsenzteams kann die Zusammenarbeit auch virtuell, interdisziplinär, interkulturell und zunehmend hybrid im Rahmen einer Mensch-Roboter-Kollaboration stattfinden. Viele Führungskräfte stehen somit vor der Herausforderung, ihr Führungsverhalten in sehr unterschiedlichen Teamformaten auszuüben.

Aufgrund der thematischen Ausrichtung des Beitrags werden wir nachfolgend die Zusammenarbeit in hybriden Teams näher beleuchten. Bei dieser Arbeitsform wird angestrebt, die Fähigkeiten von Mensch und Maschine zusammenzuführen:

» Der Roboter steht für Präzision und Ausdauer, während der Mensch seine einzigartigen Problemlösungskompetenzen in die Zusammenarbeit mit einbringt. So lassen sich Produktionsprozesse flexibler und reibungsloser gestalten. (Pomrehn, 2018)

Neben den Produktions- und Logistikhallen hat der Einsatz von KI-Systemen seit einigen Jahren auch die Management- und Führungsebenen erreicht. Denn durch die Zusammenarbeit von Mensch und Roboter können Arbeitsprozesse mit einer höheren Flexibilität, Effizienz, Kosteneffizienz, Sicherheit und Qualitätssteigerung durchgeführt werden. Die menschlichen Fähigkeiten wie Kreativität und Problemlösungskompetenz können in Kombination mit der Geschwindigkeit und Genauigkeit von Robotern zu einer erheblichen Steigerung der Produktivität führen (Piéch, 2023).

5 Erfolgsfaktoren für die Mensch-Roboter-Kollaboration

5.1 Rollenklärung und Akzeptanz

Wenn Roboter als Kollaborationspartner eingesetzt werden, dann ist auf eine klare Rollenteilung zu achten, bei der der Mensch als übergeordnete Lenkungsinstanz fungiert. Der Roboter muss zudem auch von den Mitarbeitenden als Teammitglied akzeptiert werden und sollte nicht als Konkurrenz, sondern als Unterstützung betrachtet werden.

Aktuelle Studien weisen diesbezüglich auf ein gravierendes Problem hin. Die Vertrauenswürdigkeit und Rücksichtnahme, die Mitarbeitende von KI-Technologien erwarten, wird nicht von allen Menschen geteilt. Einige sind sehr viel weniger bereit, sich einer KI gegenüber reziprok zu verhalten, als gegenüber einem Menschen. Sie nutzen sogar die „Gutmütigkeit" der Maschine zum eigenen Vorteil aus (Karpus, 2021).

Wenn Führungskräfte diese Tendenzen bei ihren Mitarbeitenden beobachten, dann ist ein unverzügliches Intervenieren wichtig. Sprechen Sie konkret das Problem an und suchen Sie gemeinsam nach Lösungen. Damit es gar nicht erst so weit kommt, sollten die Mitarbeitenden bereits bei der Auswahl und Implementierung von KI-Assistenzsystemen miteinbezogen und die gemeinsame Einarbeitung unterstützend begleitet werden.

5.2 Zeitmanagement und Fehlerkultur

Beim Zeitmanagement der Implementierungsprozesse ist unbedingt zu berücksichtigen, dass die gemeinsame Interaktion zwischen Menschen und Maschinen auch Übung braucht. Es bedarf Testphasen, wo Erfahrungen im Miteinander gewonnen werden können.

Hier schließt sich die Frage an, wie mit Fehlern umgegangen wird. Drohen Sanktionen oder werden Fehler als Chance zum Lernen begriffen? Eine konstruktive Fehlerkultur ist die Grundlage dafür, dass sich Mitarbeitende offen auf neue KI-Systeme einlassen und bereit sind, technisches Neuland für sich zu entdecken.

5.3 Berücksichtigung interkultureller Unterschiede und Datenschutz

Zudem ist zu beachten, dass der Umgang mit KI-Systemen interkulturell sehr unterschiedlich sein kann. Die Affinität für Roboter ist beispielsweise in Japan sehr hoch. Hier wurde bereits 2014 in einer Investment-Firma ein Computer als gleichwertiges Mitglied in den Vorstand gewählt (Clauß, 2014).

Kulturell interessant ist zudem, dass in Japan unbelebten Objekten – somit auch den Maschinen – eine Seele zugesprochen wird. Dies hat einen elementaren Einfluss auf die hohe Akzeptanz und den offenen Umgang mit Robotern sowie auf die Einstellungen in Bezug auf die Speicherung persönlicher Daten. Demzufolge ist es wichtig, dass Führungskräfte die unterschiedlichen Werte und interkulturellen Einstellungen der Mitarbeitenden gleichberechtigt in der hybriden Zusammenarbeit berücksichtigen.

Für den europäischen Kulturkreis kann eingeschätzt werden, dass der Einsatz von KI-Systemen ein transparenter Prozess sein sollte, in dem die Anwender immer darüber informiert sind, welche Daten über sie gesammelt werden und was damit anschließend geschieht. Der Schutz persönlicher Daten, eine transparente und nachvollziehbare Kommunikation zur Datenlage, Sicherheit, Gesundheitsschutz und die soziale Einbindung sind wesentliche Faktoren, damit eine sinnvolle Arbeitsteilung zwischen Menschen und Robotern bzw. digitalen Assistenzsystemen möglich ist.

5.4 Ethik und Transparenz

Ferner stehen ethische Grundsatzfragen im Fokus. Vor dem Einsatz von KI-Technologien sollten sich die Führungskräfte im Dialog mit ihren Mitarbeitenden überlegen, welche KI-Anwendungen sie ethisch vertreten wollen. Zum Beispiel sorgt der Einsatz von Sprachanalyse-Software im Recruiting-Prozess oder beim Tracking von Mitarbeitenden für kontroverse Diskussionen.

Auf der Bundesebene hat sich unter anderem die Enquete-Kommission „Künstliche Intelligenz – Gesellschaftliche Verantwortung und wirtschaftliche, soziale und ökologische Potenziale" intensiv mit ethischen Fragestellungen beschäftigt und zentrale Handlungsempfehlungen formuliert (Deutscher Bundestag, 2020, S. 92–93), wie zum Beispiel:
- KI sollte reflektiert und wertekonform eingesetzt werden.
- Es geht um Gerechtigkeit und Partizipation.
- Die Menschen müssen befähigt werden, mit KI-Systemen umzugehen.
- Neben der Kompetenzerweiterung spielt die Transparenz und Erklärbarkeit der Daten eine wesentliche Rolle.

Beim Thema Transparenz ist unbedingt auf die Qualität der Daten zu achten. Berücksichtigt werden sollte, dass Daten aus der Vergangenheit verzerrt sein können. Bei einer unreflektierten Betrachtung werden Vorurteile und Stereotype in die Programmierung eingeflochten und im gesellschaftlichen Bewusstsein weiterhin archiviert. Eine zentrale Frage ist, welche Repräsentanten durch die Daten vertreten werden. Es braucht dringend einen diversen Blick auf die Qualität der Datensätze. Und es bedarf ebenso eines offenen und zugleich kritischen Blicks auf die Daten. Wie Gerd Antes im Interview einschätzt (Schwertfeger, 2019), liegt ein fundamentaler Fehler in der Annahme, „man brauche nur riesige Datenmengen, und der Rest ergebe sich dann von allein". Einhäuser-Treyer und Bendixen (2019) weisen auf ein weiteres Problem hin, welches in der Gefahr der momentanen Überschätzung und im unkritischen Vertrauen in die scheinbare Objektivität maschineller Entscheidungsprozesse liegt. Auch sie plädieren für einen nachvollziehbaren und verantwortungsvollen Einsatz von KI-Technologien.

6 Der unterschiedliche Umgang mit Veränderungen

Menschen gehen sehr unterschiedlich mit Veränderungen um. Wenn zum Beispiel Routineaufgaben durch KI-Tools übernommen werden, kann das bei einigen Kolleginnen und Kollegen Freude auslösen, da sie mehr Freiraum für innovative oder strategische Aufgaben gewinnen. Andere fühlen sich durch diese Entwicklungen eher bedroht, da sie ihre Sicherheit oder sogar ihren Arbeitsplatz verlieren. Hier müssen neue Berufsperspektiven eröffnet werden, und es ist wichtig, sehr individuell auf jeden einzelnen Mitarbeitenden einzugehen; Führungskräfte sind hier gefordert. Um diesen Herausforderungen gerecht zu werden, sollte die Ausrichtung auf agile Führungsansätze, wie beispielsweise den Situativen Führungsstil, vorgenommen werden.

7 Situatives Führen

7.1 Stufen der Selbstständigkeit

Das Modell der Situativen Führung ist auf die Studien von Paul Hersey und Ken Blanchard zurückzuführen (Lilie, 2018). In diesem Führungsmodell wird davon ausgegangen, dass es „den besten Führungsstil" nicht gibt, sondern dass das Führungsverhalten situativ, entsprechend der Leistungsfähigkeit und Leistungsbereitschaft des Mitarbeiters bzw. des Teams ausgewählt werden sollte. Dabei werden folgende Stufen der Selbstständigkeit unterschieden (in Anlehnung an Voss, 2020):

- **Situative Führung: Stufen der Selbstständigkeit**
- Selbstständigkeitsgrad R1: Dem Mitarbeiter fehlen das nötige Wissen und Können sowie die erforderliche Bereitschaft, die neue Aufgabe zu übernehmen.
- Selbstständigkeitsgrad R2: Der Mitarbeiter ist zwar bereit, die neue Aufgabe anzunehmen, aber ihm fehlen das erforderliche Wissen und Können hierzu.
- Selbstständigkeitsgrad R3: Zur Bewältigung der neuen Aufgabe verfügt der Mitarbeiter zwar über das nötige Können, aber ihm fehlt (bspw., weil er noch unsicher ist) die nötige Motivation.
- Selbstständigkeitsgrad R4: Der Mitarbeiter bringt sowohl das erforderliche Können als auch die entsprechende Motivation mit, um die neue Aufgabe zu übernehmen.

Zu beachten ist, dass sich die vier Stufen der Selbstständigkeit stets auf eine Aufgabe beziehen. Fachkompetenz und Leistungsbereitschaft eines Mitarbeiters können also von Aufgabe zu Aufgabe variieren, so dass die Führungskraft ihr Verhalten entsprechend der Situation anzupassen hat. In ◘ Abb. 2 werden entsprechend den Selbstständigkeitsgraden folgende Arten der Führung empfohlen.

Selbstständigkeit der Ausführung

TIEF	MITTEL		HOCH
R1	R2	R3	R4
noch nicht fähig und nicht bereit	noch nicht fähig aber bereit	fähig, aber noch nicht bereit	fähig und bereit
↓	↓	↓	↓
ANWEISEN	ARGUMENTIEREN	PARTIZIPIEREN	DELEGIEREN

◘ **Abb. 2** Situativer Führungsstil – Stufen der Selbstständigkeit

7.2 Zur Umsetzung des situativen Führungsstils

Dieser Führungsstil stellt höchste Ansprüche an die Führungskraft, denn sie sollte über ein solides Wissen bezüglich der unterschiedlichen Führungsarten mit den entsprechenden Führungsinstrumenten verfügen und ihre Mitarbeiter gut einschätzen können. Hierfür braucht es vor allem psychologische, reflektorische und empathische Fähigkeiten. Zudem sollte nicht unterschätzt werden, wie schwierig es sein kann, flexibel mit dem persönlich präferierten Führungsstil umzugehen. Wenn zum Beispiel eine Führungskraft, die einen kooperativen Führungsstil bevorzugt, die Leitung eines Teams übernimmt, dass zuvor direktiv geführt wurde, ist es wichtig, Handlungsebenen zu entwickeln, die den Kollegen einen Übergang von der direktiven zur kooperativen Zusammenarbeit ermöglichen. Hierfür braucht es eine hohe Reflexionskompetenz der Führungskraft hinsichtlich ihres eigenen Führungsstils sowie die Bereitschaft, das Führungsverhalten an den Fähigkeiten der Mitarbeitenden auszurichten. Diese flexible Ausrichtung ist insbesondere bei der Einführung neuer Technologien und bei der Neugestaltung von Arbeitsprozessen vorteilhaft.

8 Die Bedeutung der Talententwicklung

Die Fachkompetenz und die Leistungsbereitschaft eines Mitarbeitenden orientieren sich stark daran, inwieweit die persönlichen Talente in die Arbeit miteingebracht werden können. Hierin liegt auch ein starker Faktor für die intrinsische Motivation. Empfehlenswert ist es daher, die gezielte Talententwicklung im Rahmen einer lebensphasenorientierten Personalpolitik zu integrieren, so dass sich die Mitarbeitenden in den unterschiedlichen Berufsphasen optimal begleitet und unterstützt fühlen. Aufgrund des demografischen Wandels und des damit verbundenen Fachkräftemangels wird es immer wichtiger, talentierte Mitarbeiter und Mitarbeiterinnen langfristig an das Unternehmen bzw. die Organisation zu binden.

Die Umsetzung kann durch die Etablierung eines strukturieren Talentmanagement-Prozesses erfolgen. Wie aus ◘ Abb. 3 ersichtlich ist, umfasst das Talentmanagement den gesamten Prozess von der Identifikation und Rekrutierung talentierter Mitarbeitender über die karrierebestimmte Förderung im Rahmen aller Arbeitsphasen bis hin zur Kontakterhaltung und Zurückgewinnung bei einer eventuellen Kündigung (Piéch, 2020b).

Die Prozesse des Talentmanagements können durch KI-Technologien maßgeblich unterstützt werden. Zum Beispiel ist durch eine optimale Erfassung der Talent- und Kompetenzprofile eine bessere Personalisierbarkeit von Qualifizierungsmaßnahmen und eine gezieltere Karriereplanung möglich. Dies wirkt sich oft positiv auf die Motivation und Bindung der Mitarbeitenden aus.

9 Vom Wert der Arbeitskultur

Zu berücksichtigen ist, dass es beim Talentmanagement nicht nur um die Suche und Förderung der „Besten" gehen sollte, sondern auch darum, eine Arbeitskultur zu schaffen, in der sich jeder Mitarbeitende motiviert fühlt, sein Bestes zu geben und seine Potenziale gezielt einzusetzen (Piéch, 2020a).

Die Auswirkungen der künstlichen Intelligenz auf die …

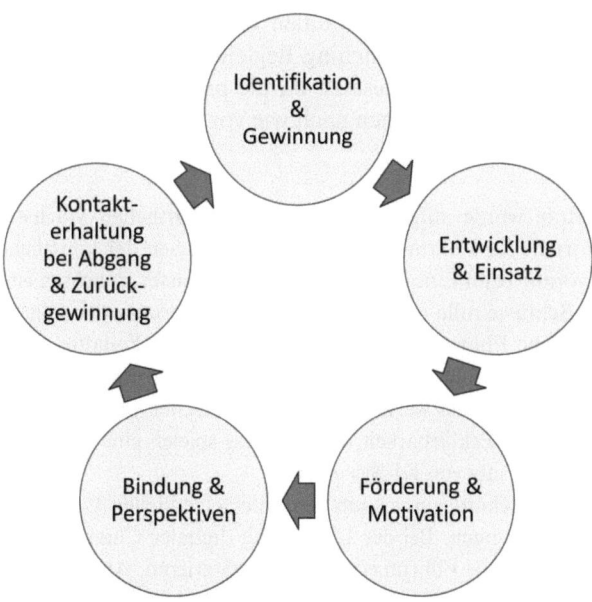

• Abb. 3 Der Talentmanagement-Prozess

Die Werte im Miteinander schaffen die Werte und die Erfolge in der Umsetzung. Eine Arbeitskultur der gegenseitigen Achtung, Wertschätzung, Förderung und Offenheit ist auch die Grundlage dafür, die digitalen Change-Prozesse erfolgreich umzusetzen. Aufgrund der zunehmenden Komplexität und Geschwindigkeit schafft es niemand mehr im „Alleingang". Die Fähigkeiten zur Teamarbeit, zur Kollaboration und zum Netzwerken werden immer wichtiger, um die Herausforderungen der digitalen Arbeitswelt zu meistern.

Viele Unternehmen und Organisationen befinden sich dementsprechend in umfassenden Change-Prozessen, da bisherige Arbeits- und Führungsweisen an Wirkung verlieren. Es braucht eine konstruktive Wertediskussion zur Gestaltung der Zusammenarbeit, wo auch viele Führungskräfte ihr Rollenbild zu überdenken haben. In der modernen Arbeitswelt werden sie verstärkt als Coach, Mediator, Motivator oder Berater agieren, um die Zielerreichung ihrer Mitarbeitenden sowohl im analogen als auch im digitalen Raum zu unterstützen.

Dementsprechend gehört die Fähigkeit zur Reflexion des persönlichen Arbeits- und Führungsverhaltens zu den entscheidenden Kompetenzen einer Führungskraft. Die Bewusstwerdung des eigenen Handelns und Wahrnehmens eröffnet die Möglichkeit, das persönliche Agieren souverän, entsprechend den gegebenen Erfordernissen auszurichten und neue passende Herangehensweisen und Strategien für sich zu integrieren.

Mit Blick auf die technologischen Entwicklungen können Chatbots eine wertvolle Möglichkeit zur Selbstreflexion darstellen (Graßmann & Schermuly, 2021). „Ein Chatbot (auch Conversational Agent genannt) ist eine dialogbasierte automatisierte Software, die menschliche Unterhaltungen auf interaktive Weise imitiert" (Mai & Rutschmann, 2023). Es gibt Chatbots, die die Klient:innen vollständig durch einen standardisierten, rein digitalen Coaching-Prozess führen. Gerne werden sie aber auch als eine Art Coaching-Begleiter oder Coach-Assistent vor, nach und zwischen den Sitzungen eingesetzt, da die persönliche Begleitung durch einen Coach von den meisten Klient:innen nach wie vor sehr geschätzt wird (ebd.).

❓ Fazit

In diesem Beitrag wurde aufgezeigt, welche wirtschaftlichen Wachstumspotenziale und welche Vorteile für Führungskräfte die Technologien der künstlichen Intelligenz bringen und worauf beim Einsatz und Technologietransfer zu achten ist. Es wurde erörtert, welche Schlüsselrolle die Führungskräfte im Prozess der Digitalisierung einnehmen und welche Führungskompetenzen im digitalen Zeitalter relevant sind. Bei der Darstellung der Erfolgsfaktoren für die Mensch-Roboter-Kollaboration wurde verdeutlicht, wie wichtig ein wertebasierter und ethischer Umgang mit KI-Technologien ist. Transparenz, Erklärbarkeit und Fairness spielen eine zentrale Rolle für den selbstbestimmten Einsatz von KI-Systemen.

Im nächsten Abschnitt ging es um den unterschiedlichen Umgang der Mitarbeitenden mit Veränderungen. Bei der Umsetzung digitaler Change-Prozesse ist es daher empfehlenswert, agile Führungsansätze zu präferieren. Als Beispiel wurde der Situative Führungsstil näher vorgestellt, bei dem das Führungsverhalten situativ an der Leistungsfähigkeit und Leistungsbereitschaft der Mitarbeitenden ausgerichtet wird. Da diese Faktoren maßgeblich dadurch bestimmt werden, inwieweit jeder Einzelne seine Stärken, Talente und Begabungen in die Arbeit miteinbringen kann, wurde zum Abschluss des Beitrags das Thema Talententwicklung im Rahmen eines strukturierten Talentmanagement-Prozesses beleuchtet. Tatsache ist, dass die Motivation und Leistungsbereitschaft der Mitarbeitenden stark von der Arbeits- und Führungskultur eines Unternehmens bestimmt wird. Dementsprechend wichtig ist es, auf einen kollegialen, fairen und wertschätzenden Umgang zu achten sowie sicherzustellen, dass beim Einsatz von KI-Technologien stets der Mensch im Mittelpunkt steht. So kann die Zukunft der Arbeit, mit der Unterstützung von KI-Systemen, konstruktiv, effizient und wertschöpfend gestaltet werden.

Schlüsselbegriffe

- **Digitale Transformation:** Prozess der stetigen Weiterentwicklung digitaler Technologien mit Auswirkungen auf das Lebens- und Arbeitsverhalten der Menschen
- **Mensch-Roboter-Kollaboration:** Zusammenarbeit von Mensch und Roboter
- **Chatbot:** computerbasiertes Dialogsystem
- **Situative Führung:** agiler Führungsstil, der sich an der Leistungsfähigkeit und Leistungsbereitschaft des Mitarbeitenden ausrichtet

---

❓ Verständnisfragen

1. Welchen Mehrwert bringen KI-Systeme für Führungskräfte?
2. Welche Führungskompetenzen sind beim Einsatz von KI-Technologien relevant?
3. Worauf ist bei der Zusammenarbeit in hybriden Teams zu achten?
4. Welche Rolle spielen Ethik und Transparenz im Digitalisierungsprozess?

5. Wieso ist der Situative Führungsstil zur Umsetzung von digitalen Change-Prozessen empfehlenswert?
6. Warum ist eine gezielte Talententwicklung beim Einsatz von KI-Technologien wichtig?

Literatur

Bundesministerium für Wirtschaft und Klimaschutz (BMWK). (2023). *Wachstumsmotor Künstliche Intelligenz.* ▶ www.de.digital/DIGITAL/Redaktion/DE/Standardartikel/Magazin/kuenstliche-intelligenz-da-schau-her.html.

Bundesnetzagentur (BNetzA). (2023). *KI in den Netzsektoren.* ▶ https://www.bundesnetzagentur.de/DE/Fachthemen/Digitalisierung/Technologien/KI/start.html.

Clauß, U. (19. Mai 2014). Investment-Firma wählt Computer in den Vorstand. *Welt: Politik Ausland.* ▶ www.welt.de/politik/ausland/article128184225/Investment-Firma-waehlt-Computer-in-den-Vorstand.html.

Deutscher Bundestag. (28. Oktober 2020). *Unterrichtung/Bericht der Enquete-Kommission Künstliche Intelligenz – Gesellschaftliche Verantwortung und wirtschaftliche, soziale und ökologische Potenziale.* Drucksache 19/23700. ▶ https://dserver.bundestag.de/btd/19/237/1923700.pdf.

Einhäuser-Treyer, W. & Bendixen, A. (29. Januar 2019). *KI-Forschung: Das Vorurteil der Maschine.* Pressemitteilung. TU Chemnitz. ▶ www.tu-chemnitz.de/tu/pressestelle/2019/01.29-12.47.html.

Graßmann, C., & Schermuly, C. C. (2021). Coaching with artificial intelligence: Concepts and capabilities. *Human Resource Development Review, 20*(1), 106–126. ▶ https://doi.org/10.1177/1534484320982891.

Institut für Führungskultur im digitalen Zeitalter (IFIDZ). (2022). *Alpha Collaboration: Führung im Umbruch.* ▶ https://ifidz.de/fuehrung-fuehren-auf-distanz-alpha-collaboration-studie/.

Karpus, J. (2021). *KI: Menschen gehen mit Maschinen rücksichtslos um.* idw. ▶ https://idw-online.de/de/news770475.

Kreuzer, B. (2017). Die Welt tendiert zur Komplexität: Interview mit Harry Gatterer. *Audi-Magazin Österreich* (1). ▶ https://www.zukunftsinstitut.de/artikel/die-welt-tendiert-zur-komplexitaet/.

Lauer, B. (2023). *KI-Markt in 2030: Fast 2 Billionen Dollar.* com! – Das Computer-Magazin. ▶ www.com-magazin.de/news/kuenstliche-intelligenz/ki-markt-in-2030-2-billionen-dollar-2865017.html.

Liebig, R. (2023). *Was GPT-4 kann und nicht kann: Eine Übersicht.* ▶ www.feinste-buecher.de/gpt-4-neue-version.

Lilie, O. (2018). *Die wichtigsten Führungsmodelle für die Praxis auf einen Blick.* MA&T Organisationsentwicklung GmbH. ▶ https://www.perwiss.de/praxisnahe-fuehrungsmodelle.htm.

Mai, V., & Rutschmann, R. (2023). Chatbots im Coaching: Potenziale und Einsatzmöglichkeiten von digitalen Coaching-Begleitern und Assistenten. *Organisationsberat Superv Coach, 30*(1), 45–57. ▶ https://doi.org/10.1007/s11613-022-00801-3.

McKinsey & Company. (2017). *Smartening up with Artificial Intelligence (AI): What's in it for Germany and its Industrial Sector?* ▶ https://www.mckinsey.com/industries/semiconductors/our-insights/smartening-up-with-artificial-intelligence.

Melzer, G. (Hrsg.) (2008). *Zitate-Online.de.* ▶ http://www.zitate-online.de/sprueche/historische-personen/16960/sokrates.html.

Oberrauter-Zabransky, B. (2023). *It's all about Future Skills.* StepStone.at. ▶ https://www.stepstone.at/e-recruiting/blog/future-skills/.

Piéch, S. (2020a). *Internationale Talententwicklung in der digitalen Arbeitswelt* (2. Aufl.). Springer Gabler.

Piéch, S. (2020b). Leadership im Kontext von Digitalisierung und Künstlicher Intelligenz. In J. Nachtwei & A. Sureth (Hrsg.), *HR Consulting Review: Bd. 12. Zukunft der Arbeit.* Sonderband (S. 350–353).

Piéch, S. (2023). Erfolg durch hybride Teams. *FORUM Magazin*, S. 4.

Pomrehn, W. (2018). *Sichere Mensch-Roboter-Kollaboration ohne Schutzzaun* (KANBrief 1/18). KAN. ▶ https://www.kan.de/publikationen/kanbrief/inklusion-heute/sichere-mensch-roboter-kollaboration-ohne-schutzzaun/.

Schwertfeger, B. (2019). Künstliche Intelligenz trifft „künstliche Dummheit": Interview mit Professor Gerd Antes. *Wirtschaft + Weiterbildung* (9), 46–49. ▶ https://www.mba-journal.de/wp-content/uploads/2019/12/Interview-Gerd-Antes-WirtschaftWeiterbildung-9-19.pdf.

Voss, R. (2020). *Situativer Führungsstil: Führen nach dem Leistungsvermögen der Mitarbeiter.* ▶ www.business-wissen.de/artikel/situativer-fuehrungsstil-fuehren-nach-dem-leistungsvermoegen-der-mitarbeiter/.

New Work und digitale Transformation

Organisationsentwicklung und Talent Management

Sarah Genner

Inhaltsverzeichnis

1 Digitale Transformation der Arbeitswelt – 39

2 New Work und Digital Leadership – 41

3 Organisationsentwicklung im digitalen Wandel – 43

4 Upskilling und Talent Management – 45

5 New Work in der Praxis – 47

 Literatur – 50

© Der/die Autor(en), exklusiv lizenziert an Springer-Verlag GmbH, DE, ein Teil von Springer Nature 2024
J. Basel und S. Manchen Spörri (Hrsg.), *Angewandte Psychologie für die Wirtschaft*,
https://doi.org/10.1007/978-3-662-68559-4_4

Insights

- Digitale Transformation wird als branchen- und berufsspezifischer Prozess verstanden, der neben einem technologischen auch einen kulturellen Wandel mit sich bringt.
- Digitale Transformation ermöglicht zunehmend mobil-flexible Arbeitsformen, die allerdings eine Herausforderung für die Identifikation mit dem Job, dem Team und der Organisation darstellen.
- *New Work* wird als Summe von Bemühungen für bessere Arbeitsbedingungen im digitalen Wandel verstanden.
- Digital Leadership hält die Gesamtstrategie im Blick und trägt maßgeblich dazu bei, die Organisation mitten im digitalen Wandel zukunftsfähig und technologisch innovativ zu halten.
- Aus der Softwarebranche verbreiten sich als Antwort auf die digitale Transformation Modelle für agiles Projektmanagement und agile Organisationen.
- Zentral für die Organisationsentwicklung im digitalen Wandel ist ein Fokus auf betriebliches Lernen und „Upskilling".
- Um Talente zu halten bzw. anzuziehen, braucht es einen Fokus auf die Organisationskultur sowie Employer Branding.

Einleitung

Die Digitalisierung der Arbeitswelt und die Pandemie obendrauf: Diese Kombination führt Anfang der 2020er-Jahre zu einem regelrechten Hype von **New Work.** Viele arbeiten mobiler und flexibler denn je, von zuhause aus und von unterwegs, jedenfalls alles andere als täglich von 9 bis 5 an ihrem fixen Platz im Büro. All dies wäre nicht möglich ohne schnelles, erschwingliches und mobiles Internet, Cloud-Computing und leistungsfähige, tragbare Geräte. Doch ist das schon New Work?

Einige Jahre vor der Pandemie wäre die **digitale Transformation der Arbeitswelt** unter dem Stichwort „Future of Work" oder „Arbeitswelt 4.0" abgehandelt worden. Arbeitswelt 4.0 steht für das Arbeiten während der laufenden vierten industriellen Revolution, die durch digitale Hypervernetzung geprägt ist. Mit dem mobilen Internet und zusätzlicher Automatisierung entstehen neue Arbeitsprozesse, Geschäftsmodelle, Organisationsstrukturen, neue Berufsbilder und neue Anforderungen an Mitarbeitende.

Der Begriff *New Work* ist deutlich älter und geht auf Frithjof Bergmann zurück, der seine Vorstellung der „Neuen Arbeit" in den 1970ern entwickelte (Bergmann, 2004). Zentrale Elemente der von Bergmann geprägten New-Work-Bewegung sind Freiheit, Selbstverantwortung, Sinn, Entwicklung und soziale Verantwortung. Vielen, die aktuell den Begriff New Work verwenden, sind die Bezüge zu Bergmann nicht bewusst, oder sie verwenden den Begriff synonym zu „Future of Work" als Bezeichnung für eine zunehmend von digitalen Technologien geprägte Arbeitswelt.

New Work bezeichnet in diesem Kapitel ein neues Verständnis von Arbeiten und guten Arbeitsbedingungen mitten in der digitalen Transformation. Das Internet in Kombination mit mobilen Geräten hat die Arbeitswelt für viele grundlegend verändert. Neben einer Flexibilisierung von Arbeitszeit ist insbesondere der Arbeitsort für viele nicht mehr das klassische Büro: Mobil-flexibles Arbeiten ist ein Megatrend, der mit der Pandemie noch an Bedeutung gewonnen hat. Digitale Kollaborationstools ermöglichen neue Formen der Zusammenarbeit jenseits von Ort und Zeit, flachere Hierarchien und Work-Life-Blending.

Je nach Branche und Tätigkeiten, aber auch Persönlichkeitstypen der Mitarbeitenden unterscheiden sich die Erwartungen an ein attraktives Arbeitsumfeld stark. Daher gibt es keine New-Work-Patentlösungen. Und bei aller Lust auf das Neue: Neu und digital ist nicht an sich besser. Viele Grundsätze von guter Arbeit und Zusammenarbeit haben sich nicht bahnbrechend gewandelt. Am Ende ist *New Work* vor allem *Good Work*.

Die zentrale aktuelle Herausforderung ist daher: Wie lässt sich in Organisationen mitten im digitalen Wandel ein möglichst attraktives Arbeitsumfeld schaffen? Wie gelingt es, Talente zu halten und neue anzuziehen?

1 Digitale Transformation der Arbeitswelt

Digitale Transformation bezeichnet den tiefgreifenden Strukturwandel der Arbeitswelt durch digitale Technologien wie mobile, vernetzte Geräte, Cloud-Computing, Social Media, Internet der Dinge, Big Data, Künstliche Intelligenz und Robotik. Dadurch entstehen neue Geschäftsmodelle, Arbeitsprozesse und Berufsbilder. Aber auch die Kompetenzen, die von Mitarbeitenden gefordert werden, wandeln sich. Mit der digitalen Transformation der Arbeitswelt geht eine zusätzliche räumliche und zeitliche Mobilität sowie Flexibilität einher, die durch digitale Hypervernetzung ermöglicht wird (Genner et al., 2017).

Jede Branche durchläuft unterschiedliche Formen und Phasen von digitaler Transformation. Während die Telekommunikations- und die Medienbranche insbesondere durch das Internet sehr früh starkem technologischem Wandel unterworfen war, dauerte es in anderen Wirtschaftszweigen wie der Auto- oder Baubranche deutlich länger, bis sich der digitale Wandel in den Produkten, dem Vertrieb von Dienstleistungen oder der Art der Zusammenarbeit ähnlich deutlich bemerkbar machte (Demary & Goecke, 2021). Neben branchenspezifischen Unterschieden bestehen auch relevante Differenzen zwischen unterschiedlichen Berufsgattungen: Wissensbasierte Jobprofile haben durch das mobile Internet und Cloud-Computing andere Möglichkeiten und Anforderungen als Berufsfelder wie die Produktion oder Pflege, die vor Ort ausgeführt werden müssen. Rund 40 % der im Schweizer Flex-Work Survey befragten Berufstätigen geben an, dass mobil-flexibles Arbeiten in ihrem Job aufgrund der Arbeitsaufgaben nicht möglich ist (Weichbrodt & Soltermann, 2022).

Digitale Transformation ermöglicht Wissensarbeiterinnen und -arbeitern **mobil-flexible Arbeitsformen** und damit eine bessere Vereinbarung von Arbeits- und Privatleben.

- Die beliebteste Form mobil-flexibler Arbeit ist das **Homeoffice,** das Arbeiten von zuhause aus. Im Zuge der Corona-Pandemie hat die Verbreitung von Homeoffice nochmals zugenommen. Homeoffice ist eine Spezialform von *Remote Work* – das auch das Arbeiten zum Beispiel von der Ferienwohnung aus oder im Coworking-Space einschliesst oder auf Reisen, eine Form des digitalen Nomadentums.
- Mit mobilen, internetfähigen Geräten hat in Firmen und Organisationen der Trend zu **Flex Desk** laufend zugenommen: Organisationen mit einem hohen Anteil an Büro-Arbeitenden haben fixe, einzelnen Personen zugewiesene Arbeitsplätze reduziert oder abgeschafft und ihre Bürogebäude entsprechend neu organisiert oder

gar umgebaut – oft zugunsten von „aktivitätsorientierten Bürokonzepten" (Windlinger et al., 2015). Dies ermöglicht es Mitarbeitenden, mit Laptop und Smartphone zwischen unterschiedlichen Zonen im Bürogebäude zu wechseln: z. B. der Telefonzone, der Ruhezone und dem Begegnungsbereich.

- **Coworking** ist ein weiterer Trend im Kontext mobil-flexibler Arbeitsformen. In den 1980er-Jahren noch „Satellitenbüros" genannt (SRF, 1986) entstanden in den 1990ern im kreativen, urbanen Umfeld Coworking-Spaces. Man arbeitet nicht von zuhause aus, aber auch nicht am Standort der Organisation. Coworking ermöglicht Inspiration, Gesundheitsförderung und vor allem auch das Wegfallen von Pendelwegen (Josef, 2021).

Während die Arbeitszufriedenheit dank der Möglichkeiten, mobil zu arbeiten, tendenziell gestiegen ist (Becker et al., 2022), bringen die neuen Arbeitsformen für Organisationen auch Herausforderungen mit sich:

- Die persönliche **Identifikation mit dem Job, dem Team und der Organisation** kann mit der Zeit sinken, wenn der physische Kontakt abnimmt.
- **Führung über Distanz und digitale Kanäle** ist anspruchsvoll, insbesondere bei neuen und noch jungen Mitarbeitenden (Onboarding).
- Einige Mitarbeitende bekunden Mühe mit der ständigen **digitalen Erreichbarkeit** und **verwischten Grenzen** zwischen Arbeit und Freizeit.

Die Prognosen darüber, wie viele Arbeitsplätze und welche Berufsfelder durch die digitale Transformation verschwinden werden, gehen weit auseinander. So wurde beispielsweise von zwei Oxford-Forschern mit zweifelhafter Methode berechnet, dass rund die Hälfte der Arbeitsplätze einem hohen Automatisierungsrisiko ausgesetzt sei (Frey & Osborne, 2017). Solche fragwürdigen Szenarien werden von klassischen Medien gerne in Form von angsteinflößenden Schlagzeilen bewirtschaftet. Wirtschaftshistorisch betrachtet haben bisherige Automatisierungswellen stets zu einer höheren Nachfrage nach Arbeitskräften geführt und neue Berufsfelder und Stellen geschaffen (Autor, 2015). Der Arbeitsmarkt wandelt sich seit Beginn der Industrialisierung und der damit einhergehenden Mechanisierung, Technologisierung und Urbanisierung kontinuierlich. Auch große Strukturveränderungen sind seit Beginn der Industrialisierung erkennbar: Von einer einst mehrheitlich im Landwirtschaftssektor tätigen Arbeitsbevölkerung ist heute in westlichen Ländern die dominante Mehrheit im Dienstleistungssektor tätig, was sich seit Jahrzehnten auch auf die Berufswahl auswirkt (Schreiber, 2015).

Der demografische Wandel und die Tatsache, dass mehr Technologie im Arbeitsmarkt unter dem Strich in aller Regel mehr Arbeitsplätze schafft, führt aktuell zu einem Fachkräftemangel und nicht zur vieldiskutierten Arbeitslosigkeit wegen Künstlicher Intelligenz und Automatisierung. Umso mehr sind Organisationen gefordert, mit attraktiven Arbeitsbedingungen Talente zu halten und neue anzuziehen. Dabei sind sie nicht zuletzt gefordert, den technologischen auch mit einem kulturellen Wandel zu begleiten. Dies macht es notwendig, in die Organisationsentwicklung, Führungskultur und Weiterbildung zu investieren, um als Arbeitgeber attraktiv zu sein, zu werden oder zu bleiben.

2 New Work und Digital Leadership

Viele New-Work-Projekte enthalten Budgets für die technologische Aufrüstung eines Digital Workplace oder für ansprechende Büro-Einrichtungen, damit Mitarbeitende motiviert sind, ihr Homeoffice zu verlassen und vor Ort mit ihren Arbeitskolleginnen und -kollegen physisch zu interagieren. So hat sich bei Homeoffice-Pionieren wie IBM und Yahoo schon vor langer Zeit gezeigt: Mitarbeitende, die zuhause arbeiten, sind in der Regel produktiver, aber weniger innovativ (Miller & Rampell, 2013; von Petersdorff, 2017).

Eine gute IT-Infrastruktur ist wichtig, und ein gemütliches Büro kann motivierend wirken. Am Ende des Tages zählen jedoch vor allem wertschätzende Vorgesetzte und eine konstruktive Arbeitsatmosphäre. Denn kein digitales Tool und kein hübsches Büro schlägt ein Team, das motiviert und zuverlässig am gleichen Strang zieht. Ein zentraler Faktor für Arbeitszufriedenheit bleibt für viele Mitarbeitende die Beziehung zu den direkten Vorgesetzten (Berchtold-Ledergerber, 2010). Daher sind Leadership- und Kultur-Themen eng verknüpft mit New Work. Im digitalen Wandel zählen zusätzlich Führungskompetenzen im Bereich digitale Technologie: *Digital Leadership*.

> **Definition**
>
> **Digital Leadership** wird in diesem Kapitel verstanden als das Übernehmen von Führung und technologischer Verantwortung in einer Arbeitswelt, die durch digitale Transformation geprägt ist.

Digital Leadership zeichnet sich zunächst durch die Haltung aus, sich aktiv mit dem digitalen Wandel und seinen vielfältigen Chancen, Herausforderungen und Auswirkungen auseinanderzusetzen. In einem zweiten Schritt besteht die Leader-Rolle darin, den digitalen Wandel bewusst und mit einem ganzheitlichen Blick zu gestalten: Technologien da einsetzen, wo sie aus strategischen Gründen sinnvoll sind und die Organisation weiterentwickeln. Dabei spielt es keine Rolle, ob jemand formell eine Führungsfunktion innehat oder inhaltlich eine Führungsrolle übernimmt. Nach diesem Verständnis sind alle *Digital Leaders,* die mit ihrem Engagement mitten im digitalen Wandel die Organisation, Geschäftsmodelle, innovative Produkte, Arbeitsprozesse und die Arbeitsbedingungen umsichtig vorantreiben und zu einer erfolgreichen Zukunft der Organisation beitragen.

> **Dimensionen von Digital Leadership**
> - **Technologieentwicklung,** z. B. IT-Infrastruktur der Organisation optimieren, Webdienstleistungen für Kundschaft verbessern, Digital Workplace einführen und schulen, Cybersicherheit und Datenschutz sicherstellen
> - **Organisationsentwicklung,** z. B. Führungs- und Unternehmenskultur auf mobil-flexible Arbeitssettings einstellen, Räumlichkeiten optimieren

- **Kooperationsentwicklung,** z. B. aktive Auseinandersetzung mit effektiver Teamarbeit und effizienter Zusammenarbeit über digitale Kanäle, in Hybridsettings und vor Ort, Teambuilding im Kontext mobil-flexiblen Arbeitens
- **Personalentwicklung,** z. B. anhand einer strategischen Ausrichtung Jobprofile auf notwendige digitale Kompetenzen überprüfen, bestehendes Personal entsprechend weiterbilden, ggf. gezielt (auch über digitale Kanäle direkt) rekrutieren

Digital Leadership behält die Gesamtstrategie der Organisation und die Stakeholder im Blick und trägt maßgeblich dazu bei, die Organisation im digitalen Wandel zukunftsfähig und technologisch innovativ zu halten.

Falsch verstandene Digital Leadership wäre es aus dieser Perspektive, digitale Transformation als Selbstzweck zu verfolgen und möglichst digitale Arbeitsweisen, möglichst digitale Produkte, möglichst digitale Geschäftsmodelle als Erfolge an sich zu feiern. Digital Leaders haben eine zufriedene Kundschaft, die Motivation der Mitarbeitenden und effiziente Prozesse im Blick. Sie pflegen neben einem technologischen Verständnis Werte wie Menschlichkeit, Wertschätzung und Kundenorientierung. Sie interessieren sich für aktuell relevante digitale Technologien und bilden sich weiter. Gleichzeitig wissen sie um das Produktivitätsparadox der IT (kein positiver Zusammenhang zwischen IT-Investitionen und Produktivität, Triplett, 1999) und um typische Hype-Zyklen (verbreitete Tendenz, die Auswirkungen neuer Technologien kurzfristig zu überschätzen und langfristig zu unterschätzen, Fenn & Raskino, 2008). Dadurch vermeiden sie einen unverhältnismäßigen zeitlichen und finanziellen Ressourceneinsatz für IT-Projekte.

Statt jeder technologischen Neuerung nachzurennen, bauen Digital Leaders Brücken über den Graben zwischen technologischen Early Adopters und Late Adopters. Und sie verfügen über ein gesundes Maß an Geduld, Humor und Frustrationstoleranz mit Technik, die „nicht so will wie man selbst".

> Der zentrale Faktor von Digital Leadership ist es, den digitalen Wandel nicht über sich ergehen zu lassen und nur darauf zu reagieren, sondern ihn aktiv zu gestalten.

Digital Leaders erkennen ihre Möglichkeiten und ihre Gestaltungskraft im Rahmen der Gesamtstrategie einer Organisation. Dadurch sind sie oft auch Change-Manager und müssen sich zwangsläufig mit den Themen New Work, Führung und Organisationskultur auseinandersetzen. Das bedeutet, Menschen in Veränderungssituationen zu begleiten und zu motivieren. Das bedeutet auch, eine Vision zu haben und zu vermitteln, warum eine Veränderung sinnvoll ist. Das Warum steht im Zentrum – ganz im Sinne von Simon Sineks *Golden Circle* (Sinek, 2009). Erst wenn ein Team, eine Projektgruppe oder eine Organisation vom Warum eines Projektes oder einer neuen Strategie überzeugt ist, werden sinnvollerweise die Fragen angegangen, was und wie nun angepackt wird.

Digital Leadership bedeutet nicht zuletzt, eine Organisationskultur mitzuprägen, die Innovation und technologischen Wandel zwar fördert, aber Werte wie Wertschätzung und Vertrauen in den Vordergrund stellt. Vertrauen kann leicht durch Ungeduld zerstört werden, und das ist oft die Krux von Chief Digital Officers: Sie müssen einerseits von Berufes wegen ungeduldig sein, um den raschen technologischen Wandel voranzutreiben, den der Rest der Organisation zu verschlafen scheint. Auf der anderen Seite können sie nur gewinnen, wenn sie bereit sind, geduldig und beharrlich Überzeugungsarbeit zu leisten.

3 Organisationsentwicklung im digitalen Wandel

Organisationsentwicklung im Kontext digitaler Transformation bedeutet zunächst, auf eine klare **Strategie und Vision** der gesamten Organisation zu fokussieren. Es gilt sicherzustellen, dass technologische Neuerungen und Initiativen tatsächlich den Zielen des Unternehmens oder der Organisation nützen und nicht einem Selbstzweck dienen – oder noch schlimmer: der reinen Profilierung der Führungsriege, die mit teuren Digitalprojekten ein modernes Image anstrebt und dabei den Rückhalt der Mitarbeitenden verliert, weil aus deren Sicht Ressourcen falsch eingesetzt werden. Dennoch ist klar: Es braucht eine moderne IT-Infrastruktur, einerseits damit Kundinnen und Kunden online zu ihren Dienstleistungen kommen, und andererseits damit Mitarbeitende und weitere Stakeholder effizient arbeiten können, und es braucht Investitionen im Bereich Cybersicherheit.

Neben der IT-Infrastruktur, die dank Cloud Computing ortsunabhängiges Arbeiten stark erleichtert, gilt es oft, auch die **Räumlichkeiten** anzupassen. Wenn viele nicht mehr täglich zur Arbeit pendeln und nicht mehr auf einen Desktopcomputer angewiesen sind, bedeutet dies, dass Flex-Desk- oder aktivitätsorientierte Bürokonzepte Einzug halten. Mit Anpassungen an den Räumlichkeiten geht auch oft einher, dass einerseits gemütliche Begegnungszonen geschaffen, andererseits aber auch fixe Arbeitsplätze und Einzelbüros aufgehoben werden. Das ist in aller Regel mit Emotionen verbunden und darf als Schritt in der Organisationsentwicklung nicht unterschätzt werden.

Digitale Transformation erfordert neben technologischer Innovation oft eine Überarbeitung der **Organisationsstrukturen und Prozesse.** Weil digitale Kollaborationstools weniger starre und hierarchische Kommunikationswege erfordern, etabliert sich die Vorstellung, dass der digitale Wandel mit flacheren Hierarchien und agilen Arbeitsmethoden (wie sie in der Softwarebranche etabliert sind) besser bewältigt werden kann. Dabei wird oft möglichst viel **Selbstorganisation** gefordert.

Aus dem Kontext der Softwareentwicklung ist *Scrum* als Projektmanagement-Methode hervorgegangen. Scrum ist eine flexible Methode, bei der Teams eng zusammenarbeiten, um Produkte in kurzen Schritten zu entwickeln und dabei ständig auf Kundenfeedback zu reagieren. *Scrum Masters* unterstützen das Team bei der Selbstorganisation, beseitigen Hindernisse und fördern die kontinuierliche Verbesserung.

Ebenfalls aus der Softwarebranche stammt das Konzept der *Holacracy.* Während Scrum die Selbstorganisation von Projekten fördert, hat Holacracy das Ziel, eine ganze Organisation oder eine Abteilung in ein selbstorganisiertes System zu überführen. Holacracy ist ein Organisationsmodell, das hierarchische Strukturen durch ein flexibles System von selbstorganisierten Teams und klar definierten Rollen ersetzt, um Entscheidungsprozesse und Verantwortlichkeiten transparenter und agiler zu gestalten.

Agile Modelle aus der Softwarebranche werden längst auch außerhalb von IT-Firmen als Antwort auf die digitale Transformation gehandelt und eingeführt. Scrum Masters sind in ganz unterschiedlichen Branchen gesucht, und Holacracy (und auch ähnliche Modelle, wie *Soziokratie*) stößt in Organisationen auf Interesse und Anwendung, die generell traditionellen Hierarchien kritisch gegenüberstehen.

Auch der allgegenwärtige Begriff „agil" stammt aus der Softwareentwicklung. Das *Agile Manifesto* wurde 2001 von einer Gruppe von Softwareentwicklern in den USA erstellt (Highsmith, 2001). Der Zweck des Manifests bestand darin, eine Alternative zu traditionellen, starren und dokumentenzentrierten Entwicklungsmethoden zu schaffen. Es betont die Werte von Flexibilität, Zusammenarbeit, Kundenorientierung und kontinuierlicher Anpassung, um agiles Projektmanagement sowie agile Softwareentwicklung zu fördern. Agil ersetzt inzwischen auch im allgemeinen Sprachgebrauch das früher beliebte „flexibel".

Jedoch: Jede Branche und jede Organisation tickt anders. In stark wissens- oder beratungsgetriebenen Branchen und Organisationen kann ein hoher Grad an Selbstorganisation tatsächlich motivierend wirken. Dennoch ist diese bei weitem nicht in allen Kontexten und Branchen gewünscht und sinnvoll. In der Kreativbranche (z. B. Werbeagenturen) spielen Hierarchie und Regelkonformität eine andere Rolle als in High-Reliability-Organisationen (z. B. Flugsicherung). Maßnahmen zur Verbesserung der Arbeitsbedingungen müssen vor allem auch zur Belegschaft und zur Tätigkeit passen. Dies erfordert eine vertiefte Auseinandersetzung mit der Organisationskultur und Leadership im Rahmen des New-Work-Trends zu selbstorganisierten Teams und rollenbasierten Organisationen.

Um eine Kultur zu schaffen, die raschen digitalen Wandel erfolgreich bewältigen kann, ist es wichtig, Innovationsgeist, Experimentierfreude, Lernen und Zusammenarbeit zu fördern. Im Kontext von New Work und Organisationskultur stehen daher auch die Themen **psychologische Sicherheit** und Vertrauen hoch im Kurs. Psychologische Sicherheit bezieht sich auf das Gefühl von Mitarbeitenden, dass sie sich in ihrem Arbeitsumfeld frei äußern, Risiken eingehen und Fehler machen können, ohne negative Konsequenzen befürchten zu müssen. Sie schafft ein Klima des Vertrauens und der Offenheit, in dem Ideen und Meinungen ausgetauscht werden können, was idealerweise zu kreativeren Lösungen und einem besseren Teamwork führt. Psychologische Sicherheit ist ein wesentlicher Faktor für eine positive Arbeitskultur und den Erfolg von Unternehmen.

Nicht zuletzt ist digitale Transformation ein umfassender Veränderungsprozess, der idealerweise mit **Change-Management**-Methoden gut geplant und gesteuert werden muss. Es gilt aus Führungssicht, Widerstände zu überwinden und Mitarbeitende auf die Veränderungen vorzubereiten und emotional zu begleiten. Eine klare Vision und effektive Kommunikation sind dabei entscheidend.

Manche Organisationen führen im Kontext von New Work **„New Pay"** ein: moderne und zuweilen radikal transparente Vergütungssysteme. Zentral ist für ein attraktives Arbeitsumfeld jedoch nicht möglichst hohe Transparenz im Lohnbereich, sondern faire, branchenübliche Vergütung, attraktive Sozialleistungen sowie ggf. in Form von Zeit oder Geld vergütete Weiterbildungsmöglichkeiten.

Im Bereich **Führungsentwicklung** gilt es, ein besonderes Augenmerk auf die Themen Führen auf Distanz und virtuelle Teamführung zu legen. Die Herausforderung, die Identifikation mit dem Job, dem Team und der Organisation zu fördern, ist in mobil-flexiblen Arbeitskontexten komplexer geworden. Dabei darf die Kommunikation über effiziente Kommunikation nicht fehlen: Viele Organisationen und Teams setzen neben E-Mail weitere digitale Kommunikationskanäle ein und versäumen es, die Kanäle bewusst zu reduzieren. Sie versäumen es zu klären, welcher Kanal wofür eingesetzt werden soll, und treffen keine expliziten Abmachungen zum Thema digitale Erreichbarkeit. Führungskräfte haben auch in diesem Bereich Vorbildcharakter und müssen dafür sensibilisiert werden, dass sie implizite Botschaften mitsenden, wenn sie Mitarbeitende an Wochenenden oder aus dem Urlaub kontaktieren.

4 Upskilling und Talent Management

Digitale Transformation erfordert in den meisten Organisationen **neue Kompetenzen und Fähigkeiten.** Dabei ist oft von *Skill Shift* die Rede. Viele relevante Fähigkeiten wie beispielsweise der Umgang mit den populärsten Office-Programmen sind bei den meisten Mitarbeitenden in Büroberufen bereits vorhanden. So brauchen sie bei Software-Updates wie beispielsweise beim Upgrade von MS Office auf Office 365 in der Regel auch eher ein Update ihrer Büro-Software-Kenntnisse als das Erlernen eines völlig neuen Skills. Dennoch gilt es, Mitarbeitende laufend zu motivieren, sich auch im Bereich von Digitalthemen weiterzubilden. Je nach Branche und Jobprofil unterscheiden sich die geforderten digitalen Kompetenzen stark. Überfachliche Kompetenzen oder Soft Skills gelten zudem in der digitalen Transformation als umso wichtiger. Sinnvoll ist in diesem Kontext die folgende Unterscheidung:
- digitale Grundkompetenzen
- fachspezifische digitale Kompetenzen
- überfachliche Kompetenzen im Kontext digitaler Transformation

Zu den **digitalen Grundkompetenzen** gehören zum Beispiel:
1. Informationen digital suchen, filtern, beurteilen, speichern und abrufen
2. Interagieren und Zusammenarbeiten über digitale Kommunikationskanäle
3. Erstellen und Teilen von digitalen Informationen und Inhalten
4. sinnvolle und gesunde Nutzung digitaler Technologien

Die Europäische Union schätzt, dass 90 % der Arbeitsplätze in Europa mindestens grundlegende digitale Kompetenzen erfordern. Gleichzeitig verfügen 75 Mio. von Menschen in Europa im erwerbsfähigen Alter nicht über digitale Grundkompetenzen (Europäischer Rechnungshof, 2021). Die EU investiert umfangreiche Mittel in die Verbesserung der digitalen Kompetenzen von Erwachsenen und hat ein eigenes Kompetenz-Modell namens DigComp entwickelt. Dieses umfasst fünf Kompetenzbereiche:
1. Information und Daten
2. Kommunikation und Kollaboration
3. digitale Inhalte herstellen
4. Sicherheit
5. Problemlösung

Jeder der fünf Kompetenzbereiche ist unterteilt in spezifischere Fähigkeiten, die notwendig sind, um digital kompetent zu handeln. Das DigComp-Modell dient zur Entwicklung von Weiterbildungen im Bereich digitaler Grundkompetenzen (European Commission, 2023).

Der ECDL-Test ist seit den 1990er-Jahren eine Art europäischer Computer-Führerschein. Damit ist die European Computer Driving Licence (ECDL) eine gute Möglichkeit, sich digitale Grundkompetenzen im Beruf anerkennen zu lassen. ECDL ist hauptsächlich auf Büroberufe ausgerichtet und prüft ein allgemein anerkanntes und praxisorientiertes Kompetenzniveau, das an jedem Standard-PC-Arbeitsplatz gefordert ist. Dazu gehören vor allem die gängigen Office-Programme und die Online-Suche.

Je nach Branche und Jobprofil reichen diese digitalen Grundkompetenzen jedoch bei weitem nicht aus und es braucht ergänzend **fachspezifische digitale Kompetenzen.** Im Bereich HR-Analytics sind Datenkompetenz und die Fähigkeit zur digitalen Visualisierung erforderlich. Wer IT-Systeme administriert, braucht Kompetenzen im Bereich Hardware, Softwareinstallation, Backups und ein vertieftes Wissen über Cybersicherheit. Im Bereich Kommunikation und Marketing sind Social-Media-Kompetenzen hilfreich und gängige Desktop-Publishing-Programme wie InDesign, Photoshop und Illustrator. In der Baubranche hingegen sind digitale Kompetenzen und Kenntnisse rund um CAD und BIM relevant. CAD (Computer-aided Design) ist eine Technologie, mit der Entwürfe und Modelle in der Produktentwicklung und Konstruktion erstellt werden, während BIM (Building Information Modeling) eine Methode ist, mit digitalen Modellen und Informationen den gesamten Lebenszyklus eines Gebäudes zu entwerfen, es zu bauen und zu verwalten. Spezifische IT-Kompetenzen sind stark nachgefragt, und oft können solche Stellen nur mit Mühe besetzt werden.

Je rascher sich eine Branche oder ein Berufsprofil durch neue Technologien wandelt, desto wichtiger sind Zukunftskompetenzen wie Anpassungsfähigkeit und Veränderungsbereitschaft. Dazu gehört insbesondere auch die Freude am Lernen. Die Listen mit relevanten **überfachlichen Kompetenzen** und Soft Skills sind lang und unübersichtlich. Eine hilfreiche Kurzformel für überfachliche Zukunftskompetenzen ist *4K* (Battele for Kids, 2023). Die bekannte Formel 4K fasst relevante Kompetenzen im digitalen Zeitalter zusammen und steht für: Kommunikation, Kollaboration, Kreativität und kritisches Denken. So knackig, wie die Kurzformel 4K daherkommt, so komplex ist die Vermittlung dieser 4K-Kompetenzen. Um erfolgreich zu kommunizieren und zusammenzuarbeiten, um kreativ und kritisch zu sein, braucht es auch viele Jahre Lebens- und Arbeitserfahrung.

Eine unterschätzte überfachliche Kompetenz im digitalen Wandel ist die langjährige Toleranz für IT-Systeme, die gemäß Ansage einmal alles hätten effizienter und günstiger machen sollen, aber gefühlt Mehrarbeit verursachen, weil Prozesse dem System angepasst werden müssen und die Wartung der Systeme teuer und zeitaufwendig sein kann. Manche Organisationen unterschätzen die notwendige **Frustrationstoleranz** von Mitarbeitenden im Kontext des Produktivitätsparadoxons der IT. Neue Systeme können dazu führen, dass sich langjährige Mitarbeitende aus der Organisation verabschieden, weil sie weniger nah am Menschen und mehr am Computer arbeiten müssen als vor der Einführung des Systems. Oder weil sie verständlicherweise frustriert sind, wenn die Effizienz nur an einer Stelle gesteigert werden konnte und dafür anderswo gelitten hat.

Möglichkeiten zur internen und externen **Weiterbildung** bereitzustellen und Weiterbildungsbudgets großzügig auszustatten ist eine geeignete Maßnahme, um im Bereich Upskilling wie auch Arbeitszufriedenheit zwei Fliegen mit einer Klappe zu schlagen. So zeigt sich, dass Mitarbeitende oft erwarten, dass sie vom Arbeitgeber in Sachen Weiterbildung unterstützt und aktiv gefördert werden. Noch zu wenig ausgeschöpft werden Möglichkeiten, Mitarbeitende innerhalb der Organisation auf neue Stellenprofile weiterzuentwickeln, statt extra neue Mitarbeitende zu rekrutieren. Neurekrutieren ist in aller Regel aufwendiger und teurer, als auf eine Persönlichkeit zu setzen, die sich bewährt hat und Freude an einem Job-Enrichment hätte.

Talente zu halten und neue anzuziehen ist in einer Zeit des Fachkräftemangels eine besondere Herausforderung. Gerade im Bereich spezifischer digitaler Fachkompetenzen ist der Stellenmarkt regelrecht ausgetrocknet und Employer Branding alleine reicht nicht mehr aus, um entsprechende Fachkräfte anzuziehen. Dafür werden inzwischen ausgeklügelte Strategien des Digital Recruiting angewendet: Plattformen wie LinkedIn ermöglichen im Recruiting professionelle Zugänge, um anhand von Suchalgorithmen Fachkräfte gezielt aufzuspüren. In aller Regel lohnt es sich trotzdem, auch im Employer Branding aktiv zu werden. Dies bedeutet einerseits, ein wertschätzendes Arbeitsklima und attraktive Anstellungsbedingungen zu schaffen und diese auch aktiv zu kommunizieren. Hier braucht es in der Regel eine gute Zusammenarbeit zwischen *Human Resources* und Kommunikation. Das beste Employer Branding machen jedoch langjährige Mitarbeitende, die zufrieden sind und positiv über ihre Arbeitgeber berichten.

5 New Work in der Praxis

Was muss unternommen werden, um inmitten der digitalen Transformation New Work im Sinne von möglichst attraktiven Arbeitsbedingungen zu fördern?

Generell lohnt sich zunächst eine Bestandsaufnahme und Analyse der Situation einer bestimmten Organisation oder einer Abteilung durch die Befragung von Mitarbeitenden und Führungskräften. Wo sind die „low-hanging fruits" (leicht umsetzbare Maßnahmen) zu finden, mit denen sich am leichtesten und effektivsten die Arbeitsbedingungen von möglichst vielen verbessern lassen? Wo sind die größeren und wichtigen Themen, die es anzupacken gilt? Ein kleiner New-Work-Ausschuss oder eine Arbeitsgruppe kann dann zentrale Themen und Ziele definieren, die priorisiert werden müssen. Man kann nicht an allen Rädchen gleichzeitig drehen, auch wenn viele Themen zusammenhängen. Bestimmte New-Work-Themen wie agiles Projektmanagement oder rollenbasierte Organisationsformen sind kontrovers und passen nicht zu jeder Organisation und Belegschaft gleichermaßen.

Die folgenden acht New-Work-Ziele bilden für viele Organisationen einen nützlichen Ausgangspunkt, um Themenfelder im Kontext von New Work und digitaler Transformation einzugrenzen und zu priorisieren:
1. **Mobiles Arbeiten ermöglichen:** Dafür braucht es einerseits cloudbasierte Systeme und mobile Geräte, andererseits sind klare Abmachungen dazu wichtig, welche Erwartungen bezüglich Anwesenheit in der Organisation und digitaler Erreichbarkeit bestehen. Hilfreich sind auch klare Abmachungen beim Onboarding neuer und junger Mitarbeitender, die eine enge Betreuung brauchen, was vor Ort besser funktioniert als online. Besonders wichtig: Es braucht eine gewisse

Fairness zwischen Mitarbeitenden in Berufen, in denen mobil-flexibles Arbeiten möglich ist, und solchen, die standortgebunden sind. Eine Möglichkeit besteht darin, denen, die nicht mobil arbeiten können, als Ausgleich ein jährliches Fest oder einen Ausflug zu spendieren.

2. **Digitale Zusammenarbeit verbessern:** Nach vielen Jahren der Zusammenarbeit über E-Mail und auf lokalen Servern haben sich die Möglichkeiten digitaler Zusammenarbeit über Office 365, Slack, Miro und weitere Tools vervielfacht und ausdifferenziert. Wichtige Erkenntnis: Geteilte Dokumente bedeuten noch kein geteiltes Verständnis. Umso wichtiger sind Abmachungen über die Art der Zusammenarbeit.

3. **Meetingqualität verbessern:** Es ist und bleibt eine hohe Kunst, Meetings gut zu planen und effizient durchzuführen. Eine grundlegende Voraussetzung besteht darin, im Voraus zu bestimmen, welche Form am sinnvollsten ist: alle in einem Raum (mit teilweise erheblichem Anreiseaufwand), online (u. a. mit dem Verlust an informellen Gesprächen beim Kaffee), hybrid (mit Kompromissen für alle Seiten). Gegebenenfalls lohnt sich auch eine Investition in Infrastruktur für bessere Meetings.

4. **Führung und Kultur im digitalen Wandel optimieren:** Zusätzlich zu traditionellen Führungsaufgaben ist es besonders wichtig, dass Führungskräfte in mobil-flexiblen Settings die Identifikation mit dem Job, dem Team und der Organisation gezielt stärken, da diese sinkt, wenn der physische Kontakt abnimmt. Führung über Distanz und digitale Kanäle ist anspruchsvoll, insbesondere beim Onboarding. Im Kontext von Identifikation und Zusammengehörigkeit gilt es auch, die Organisationskultur noch bewusster zu stärken.

5. **Motivierte Teams und Innovation fördern:** Vertrauen und psychologische Sicherheit sind zentrale Faktoren, um motivierte und innovative Teams zu fördern; eine Vertrauenskultur lässt sich nicht herzaubern. Vertrauen wächst, indem mit Kritik und Konflikten souverän umgegangen wird, indem Mitarbeitende spüren, dass sie Fehler machen dürfen, dass Vorgesetzte hinter ihnen stehen. Eine innovative Organisation fördert aktiv die stetige Weiterbildung der Mitarbeitenden.

6. **Selbstführung stärken und digitale Überlastung vermeiden:** Wer mobil-flexibel arbeitet, ist zusätzlich darauf angewiesen, sich bezüglich Aufgaben und Zeit selbst gut zu organisieren, sich strukturieren und motivieren zu können. Wer bereits über gute Arbeitstechniken und Abgrenzungsfähigkeiten verfügt, wird von den Möglichkeiten profitieren. Wer dazu neigt, sich leicht ablenken zu lassen und sozialem Druck rasch nachzugeben, wird durch die Möglichkeit, immer und überall digital erreichbar zu sein, in dieser Tendenz gestärkt. Dafür braucht es Führungsmaßnahmen und auch Sensibilisierung im betrieblichen Gesundheitsmanagement.

7. **Moderne Büroräume:** Der Flex Desk anstelle fixer Arbeitsplätze ist im digitalen Wandel zwar angesagt, aber als durchgehendes Konzept nicht für alle Organisationskulturen und für alle Abteilungen gleichermaßen geeignet. Moderne Räumlichkeiten bedeutet: funktional und möglichst menschenfreundlich eingerichtet, so dass alle Mitarbeitenden ihre Leistung optimal abrufen können. Für die einen bedeutet das einen fixen Platz mit eigener Pflanze und einem persönlichen Foto, für andere: möglichst viele Optionen in unterschiedlichen

Arbeitszonen. Auch hier gilt es, Fairness zu schaffen für Mitarbeitende in Büroberufen wie für solche in der Produktion oder anderweitig standortgebundenen Jobprofilen.
8. **Moderne IT-Infrastruktur:** Eine zeitgemäße technologische Ausstattung ist wichtig, um Mitarbeitende zu motivieren, den bestmöglichen Job zu machen. Dabei gilt es, einen guten Kompromiss zu finden zwischen Systemadministration und Cybersicherheit (möglichst einheitliche Geräte und Betriebssysteme) und persönlichen Präferenzen von Mitarbeitenden (unterschiedliche Hardware, Betriebssysteme und Spezialsoftware). Cloud-Ablagen sind inzwischen unverzichtbar geworden und unterstützen das mobile Arbeiten. Professionelle Backups sind die beste Versicherung bei Cyberangriffen.

Fazit

Die digitale Transformation verändert die Arbeitswelt grundlegend. Organisationen müssen sich technologisch und organisationskulturell anpassen, um innovativ und wettbewerbsfähig zu bleiben. Dabei spielen Konzepte wie New Work eine wichtige Rolle, die darauf abzielen, im digitalen Wandel möglichst gute und motivierende Arbeitsbedingungen zu schaffen. New Work ist daher eng mit den Themen Führungsentwicklung und Organisationskultur verknüpft. Digital Leadership zielt auf Technologie- und Organisationsentwicklung. Dabei sollte nie „mehr Technologie um der Technologie willen" im Zentrum stehen, sondern die gesamtstrategische Entwicklung der Organisation, die durch digitale Technologien unterstützt wird.

Je nach Branche und Organisation kann mobil-flexibles Arbeiten oder ein zeitgemäßer Umbau der Räumlichkeiten in der Zusammenarbeit unterstützend und motivierend wirken. Dabei gilt es jedoch zu beachten, dass in Organisationen mit sehr unterschiedlichen Berufsprofilen auch jene etwas von den Maßnahmen haben, die in ortsgebundenen Jobs arbeiten.

Organisationen sollten den Fokus auf eine Vertrauenskultur legen, zeitgemäße Technologien für Mitarbeitende und die Kundschaft bereitstellen sowie die Identifikation der Mitarbeitenden mit dem Team und der Organisation fördern. In mobil-flexiblen Arbeitskontexten sind klare Abmachungen über die Art und den Ort der Zusammenarbeit noch wichtiger. Es braucht zudem mehr Kommunikation über Kommunikation und die vielen Kanäle, die im Zuge der digitalen Transformation entstanden sind. Neben einer Reduktion der Kommunikationskanäle sollten digitale Erreichbarkeitserwartungen explizit thematisiert und Arbeitspausen sowie Erholungsphasen aktiv gefördert werden. Motivierte Mitarbeitende bilden sich intern und extern mit zeitlicher und finanzieller Unterstützung durch den Arbeitgeber weiter. Weiterbildung ist im raschen technologischen Wandel sowohl für die Organisation als auch für arbeitsmarktfähige Mitarbeitende das A und O.

Neben einer positiven Unternehmenskultur sind eine faire Vergütung und attraktive Zusatzleistungen wichtig, um talentierte Fachkräfte anzuziehen und zu binden. Durch kontinuierliche Organisationsentwicklung und Weiterbildung können Organisationen innovativ und im Wettbewerb um die besten Talente attraktiv bleiben. Dabei kann Employer Branding helfen – zufriedene Mitarbeitende sind jedoch die besten Botschafterinnen und Botschafter.

> **Schlüsselbegriffe**
>
> - **Digitale Transformation:** tiefgreifender Strukturwandel der Arbeitswelt durch digitale Technologien
> - **Digital Leadership:** Führung und Verantwortung in einer zunehmend digitalen Arbeitswelt
> - **New Work:** motivierende Arbeitsbedingungen schaffen mitten im digitalen Wandel

❓ Verständnisfragen

1. Inwiefern verändert digitale Transformation die Arbeitswelt?
2. Welche New-Work-Ansätze werden angewendet, um den Gegebenheiten der zunehmend digitalen Arbeitswelt zu begegnen?
3. Auf welchen Ebenen wird die Organisationsentwicklung herausgefordert?
4. Welche Arten von Kompetenzen lassen sich im digitalen Wandel unterscheiden?
5. Mit welchen Maßnahmen lassen sich Talente halten und anziehen?

Literatur

Autor, D. H. (2015). Why are there still so many jobs? The history and future of workplace automation. *Journal of Economic Perspectives, 29*(3), 3–30. ▶ https://doi.org/10.1257/jep.29.3.3.

Battelle for Kids. (2023). *P21|4Cs|Framework for 21st Century Learning.* ▶ https://www.battelleforkids.org/networks/p21.

Becker, C., Thörel, E., Pauls, N., & Göritz, A. S. (2022). Homeoffice in Corona-Zeiten: Sind Ausmaß und/oder Flexibilität wichtig für Arbeitszufriedenheit, soziale Unterstützung, Commitment und Arbeitsunterbrechungen? *Gr Interakt Org, 53*(2), 173–187. ▶ https://doi.org/10.1007/s11612-022-00630-z.

Berchtold-Ledergerber, V. (2010). Arbeitsmotivation und Arbeitszufriedenheit. In B. Werkmann-Karcher & J. Rietiker (Hg.), *Angewandte Psychologie für das Human Resource Management: Konzepte und Instrumente für ein wirkungsvolles Personalmanagement* (S. 165–178). Springer. ▶ https://doi.org/10.1007/978-3-642-12481-5_9.

Bergmann, F. (2004). *Neue Arbeit, neue Kultur: Ein Manifest* (S. Schuhmacher, Übers.). Arbor.

Demary, V., & Goecke, H. (2021). Digitalisierung der Branchen in Deutschland: Eine empirische Erhebung. *Wirtschaftsdienst, 101*(3), 181–185. ▶ https://doi.org/10.1007/s10273-021-2871-z.

Europäischer Rechnungshof. (2021). *Maßnahmen der EU für mehr digitale Kompetenz.* ▶ https://www.eca.europa.eu/DE/publications/RW21_02.

European Commission. (2023). *DigComp.* ▶ https://joint-research-centre.ec.europa.eu/digcomp_en.

Fenn, J., & Raskino, M. (2008). *Mastering the hype cycle: How to choose the right innovation at the right time.* Harvard Business School Press.

Frey, C. B., & Osborne, M. A. (2017). The future of employment: How susceptible are jobs to computerisation? *Technological Forecasting and Social Change, 114,* 254–280. ▶ https://doi.org/10.1016/j.techfore.2016.08.019.

Genner, S., Probst, L., Huber, R., Werkmann-Karcher, B., Gundrum, E., & Majkovic, A.-L. (2017). *Der Mensch in der Arbeitswelt 4.0.* IAP Studie 2017. ZHAW. ▶ https://digitalcollection.zhaw.ch/handle/11475/1861 ▶ https://doi.org/10.21256/zhaw-1535.

Highsmith, J. (2001). *History: The Agile Manifesto.* ▶ https://agilemanifesto.org/history.html.

Josef, B. (2021). *Gesund zusammen arbeiten: Chancenpotenziale von Coworking aus Sicht des Betrieblichen Gesundheitsmanagements.* Coworking-Institut. ▶ https://coworking-institut.com/wp-content/uploads/2021/06/Version_1.1_Whitepaper-Visana_27.6.21_D.pdf.

Miller, C. C., & Rampell, C. (25. Februar 2013). Yahoo orders home workers back to the office. *The New York Times.* ▶ https://www.nytimes.com/2013/02/26/technology/yahoo-orders-home-workers-back-to-the-office.html.

Schreiber, M. (2015). Life design und Career Construction Theory. In R. Zihlmann & D. Jungo (Hg.), *Berufswahl in Theorie und Praxis: Konzepte der Berufswahlvorbereitung und der Berufs-, Studien- und Laufbahnberatung unter veränderten wirtschaftlichen und gesellschaftlichen Bedingungen* (4. Aufl., S. 83–104). Schweizerisches Dienstleistungszentrum Berufsbildung (SDBB).

Sinek, S. (2009). *Start with why: How great leaders inspire everyone to take action.* Portfolio.

SRF. (1986). *Homeoffice.* «MTW» – Menschen Technik Wissenschaft vom 7. Nov. 1986. ▶ https://www.srf.ch/play/tv/archivperlen/video/homeoffice-1986?urn=urn:srf:video:04f28141-83cd-4e00-b4f9-d28882119525.

Triplett, J. E. (1999). The Solow Productivity Paradox: What do computers do to productivity? *Canadian Journal of Economics, 32*(2), 309–334. ▶ https://doi.org/10.2307/136425.

Von Petersdorff, W. (19. Mai 2017). Schluss mit Homeoffice: IBM holt die Mitarbeiter zurück ins Büro. *FAZ.* ▶ https://www.faz.net/aktuell/wirtschaft/agenda/schluss-mit-homeoffice-ibm-holt-die-mitarbeiter-zurueck-ins-buero-15023254.html.

Weichbrodt, J., & Soltermann, A. (2022). *FlexWork Survey 2022: Befragung von Erwerbstätigen und Unternehmen in der Schweiz zur Verbreitung mobil-flexibler Arbeit.* Hochschule für Angewandte Psychologie FHNW. ▶ https://irf.fhnw.ch/handle/11654/34214.

Windlinger, L., Gersberg, N., & Konkol, J. (2015). Unterstützung mobil-flexibler Arbeit durch aktivitätsorientierte Gestaltung von Büroräumen. *Wirtschaftspsychologie,* 83–95. ▶ https://digitalcollection.zhaw.ch/handle/11475/6368.

Führung virtueller und hybrider Teamarbeit

Thomas Hardwig und Margarete Boos

Inhaltsverzeichnis

1	**Virtuelle und hybride Teamarbeit – 55**	
2	**Führung virtueller und hybrider Teamarbeit – 56**	
2.1	Management von Distanz: Arbeitsgestaltung über Kollaborationsplattformen – 56	
2.2	Ein verändertes Führungsverständnis: Verteilte Führung und Selbstorganisation – 58	
2.3	Unterstützung des Teamzusammenhalts: Schaffung sozialer Präsenz – 59	
	Literatur – 61	

© Der/die Autor(en), exklusiv lizenziert an Springer-Verlag GmbH, DE, ein Teil von Springer Nature 2024
J. Basel und S. Manchen Spörri (Hrsg.), *Angewandte Psychologie für die Wirtschaft*,
https://doi.org/10.1007/978-3-662-68559-4_5

Insights

- Die beiden Hauptfunktionen der Teamführung sind die Koordination von Aufgaben und Tätigkeiten der Teammitglieder auf organisationale und teambezogene Ziele hin sowie die Unterstützung des Teamzusammenhalts.
- Virtualität ist ein Kontinuum der räumlichen und zeitlichen Verteilung der Teammitglieder. Die Abwesenheit von Face-to-Face-Interaktionen macht ein Team virtuell.
- Hybrid ist eine Teamsituation, in der die Möglichkeiten von Face-to-Face-Kommunikation unter den Beteiligten ungleich verteilt sind.
- Medienvermittelte Kommunikation ist Folge und Mittel virtueller und hybrider Teams, um geografische Verteilung und Asynchronität der Tätigkeiten zu bewältigen.
- Virtuelle Führung muss die Herausforderung meistern, Zielerreichung und soziale Präsenz im Team zu fördern und auszubalancieren.
- Eine Überbetonung der Sach- und Aufgabenorientierung muss mit gezielter Unterstützung des Teamzusammenhalts kompensiert werden.
- Führung virtueller und hybrider Teamarbeit bedeutet somit (1) Management von Distanz, (2) ein verändertes Führungsverständnis, (3) die Unterstützung des Teamzusammenhalts.

Einleitung

Komplexe Aufgaben, für die Integration diversen Wissens und unterschiedlicher Fähigkeiten notwendig ist, werden zumeist in Teams bewältigt. In der Regel reicht es nicht aus, ein Team zusammenzustellen und mit der Aufgabe zu betrauen (Morgeson et al., 2010), sondern die Arbeit der einzelnen Teammitglieder muss koordiniert und die Teammitglieder müssen motiviert werden, damit das Team seine volle Leistungsfähigkeit entfalten kann. Ansonsten drohen Prozessverluste (Hackman & Morris, 1975).
Bereits in seinem grundlegenden Aufsatz zum Thema „Führung" bestimmt Theodor Geiger (1931/1982) Führung als Funktion, die in allen gesellschaftlichen Gruppen auftritt. Da eine Gruppe aus Individuen mit jeweils eigenen Interessen besteht, ist sie „führungsbedürftig" und wird dadurch handlungsfähig, dass sie durch eine Führungsrolle repräsentiert wird. Dabei ist Führung eine Funktion, die durch Teammitglieder abwechselnd wahrgenommen werden kann. In einem „elementaren Sinne führt jedes Mitglied" (Luhmann, 1964, S. 208), soweit es Einfluss auf andere Mitglieder ausübt oder einen Vorschlag einbringt, der akzeptiert wird. In formalen Organisationen entsteht jedoch durch die Festlegung der Führungsrolle eine hierarchische Struktur, bei der die Führungsperson dauerhaft Folgebereitschaft erwarten kann. Führung ist also nicht als Eigenschaft von Personen zu verstehen, sondern als Funktion einer Gruppe (Lukasczyk, 1960). Führungsperson und Gruppe treten sich in bestimmten „gruppe-adäquaten Rollen" (Geiger, 1931/1982, S. 16) gegenüber. Dabei sind Zielorientierung und Stärkung des sozialen Zusammenhalts die beiden Grundfunktionen, die Führungskräfte zu erfüllen haben, damit ein Team oder eine Organisation effektiv arbeitet und die Mitglieder sich wohlfühlen (Lukasczyk, 1960).
In traditionellen Führungstheorien (vgl. Yukl & Gardner, 2020 für einen Überblick) wird Führung als dyadische Interaktion zwischen einer Führungskraft und einer Mitarbeiterin/einem Mitarbeiter verstanden und nicht als Interaktion mit dem Team als Ganzem (Kauffeld & Schulte, 2013). Im vorliegenden Beitrag werden wir uns auf die Führung

von Teamarbeit konzentrieren. Wir lehnen uns dabei an die Auffassung von Burke et al., (2011, S. 338) an, die *Team Leadership* definieren als „the enactment of the affective, cognitive, and behavioral processes needed to facilitate performance management (i. e., adaptive, coordinated, integrated action) and team development". Dabei setzen wir uns mit den besonderen Herausforderungen auseinander, die virtuelle und hybride Teams an Führungskräfte stellen.

1 Virtuelle und hybride Teamarbeit

Unter einem Team verstehen wir eine Gruppe von Personen, die im Hinblick auf die Bewältigung einer Aufgabe interagieren müssen, ein gemeinsames Ziel verfolgen, ein Wir-Gefühl entwickeln und die auch von außen als Einheit wahrgenommen werden (Kauffeld & Schulte, 2013, 385 f.). Meist arbeiten die Teammitglieder parallel an verschiedenen (Teil-)Aufgaben und verfolgen dabei ein gemeinsames organisationales oder gruppenspezifisches Ziel, aber zur gleichen Zeit auch unterschiedliche Teilziele (Marks et al., 2001).

Virtuelle Teams bestehen aus Mitarbeitenden, die an verschiedenen geografischen Standorten arbeiten und über Informations- und Kommunikationstechnologie wie Video- und Audio-Konferenzen, E-Mail, Chat oder integrierte Kollaborationsplattformen kommunizieren (S. G. Cohen & Gibson, 2003). Hybrid wird ein Team genannt, dessen Mitglieder sowohl vor Ort als auch von Fern, zum Beispiel von zu Hause oder von der Kundschaft aus zusammenarbeiten. Während in früheren Diskussionen wie auch in der Forschung Teamarbeit in Präsenz und virtuelle Teamarbeit als unterschiedliche Arbeitssituationen angesehen wurden (Bell & Kozlowski, 2002), hat sich inzwischen ein Konzept durchgesetzt, das Virtualität als Kontinuum betrachtet (Boos et al., 2017; Hardwig & Boos, 2023b). In virtuellen Teams ist die Zusammenarbeit in erster Linie durch räumliche, zeitliche und strukturelle Distanz (O'Leary & Cummings, 2007) geprägt, die durch den Einsatz von Kommunikationsmedien überwunden wird. So ist es in der Regel nicht nur die reine geografische Distanz, die überbrückt werden muss, sondern es sind auch die sozialen Dynamiken zu bewältigen, die aus strukturellen Ungleichheiten in hybriden Teams resultieren (z. B. ein Teil-Team arbeitet in Präsenz, isolierte Mitglieder an anderen Orten) (Bernardy et al., 2021). Hinzu kommen soziale Vielfalt, etwa infolge unterschiedlicher Erfahrungshintergründe, medienvermittelte Kommunikation, zum Beispiel technische Probleme und unterschiedliche Medienpräferenzen, sowie Distanz durch Fluktuation und multiple Teammitgliedschaften der Teammitglieder (Boos et al., 2014).

Virtuelle und hybride Teams gelten seit der Covid-19-Pandemie als die „neue Normalität" (Carroll & Conboy, 2020). Die Anzahl der Beschäftigten, die zwei oder mehr Tage in der Woche „remote" arbeiten, hat sich während der Pandemie insgesamt stark erhöht und in wissensintensiven Arbeitsfeldern sogar verdoppelt (Gartner Inc., 2021). Eine Umfrage in 15 Staaten ermittelte bei höher qualifizierten Beschäftigten im Mittel 1,5 bezahlte Arbeitstage im Homeoffice pro Woche; mit 1,4 Tagen liegt Deutschland hier noch im Mittelfeld (Aksoy et al., 2022). Nationale und internationale Befragungen kommen zu dem Ergebnis, dass die Beschäftigten auf die Freiheit, einige Tage in der Woche zu Hause arbeiten zu können, nicht mehr verzichten wollen (Aksoy et al., 2022; Bockstahler et al., 2022; Bonin et al., 2020;

Global Workplace Analytics, 2022; Nappi & de Campos Ribeiro, 2021; RW3 Culturewizard, 2023). Insgesamt müssen somit für hybride Teamarbeit organisationale und technische Lösungen gefunden werden, um Personen, die in Präsenz im Büro arbeiten, mit Personen oder Gruppen, die räumlich entfernt kooperieren, gleichberechtigt am Arbeitsprozess teilhaben zu lassen (Hardwig & Boos, 2023a).

Führungskräfte sind angesichts dieses Umbruchs in der Arbeitswelt gefordert, ihr Führungsverständnis zu reflektieren und ihr Führungsverhalten den neuen Gegebenheiten anzupassen.

2 Führung virtueller und hybrider Teamarbeit

Mit einem höheren Grad an Virtualität wird deutlich, dass die direkte interaktionale Einflussnahme, welche das klassische Führungsverständnis bestimmt, zu kurz greift (Breisig, 2020), da Führungspersonen auch bei großer Distanz weiterhin über Einflussmöglichkeiten verfügen müssen. Führung muss daher neben der direkten Mitarbeiterführung auch indirekte und strukturelle Formen der Beeinflussung des Verhaltens im Hinblick auf die Team- und Organisationsziele stärker einbeziehen (Scherm & Süß, 2000). Darüber hinaus sind Ansätze der Selbstorganisation im Team sowie zur Rücknahme hierarchischer Steuerung und ihre Ersetzung bzw. Ergänzung durch geteilte oder verteilte Führung sinnvoll (Hoch & Kozlowski, 2014).

Wie können Führungskräfte unter den besonderen Bedingungen virtueller und hybrider Zusammenarbeit erfolgreich sein? Im Folgenden möchten wir auf drei Führungsverhaltensweisen eingehen, die in unterschiedlichem Ausmaß die funktionalen Anforderungen der Zielerreichung und des Teamzusammenhalts zu erfüllen versprechen: (1) das Management von Distanz, (2) ein verändertes Führungsverständnis, (3) die Unterstützung des Teamzusammenhalts.

2.1 Management von Distanz: Arbeitsgestaltung über Kollaborationsplattformen

Führungskräfte sollten ihr Team für die standortübergreifende, mediengestützte Zusammenarbeit schulen und sowohl die einzelnen Teammitglieder untereinander als auch das Team als Ganzes mit anderen Organisationseinheiten intelligent vernetzen (Boos et al., 2017, 84 ff.). Dazu wäre ein erster Schritt, die Situation des virtuellen oder hybriden Teams zu analysieren. Die Aufgabenabhängigkeiten, Kommunikationswege und Wissensinterdependenzen könnten mittels Netzwerkanalyse zunächst einmal grafisch dargestellt werden. Zusätzlich könnte die Distanz auf verschiedenen Dimensionen, zum Beispiel der geografischen oder sozialen Distanz unter den Teammitgliedern, und in ihrem Ausmaß beschrieben werden (für eine Anleitung siehe Boos et al., 2017, 57 ff.). Aufbauend auf der Analyse des Netzwerkes, der damit einhergehenden Identifikation spezifischer Rollen, zum Beispiel zentraler oder Brückenfunktionen, und dem „Screening zur Distanz in räumlich verteilten Teams" (Boos et al., 2017, 58 ff.) könnten Strategien sowie kurzfristige Maßnahmen für das Team entwickelt werden. Dies schließt gezielte Maßnahmen zur Organisation des Netzwerkes und zur Überbrückung verschiedener Formen von Distanz ein.

Die Digitalisierung stellt besondere Anforderungen an die Führungskräfte, die passenden Technologien zur Zusammenarbeit auszuwählen und Normen für die Kommunikation und das Informationsmanagement zu entwickeln (Cortellazzo et al., 2019). Neben einzelnen digitalen Werkzeugen für jeweils spezifische Zwecke, wie zum Beispiel Videokonferenzsysteme oder Online-Projektmanagement-Tools, werden in Unternehmen zunehmend Kollaborationsplattformen eingesetzt (Hardwig, 2021; Hardwig & Weißmann, 2021b), um die orts- und organisationsübergreifende Zusammenarbeit in Teams ganzheitlich zu unterstützen. Kollaborationsplattformen integrieren verschiedene digitale Werkzeuge, um das Arbeiten aus dem Homeoffice zu ermöglichen, externe Expertinnen und Experten sowie Kundinnen und Kunden in ein Projekt einzubeziehen und generell die Vernetzung der Mitglieder eines Teams oder einer Organisation zu fördern (Klötzer & Boos, 2023). Kollaborationsplattformen sind inzwischen zu einem wesentlichen Werkzeug für die Unterstützung der Zusammenarbeit in Teams und Organisationen geworden. So zeigen die Nutzungszahlen der Plattform Microsoft Teams einen Anstieg von 20 Mio. täglich aktiver Nutzerinnen und Nutzer im November 2019 auf 145 Mio. im April 2021 (Statista, 2021).

Nun genügt es nicht, einem Team die Kollaborationsplattform lediglich zur Verfügung zu stellen, sondern die Art ihrer Nutzung muss durch die Anwenderinnen und Anwender gemeinsam entwickelt werden. Diesen Prozess zu initiieren und zu gestalten, ist eine Führungsaufgabe. Es ist gleichzeitig eine Aufgabe der Systemgestaltung, da mit der Implementation von Kollaborationsplattformen organisationale Rollen sowie Regeln und Normen der Zusammenarbeit einhergehen. Auch sind Lernprozesse auf der Ebene der einzelnen Teammitglieder wie des gesamten Teams in Gang zu setzen, um die Werkzeuge sinnvoll und kompetent in der Teamarbeit einsetzen zu können.

Für die Arbeit mit Kollaborationsplattformen hat Klötzer (2021) ein dreischrittiges Gestaltungsmodell entwickelt, das Führungskräften helfen kann, virtuelle und hybride Teamarbeit reflektiert und aktiv zu gestalten. Die drei Prozessschritte sind: (1) Entwicklung einer Strategie für die Kollaboration bezogen auf individuelle, Team- und Organisationsziele, (2) Ermittlung des Gestaltungsbedarfs im Arbeitssystem im Hinblick auf die wechselseitige Passung seiner Komponenten Mensch, Aufgabe und Technik, (3) Gestaltung von sechs Handlungsfeldern. Diese Handlungsfelder sind: Technik und Räume, Lernen und Entwicklung, Zusammenarbeit und Regeln, Führung und Betreuung, Anpassung und Wandel, Werte und Kultur (Klötzer et al., 2021). Eine Zusammenstellung von *Good Practices* in den sechs Handlungsfeldern findet sich bei Klötzer und Boos (2023). Diese Gestaltungsmaßnahmen sind aus Fallstudien in zwei mittelständischen IT-Unternehmen abgeleitet worden, die zum Zeitpunkt der Datenerhebung (21 teilstandardisierte Interviews) bereits Erfahrung mit der Nutzung von Kollaborationsplattformen besaßen. Sie können als Orientierung für Führungskräfte dienen, die die Arbeit in virtuellen und hybriden Teams aktiv und reflektiert gestalten wollen. So mag in einem Team der Schwerpunkt auf Maßnahmen zur gelingenden Einführung der gewählten Kollaborationsplattform liegen und zum Beispiel partizipative Projektplanung, frühzeitige Kommunikation, Erwartungsmanagement, Organisation von Schulungen sowie die Vorbildrolle der Führungsperson erfordern. In einem anderen Team könnte das Erfordernis verstärkt auf der Gestaltung der Zusammenarbeit im Team liegen, zum

Beispiel durch die gemeinsame Entwicklung von Teamregeln und Kommunikationsnormen sowie die Einführung regelmäßiger Phasen der Reflexion über die Prozesse und die Qualität der Zusammenarbeit (Klötzer & Boos, 2023).

2.2 Ein verändertes Führungsverständnis: Verteilte Führung und Selbstorganisation

In einer Befragung von Personalverantwortlichen von ca. 500 Unternehmen im Mai 2020 gaben 40 % ein „häufiges" Schulungsdefizit von Führungskräften bezüglich der Führung auf Distanz an und 31 % ein „seltenes" Defizit (Hofmann et al., 2020). Dies zeigt, dass angesichts der zunehmenden Verbreitung virtueller und hybrider Teamarbeit Führungskräfte lernen müssen, die richtige Mischung aus interaktiver Führung einzelner Teammitglieder, Delegation und Übertragung von Selbstverantwortung an ihr Team sowie Unterstützung des Teamzusammenhalts zu realisieren.

Das Verständnis von Führung hat sich verändert. Zwar beinhaltet Führung immer noch die gezielte Verhaltensbeeinflussung von Mitarbeitenden im Hinblick auf die Unternehmensziele. Jedoch bedeutet „Führung auf Distanz" weniger direkten Kontakt zwischen Führungskraft und Mitarbeitenden. Die Führungskraft kann Verhalten nicht mehr unmittelbar beobachten, Wertschätzung nicht mehr persönlich ausdrücken, Fehler und Konfliktsignale schwieriger erkennen. In virtuellen und hybriden Teams erlangt sie nicht oder nur eingeschränkt Kenntnis über Arbeitssituationen und Arbeitsfortschritte der Teammitglieder. Sie kann nicht mehr so schnell direkt und persönlich Einfluss nehmen wie in Präsenzsituationen, sondern muss verstärkt auch indirekt (z. B. durch Zielvereinbarungen) und strukturell (z. B. durch Transparenz der Aufgaben, Meetings) führen. Führung auf Distanz heißt also, Macht abzugeben, den Mitarbeitenden zu vertrauen (Schwarzmüller et al., 2017) und statt einer direktiven eine partizipative Grundhaltung zu entwickeln (Hertel & Lauer, 2012). Hinzu kommt, dass Führung medienvermittelt ausgeübt werden muss, um geografische, zeitliche, kulturelle und organisationale Distanzen zu überbrücken.

Die Idee der indirekten Verhaltensbeeinflussung findet sich schon in der Substitutionstheorie der Führung von Kerr und Jermier (1978). Sie nehmen an, dass Führungspersonen durch passende Substitute in ihrer direkten interaktionalen Führung entlastet werden können bzw. dass direkte Führung durch indirekte Maßnahmen effizient ersetzt werden kann. Führungssubstitute sind zum Beispiel die klare Strukturierung der Aufgabe, die Zielvereinbarung, standardisierte Prozessabläufe, automatisiertes Leistungsfeedback, die Formulierung von Normen für professionelles Verhalten oder die Qualifizierung der Mitarbeitenden (Boos et al., 2017).

In virtuellen und hybriden Teams sollten Führungsaufgaben auch von den Teammitgliedern übernommen werden, denn diese verfügen über mehr Kontextinformationen für ihre Arbeit. Zudem ist die Arbeitsgestaltung für Führungskräfte in virtuellen und hybriden Settings wesentlich anspruchsvoller. Sie müssen für eine funktionierende und aufgabenadäquate Informations- und Kommunikationsinfrastruktur sorgen, die Arbeits- und Kommunikationsabläufe strukturieren und die Teamkohäsion sowie die Identifikation mit dem Team und der Organisation unterstützen (Hardwig & Weißmann, 2021a). Das Team muss zudem mit dem organisatorischen Umfeld vernetzt werden, was unter virtuellen Bedingungen schwieriger wird.

Konzepte dezentraler Führung, die den Mitarbeitenden mehr Autonomie und Partizipationsmöglichkeiten einräumen (Hertel & Lauer, 2012), erscheinen daher für ein den neuen Bedingungen angepasstes Führungsverständnis angemessen. So nehmen sowohl bei „verteilter Führung" (*Distributed Leadership;* Harris & Spillane, 2008) als auch bei „geteilter Führung" (*Shared Leadership;* Pearce & Conger, 2003) Teammitglieder Führungsaufgaben zum Teil in fließendem Wechsel wahr. Dass diese Formen dezentraler Führung bzw. Selbstorganisation des Teams die Teamleistung positiv beeinflussen, ist empirisch belegt (Carson et al., 2007). Dies liegt daran, dass Verantwortung kollektiv übernommen, der Teamzusammenhalt gestärkt, das Commitment gefördert und die hierarchische Führung wirksam ergänzt werden (Hoch & Kozlowski, 2014).

2.3 Unterstützung des Teamzusammenhalts: Schaffung sozialer Präsenz

Nach dem Ende der Homeoffice-Pflicht im Rahmen der Corona-Maßnahmen hat sich der Anteil der Beschäftigten, die überwiegend oder ausschließlich von zu Hause aus arbeiten, auf einem gegenüber der Zeit vor der Pandemie deutlich erhöhten Niveau eingependelt: in Deutschland ca. 15 % im Juli 2021 (Hans-Böckler-Stiftung [HBS], 2023). Im Dienstleistungssektor arbeiteten zu dem Zeitpunkt sogar 35,4 % der Beschäftigten zumindest teilweise im Homeoffice (IFO Institut [IFO], 2021), im November 2022 waren es sogar 36,1 % (IFO, 2022). In einer Umfrage erklärten 32 % der Befragten in Deutschland, sie würden kündigen und sich einen neuen Job suchen, falls sie wieder Vollzeit im Büro arbeiten müssten (Aksoy et al., 2022). Arbeitgeberinnen und Arbeitgeber hingegen wollen weniger Homeoffice ermöglichen, als ihre Beschäftigten fordern (Aksoy et al., 2022; Teevan et al., 2022, S. 9). Managerinnen und Manager zeigen sich besorgt um den sozialen Zusammenhalt in ihren Unternehmen und die möglichen negativen Effekte auf Innovationsfähigkeit und Unternehmenskultur. Man sei „deeply concerned about the downsides of hybrid arrangements" (Trevor & Holweg, 2023, S. 35).

Tatsächlich können in einem virtuellen Team Arbeitsbeziehungen weniger leicht entwickelt und gepflegt werden, als wenn sich die Kolleginnen und Kollegen täglich sehen. In hybriden Teamsituationen kommt hinzu, dass manche Mitarbeitenden häufiger im Büro arbeiten, andere jedoch lieber an ihrem häuslichen Arbeitsplatz. Dabei können sich ungleiche Teamsituationen verfestigen, so dass sich Untergruppen bilden. Der Informationsfluss zu den *remote* arbeitenden Kolleginnen und Kollegen könnte gestört sein, und sie könnten sich infolgedessen ausgegrenzt fühlen. Führungspersonen sind in besonderer Weise dafür verantwortlich, dass alle Mitarbeitenden sozial eingebunden sind. Dies können sie beispielsweise tun, indem sie informelle Austauschmöglichkeiten schaffen, Präsenztage explizit zur Kontaktpflege nutzen, Partizipation virtuell organisieren und mit geeigneten Moderationsmethoden unterstützen (Hardwig & Boos, 2023a).

Wie oben ausgeführt, könnten Führungskräfte aufgrund des Fachkräftemangels davor zurückschrecken, Präsenz im Unternehmen einzufordern oder verbindlich festzulegen. Dann würden jedoch die Vorteile des (gemeinsamen) Arbeitens im Büro als Team womöglich gar nicht mehr von den Beschäftigten erlebt werden können. Jedes

Teammitglied wäre unter Umständen an einem anderen Tag im Büro, und informelle Begegnungen würden sich nicht ergeben. Virtualität und Hybridität der Arbeit würden sodann in Unkenntnis ihrer Schattenseiten, zum Beispiel des geringeren spontanen Austauschs und der damit verbundenen negativen Effekte auf Teamzusammenhalt, Innovation und Identifikation mit Team und Organisation, verstärkt. Diese Zusammenhänge müssten von der Führung aktiv vermittelt und umgesetzt werden.

Vor allem das hybride Setting verlangt ganz neue Gestaltungsansätze, die die virtuellen und die in Präsenz stattfindenden Kommunikations- und Kooperationssituationen verknüpfen (Nappi & de Campos Ribeiro, 2021). Es müssen Infrastrukturen für die Zusammenarbeit im Unternehmen geschaffen werden. Dies sind neben der partizipativen Einführung von Kollaborationsplattformen (wie oben ausgeführt) Regelungen für die Büronutzung, zum Beispiel in Form von *Desk-Sharing* in flexiblen Bürolandschaften (C. Becker et al., 2019; Lake & Dwelly, 2014) oder als *Activity-based Offices* für unterschiedliche Arbeitstätigkeiten (Windlinger & Haene Kim, 2020). Nach wie vor ist der physische Arbeitsplatz und seine Funktionalität wichtig dafür, dass sich die Beschäftigten mit der Organisation identifizieren und Gemeinschaftssinn und Unternehmenskultur in den dort stattfindenden sozialen Interaktionen entwickeln (Inalhan et al., 2021). Hybride Arbeitssituationen müssen also team- und organisationsübergreifend so gestaltet werden, dass informelle Begegnungen, Austausch von Informationen und die Entwicklung persönlicher Arbeitsbeziehungen gelingen. Während Führungspersonen sich unter Bedingungen der Virtualität, zum Beispiel während des „Corona-Lockdowns", mehr auf die Koordination von Aufgaben und analytische Tätigkeiten konzentrierten, so wird durch mehrere Studien (Birkinshaw et al., 2021) belegt, litt die Beziehungsarbeit mit den Mitarbeitenden. Es war schwieriger, eine unterstützende und befähigende Arbeitsumgebung zu schaffen, und dadurch wurde sowohl individuell als auch auf Teamebene weniger gelernt. Wenn dies bei der Führung hybrider Teamarbeit mit ihrer Kombination von Arbeit in Präsenz und auf Distanz berücksichtigt wird, würde der Umbruch der Arbeitswelt große Chancen bieten.

❓ Fazit

Arbeitsbedingungen, vor allem in Bereichen der Wissensarbeit, haben sich infolge der Corona-Pandemie grundlegend verändert. Die Mitglieder von Teams arbeiten zunehmend von verschiedenen Standorten aus (vor Ort im Büro, bei der Kundschaft oder am häuslichen Arbeitsplatz). Dabei kommunizieren sie medienvermittelt und arbeiten über komplexe Kollaborationsplattformen auch virtuell zusammen. Die Arbeitssituation ist zudem oft hybrid, das heißt, einige Teammitglieder kommunizieren vor Ort Face-to-Face miteinander, andere sind medial zugeschaltet. Unter diesen Bedingungen müssen Führungskräfte ihre Teams anders führen. Zum einen steigt ihre Verantwortung für die Gestaltung der Rahmenbedingungen ihrer Teams: Eine effiziente Zusammenarbeit erfordert eine aufgabenangemessene Ausstattung mit digitalen Medien und Kollaborationsplattformen sowie eine Regelung über deren Nutzung. Zum anderen führen Vorgesetzte ihre Teams weniger durch direkte Interaktion mit den einzelnen Teammitgliedern, sondern durch indirekte Steuerungsformen und die Förderung von Selbstorganisation und verteilter Führung. Insbesondere bei hybridem Arbeiten erhöhen sie nachhaltig die Leistung ihres Teams, indem sie durch gezielte Maßnahmen die informelle Kommunikation und den sozialen Zusammenhalt fördern.

> **Schlüsselbegriffe**
> - **Führung:** Unter Führung versteht man die zielgerichtete soziale Einflussnahme auf einzelne Mitarbeitende oder auch auf eine ganze Gruppe. Zentrale Funktionen der Führung sind Zielorientierung der aufgabenbezogenen Aktivitäten sowie die Stärkung des sozialen Zusammenhaltes.
> - **Virtuelles Team:** Ein virtuelles Team besteht aus Mitgliedern, die an einer gemeinsamen Aufgabe von verschiedenen Orten aus oder auch asynchron zusammenarbeiten. Dazu kommunizieren sie medienvermittelt und nur selten face-to-face.
> - **Hybrides Team:** Hybrid ist ein Team, in dem die Möglichkeiten von Face-to-Face-Kommunikation unter den Beteiligten ungleich verteilt sind.
> - **Kollaborationsplattform:** Eine Kollaborationsplattform integriert verschiedene digitale Werkzeuge (z. B. für die Dokumentenablage, Videokonferenzen, Messenger-Dienste), um das Arbeiten aus dem Homeoffice zu ermöglichen, externe Expertinnen und Experten sowie Kundinnen und Kunden in ein Projekt einzubeziehen und generell die Vernetzung der Mitglieder eines Teams oder einer Organisation zu fördern.
> - **Dezentrale Führung:** Bei „verteilter Führung" und auch bei „geteilter Führung" nehmen Teammitglieder Führungsaufgaben zum Teil in fließendem Wechsel wahr. Verantwortung für die Zielerreichung und den sozialen Zusammenhalt wird kollektiv übernommen, und die hierarchische Führung kann so ergänzt werden.

❓ Verständnisfragen
1. Was sind die zentralen Herausforderungen für Führungspersonen virtueller und hybrider Teams?
2. Wie unterscheidet sich Führungsverhalten in Präsenzteams von demjenigen in virtueller und hybrider Teamarbeit?
3. Wie können soziale Präsenz und Teamzusammenhalt bei verteilten Teams unterstützt werden?

Literatur

Aksoy, C. G., Barrero, J. M., Bloom, N., Davis, S., Dolls, M., & Zarate, P. (2022). *Working from home around the world*. Working Paper 30446. NBER. ▶ https://doi.org/10.3386/w30446.

Becker, C., Kratzer, N., & Lütke Lanfer, S. S. (2019). Neue Arbeitswelten: Wahrnehmung und Wirkung von Open-Space-Büros. *Arbeit, 28*(3), 263–284. ▶ https://doi.org/10.1515/arbeit-2019-0017.

Bell, B. S., & Kozlowski, S. W. J. (2002). A typology of virtual teams. *Group & Organization Management, 27*(1), 14–49. ▶ https://doi.org/10.1177/1059601102027001003.

Bernardy, V., Müller, R., Röltgen, A. T., & Antoni, C. H. (2021). Führung hybrider Formen virtueller Teams: Herausforderungen und Implikationen auf Team- und Individualebene. In S. Mütze-Niewöhner, W. Hacker, T. Hardwig, S. Kauffeld, E. Latniak, M. Nicklich, & U. Pietrzyk (Hrsg.), *Projekt- und Teamarbeit in der digitalisierten Arbeitswelt: Herausforderungen, Strategien und Empfehlungen* (S. 115–138). Springer. ▶ https://doi.org/10.1007/978-3-662-62231-5_6.

Birkinshaw, J., Gudka, M., & D'Amato, V. (2021). The blinkered boss: How has managerial behavior changed with the shift to virtual working? *California Management Review, 63*(4), 5–26. ▶ https://doi.org/10.1177/00081256211025823.

Bockstahler, M., Jurecic, M., & Rief, S. (2022). *Homeoffice Experience 2.0: Veränderungen, Entwicklungen und Erfahrungen zur Arbeit aus dem Homeoffice während der Corona-Pandemie*. Fraunhofer-Gesellschaft. ▶ https://doi.org/10.24406/publica-7.

Bonin, H., Eichhorst, W., Kaczynska, J., Kümmerling, A., Rinne, U., Scholten, A., & Steffes, S. (2020). *Verbreitung und Auswirkungen von mobiler Arbeit und Homeoffice: Kurzexpertise.* Forschungsbericht 549. BMAS. ▶ https://www.bmas.de/DE/Service/Publikationen/Forschungsberichte/fb-549-verbreitung-auswirkungen-mobiles-arbeiten.html.

Boos, M., Hardwig, T., & Riethmüller, M. (2014). Führen und Arbeiten 2.0: Neue Anforderungen an Führungskräfte. In K. Schwuchow & J. Gutmann (Hrsg.), *Personalentwicklung: Themen, Trends, Best Practices 2015.* Haufe.

Boos, M., Hardwig, T., & Riethmüller, M. (2017). *Führung und Zusammenarbeit in verteilten Teams* (1. Aufl.). Hogrefe. ▶ https://doi.org/10.1026/02628-000.

Breisig, T. (2020). Führung auf Distanz und gesunde Führung bei mobiler Arbeit. *Zeitschrift für Arbeitswissenschaft, 74*(3), 188–194. ▶ https://doi.org/10.1007/s41449-020-00219-6.

Burke, S., DiazGranados, D., & Salas, E. (2011). Team leadership: A review and look ahead. In A. Bryman, D. Collinson, K. Grint, B. Jackson, & M. Uhl-Bien (Hrsg.), *The Sage Handbook of leadership* (S. 338–351). SAGE.

Carroll, N., & Conboy, K. (2020). Normalising the "new normal": Changing tech-driven work practices under pandemic time pressure. *International Journal of Information Management, 55,* 102186. ▶ https://doi.org/10.1016/j.ijinfomgt.2020.102186.

Carson, J. B., Tesluk, P. E., & Marrone, J. A. (2007). Shared leadership in teams: An investigation of antecedent conditions and performance. *Academy of Management Journal, 50*(5), 1217–1234. ▶ https://doi.org/10.2307/20159921.

Cohen, S. G., & Gibson, C. B. (2003). In the beginning: Introduction and framework. In C. B. Gibson & S. G. Cohen (Hrsg.), *Virtual teams that work: Creating conditions for virtual team effectiveness* (S. 1–13). Jossey-Bass.

Cortellazzo, L., Bruni, E., & Zampieri, R. (2019). The role of leadership in a digitalized world: A review. *Frontiers in Psychology, 10,* 1938. ▶ https://doi.org/10.3389/fpsyg.2019.01938.

Gartner Inc. (Hrsg.). (2021). *R&D employee attitudes toward remote work.* ▶ https://www.gartner.com/en/innovation-strategy/trends/improve-staff-engagement-retention.

Geiger, T. (1931/1982). Führung. In A. Vierkandt (Hrsg.), *Handwörterbuch der Soziologie. Gekürzte Studienausgabe.* Ferdinand Enke.

Global Workplace Analytics. (2022). *The State of Remote Work 2022.* ▶ https://globalworkplaceanalytics.com/whitepapers.

Hackman, J. R., & Morris, C. G. (1975). Group tasks, group interaction process, and group performance effectiveness: A review and proposed integration. In L. Berkowitz (Hrsg.), *Advances in Experimental Social Psychology. Volume 8* (Bd. 8, S. 45–99). Elsevier. ▶ https://doi.org/10.1016/S0065-2601(08)60248-8.

Hans-Böckler-Stiftung (HBS). (3. Januar 2023). *Studien zu Homeoffice und mobiler Arbeit.* ▶ https://www.boeckler.de/de/auf-einen-blick-17945-Auf-einen-Blick-Studien-zu-Homeoffice-und-mobiler-Arbeit-28040.htm.

Hardwig, T. (2021). Potenziale und Nutzung von Kollaborationsplattformen und ihre Gestaltungsanforderungen. In T. Hardwig & M. Weißmann (Hrsg.), *Eine neue Qualität der Zusammenarbeit im Unternehmen: Die Arbeit mit Kollaborationsplattformen gestalten* (S. 37–50). Georg-August-Unversität Göttingen.

Hardwig, T., & Boos, M. (2023a). Hybrid Work: Herausforderungen an das Change Management in Unternehmen. *Zeitschrift für angewandte Organisationspsychologie, 54*(2), 187–197. ▶ https://doi.org/10.1007/s11612-023-00686-5.

Hardwig, T., & Boos, M. (2023b). The surge in digitalization: New challenges for team member collaboration. In L. L. Gilson, T. O'Neill, & M. T. Maynard (Hrsg.), *Handbook of virtual work.* Elgar.

Hardwig, T., & Weißmann, M. (2021a). Fazit: Arbeiten mit Kollaborationsplattformen iterativ und ganzheitlich gestalten. In T. Hardwig & M. Weißmann (Hrsg.), *Eine neue Qualität der Zusammenarbeit im Unternehmen: Die Arbeit mit Kollaborationsplattformen gestalten* (S. 147–156). Georg-August-Unversität Göttingen.

Hardwig, T., & Weißmann, M. (2021b). Zur Einführung: Kollaborationsplattformen als Grundlage für Homeoffice und mobiles Arbeiten. In T. Hardwig & M. Weißmann (Hrsg.), *Eine neue Qualität der Zusammenarbeit im Unternehmen: Die Arbeit mit Kollaborationsplattformen gestalten* (S. 11–16). Georg-August-Unversität Göttingen.

Harris, A., & Spillane, J. (2008). Distributed leadership through the looking glass. *Management in Education, 22*(1), 31–34. ▶ https://doi.org/10.1177/0892020607085623.

Hertel, G., & Lauer, L. (2012). Führung auf Distanz und E-Leadership – die Zukunft der Führung? In S. Grote (Hrsg.), *Die Zukunft der Führung* (S. 103–118). Springer. ▶ https://doi.org/10.1007/978-3-642-31052-2_6.

Hoch, J. E., & Kozlowski, S. W. J. (2014). Leading virtual teams: Hierarchical leadership, structural supports, and shared team leadership. *Journal of Applied Psychology, 99*(3), 390–403. ▶ https://doi.org/10.1037/a0030264.

Hofmann, J., Piele, A., & Piele, C. (2020). *Arbeiten in der Corona-Pandemie: Auf dem Weg zum New Normal.* Fraunhofer IAO, Deutsche Gesellschaft für Personalführung e. V. ▶ https://doi.org/10.24406/publica-fhg-300298.

IFO Institut (IFO) . (27. August 2021). *Homeoffice weniger stark genutzt* [Pressemitteilung]. ▶ https://www.ifo.de/pressemitteilung/2021-08-27/homeoffice-weniger-stark-genutzt.

IFO Institut (IFO) . (9. Dezember 2022). *Homeoffice setzt sich durch – aber nicht überall* [Pressemitteilung]. ▶ https://www.ifo.de/pressemitteilung/2022-12-09/homeoffice-setzt-sich-durch-aber-nicht-ueberall.

Inalhan, G., Yang, E., & Weber, C. (2021). Place attachement theory. In R. Appel-Meulenbroek & V. Danivska (Hrsg.), *A handbook of theories on designing alignment between people and the office environment* (S. 181–195). Routledge.

Kauffeld, S., & Schulte, E.-M. (2013). Führung in Teams. In M. Landes & E. Steiner (Hrsg.), *Psychologie der Wirtschaft* (S. 385–402). Springer Fachmedien. ▶ https://doi.org/10.1007/978-3-531-18957-4_19.

Kerr, S., & Jermier, J. M. (1978). Substitutes for leadership: Their meaning and measurement. *Organizational Behavior and Human Performance, 22*(3), 375–403. ▶ https://doi.org/10.1016/0030-5073(78)90023-5.

Klötzer, S. (2021). Ein Gestaltungsmodell für die Arbeit mit Kollaborationsplattformen. In T. Hardwig & M. Weißmann (Hrsg.), *Eine neue Qualität der Zusammenarbeit im Unternehmen: Die Arbeit mit Kollaborationsplattformen gestalten* (S. 51–56). Georg-August-Unversität Göttingen.

Klötzer, S., & Boos, M. (2023). Gestaltungsansätze für die Einführung und Nutzung von Kollaborationsplattformen: Zwei KMU-Fallstudien aus der IT-Branche. *Gr Interakt Org, 54*(1), 115–126. ▶ https://doi.org/10.1007/s11612-023-00670-z.

Klötzer, S., Hardwig, T., & Boos, M. (2021). Die sechs Handlungsfelder zur Gestaltung von Kollaborationsplattformen. In T. Hardwig & M. Weißmann (Hrsg.), *Eine neue Qualität der Zusammenarbeit im Unternehmen: Die Arbeit mit Kollaborationsplattformen gestalten* (S. 103–146). Georg-August-Unversität Göttingen.

Lake, A., & Dwelly, T. (2014). *It's work but not as we know it: An exploration of what the future of work means for business society and public policy.* ▶ https://flexibility.co.uk/product/its-work-but-not-as-we-know-it/.

Luhmann, N. (1964). *Funktionen und Folgen formaler Organisation.* Duncker & Humblot.

Lukasczyk, K. (1960). Zur Theorie der Führer-Rolle. *Psychologische Rundschau, 11*(1), 179–188.

Marks, M. A., Mathieu, J. E., & Zaccaro, S. J. (2001). A temporally based framework and taxonomy of team processes. *Academy of Management Review, 26*(3), 356–376. ▶ https://doi.org/10.5465/amr.2001.4845785.

Morgeson, F. P., Lindoerfer, D., & Loring, D. J. (2010). Developing Team Leadership Capability. In E. van Velsor, C. D. McCauley, & M. N. Ruderman (Hrsg.), *The Center for Creative Leadership Handbook of Leadership Development* (3. Aufl., S. 285–312). Wiley.

Nappi, I., & de Campos Ribeiro, G. (2021). The duality of the physical and virtual worlds of work. In M. Will-Zocholl & C. Roth-Ebner (Hrsg.), *Topologies of digital work: How digitalisation and virtualisation shape working spaces and places* (S. 225–259). Springer International. ▶ https://doi.org/10.1007/978-3-030-80327-8_10.

O'Leary, M. B., & Cummings, J. N. (2007). The spatial, temporal, and configurational characteristics of geographic dispersion in teams. *MIS Quarterly, 31*(3), 433. ▶ https://doi.org/10.2307/25148802.

Pearce, C. L., & Conger, J. A. (2003). All those years ago: The historical underpinnings of shared leadership. In C. L. Pearce & J. A. Conger (Hrsg.), *Shared leadership: Reframing the hows and whys of leadership* (S. 1–18). SAGE.

RW3 Culturewizard. (Hrsg.). (2023). *Trends in Global Virtual Work: 2022 Report.* ▶ https://www.rw-3.com/trends-virtual-report-2022.

Scherm, E., & Süß, S. (2000). Personalführung in virtuellen Unternehmen: Eine Analyse diskutierter Instrumente und Substitute der Führung. *Zeitschrift für Personalforschung, 14*(1), 79–103. ▶ https://doi.org/10.1177/239700220001400104.

Schwarzmüller, T., Brosi, P., & Welpe, I. M. (2017). Führung 4.0: Wie die Digitalisierung Führung verändert. In A. Hildebrandt & W. Landhäußer (Hrsg.), *CSR und Digitalisierung* (S. 617–628). Springer. ▶ https://doi.org/10.1007/978-3-662-53202-7_43.

Statista. (2021). *Microsoft Teams: Täglich aktive Nutzer weltweit 2021*. ▶ https://de.statista.com/statistik/daten/studie/1189929/umfrage/anzahl-der-taeglich-aktiven-nutzer-von-microsoft-teams-weltweit.

Teevan, J., Baym, N., Butler, J., Hecht, B., Jaffe, S., Nowak, K., Sellen, A., & Yang, L. (2022). *Microsoft New Future of Work Report 2022: Microsoft Research Tech report MSR-TR-2022-3*. ▶ https://aka.ms/nfw2022.

Trevor, J., & Holweg, M. (2023). Managing the new tensions of hybrid work. *MIT Sloan Management Review, 64*(Winter), 35–39. ▶ https://sloanreview.mit.edu/article/managing-the-new-tensions-of-hybrid-work/.

Windlinger, L., & Haene Kim, E. (2020). Switching behaviour in activity based working environments: An exploration of the reasons and influencing factors of switching behaviour in ABW. In A. Kämpf-Dern & M. Will-Zocholl (Hrsg.), *Future Workspaces: Proceedings of the Transdisciplinary Workplace Research (TWR) Conference 2020* (S. 121–130). TWR Network.

Yukl, G. A., & Gardner, W. L. (2020). *Leadership in organizations* (9. Aufl.). Pearson.

Führung und Nachhaltigkeit

Psychologische Ansätze für Verantwortung und Wandel

Sylvia Manchen Spörri und Alexander Götmann

Inhaltsverzeichnis

1 Einordnung und Definition von nachhaltiger Führung – 67
1.1 Nachhaltige Entwicklung – 68
1.2 Sustainable Development Goals – 69
1.3 Nachhaltiges Management – 69
1.4 Nachhaltige Führung – 71

2 Psychologische Führungsansätze für die nachhaltige Entwicklung – 73
2.1 Gesundheitsförderliche Führung im Kontext der Nachhaltigkeit – 73
2.2 Transformationale Führung im Kontext der Nachhaltigkeit – 75
2.3 Ethische Führung im Kontext der Nachhaltigkeit – 78

3 Entwicklung nachhaltiger Führungskräfte: Erkenntnisse und Implikationen – 80
3.1 Entwicklung von nachhaltigen Führungskompetenzen durch Erfahrungslernprogramme – 80
3.2 Inner Development Goals – 81

Literatur – 83

© Der/die Autor(en), exklusiv lizenziert an Springer-Verlag GmbH, DE, ein Teil von Springer Nature 2024
J. Basel und S. Manchen Spörri (Hrsg.), *Angewandte Psychologie für die Wirtschaft*,
https://doi.org/10.1007/978-3-662-68559-4_6

Insights
- Verständnis für das Konzept der nachhaltigen Führung und dessen Bedeutung in der heutigen Geschäftswelt
- Kenntnis der theoretischen Modelle, die zur Stärkung der Nachhaltigkeit in der Führung angewendet werden können
- Entwicklung praktischer Empfehlungen und Strategien zur Implementierung von nachhaltiger Führung in Organisationen
- Verständnis für die Wirkmechanismen und Best-Practice-Ansätze in Führungskräfteentwicklungsprogrammen im Kontext der nachhaltigen Führung

Einleitung

Organisationen sind mehr denn je mit einer Vielzahl von Herausforderungen konfrontiert, die von der Globalisierung über disruptive Technologien bis hin zu ökologischen und sozialen Veränderungen reichen und erhebliche ökonomische Folgekosten haben (Schwab, 2016). Diese Herausforderungen machen sowohl strategische Anpassungen als auch grundlegende Veränderungen in der Organisationsstruktur und -kultur notwendig. Vor diesem Hintergrund ist es entscheidend, dass Führungskräfte in der Lage sind, auf nachhaltige Weise zu führen, um ihre Organisationen erfolgreich und verantwortungsbewusst in die Zukunft zu steuern. Nachhaltige Führung impliziert, die Verantwortung für heutige und zukünftige Generationen zu übernehmen, und erfordert häufig ein Umdenken in der Führungspraxis und -kultur. Es geht darum, nachhaltige Werte und Prinzipien langfristig in die Organisation zu integrieren und in sämtliche Aspekte der Geschäftstätigkeit einfließen zu lassen. Gleichzeitig bedeutet nachhaltige Führung auch, Verantwortung für das Wohlergehen und die Entwicklung der Mitarbeitenden zu übernehmen (Kohntopp & McCann, 2023). Dabei stehen Führungskräfte vor der Herausforderung, mit Widersprüchlichkeiten und Dilemmata im Organisationskontext umzugehen (Müller-Christ, 2020). Diese Herausforderungen können sich in Form von Konflikten zwischen kurzfristigen Zielen und langfristiger Nachhaltigkeit, zwischen individuellen und kollektiven Interessen oder zwischen wirtschaftlichem Erfolg und sozialer Verantwortung ausdrücken. Vor diesem Hintergrund müssen Führungskräfte eine Praxis entwickeln, die diese Widersprüche bewältigt und sie in die Lage versetzt, Transformationsprozesse hin zu mehr Nachhaltigkeit erfolgreich umzusetzen.

Dieses Buchkapitel stellt ausgewählte psychologische Ansätze zur nachhaltigen Führung vor und diskutiert ihre Bedeutung und praktische Anwendung im Führungsalltag. Es präsentiert sowohl fundierte theoretische Einsichten als auch anwendungsorientierte Ratschläge, die sich auf den organisatorischen Kontext übertragen lassen. Unser Hauptziel ist es, den Leserinnen und Lesern eine solide Basis zur Verfügung zu stellen, auf der sie ihre eigenen Strategien zur Förderung nachhaltiger Führung ausarbeiten können. Das Buchkapitel startet mit einer Definition von nachhaltiger Entwicklung und einer Begriffsklärung nachhaltiger Führung. In den darauffolgenden Abschnitten rücken empirisch gestützte theoretische Modelle in den Vordergrund, die für die Förderung von Nachhaltigkeit und das Erreichen der *Sustainable Development Goals* (SDG) der Vereinten Nationen (UN) von Bedeutung sind. Hierbei nehmen insbesondere gesundheitsförderliche, transformationale und ethische Führung eine zentrale Rolle ein.

Schließlich werden die empirischen Befunde sowie die daraus resultierenden Implikationen für die Ausbildung nachhaltiger Führungspersonen vorgestellt. Auf diese Weise liefert das Kapitel Erkenntnisse und wertvolle Impulse für die Entwicklung nachhaltiger Führungsentwicklungsprogramme.

1 Einordnung und Definition von nachhaltiger Führung

Die verschiedenen Bewegungen und Programme zur nachhaltigen Entwicklung in den letzten Jahrzehnten haben dazu geführt, dass organisationale Konzepte hinterfragt und Management und Führung neu verstanden sowie durch angepasste Ausbildungskonzepte vermittelt werden. Gleichzeitig sind neue Begrifflichkeiten entstanden, die verschiedenen Ebenen zuzuordnen sind und manchmal nicht trennscharf oder von verschiedenen Disziplinen unterschiedlich benutzt werden. Aktuelle Literaturanalysen versuchen deshalb, die Verbreitung und Verwendung der Konzepte zu systematisieren (Eustachio et al., 2023; Kharchuk & Oleksiv, 2023; Liao, 2022; Piwowar-Sulej & Iqbal, 2023). In ◘ Abb. 1 wird unser Verständnis basierend auf diesen Übersichtsarbeiten dargestellt.

Die nachhaltige Entwicklung stellt den gesamtgesellschaftlichen Rahmen dar mit verschiedenen Stakeholdern wie Gesellschaft, Politik und Unternehmen, die Anforderungen an das geschäftliche Verhalten der Unternehmen stellen (vgl. ▶ Abschn. 1.1). Aus dieser Bewegung entstehen politische Programme wie die *Sustainable Development Goals*, die in den verschiedenen Ländern in spezifischen Agenden umgesetzt werden und wiederum auch konkrete Vorgaben und Forderungen an die Organisationen stellen (vgl. ▶ Abschn. 1.2). Die Unternehmen greifen diese Forderungen in unterschiedlicher Ausprägung auf, definieren nachhaltige Ziele und transformieren sich unter Umständen, um diese Ziele besser erreichen zu können. Diese Aufgaben werden auf der Stufe des Managements wahrgenommen, und es lassen sich unterschiedliche Ausprägungen des nachhaltigen Managements beobachten (vgl. ▶ Abschn. 1.3). In der nachhaltigen Führung wird die Umsetzung der nachhaltigen Ziele konkretisiert. Dabei kann in der Literatur ein eigenständiger Führungsstil – *Sustainable Leadership* – identifiziert werden, der sowohl

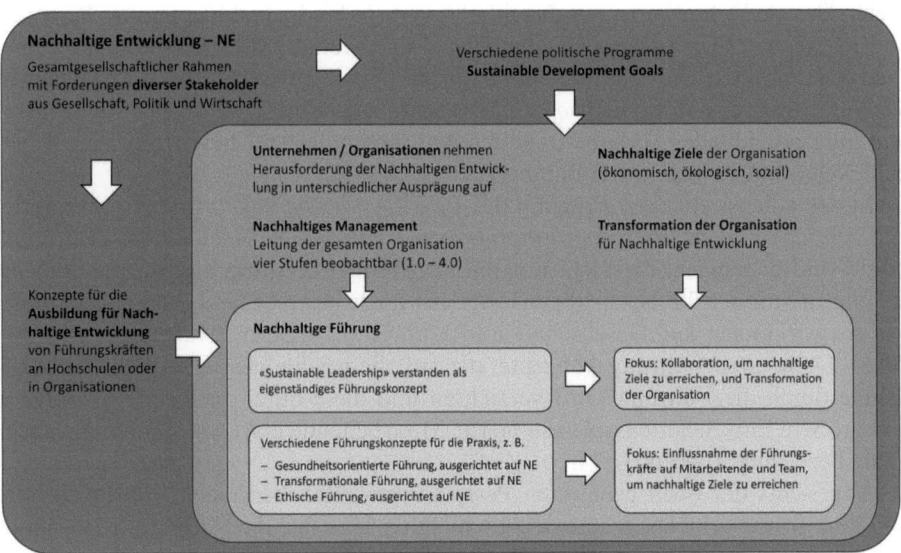

◘ Abb. 1   Einordnung der nachhaltigen Führung. Quelle: Eigene Darstellung

die Transformation der Organisation selbst in Richtung der nachhaltigen Entwicklung fokussiert als auch nachhaltige Ziele verfolgt (vgl. ▶ Abschn. 1.4), sowie weitere Führungsansätze, die auf Nachhaltigkeit ausgerichtet sind und ebenso zum Erreichen nachhaltiger Ziele beitragen (vgl. ▶ Abschn. 2).

1.1 Nachhaltige Entwicklung

Nachhaltigkeit kann man als Merkmal oder Zustand verstehen, ebenso jedoch die Betonung auf den Prozess legen und damit den Entwicklungsaspekt in den Vordergrund rücken (Schmitt & Bamberg, 2018, S. 6).

> **Nachhaltige Entwicklung**
>
> Nachhaltige Entwicklung bedeutet, „development that meets the needs of the present without compromising the ability of future generations to meet their own needs" (World Commission on Environment and Development [WCED] & United Nations [UN], 1987, S. 54). Neben der hier skizzierten Forderung nach intergenerativer Gerechtigkeit durch die Brundtland-Kommission für Umwelt und Entwicklung wird ausserdem durch einen angestrebten Wohlstandsausgleich unter anderem zwischen Ländern und Menschen eine intragenerative Dimension eingeführt.

In wirtschaftlichen, politischen und wissenschaftlichen Diskursen hat sich die Differenzierung in die drei Dimensionen ökonomische, ökologische und soziale Nachhaltigkeit durchgesetzt. Dieser zunächst als Drei-Säulen-Modell gedachte Ansatz hat sich zu einem Nachhaltigkeitsdreieck weiterentwickelt, welches diese drei Dimensionen verbindet und integrativ auf eine ganzheitliche Entwicklung ausrichtet, so dass nicht eine einzelne Säule vernachlässigt werden kann (Kropp, 2019, S. 11–12). Tiefergehende Definitionen von Nachhaltigkeit sind jedoch abhängig von Personen und Kontexten. Dabei zeigt sich eine Perspektivenvielfalt, die unter anderem *zeitbezogene Aspekte* wie Dauerhaftigkeit, *qualitative Aspekte* wie Merkmale und Themen wie Verantwortung sowie *psychosoziale Aspekte* wie politische Prozesse sowie intra- und interindividuelles Verhalten bei der Wahrnehmung und Bewertung von Nachhaltigkeit umfasst (Schmitt & Bamberg, 2018, S. 9).

In der alltagsweltlichen Prägung des Begriffs *Nachhaltigkeit* finden unter anderem zeitliche und qualitative Konnotationen Anwendung. Nachhaltige Führungskräfte sind diejenigen, die nicht nur die kurzfristige Leistung und Rentabilität ihrer Organisationen berücksichtigen, sondern auch bestrebt sind, langfristige positive Auswirkungen auf Gesellschaft und Umwelt zu erzielen (Hargreaves & Fink, 2005). Doch auch Führungskonzepte, die auf die beständige persönliche Einflussnahme durch die Führungskraft verzichten und diese durch bleibende Strukturen und größere Entscheidungsspielräume für Mitarbeitende ersetzen, werden als nachhaltig bezeichnet (Becker, o. J.).

Angesichts der oben genannten Perspektivenvielfalt benötigen Führungskräfte und ihre Teams gemeinsam entwickelte mentale Modelle, die für ihre Arbeit handlungsleitend sein sollen (Schmitt & Bamberg, 2018, S. 6).

1.2 Sustainable Development Goals

Am 25. September 2015 wurde von den Mitgliedstaaten der Vereinten Nationen eine 17 Ziele umfassende Agenda für nachhaltige Entwicklung mit 169 Unterzielen verabschiedet. Dabei handelt es sich um die sogenannten Sustainable Development Goals (SDG), die sowohl die ökonomische als auch die ökologische und soziale Dimension in einem ausgewogenen Verhältnis anvisieren. Sie verfolgen damit einen ganzheitlichen Entwicklungsansatz und setzen einen neuen globalen Referenzrahmen für nachhaltige Entwicklung (Eidgenössisches Departement für auswärtige Angelegenheiten [EDA], o. J.).

Die Relevanz der nachhaltigen Entwicklung für Gesellschaft und Wirtschaft zeigt sich darin, dass unter anderem im deutschsprachigen Raum Strategien, Programme und Maßnahmen zur Umsetzung der SDGs implementiert wurden wie die „Deutsche Nachhaltigkeitsstrategie 2016" (Deutsche Bundesregierung, 2016), der Beschluss des Ministerrates zur Umsetzung der Agenda 2030 in Österreich (Bundeskanzleramt Österreich, 2016) und die Strategie für nachhaltige Entwicklung 2030 in der Schweiz (EDA, 2021). Die komplexen Herausforderungen der nachhaltigen Entwicklung können nicht ausschließlich wissenschaftlich und monodisziplinär gelöst werden, sondern erfordern inter- und transdisziplinäre Beiträge. Die Perspektive der Psychologie als Wissenschaft vom Erleben und Verhalten des Menschen kann die vor allem durch Wirtschafts- und Umweltwissenschaften geprägten Forschungen und Lösungsversuche erweitern (vgl. Schmitt & Bamberg, 2018, S. 10). Als anwendungsorientierte Teildisziplin kann die Arbeits- und Organisationspsychologie und insbesondere die Führungspsychologie zur Bearbeitung der Themenfelder Gesundheit, Gestaltung menschenwürdiger Arbeit, Werteorientierung (Gleichheit) in der Arbeit und Förderung nachhaltigen Konsums als Produktions- und Konsummuster einen besonderen Beitrag leisten (vgl. ◘ Abb. 2).

1.3 Nachhaltiges Management

In der betriebswirtschaftlichen Praxis wurden in den letzten Jahren verschiedene Managementsysteme und Qualitätsstandards implementiert wie Corporate Social

Sustainable Development Goals 3, 5, 8	Bezug zur Arbeitswelt	Sustainable Development Goals 10, 12	Bezug zur Arbeitswelt
3 GESUNDHEIT UND WOHLERGEHEN	Gewährleistung und Förderung eines gesunden Lebens und Wohlergehens für alle Menschen beispielsweise durch Suchtprävention oder das Management nationaler Gesundheitsrisiken, wozu etwa die Reduktion von Stress am Arbeitsplatz und die Prävention von Burn-out beitragen kann.	10 WENIGER UNGLEICHHEITEN	Verringerung der Ungleichheit zwischen Staaten und Ermöglichung von Selbstbestimmung sowie Förderung von sozialer, wirtschaftlicher und politischer Inklusion und Chancengleichheit unabhängig von diversen Merkmalen wie Alter, Geschlecht, Behinderung, Ethnizität, Herkunft, Religion und wirtschaftlichem oder sonstigem Status.
5 GESCHLECHTER-GLEICHHEIT	Erreichung der Geschlechtergleichstellung, Förderung der Fähigkeit zu Selbstbestimmung von Frauen, Chancengleichheit für Frauen bei der Übernahme von Führungsrollen auf allen Ebenen der Entscheidungsfindung im politischen, wirtschaftlichen und öffentlichen Leben.	12 VERANTWORTUNGSVOLLE KONSUM- UND PRODUKTION	Ermutigung von Unternehmen zur Einführung nachhaltiger Verfahren und zur Berichterstattung von Nachhaltigkeitsinformationen sowie Sicherzustellen, dass die Menschen über einschlägige Informationen und ein Bewusstsein für nachhaltige Entwicklung und eine Lebensweise in Harmonie mit der Natur verfügen.
8 MENSCHENWÜRDIGE ARBEIT UND WIRTSCHAFTS-WACHSTUM	Dauerhaftes, breitenwirksames und nachhaltiges Wirtschaftswachstum, produktive Vollbeschäftigung und menschenwürdige Arbeit für alle.		

◘ Abb. 2 Ausgewählte Sustainable Development Goals mit Bezug zur Arbeitswelt. Quelle: Eigene Darstellung in Anlehnung an Eidgenössisches Departement für auswärtige Angelegenheite (EDA, o. J.)

Responsibility (CSR), Total Sustainability Management (TSM) und Total Quality Management (TQM), die die Umsetzung der nachhaltigen Entwicklung unterstützen (Englert, 2019). Verschiedene Autoren im deutschsprachigen Raum sprechen von nachhaltigem Management, wenn die drei Nachhaltigkeitsdimensionen und ihre wechselseitigen Abhängigkeiten berücksichtigt und integriert behandelt werden (Englert, 2019, S. 5; Stock-Homburg et al., 2014, S. 290). Müller-Christ und Giesenbauer (2019, S. 237) unterscheiden bezüglich deren Entwicklung vier Stufen des nachhaltigen Managements. Sie greifen dabei unter anderem auf den *Spiral-Dynamics-Ansatz* von Beck und Cowan (1996) zurück, die annehmen, dass es Wertesysteme oder Problemlösungsmodi gibt, welche stimmig zur Komplexität des Kontextes und zur Situation sind. Der relative Wert aller Entwicklungsstufen wird reflektiert und nicht eine einzelne absolut gesetzt und als gut oder schlecht angesehen. Bei einer Veränderung des Umfeldes bewegen sich Menschen, aber auch ganze Systeme vertikal auf die nächste Stufe – zum Beispiel von einer traditionellen in eine moderne Denkart – oder suchen horizontal auf derselben Stufe nach neuen Verfahrensweisen – etwa in der traditionellen Denkart durch die Anpassung von Regeln, von hierarchischen Strukturen oder von Belohnungs- und Bestrafungssystemen.

Die Entwicklungsstufen werden im Folgenden kurz zusammengefasst (Müller-Christ & Giesenbauer, 2019, S. 238–243):

- *Nachhaltiges Management 1.0* ist eher traditionell und die Denkweise ist geprägt von der Einhaltung gesetzlicher Vorgaben. Die Handlungen sind eher reaktiv und man versucht beispielsweise Vorgaben des Umweltschutzes oder die Gesetze zur Arbeitssicherheit einzuhalten. Dadurch können im Idealfall Ressourcen geschont werden.
- *Nachhaltiges Management 2.0* kann gesellschaftlich als modern eingeordnet werden und folgt der Logik des Erfolgsdenkens. Strategisch handelnde Unternehmen erhoffen sich vom Verfolgen von Nachhaltigkeitszielen einen ökonomischen Gewinn und behandeln beispielsweise Themen wie die Steigerung der Ökoeffizienz und den Erhalt der Arbeitsfähigkeit ihrer Mitarbeitenden. Zentrale Entscheidungskriterien bleiben immer noch Wirtschaftlichkeit und Schnelligkeit.
- *Nachhaltiges Management 3.0* ist als postmodern einzuordnen und wird von Rücksichtnahme geleitet, indem beispielsweise soziale und ökologische Verantwortung übernommen wird. Diese Haltung ist oft in NGOs anzutreffen. In der Wirtschaft findet sich diese Form meist kombiniert mit 2.0, und die Themen werden von einzelnen Stellen wie Personal- oder Nachhaltigkeitsverantwortlichen vertreten. Die Organisationsform ist oftmals eine Matrixorganisation mit Projektstrukturen. Typische Themen sind Familienfreundlichkeit, faire Produktion und fairer Handel oder die Partizipation der Mitarbeitenden. Entscheidungen versucht man im Konsens und ethisch korrekt zu treffen.
- *Nachhaltiges Management 4.0* verfolgt einen integralen Ansatz, der von systemischem Denken geprägt ist. Hier lautet die Annahme, dass systemisch komplexere Lösungen mehrere Ziele wie Wirtschaftlichkeit und Nachhaltigkeit gleichzeitig verfolgen können. Systemisches Denken betrachtet nicht nur einzelne Elemente, sondern Gesamtzusammenhänge und Wechselwirkungen von Einzelteilen in einem System wie einem Unternehmen, aber auch die Beziehungen zu übergeordneten Systemen wie der Gesellschaft und Umwelt. Eigenverantwortung und Selbstorganisation werden angestrebt, wodurch Mitarbeitende eine ak-

tivere Rolle bekommen und Führung verteilt wahrgenommen wird, so dass alle Verantwortung für die Umsetzung der Nachhaltigkeit übernehmen. Widersprüche und Trade-offs im eigenen Handeln werden transparent behandelt. Führungskräfte erkennen ihr Nichtwissen an und lassen sich durch Widersprüche und Dilemmata nicht lähmen, was von emotionaler Reife zeugt. Sinnhaftigkeit und Pragmatismus sind für ihre Entscheidungen wichtig. Die letzte Stufe erfordert von den Führungskräften eine hohe Ambivalenz- und Ambiguitätstoleranz.

> **Praxistipp: Reflexion der Entwicklungsstufe und Anpassung des Führungsverhaltens**
>
> Auf welcher Stufe sich ein Unternehmen befindet, bildet einerseits den Kontext für die Führung, und andererseits werden die verschiedenen Formen durch die Art der Führung hergestellt. Eine wichtige Reflexionsfrage für Führungskräfte ist deshalb, auf welcher dieser Stufen sich das eigene Unternehmen befindet, um einerseits ein adäquates Führungsverhalten anzuwenden und andererseits durch das eigene Führungsverhalten zur Weiterentwicklung beizutragen.

1.4 Nachhaltige Führung

In den letzten Jahren wurden zahlreiche Konzepte erarbeitet und empirische Untersuchungen durchgeführt, um zu zeigen, durch was nachhaltige Führung gekennzeichnet ist und welches Führungsverhalten positive Auswirkungen auf die nachhaltige Entwicklung hat. In einer Keyword-Analyse fanden Kharchuk und Oleksiv (2023) einen exponentiellen Anstieg über den Zeitraum von 1994 bis 2021 hinweg von rund einer Publikation auf bis nahezu 800 zum Thema Sustainable Leadership. McCann und Holt (2010, S. 209), die zu den konzeptionellen Pionieren gehören, definieren nachhaltige Führung folgendermaßen: „Sustainable Leadership is concerned with creating current and future profits for an organization while improving the lives of all concerned." Eustachio et al. (2023) werden konkreter und verbinden das gängige Verständnis von Führung mit der Brundtland-Definition:

> **Nachhaltige Führung**
>
> "… motivates and influences followers in order to overcome sustainability barriers and address sustainability challenges, guaranteeing that society meets the needs of the present without compromising the ability of future generations to meet their own needs." (Eustachio et al., 2023, S. 7).

Einige aktuelle Literaturanalysen versuchen einen konzeptionellen Überblick und begriffliche Klarheit zu schaffen (Eustachio et al., 2023; Kharchuk & Oleksiv, 2023; Liao, 2022; Piwowar-Sulej & Iqbal, 2023). Wie in ◘ Abb. 1 dargestellt lassen sich die vier Themenfelder *nachhaltige Entwicklung*, *nachhaltiges Management*, *nachhaltige Führung* und *Ausbildung von Führungskräften* für die nachhaltige Entwicklung unterscheiden. Innerhalb des Feldes der nachhaltigen Führung finden sich sowohl ältere, zum Beispiel psychologische Führungstheorien, die in Hinblick auf ihre Auswirkung auf nachhaltige Ziele untersucht werden, als auch neuere Ansätze, die „Sustainable Leadership" (hier nun absichtlich als englischer Begriff) als einen eigenständigen Führungsansatz verstehen. Folgende Führungsstile wurden in den empirischen Arbeiten gemäß den oben genannten Literaturanalysen behandelt und zeigten positive Effekte auf Ziele der nachhaltigen Entwicklung in Unternehmungen: *sustainable leadership* sowie *authentic, digital, ethical, environmental, moral, responsible, servant, spiritual, (green) transformational, transactional* und *value-based shared leadership*.

Eine Sonderrolle nimmt das Konzept des „Sustainable Leadership" unter den untersuchten Führungsstilen ein, da es zum einen namensgleich mit der nachhaltigen Führung ist und zum anderen durch die Fokussierung auf die organisationale Transformation den *Linking Pin* zwischen der Ebene des Managements und der Führung darstellt. Dieser *New Leadership Style* behandelt gemäß Iqbal und Ahmad (2021, S. 109) Organisationen als offene Systeme, die darauf abzielen, die Bedürfnisse aller Stakeholder innerhalb und außerhalb der Organisation zu berücksichtigen und ihnen eine nachhaltige Zukunft zu ermöglichen. Nachhaltige Führungskräfte haben dementsprechend eine ganzheitliche Sichtweise auf die Organisation und berücksichtigen das Bedürfnis nach nachhaltiger Entwicklung. Liao (2022) analysiert verschiedene grundlegende Arbeiten zu „Sustainable Leadership" und fasst diese auf den drei Ebenen *organisational*, *individual* und *cross level* sowie aus fünf Perspektiven zusammen. Auf der individuellen Ebene werden nachhaltige Organisationen von den persönlichen Eigenschaften und Werten der Führungskräfte geprägt: Welches Bewusstsein zum Thema Nachhaltigkeit haben sie? Wie gelingt es ihnen, entsprechende Werte in der Organisation zu leben? Wie belastungsfähig sind sie in herausfordernden Veränderungsprozessen? Auf der organisationalen Ebene geht es darum, durch Veränderungsprozesse eine grüne, innovative, nachhaltige Organisationskultur zu schaffen und durch eine strategische Neuausrichtung nachhaltige Leistungsziele gemäß dem Drei-Säulen-Modell zu erreichen. Dazu wird ein sich selbst verstärkendes System innerhalb der Organisation geschaffen, welches ein wirtschaftliches, soziales und ökologisches Gleichgewicht im Lebenszyklus aufrechterhält. Auf der übergreifenden Ebene spielen individuelle und organisationale Faktoren zusammen. Durch die veränderte Führung entwickelt sich das Personal hinsichtlich Werten und Kompetenzen weiter. Mitarbeitende werden als Stakeholder der Organisation integriert. Führung wird vermehrt kollektiv wahrgenommen. Durch die Kombination von der individuellen Perspektive mit der Umstellung der Organisation auf nachhaltiges Wirtschaften können Führungskräfte über die Organisationsgrenze hinaus zum Aufbau eines nachhaltigen Wirtschaftssystems beitragen. Der „Sustainable Leadership"-Ansatz kann mit seiner systemischen Sichtweise und kollaborativen Neukonzipierung von Führung dem nachhaltigen Management auf der Stufe 4 zugeordnet werden.

Eine Empfehlung von Piwowar-Sulej und Iqbal (2023) lautet, zukünftig mehr konzeptionelle Klarheit in Bezug auf die Führungsstile in empirischen Untersuchungen zu schaffen. Die Autoren wie auch Liao (2022) versuchen zudem die Beziehungen zwischen Antezedenzien, Führungsstilen, Mediatoren und Moderatoren sowie Outcomes in analytischen Rahmenmodellen zusammenzufassen, die sich jedoch noch empirisch beweisen müssen und die hier nicht weiter dargestellt werden.

Nach der stark interdisziplinär geprägten Auseinandersetzung um „Sustainable Leadership" soll der Blick nun stärker auf psychologische Führungsansätze gerichtet werden, die das Verhalten und Erleben von Mitarbeitenden und Führenden in verschiedenen Führungssituationen zum Thema haben. Im nächsten Kapitel wollen wir aufzeigen, wie psychologische Führungskonzepte zur nachhaltigen Entwicklung beitragen können. Ihr Entstehungskontext ist oft verbunden mit einem Nachhaltigkeitsmanagement der Stufen 2.0 und 3.0 und wird in diesen Kontexten praktiziert, findet sich jedoch teilweise auch auf der Stufe 4.0. Dazu wählen wir drei empirisch fundierte Führungstheorien aus, die großes Potenzial für eine Umsetzung der SDGs haben, nämlich die gesundheitsfördernde, die transformationale und die ethische Führung.

2 Psychologische Führungsansätze für die nachhaltige Entwicklung

Nach der Erörterung der grundlegenden Prinzipien nachhaltigen Managements sowie nachhaltiger Führung sollen im Folgenden die ausgewählten Führungstheorien gesundheitsfördernde, transformationale und ethische Führung näher beleuchtet und mögliche Einsatzmöglichkeiten für Führungskräfte diskutiert werden.

2.1 Gesundheitsförderliche Führung im Kontext der Nachhaltigkeit

Im Kontext des gesellschaftlichen und technologischen Wandels und der Verantwortung, die Führungspersonen in Organisationen tragen, stellt die gesundheitsförderliche Führung einen essenziellen Aspekt nachhaltiger Führung dar.

> **Gesundheitsorientierte Führung**
>
> Die gesundheitsorientierte Führung legt den Fokus auf die physische und psychische Gesundheit der Mitarbeitenden (Franke et al., 2014). Sie umfasst zwei Aspekte: *Self-Care* (gesundheitsfördernde Selbstführung) und *Staff-Care* (gesundheitsfördernde Mitarbeitendenführung).

Beide Dimensionen sind eng mit der *Conservation-of-Resources-Theorie* verbunden, welche Ressourcen als Bedingungen oder Energien definiert, die Individuen nutzen können, um ihre Gesundheit zu fördern oder zu schützen (Hobfoll, 2001). Diese Ressourcen, die in der gesundheitsorientierten Führung eine Rolle spielen, können in interne und externe Ressourcen unterteilt werden. Interne Ressourcen beziehen sich auf kognitive Aspekte und Handlungsmuster, wie Gesundheitswissen oder ein gesunder Lebensstil. Externe Ressourcen hingegen haben soziale und organisatorische Aspekte, wie soziale Unterstützung oder ein gesundheitsförderndes Organisationsklima. Im Hinblick auf diese Kategorisierung stellt Self-Care eine interne Ressource dar, die Individuen dabei unterstützt, ihre Gesundheit zu schützen oder zu fördern, indem sie angemessen mit Arbeitsanforderungen umgehen und gesundheitsfördernde Arbeitsbedingungen schaffen. Staff-Care hingegen stellt eine externe Ressource dar, die Mitarbeitenden gesundheitsfördernde Arbeitsbedingungen und Unterstützung bietet, um ihre Gesundheit zu schützen (Franke et al., 2014).

Sowohl Self-Care als auch Staff-Care umfassen drei Komponenten: *Gesundheitsverhalten*, *Gesundheitswert* und *Gesundheitsbewusstsein* (Franke et al., 2014). Das *Gesundheitsverhalten* bezieht sich auf persönliche Aktivitäten und das Engagement in gesundheitsrelevanten Handlungen. Im Fall von Staff-Care umfasst dies das Bereitstellen gesunder Arbeitsbedingungen und das Fördern und Ermutigen der Mitarbeitenden, sich gesundheitsfördernd zu verhalten. Der *Gesundheitswert* bezieht sich auf das Interesse an der Gesundheit und die Bedeutung, die dem Gesundheitszustand beigemessen wird. Im Kontext von Staff-Care beinhaltet dies die Sorge der Führungskräfte für die Gesundheit ihrer Mitarbeitenden und ihr Verantwortungsgefühl für deren Wohlbefinden. Das *Gesundheitsbewusstsein* umfasst Achtsamkeit, Sensibilität und Reflexion in Bezug auf Gesundheit, arbeitsbedingte Belastungen und Bedingungen, die diese Zustände beeinflussen. Im Zusammenhang mit Staff-Care beinhaltet das Gesundheitsbewusstsein die Fähigkeit der Führungskräfte, den Stresslevel der Mitarbeitenden richtig einzuschätzen und Anzeichen von Belastung bei ihnen zu erkennen (Franke et al., 2014).

> **Praxistipp: Gesundheit und Nachhaltigkeit – für eine flexible und bewusste Arbeitskultur**
>
> Führungskräfte können nach Möglichkeit flexible Arbeitszeiten einführen und ein Bewusstsein für die Wichtigkeit von regelmäßigen Pausen und Erholungszeiten bei den Mitarbeitenden kultivieren. Dies fördert deren Gesundheitsverhalten (Self-Care) und unterstützt gleichzeitig die Nachhaltigkeit, indem es zu einer besseren Work-Life-Balance führt und das Burnout-Risiko reduziert.

Achtsamkeit kann als die Fähigkeit definiert werden, sich auf das gegenwärtige Erleben zu konzentrieren und bewusst und ohne Urteil zu beobachten, was im Inneren und Äußeren vor sich geht (Hülsheger et al., 2013). In der Führung kann Achtsamkeit dabei helfen, das Bewusstsein für die Bedürfnisse und das Wohlbefinden der Mitarbeitenden zu stärken, und so zu einer gesünderen und produktiveren Arbeitsumgebung beitragen.

> **Praxistipp: Achtsamkeit für gesundes und nachhaltiges Arbeiten**
>
> Die Führungskraft kann eine Kultur der Achtsamkeit in der Organisation fördern, indem regelmäßig Achtsamkeitsübungen oder Schulungen zur Stressbewältigung für die Mitarbeitenden angeboten werden. Dies unterstützt die Mitarbeitenden dabei, ihren eigenen Stresslevel zu erkennen und effektive Strategien zur Stressbewältigung zu entwickeln. Durch Achtsamkeitstraining wird das Gesundheitsbewusstsein der Mitarbeitenden gestärkt und ihre Fähigkeit verbessert, nachhaltige Entscheidungen zu treffen. Mitarbeitende lernen beispielsweise, bewusst mit eigenen Ressourcen umzugehen und nachhaltige Verhaltensweisen in ihre Arbeitsabläufe zu integrieren.

- **Gesundheitsförderliche Führung und die SDGs**

Die Verbindung zwischen gesundheits- und nachhaltigkeitsorientierter Führung trägt zur Erreichung mehrerer Sustainable Development Goals der Vereinten Nationen bei. Die Betonung der Gesundheit und des Wohlbefindens der Mitarbeitenden (SDG 3: Gesundheit und Wohlergehen) fördert nicht nur diese Werte, sondern trägt auch zu einem produktiven Arbeitsumfeld bei. Durch die Bereitstellung gesunder Arbeitsbedingungen und die Förderung von Gesundheitsverhalten unterstützt gesundheitsorientierte Führung auch das Ziel des SDG 8: gute Arbeitsplätze und wirtschaftliches Wachstum. Des Weiteren leistet gesundheitsorientierte Führung einen Beitrag zur Verringerung von Ungleichheiten (SDG 10) und zur Gleichberechtigung der Geschlechter (SDG 5): Indem sie ein gesundheitsförderndes Organisationsklima schafft und Mitarbeitenden gleiche Chancen und Unterstützung bietet, trägt sie dazu bei, Ungleichheiten abzubauen und eine inklusive Arbeitsumgebung zu schaffen. Menschen aus niedrigeren sozioökonomischen Milieus haben oft einen schlechteren Gesundheitszustand und einen schwierigeren Zugang zu Gesundheitsdienstleistungen. Zielgruppenspezifische Gesundheitsförderungsprogramme können einen Beitrag dazu leisten, diese Ungleichheiten zu reduzieren. Unterschiede im Gesundheitszustand und -verhalten zwischen Männern und Frauen können ebenfalls durch spezifische Gesundheitsförderung angegangen werden.

2.2 Transformationale Führung im Kontext der Nachhaltigkeit

Bei den oben genannten Literaturanalysen zu Sustainability und Leadership zeigte sich, dass die transformationale Führung neben dem „Sustainable Leadership"-Ansatz im Kontext der nachhaltigen Entwicklung einer der am häufigsten untersuchten Führungsstile war (Kharchuk & Oleksiv, 2023; Liao, 2022; Piwowar-Sulej & Iqbal, 2023). Bei der transformationalen Führung handelt es sich um einen führungspsychologischen Ansatz, der bewusst den Wandel und die außerordentliche Leistung der Mitarbeitenden in den Mittelpunkt stellt (Bass, 1985; Bass & Riggio, 2005).

> **Transformationale Führung**
>
> „Transformationale Führung verändert die Werte, Motive und Ziele der Geführten. An die Stelle kurzfristiger, egoistischer Ziele treten langfristige, übergeordnete Werte und Ideale. Hierdurch steigen Einsatzbereitschaft, Selbstvertrauen und Zufriedenheit der Mitarbeiter" (Felfe, 2006, S. 63).

Beim Ansatz transformationaler Führung werden Mitarbeitende inspiriert und motiviert, über ihre individuellen Interessen hinaus zu denken und gemeinsam weiterführende Ziele z. B. für die nachhaltige Entwicklung zu verfolgen. Werte der Mitarbeitenden werden in diese Richtung transformiert, ihre persönliche Entwicklung gefördert und sie werden darin unterstützt, ihr volles Potenzial für die nachhaltige Entwicklung auszuschöpfen. Dabei entwickeln die Mitarbeitenden langfristige, übergeordnete Werte und Ideale, die sie intrinsisch motiviert verfolgen (Felfe, 2015,

S. 40), was die Grundlage für eine nachhaltige Entwicklung bildet. Im Idealfall verfolgt die Führungskraft selber verantwortungsbewusst nachhaltige Ziele und beeinflusst die Mitarbeitenden als Vorbild und durch ihr Verhalten, ebensolche Ziele zu verfolgen („Green" Transformational Leadership, Liao, 2022). Dadurch identifizieren sich die Mitarbeitenden mit den nachhaltigen Zielen und das Vertrauen in die Führungskraft in Bezug auf dieses Thema wird aufgebaut (Stock-Homburg et al., 2014). Das transformationale Führungsverhalten lässt sich in vier Dimensionen unterteilen, die im Folgenden zusammengefasst und in Hinblick auf ihren Beitrag zu einer nachhaltigen Führung dargestellt werden (vgl. Felfe, 2015; Pelz, 2016; Stock-Homburg et al., 2014):

Idealisierter Einfluss: Die Führungskräfte treten selber als Vorbilder auf, welche die Mitarbeitenden respektieren und denen sie vertrauen. Sie sind zuverlässig und erfüllen hohe ethische Standards. Sie ordnen persönliche Ziele den Gesamtinteressen unter. Hinsichtlich nachhaltigkeitsorientierter Führung sollte die Führungskraft integer Werte vorleben, die den drei Säulen entsprechen und in der Unternehmensmission verankert sind.

Beispiel: Sie geht selber schonend mit ökologischen Ressourcen um und fördert die Reduktion unnötiger Dienstreisen im Team. Sie beansprucht dabei für sich keine Privilegien und verzichtet, wenn möglich, auf Flüge oder Dienstwagen.

Inspirierende Motivierung: Die Führungskräfte inspirieren die Mitarbeitenden, indem sie den Sinn von zu erreichenden Zielen aufzeigen und diese attraktiv und anspruchsvoll gestalten. Sie entwickeln eine gemeinsame Vision, die Teamzusammenhalt, Optimismus und Engagement bei der Arbeit fördert. Dies kann bedeuten, Werte und Ziele des Unternehmens aus dem Bereich Nachhaltigkeit in der Teamkultur zu verankern.

Beispiel: Das Team steigert seine Resilienz, um mit den Herausforderungen durch nachhaltige Ziele umzugehen, indem positive Ansatzpunkte betont, Herausforderungen als Chance und nicht als Bedrohung angesehen und die Kompetenzen der Teammitglieder als Ressource benutzt werden, um neue Fragen zur Nachhaltigkeit zu beantworten.

Intellektuelle Stimulierung: Die Führungskräfte ermutigen Mitarbeitende, selbstständig zu denken und Probleme zu lösen sowie unhinterfragte Annahmen und Gewohnheiten zu überwinden. Dies führt zu kreativen, innovativen Lösungsansätzen, die die nachhaltige Entwicklung unterstützen.

Beispiel: Statt Regeln zu erlassen, entwickelt die Führungskraft mit dem Team in einem kreativen Workshop mit Design-Thinking-Methoden Vorschläge, wie Energie am Arbeitsplatz und bei der Mobilität gespart werden kann.

Individuelle Behandlung: Die Führungskräfte gehen auf die einzelnen Mitarbeitenden individuell und persönlich ein und bringen ihnen Wertschätzung entgegen. In der Rolle als Coach entwickeln sie so das Potenzial des Einzelnen weiter und ermöglichen beispielsweise den Erwerb von Kompetenzen für eine nachhaltigkeitsorientierte Tätigkeit, die Auseinandersetzung mit damit verbundenen Werten und die Integration in die Arbeitsaufgabe der Mitarbeitenden.

Beispiel: Die Führungskraft kann mit den einzelnen Mitarbeitenden definieren, wie sie sich bei der Erreichung der Nachhaltigkeitsziele des Unternehmens einbringen können und welche Unterstützung sie dazu bräuchten, beispielsweise durch die

Integration von Nachhaltigkeitsanforderungen bei der Entwicklung neuer Produkte oder Dienstleistungen, die sowohl zu ökologischen als auch zu ökonomischen Verbesserungen führen. Das Team geht auf die Lebenssituation der diversen Mitarbeitenden ein und ermöglicht es, in flexiblen Arbeitsmodellen zu arbeiten und dadurch beispielsweise Beruf, Familie und andere soziale Aufgaben zu vereinbaren.

Kritisch an diesem Führungsansatz wird die einseitige Beeinflussung der Mitarbeitenden gesehen: Das „Heroische" der Führungskraft stehe stark im Vordergrund (Pelz, 2016, S. 98). In Abgrenzung zu einem solchen eher charismatischen Verständnis betonen Blessin und Wick (2021, S. 128), dass transformationale Führung auf die „Förderung und Ermächtigung der Geführten", „Anliegen der Gemeinschaft", „soziale Identifikation mit dem Kollektiv" sowie das Engagement als „Organizational Citizen" und für eine „lernende Organisation" abzielt. Eine Weiterentwicklung, die diese Kritik aufgreift, ist *Shared Leadership* mit einer gegenseitigen transformationalen Führung (Pearce & Sims, 2002). Diese gegenseitige Führung der Teammitglieder kann den Effekt haben, dass Teams selbständig ihre Aufgaben bewältigen und Leistungsziele erreichen, obwohl ihre Teamleitungen in bestimmten Situationen abwesend sind (Felfe, 2015, S. 46; Pundt & Nerdinger, 2012, S. 41). Die Anwendung der transformationalen Führung in stärker selbstorganisierten Zusammenhängen stellt eine vielversprechende Entwicklung in Richtung eines systemischen Ansatzes und Stufe 4.0 des Nachhaltigkeitsmanagements dar.

> **Praxistipp: Nachhaltigkeit durch transformationale Führung fördern**
>
> - nachhaltige Werte durch die Führungskraft glaubwürdig vorleben
> - nachhaltige Ideen und Initiativen der Mitarbeitenden unterstützen
> - Mitarbeitende ermutigen, nachhaltige Lösungen zu entwickeln, und sie in Entscheidungen einbinden
> - Ziele der Mitarbeitenden an nachhaltigen Unternehmenszielen ausrichten
> - sich gegenseitig im Team motivieren, anregen und auf den Einzelnen eingehen

- **Transformationale Führung und die SDGs**

Die transformationale Führungstheorie kann zur Verwirklichung der SDGs beitragen, weil Führungskräfte in diesem Ansatz klare, nachhaltige Visionen entwickeln und wirkungsvoll und effektiv weitergeben. In neueren Untersuchungen zeigten sich positive Effekte für Gesundheit und Wohlbefinden sowie für die Reduktion von Stress, Burnout und Beschwerden, die dem SDG 3 zugeordnet werden können (Felfe, 2015, S. 42).

Die Auseinandersetzung mit ethischen Standards als Vorbild aber auch das Eingehen auf den Einzelnen hat das Potenzial, zur Reduktion von Ungleichheiten beizutragen und damit zur Umsetzung von SDG 5 und 10. Einer Metaanalyse von Hoch et al. (2018) zufolge besteht eine hohe Korrelation zwischen ethischer und transformationaler Führung. Führungskräfte und Organisationen könnten durch eine explizite Einbeziehung von moralischen und ethischen Aspekten insbesondere die Mitarbeiterfluktuation reduzieren, das Vertrauen in Führungskräfte stärken und die Arbeitszufriedenheit erhöhen (Hoch et al., 2018).

Die transformationale Führung kann dazu beitragen, SDG 8 – menschwürdige Arbeit und Wirtschaftswachstum – umzusetzen, da sowohl Leistungs- als auch am menschlichen Wohlergehen orientierte Ziele erreicht werden. Die Zusammenhänge der transformationalen Führung mit Unternehmenserfolg und objektiven Leistungsmaßen wurden tatsächlich in zahlreichen Studien empirisch aufgezeigt, weitere positive Beziehungen finden sich für Zufriedenheit, Commitment, Organizational Citizenship Behaviour, Selbstwirksamkeitserwartungen und Selbstwertgefühl, Innovation und Kreativität sowie Kooperationsbereitschaft (Felfe, 2006).

Um Konsum und Produktion in Unternehmen anzupassen, wie bei SDG 12, braucht es Veränderungsbereitschaft. Es zeigte sich, dass transformationale Führung diese positiv beeinflusst, dass sich der Einfluss jedoch verringert, wenn zu wenig Ressourcen zur Verfügung stehen und Stressoren vorhanden sind. Daneben wurden auch Kreativität und Innovation, die wichtig für die Entwicklung nachhaltiger Lösungen sind, positiv beeinflusst (Felfe, 2015, S. 42).

In verschiedenen Studien hat sich gezeigt, dass transformationale Führung Mitarbeitende motiviert, nachhaltige Ziele zu verfolgen und sich für diese zu engagieren, und dass sich dies auch positiv auf die nachhaltige Performance auswirkt (Çop et al., 2021; Jiang et al., 2017; Piwowar-Sulej & Iqbal, 2023, S. 7; Rizvi & Garg, 2021; Waldman et al., 2006).

2.3 Ethische Führung im Kontext der Nachhaltigkeit

Ethische Führung ist ein wesentlicher Baustein bei der Förderung nachhaltiger Geschäftspraktiken (Dey et al., 2022; Saha et al., 2020).

> **Ethische Führung**
>
> Demonstration normativ angemessenen Verhaltens durch persönliche Handlungen und zwischenmenschliche Beziehungen sowie die Förderung eines solchen Verhaltens bei den Teammitgliedern durch einen Dialog, positive Rückkopplung und durch Einbeziehung in den Entscheidungsprozess (Brown et al., 2005, S. 120). Ethische Führung geht über die bloße Einbeziehung von Ethik als Nebenaspekt hinaus und stellt eine Kombination aus Merkmals- (die moralische Person) und Verhaltensdimensionen (der moralische Manager) dar (Hoch et al., 2018).

Die Verbindung von ethischer Führung und nachhaltigen Geschäftspraktiken ist sowohl intuitiv als auch empirisch nachvollziehbar. Ethische Führungskräfte verstehen ihre Verantwortung gegenüber gegenwärtigen und zukünftigen Generationen und sind daher bereit, nachhaltige Praktiken zu fördern. Eisenbeiss et al. (2015) legen Studienergebnisse vor, die darauf hindeuten, dass ethische Führung das organisatorische Klima für Nachhaltigkeit positiv beeinflusst.

Ethisches Führungsverhalten ist von individuellen Eigenschaften und mentalen Prozessen abhängig. Studien weisen darauf hin, dass ethische Führung häufig mit spezifischen Persönlichkeitsmerkmalen wie Gewissenhaftigkeit und Verträglichkeit sowie mit einer starken moralischen Identität korreliert (Den Hartog, 2015). Darüber hinaus hängt ethisches Führungsverhalten auch mit kognitiven Prozessen zusammen, wie zum Beispiel mit der Fähigkeit, komplexe ethische Dilemmata zu lösen (Sonenshein, 2007).

Ethische Führung hat auch Auswirkungen auf das Verhalten und die Einstellungen der Mitarbeitenden. Eine Führungskraft, die ethisches Verhalten vorlebt und fördert, kann einen positiven Einfluss auf das moralische Bewusstsein, das Vertrauen und die Zufriedenheit der Mitarbeitenden haben (vgl. Neubert et al., 2009). Ethische Führungskräfte, die hohe moralische Standards setzen und diese selbst einhalten, tragen maßgeblich zu einem positiven Arbeitsumfeld bei. Dies führt dazu, dass Mitarbeitende optimistischer in Bezug auf ihre Arbeit und ihre Fähigkeit sind, ihre Aufgaben erfolgreich zu erfüllen (De Hoogh & Den Hartog, 2008).

In der Diskussion um ethische Führung und ihre Rolle in der Förderung nachhaltiger Geschäftspraktiken ist die Integrität als zentrales Merkmal ethischer Führungskräfte von entscheidender Bedeutung. Integrität bezeichnet das konsequente Handeln im Einklang mit moralischen Werten, welches als Schlüsselattribut ethische Führungskräfte auszeichnet. Diese Führungskräfte, die als Personen mit hoher moralischer Integrität beschrieben werden, demonstrieren Eigenschaften wie Ehrlichkeit, Vertrauenswürdigkeit, Fairness und Rücksichtnahme auf andere sowohl bei der Arbeit als auch darüber hinaus. Sie sind sich der Auswirkungen ihrer Entscheidungen bewusst und gelten als verlässliche Akteure, die im Einklang mit moralischen Werten handeln (Den Hartog, 2015). Schließlich ist es wichtig zu betonen, dass ethische Führung auch eine organisatorische Komponente hat: Organisationen können durch entsprechende Strukturen und Kulturen ethisches Verhalten fördern (Schaubroeck et al., 2012).

> **Praxistipp: Integrität und Nachhaltigkeit durch Führung fördern**
>
> Die Führungskräfte setzen klare ethische Standards und Werte in der Organisation und kommunizieren diese regelmäßig an die Mitarbeitenden. Dadurch wird eine Kultur der Integrität geschaffen, die nachhaltiges Handeln fördert. Die Mitarbeitenden werden ermutigt, Entscheidungen zu treffen, die im Einklang mit den ethischen Prinzipien der Organisation stehen, einschließlich der Verantwortung für die Umwelt und die Gesellschaft. Ferner können Führungskräfte Anreize und Belohnungssysteme schaffen, die ethisches Verhalten und nachhaltige Leistungen anerkennen. Dies kann beispielsweise durch die Integration von Nachhaltigkeitszielen in die Leistungsbeurteilung erfolgen oder durch die Einführung von Prämien für Mitarbeitende, die innovative und nachhaltige Lösungen entwickeln.

- **Ethische Führung und die SDGs**

Führung beinhaltet die Verantwortung für das Wohl der Mitarbeitenden und der Gesellschaft. Führungskräfte, die ethisch handeln, tragen zur psychischen und physischen Gesundheit ihrer Mitarbeitenden bei, indem sie beispielsweise gesunde Arbeitsbedingungen fördern und Stress reduzieren (Chughtai et al., 2015). Darüber hinaus kann ethische Führung dazu beitragen, die Auswirkungen der Geschäftspraktiken eines Unternehmens auf die allgemeine öffentliche Gesundheit zu minimieren, was im Einklang mit SDG 3 steht.

Ethisch handelnde Führungskräfte, die sich für faire Arbeitspraktiken und Mitarbeitendenentwicklung einsetzen, können zu einem gesunden Arbeitsumfeld und wirtschaftlichem Wachstum beitragen (Zhu et al., 2019). Darüber hinaus fördern sie langfristige Strategien und Praktiken, die sowohl profitabel als auch sozial verantwortlich sind (Aguinis & Glavas, 2012) und damit einen wichtigen Beitrag für das SDG 8 leisten können.

Die SDGs 5 und 10 (reduzierte Ungleichheiten und Gleichberechtigung der Geschlechter), werden ebenfalls durch ethische Führung unterstützt. Ethische Führungskräfte schätzen Vielfalt und Gleichberechtigung und fördern diese aktiv in ihren Organisationen. Sie setzen sich gegen Diskriminierung ein und streben danach, Chancengleichheit und Gerechtigkeit am Arbeitsplatz zu gewährleisten, was zur Reduzierung von Ungleichheiten beitragen kann (Gotsi & Grimani, 2016).

Führungskräfte, die sich ethisch verhalten, sind bestrebt, Geschäftspraktiken zu fördern, die ressourceneffizient sind und negative Auswirkungen auf die Umwelt minimieren (vgl. Vinkhuyzen & Karlsson-Vinkhuyzen, 2014). Sie erkennen an, dass ein langfristiger Geschäftserfolg durch nachhaltige Verbrauchs- und Produktionsmuster erreicht werden kann, und fördern diese Prinzipien in ihren Organisationen, was einen bedeutenden Beitrag zur Erreichung des SDG 12 leistet.

Ethische Führung stellt damit einen entscheidenden Baustein für nachhaltige Geschäftspraktiken und die Erreichung der SDGs dar. Führungskräfte, die ethisch handeln, setzen hohe moralische Standards und fördern Praktiken, die sowohl gut für das Unternehmen als auch gut für die Gesellschaft und die Umwelt sind. Indem Führungskräfte die SDGs in ihrem Führungsverhalten berücksichtigen, können sie aktiv zur Bewältigung der globalen Herausforderungen unserer Zeit beitragen.

3 Entwicklung nachhaltiger Führungskräfte: Erkenntnisse und Implikationen

In den vorherigen Abschnitten wurde die entscheidende Rolle von Führungskräften bei der Förderung nachhaltiger Geschäftspraktiken und der Erreichung der SDGs betont. Doch wie können Führungskräfte befähigt werden, diese Rolle zu übernehmen? Im Folgenden werden zwei Ansätze dazu vorgestellt.

3.1 Entwicklung von nachhaltigen Führungskompetenzen durch Erfahrungslernprogramme

Zahlreiche Forschungsergebnisse belegen die Wirksamkeit von Trainingsmaßnahmen zur Entwicklung von Führungskompetenzen (vgl. Lacerenza et al., 2017). Um ein wirksames Nachhaltigkeitsführungstraining zu gestalten, ist es ratsam, zunächst eine umfassende Bedarfsanalyse durchzuführen und klare Ziele in Übereinstimmung mit den Interessen der Beteiligten zu definieren. Bei der Umsetzung des Trainingsprogramms sollten vielfältige Lehrmethoden wie Wissensvermittlung, Demonstrationen und praktische Übungen eingesetzt werden. Anstelle einer einzigen, intensiven Schulungssitzung empfiehlt es sich, das Training über mehrere Einheiten und einen längeren Zeitraum zu verteilen. Um sicherzustellen, dass das Programm sowohl auf fundierter Forschung als auch auf praktischer Anwendbarkeit basiert, ist es ratsam, Fachleute außerhalb des eigenen Fachbereichs einzubeziehen, beispielsweise in Form einer Partnerschaft mit Wissenschaftlerinnen und Wissenschaftlern (Lacerenza et al., 2017).

Führungskräfte müssen im Nachhaltigkeitskontext sowohl Wissen und Fähigkeiten erwerben als auch Einstellungen und Werte anpassen, um effektiv zu agieren. Erfahrungslernprogramme (ELP) spielen hierbei eine zentrale Rolle, da sie aktives Lernen in echten Situationen fördern. Haney et al. (2020) betonen die Vorteile der ELPs bei der Förderung nachhaltiger Führung. Sie identifizierten drei zentrale Lernergebnisse: Verständnis, persönliche Verbindung und Befähigung zum Handeln. Das verbesserte Verständnis ermöglicht es den Führungskräften, die Relevanz der Nachhaltigkeit und ihre Rolle darin zu erkennen. Die persönliche Verbindung macht Nachhaltigkeitsthemen greifbarer und bedeutungsvoller und fördert aktive Schritte in Richtung Nachhaltigkeit. Die Befähigung zum Handeln transformiert dieses Verständnis und die Verbindung in praktische Aktionen, treibt nachhaltige Praktiken voran und ermutigt Führungskräfte, bei Herausforderungen selbstständig zu handeln.

Vossen (2019) betont aus langjähriger Praxis die Notwendigkeit nachhaltiger und effektiver Führungskräfteentwicklungsprogramme. Sie stellt heraus, dass Führungskräfte in drei Kontexten wirken: organisatorische Struktur, informelle Netzwerke und politische Räume. Diese beeinflussen sich gegenseitig und die Führungsleistung. Sie müssen daher Fähigkeiten erwerben, um diese Spannungsfelder zu balancieren und über Selbst- und Mitarbeiterführung hinaus auch die Organisation und ihre Umwelt zu führen. Entwicklungsprogramme sollten daher alle diese Aspekte abdecken und Führungskräfte zur Nachhaltigkeit ermutigen. Systemische Beratungs- und Coachingansätze können hierbei hilfreich sein, indem sie den Fokus auf Auswirkungen, Ressourcennutzung und Lösungsorientierung legen. Dadurch können Kompetenzen und Haltungen entwickelt werden, die ein Nachhaltigkeitsmanagement auf der Stufe 4.0 ermöglichen. Zudem stärkt die Vernetzung der Führungskräfte untereinander durch den Austausch von Lerninhalten und unternehmensspezifischen Themen das Führungsnetzwerk und erhöht die organisatorische Flexibilität, was zur Nachhaltigkeit der Führungskräfteentwicklung beiträgt (Vossen, 2019).

3.2 Inner Development Goals

Die Sustainable Development Goals stellen einen unverzichtbaren und bedeutenden Referenzrahmen für die nachhaltige Entwicklung dar. Die Schwerpunktsetzung der SDGs fokussiert insbesondere auf externe, messbare Faktoren. Vermittelnd spielen sogenannte *Inner Development Goals* (IDG) eine entscheidende Rolle für deren Erreichung. Sie rücken das Individuum und dessen Entwicklung verstärkt in den Mittelpunkt (Inner Development Goals [IDG], o. J.b). IDGs sind das Produkt einer gemeinnützigen Organisation, die sich auf das Sammeln, Erforschen und Kommunizieren wissenschaftlich fundierter Fähigkeiten und Qualitäten für eine nachhaltige Transformation spezialisiert hat. Die IDGs umfassen 23 Fähigkeiten und Qualitäten, die sich fünf Dimensionen zuordnen lassen. Diese Fähigkeiten ermöglichen den

Führungskräften sich erfolgreich mit den Sustainable Development Goals auseinandersetzen und sind deshalb von fundamentaler Bedeutung. Die fünf Dimensionen sind (IDG, o. J.a):
1. „Sein – die Verbindung zu sich selbst;
2. Denken – kognitive Fähigkeiten;
3. in Beziehung treten – Verantwortung für andere und den Planeten übernehmen;
4. Zusammenarbeit – soziale Kompetenzen und
5. Handeln – Veränderungen anstoßen."

In diesen Dimensionen sind wichtige Fähigkeiten wie Integrität und Authentizität, kritisches Denken, Empathie und Mitgefühl, interkulturelle Kompetenzen sowie Kreativität verankert (IDG, o. J.a).

Dieser Buchbeitrag hat die SDGs hauptsächlich unter der Perspektive von Führungsansätzen betrachtet. Zukünftige Arbeiten könnten jedoch die Verbindungen zu den Inner Development Goals intensiver beleuchten. Eine stärkere Auseinandersetzung mit den IDGs könnte weitere Handlungsimpulse für Führungskräfte liefern, um nachhaltige Veränderungen zu gestalten und zu fördern. Damit bieten die IDGs eine Möglichkeit, die Verbindung zwischen individueller und organisationaler Entwicklung zu stärken und die Rolle von Führungskräften im Kontext von Nachhaltigkeitszielen noch ganzheitlicher zu betrachten.

❷ Fazit

Angesichts der Herausforderungen der Globalisierung, disruptiver Technologien und sozialer und ökologischer Veränderungen ist es unerlässlich, nachhaltige Werte und Prinzipien in alle Geschäftsbereiche zu integrieren. Dies beinhaltet auch die Übernahme von Verantwortung für das Wohlergehen und die Entwicklung der Mitarbeitenden.

Die Anwendung psychologischer Ansätze wie einer gesundheitsfördernden, transformationalen und ethischen Führung kann dabei helfen, nachhaltige Ziele zu erreichen. Nachhaltigkeitsorientierte Führung zielt auf die Integration von Nachhaltigkeitsprinzipien in die Unternehmensführung ab. Sie unterstützt damit eine nachhaltige Entwicklung, die die Erfüllung der Bedürfnisse der gegenwärtigen Generation anstrebt, ohne die Fähigkeit zukünftiger Generationen zu beeinträchtigen, ihre eigenen Bedürfnisse zu erfüllen.

Die Herausforderungen und Möglichkeiten, die sich aus diesen Konzepten ergeben, werden in den kommenden Jahren weiterhin von zentraler Bedeutung sein. Organisationen und Führungskräfte müssen sich daher weiterhin mit diesen Themen auseinandersetzen und Strategien, Entwicklungs- und Trainingsprogramme sowie persönliche Kompetenzen entwickeln, um eine nachhaltige und erfolgreiche Zukunft zu gewährleisten.

Schlüsselbegriffe

- **Nachhaltige Führung:** mit den Mitarbeitenden nachhaltige Ziele in der Arbeit verfolgen und Organisationen nachhaltig entwickeln
- **Sustainable Development Goals:** Agenda für nachhaltige Entwicklung als neuer globaler Referenzrahmen
- **Integrität:** Führungskräfte verfolgen glaubwürdig Werte der Nachhaltigkeit

- **Gesundheitsförderliche Führung:** durch gesundheitsfördernde Selbst- und Mitarbeitendenführung die physische und psychische Gesundheit der Mitarbeitenden erhalten und steigern
- **Transformationale Führung:** Werte, Einstellungen und Wünsche der Mitarbeitenden auf eine „höhere Stufe" transformieren und auf Nachhaltigkeit ausrichten
- **Ethische Führung:** Demonstration normativ angemessenen Verhaltens durch persönliche Handlungen und zwischenmenschliche Beziehungen
- **Nachhaltigkeit in der Führungskräfteentwicklung:** Erfahrungslernprogramme und Inner Development Goals fördern Integration der nachhaltigen Entwicklung in das Führungsverhalten

❓ Verständnisfragen

1. Was versteht man unter nachhaltiger Entwicklung und den Sustainable Development Goals?
2. Was ist das Konzept der nachhaltigen Führung und warum ist es in der heutigen Geschäftswelt wichtig?
3. Welche psychologischen Führungsmodelle erweisen sich als förderlich im Kontext der nachhaltigen Entwicklung? Wodurch sind diese gekennzeichnet?
4. Wie trägt die Ausbildung zur Entwicklung nachhaltiger Führungspersönlichkeiten bei und welche spezifischen Aspekte der Ausbildung sind in diesem Kontext besonders wichtig?

Danksagung Unser Dank gilt Martin Brasser und Myriam N. Bechtoldt für ihre wertvollen Anmerkungen zu früheren Fassungen dieses Buchbeitrags.

Literatur

Aguinis, H., & Glavas, A. (2012). What we know and don't know about corporate social responsibility: A review and research agenda. *Journal of Management, 38*(4), 932–968. ▶ https://doi.org/10.1177/0149206311436079.

Bass, B. M. (1985). *Leadership and performance beyond expectations.* Free Press.

Bass, B. M., & Riggio, R. E. (2005). *Transformational leadership* (2. Aufl.). Psychology Press. ▶ https://doi.org/10.4324/9781410617095.

Beck, D. E., & Cowan, C. C. (1996). *Spiral dynamics: Mastering values, leadership and change.* Blackwell.

Becker, F. (o. J.). *Nachhaltige Führung.* ▶ https://wpgs.de/fachtexte/fuehrung-von-mitarbeitern/nachhaltige-fuehrung/.

Blessin, B., & Wick, A. (2021). *Führen und führen lassen: Ergebnisse, Kritik und Anwendungen der Führungsforschung* (9. Aufl.). UVK, Narr Francke Attempto.

Brown, M. E., Treviño, L. K., & Harrison, D. A. (2005). Ethical leadership: A social learning perspective for construct development and testing. *Organizational Behavior and Human Decision Processes, 97*(2), 117–134. ▶ https://doi.org/10.1016/j.obhdp.2005.03.002.

Bundeskanzleramt Österreich. (2016). *Nachhaltige Entwicklung – Agenda 2030 / SDGs.* ▶ www.bundeskanzleramt.gv.at/themen/nachhaltige-entwicklung-agenda-2030.html.

Chughtai, A., Byrne, M., & Flood, B. (2015). Linking ethical leadership to employee well-being: The role of trust in supervisor. *Journal of Business Ethics, 128*(3), 653–663. ▶ https://doi.org/10.1007/s10551-014-2126-7.

Çop, S., Olorunsola, V. O., & Alola, U. V. (2021). Achieving environmental sustainability through green transformational leadership policy: Can green team resilience help? *Business, Strategy and the Environment, 30*(1), 671–682. ▶ https://doi.org/10.1002/bse.2646.

De Hoogh, A. H. B., & den Hartog, D. N. (2008). Ethical and despotic leadership, relationships with leader's social responsibility, top management team effectiveness and subordinates' optimism: A multi-method study. *The Leadership Quarterly, 19*(3), 297–311. ▶ https://doi.org/10.1016/j.leaqua.2008.03.002.

Den Hartog, D. N. (2015). Ethical leadership. *Annual Review of Organizational Psychology and Organizational Behavior, 2*(1), 409–434. ▶ https://doi.org/10.1146/annurev-orgpsych-032414-111237.

Deutsche Bundesregierung. (2016). *Deutsche Nachhaltigkeitsstrategie 2016.* ▶ www.bundesregierung.de/breg-de/themen/nachhaltigkeitspolitik/eine-strategie-begleitet-uns/deutsche-nachhaltigkeitsstrategie.

Dey, M., Bhattacharjee, S., Mahmood, M., Uddin, M. A., & Biswas, S. R. (2022). Ethical leadership for better sustainable performance: Role of employee values, behavior and ethical climate. *Journal of Cleaner Production, 337*, 130527. ▶ https://doi.org/10.1016/j.jclepro.2022.130527.

Eidgenössisches Departement für auswärtige Angelegenheiten (EDA). (2021). *Strategie nachhaltige Entwicklung 2030 (SNE 2030).* ▶ www.eda.admin.ch/agenda2030/de/home/strategie/strategie-nachhaltige-entwicklung.html.

Eidgenössisches Departement für auswärtige Angelegenheiten (EDA). (o. J.). *Agenda 2030 und SDGs.* ▶ https://www.eda.admin.ch/agenda2030/de/home/agenda-2030.html.

Eisenbeiss, S. A., van Knippenberg, D., & Fahrbach, C. M. (2015). Doing well by doing good? Analyzing the relationship between CEO ethical leadership and firm performance. *Journal of Business Ethics, 128*(3), 635–651. ▶ https://doi.org/10.1007/s10551-014-2124-9.

Englert, M. (2019). Road to Excellence: Potenzial des Sustainable Management im 21. Jahrhundert. In M. Englert & A. Ternès (Hrsg.), *Nachhaltiges Management: Nachhaltigkeit als exzellenten Managementansatz entwickeln* (S. 3–22). Springer. ▶ https://doi.org/10.1007/978-3-662-57693-9_1.

Eustachio, J. H. P. P., Caldana, A. C. F., & Leal Filho, W. (2023). Sustainability leadership: Conceptual foundations and research landscape. *Journal of Cleaner Production, 415*, 137761. ▶ https://doi.org/10.1016/j.jclepro.2023.137761.

Felfe, J. (2006). Transformationale und charismatische Führung: Stand der Forschung und aktuelle Entwicklungen. *Zeitschrift für Personalpsychologie, 5*(4), 163–176. ▶ https://doi.org/10.1026/1617-6391.5.4.163.

Felfe, J. (2015). Transformationale Führung: Neue Entwicklungen. In J. Felfe (Hrsg.), *Psychologie für das Personalmanagement: Bd. 27. Trends der psychologischen Führungsforschung: Neue Konzepte, Methoden und Erkenntnisse* (S. 39–54). Hogrefe.

Franke, F., Felfe, J., & Pundt, A. (2014). The impact of health-oriented leadership on follower health: Development and test of a new instrument measuring health-promoting leadership. *Zeitschrift für Personalforschung, 28*(1–2), 139–161. ▶ https://doi.org/10.1177/239700221402800108.

Gotsis, G., & Grimani, K. (2016). Diversity as an aspect of effective leadership: Integrating and moving forward. *Leadership & Organization Development Journal, 37*(2), 241–264. ▶ https://doi.org/10.1108/LODJ-06-2014-0107.

Haney, A. B., Pope, J., & Arden, Z. (2020). Making it personal: Developing sustainability leaders in business. *Organization & Environment, 33*(2), 155–174. ▶ https://doi.org/10.1177/1086026618806201.

Hargreaves, A., & Fink, D. (2005). *Sustainable leadership.* Wiley.

Hobfoll, S. E. (2001). The influence of culture, community, and the nested-self in the stress process: Advancing conservation of resources theory. *Applied Psychology, 50*(3), 337–421. ▶ https://doi.org/10.1111/1464-0597.00062.

Hoch, J. E., Bommer, W. H., Dulebohn, J. H., & Wu, D. (2018). Do ethical, authentic, and servant leadership explain variance above and beyond transformational leadership? A meta-analysis. *Journal of Management, 44*(2), 501–529. ▶ https://doi.org/10.1177/0149206316665461.

Hülsheger, U. R., Alberts, H. J. E. M., Feinholdt, A., & Lang, J. W. B. (2013). Benefits of mindfulness at work: The role of mindfulness in emotion regulation, emotional exhaustion, and job satisfaction. *Journal of Applied Psychology, 98*(2), 310–325. ▶ https://doi.org/10.1037/a0031313.

Inner Development Goals (IDG). (o. J.a). *The 5 dimensions with the 23 skills and qualities.* ▶ www.innerdevelopmentgoals.org/framework.

Inner Development Goals (IDG). (o. J.b). *The Initiative: Accelerating the implementation of the SDGs.* ▶ www.innerdevelopmentgoals.org.

Iqbal, Q., & Ahmad, N. H. (2021). Sustainable development: The colors of sustainable leadership in learning organization. *Sustainable Development, 29*(1), 108–119. ▶ https://doi.org/10.1002/sd.2135.

Jiang, W., Zhao, X., & Ni, J. (2017). The impact of transformational leadership on employee sustainable performance: The mediating role of organizational citizenship behavior. *Sustainability, 9*(9), 1567. ▶ https://doi.org/10.3390/su9091567.

Kharchuk, V., & Oleksiv, I. (2023). The intellectual structure of sustainable leadership studies: Bibliometric analysis. In Z. Hu, Y. Wang, & M. He (Hrsg.), *Lecture Notes on Data Engineering and Communications Technologies: Bd. 158, Advances in Intelligent Systems, Computer Science and Digital Economics IV* (S. 430–442). Springer Nature. ▶ https://doi.org/10.1007/978-3-031-24475-9_37.

Kohntopp, T., & McCann, J. T. (2023). Sustainability leadership: Current perspective and future adaptation. In L. Poonamallee, A. D. Howard, & S. Joy (Hrsg.), *Managing for social justice: Harnessing management theory and practice for collective good* (S. 187–227). Springer International. ▶ https://doi.org/10.1007/978-3-031-19971-4_8.

Kropp, A. (2019). Die Dimensionen der Nachhaltigkeit. In A. Kropp (Hrsg.), *Grundlagen der Nachhaltigen Entwicklung* (S. 11–12). Springer Fachmedien. ▶ https://doi.org/10.1007/978-3-658-23072-2_4.

Lacerenza, C. N., Reyes, D. L., Marlow, S. L., Joseph, D. L., & Salas, E. (2017). Leadership training design, delivery, and implementation: A meta-analysis. *Journal of Applied Psychology, 102*(12), 1686–1718. ▶ https://doi.org/10.1037/apl0000241.

Liao, Y. (2022). Sustainable leadership: A literature review and prospects for future research. *Frontiers in Psychology, 13*, 1045570. ▶ https://doi.org/10.3389/fpsyg.2022.1045570.

McCann, J. T., & Holt, R. A. (2010). Defining sustainable leadership. *International Journal of Sustainable Strategic Management, 2*(2), 204–210. ▶ https://doi.org/10.1504/IJSSM.2010.032561.

Müller-Christ, G. (2020). *Nachhaltiges Management: Über den Umgang mit Ressourcenorientierung und widersprüchlichen Managementrationalitäten* (3. Aufl.). Nomos.

Müller-Christ, G., & Giesenbauer, B. (2019). Konturen eines integralen Nachhaltigkeitsmanagements. In M. Englert & A. Ternès (Hrsg.), *Nachhaltiges Management: Nachhaltigkeit als exzellenten Managementansatz entwickeln* (S. 231–248). Springer. ▶ https://doi.org/10.1007/978-3-662-57693-9_12.

Neubert, M. J., Carlson, D. S., Kacmar, K. M., Roberts, J. A., & Chonko, L. B. (2009). The virtuous influence of ethical leadership behavior: Evidence from the field. *Journal of Business Ethics, 90*(2), 157–170. ▶ https://doi.org/10.1007/s10551-009-0037-9.

Pearce, C. L., & Sims, H. P. (2002). Vertical versus shared leadership as predictors of the effectiveness of change management teams: An examination of aversive, directive, transactional, transformational, and empowering leader behaviors. *Group Dynamics: Theory, Research, and Practice, 6*(2), 172–197. ▶ https://doi.org/10.1037/1089-2699.6.2.172.

Pelz, W. (2016). Transformationale Führung: Forschungsstand und Umsetzung in der Praxis. In C. von Au (Hrsg.), *Wirksame und nachhaltige Führungsansätze: System, Beziehung, Haltung und Individualität* (S. 93–112). Springer Fachmedien. ▶ https://doi.org/10.1007/978-3-658-11956-0_5.

Piwowar-Sulej, K., & Iqbal, Q. (2023). Leadership styles and sustainable performance: A systematic literature review. *Journal of Cleaner Production, 382*, 134600. ▶ https://doi.org/10.1016/j.jclepro.2022.134600.

Pundt, A., & Nerdinger, F. W. (2012). Transformationale Führung – Führung für den Wandel? In S. Grote (Hrsg.), *Die Zukunft der Führung* (S. 27–45). Springer. ▶ https://doi.org/10.1007/978-3-642-31052-2_2.

Rizvi, Y. S. & Garg, R. (2021). The simultaneous effect of green ability-motivation-opportunity and transformational leadership in environment management: The mediating role of green culture. *Benchmarking: An International Journal, 28*(3), 830–856. ▶ https://doi.org/10.1108/BIJ-08-2020-0400.

Saha, R., Kashav, S., Cerchione, R., Singh, R., & Dahiya, R. (2020). Effect of ethical leadership and corporate social responsibility on firm performance: A systematic review. *Corporate Social Responsibility and Environmental Management, 27*(2), 409–429. ▶ https://doi.org/10.1002/csr.1824.

Schaubroeck, J. M., Hannah, S. T., Avolio, B. J., Kozlowski, S. W. J., Lord, R. G., Treviño, L. K., Dimotakis, N., & Peng, A. C. (2012). Embedding ethical leadership within and across organization levels. *Academy of Management Journal, 55*(5), 1053–1078. ▶ https://doi.org/10.5465/amj.2011.0064.

Schmitt, C. T., & Bamberg, E. (2018). Einführung in den aktuellen Nachhaltigkeitsdiskurs: Relevanz, Begriff, Bezüge. In C. T. Schmitt & E. Bamberg (Hrsg.), *Psychologie und Nachhaltigkeit: Konzeptionelle Grundlagen, Anwendungsbeispiele und Zukunftsperspektiven* (S. 3–13). Springer Fachmedien. ▶ https://doi.org/10.1007/978-3-658-19965-4_1.

Schwab, K. (2016). *The fourth industrial revolution*. World Economic Forum.

Sonenshein, S. (2007). The role of construction, intuition, and justification in responding to ethical issues at work: The sensemaking-intuition model. *Academy of Management Review, 32*(4), 1022–1040. ▶ https://doi.org/10.5465/amr.2007.26585677.

Stock-Homburg, R. M., von Ahsen, A., & Wagner, M. M. (2014). Nachhaltigkeit in der Unternehmens- und Mitarbeiterführung. In H. Meffert, P. Kenning, & M. Kirchgeorg (Hrsg.), *Sustainable Marketing Management* (S. 289–312). Springer Fachmedien. ▶ https://doi.org/10.1007/978-3-658-02437-6_15.

Vinkhuyzen, O. M., & Karlsson-Vinkhuyzen, S. I. (2014). The role of moral leadership for sustainable production and consumption. *Journal of Cleaner Production, 63,* 102–113. ▶ https://doi.org/10.1016/j.jclepro.2013.06.045.

Vossen, I. (2019). Entwicklung von Führungskräften und wie Nachhaltigkeit wirklich fruchten kann. In M. Englert & A. Ternès (Hrsg.), *Nachhaltiges Management: Nachhaltigkeit als exzellenten Managementansatz entwickeln* (S. 387–397). Springer. ▶ https://doi.org/10.1007/978-3-662-57693-9_19.

Waldman, D. A., Siegel, D. S., & Javidan, M. (2006). Components of CEO transformational leadership and corporate social responsibility. *Journal of Management Studies, 43*(8), 1703–1725. ▶ https://doi.org/10.1111/j.1467-6486.2006.00642.x.

World Commission on Environment and Development (WCED) & United Nations (UN) (1987). *Our common future: Report of the World Commission on Environment and Development*. Note by the Secretary-General. ▶ https://digitallibrary.un.org/record/139811.

Zhu, W., Zheng, X., He, H., Wang, G., & Zhang, X. (2019). Ethical leadership with both "moral person" and "moral manager" aspects: Scale development and cross-cultural validation. *Journal of Business Ethics, 158*(2), 547–565. ▶ https://doi.org/10.1007/s10551-017-3740-y.

Future Skills

Kompetenzen für die Arbeit der Zukunft

Moana Monnier

Inhaltsverzeichnis

1	Was sind Skills und wie unterscheiden sie sich von Kompetenzen? – 89	
1.1	Kompetenzen – 89	
1.2	Skills – 90	
2	Die Rolle des Fachwissens in der Zukunft – 90	
3	Die Future Skills – 91	
3.1	Extrapersonelle Future Skills – 91	
3.2	Intrapersonelle Future Skills – 93	
	Literatur – 96	

© Der/die Autor(en), exklusiv lizenziert an Springer-Verlag GmbH, DE, ein Teil von Springer Nature 2024
J. Basel und S. Manchen Spörri (Hrsg.), *Angewandte Psychologie für die Wirtschaft*,
https://doi.org/10.1007/978-3-662-68559-4_7

Insights

- *Future Skills* werden als Kompetenzen für die sich schnell wandelnde Arbeit der Zukunft verstanden. Diese sind erlern- oder förderbar und lassen sich vier Gruppen zuordnen.
- *Digitale Skills* spielen in einer zunehmend technologiebasierten Arbeitswelt eine immer wichtigere Rolle. Sie beinhalten den Umgang mit und die Weiterentwicklung von digitalen Tools und Datenquellen.
- *Nachhaltigkeitsskills* gewinnen auch in der Arbeitswelt immer mehr an Bedeutung, denn wir stehen vor globalen Herausforderungen wie dem Klimawandel, Ressourcenknappheit und Umweltverschmutzung und müssen auch unter diesen negativen Rahmenbedingungen wirtschaftlich bestehen.
- *Intraindividuelle Skills* erlauben uns eine bessere Anpassungsfähigkeit an eine Zukunft, welche von zunehmender Unsicherheit und plötzlichen sowie schnellen Veränderungen geprägt ist.
- *Interindividuelle Skills* erlauben eine bessere interkulturelle Kommunikation und Kooperation in einer globalisierten Arbeitswelt in der Austausch und vernetztes Arbeiten immer komplexer werden.

Einleitung

Bereits Heraklit von Ephesus (ca. 535–475 v. Chr.) sagte: „Nichts ist so beständig wie der Wandel", und seit der Industrialisierung im 19. Jahrhundert verändert sich unsere Wirklichkeit immer schneller und drastischer. Der Einfluss neuer Technologien spielt dabei eine maßgebliche Rolle. Während heute des Öfteren Maschinen handwerkliche Vorgänge übernehmen oder zumindest vereinfachen und wir in unserem Alltag unsere Merkfähigkeit an unsere Smartphones übertragen haben, ist nun seit der öffentlichen Zugänglichkeit zu künstlicher Intelligenz (KI) auch die menschliche Denkarbeit an einem Wendepunkt, der aktuell viele Unsicherheiten und Fragen aufwirft.

Doch nicht nur auf individueller Ebene sind wir von beständigem Wandel betroffen, auch unser Zusammenleben und unsere Zusammenarbeit erfahren große Veränderungen. Wo in den frühen Jahren des 21. Jahrhunderts die Globalisierung in der Arbeitswelt noch durch Reisen, E-Mails und Telefonie umgesetzt wurde, sitzen nur zwanzig Jahre später unterschiedliche Menschen aus unterschiedlichen Zeitzonen gleichzeitig gemeinsam an einem virtuellen Sitzungstisch, ohne das jeweilige eigene Heim verlassen zu müssen. Wer noch um die Welt reist, findet die Mitarbeitenden vielleicht gar nicht vor, da diese im Home-Office sind, und fügt durch eine mögliche Flugreise der Umwelt auch noch einen beträchtlichen Schaden zu (El Zowalaty et al., 2020). Medial basierte Kommunikation wird also immer zugänglicher, natürlicher und verbreiteter (Steffen et al., 2015).

Obwohl der schnelle, vorwiegend technologische Wandel unseren (Arbeits-)Alltag grundlegend prägt, ist er von der breiten Bevölkerung nicht in seiner Ganzheit versteh- und vorhersehbar. Unsere Gegenwart ist somit immer mehr von Unsicherheit und plötzlichen sowie schnellen Veränderungen geprägt. Dabei rücken zukunftsorientierte Fähigkeiten wie Flexibilität, Anpassungsfähigkeit und Resilienz immer mehr in den Fokus und helfen uns, mit diesen unvorhersehbaren Situationen umzugehen und uns auf die neuen Umstände einzustellen. Vor diesem Hintergrund sind in den letzten Jahrzehnten viele neue Arbeits- und Organisationstheorien entstanden, die diese Fähigkeiten aufgreifen, wie zum Beispiel die weit verbreitete Theorie der Agilität, welche als „höhere Reagibilität auf (kritische) Entwicklungen in der Umwelt, gesteigerte Fähigkeit zur kontinuierlichen

Selbstveränderung, schnellere Entscheidungsfindung, Nutzung verteilten Wissens und Selbstorganisation in netzwerkförmigen Strukturen" (Brückner & von Ameln, 2016, S. 383) verstanden werden kann. Auf den ersten Blick klingen diese Inhalte für eine Arbeitswelt im schnellen Wandel auch sehr einleuchtend, aber was bedeuten sie in der Praxis für Arbeitnehmende nun genau? Was muss man sich denn nun für Fertigkeiten aneignen, um in netzwerkförmigen Strukturen selbstorganisierter zu sein? Wie sehen die erforderlichen Fähigkeiten im Rahmen der Arbeit konkret aus und sind sie wirklich erwerbbar, oder bringt man sie, ähnlich wie Talent, einfach mit?

In diesem Kapitel stellen wir uns diesen Fragen, indem wir uns mit dem Begriff der *Future Skills* im Detail auseinandersetzen.

1 Was sind Skills und wie unterscheiden sie sich von Kompetenzen?

Um den Begriff der *Skills* aufzuarbeiten, machen wir einen kurzen Exkurs in die Bildungswissenschaften.

1.1 Kompetenzen

Seit den 1990er Jahren beobachtet man in den Bildungswissenschaften, welche auch die berufsqualifizierende Bildung umfassen, eine Verschiebung von einer wissens- und leistungsbasierten Orientierung hin zu einer sogenannten Kompetenzorientierung. Kompetenzen werden dabei verstanden als „die bei Individuen verfügbaren oder durch sie erlernbaren kognitiven Fähigkeiten und Fertigkeiten, bestimmte Probleme zu lösen, sowie die damit verbundenen motivationalen, volitionalen und sozialen Bereitschaften und Fähigkeiten, um die Problemlösungen in variablen Situationen erfolgreich und verantwortungsvoll nutzen zu können" (Weinert, 2002, S. 27). Diese Verschiebung gründet darin, dass internationale Vergleichsstudien wie zum Beispiel die PISA-Studie (Moser, 2001) aufgezeigt haben, dass in unserem Bildungssystem zwar tiefgründiges Fachwissen erlernt wird, dessen Anwendung jedoch unterentwickelt ist (Joller-Graf, 2014). Im Vergleich zum klassischen Verständnis von Wissen sollen Kompetenzen uns also stärker in unserer Handlung befähigen und stellen ein *intelligentes Wissen* (Klieme & Hartig, 2008) dar, welches zwar auch Fachwissen beinhaltet, dieses aber um eine gewisse Problemlösefähigkeit erweitert und somit zum Beispiel sinnstiftende Übertragungen von Inhalten auf andere Kontexte erlaubt. Im Vergleich zum reinen Fachwissen, welches sehr kontextspezifisch ist, bereiten Kompetenzen also besser auf die Anforderungen einer sich ständig wandelnden und komplexen Welt vor, in der Flexibilität und Problemlösungsfähigkeiten zunehmend wichtig sind.

Eine weitere Erkenntnis aus der oben genannten Definition nach Weinert ist, dass Kompetenzen sowohl angeboren sind als auch durch Lernprozesse gefördert oder ganz erworben werden können. Dies ist sehr praxisrelevant, da gezielte Weiterbildungsmaßnahmen als Vorbereitung auf das jeweilig zukünftige Arbeitsumfeld dienen können.

1.2 Skills

In der Literatur werden die Begriffe „Skills" und „Kompetenzen" oft synonym verwendet, es gibt jedoch einen subtilen Unterschied zwischen den beiden: Während Skills sich eher auf praktische und messbare Fähigkeiten wie etwa das Programmieren, das Bedienen von Maschinen, das Schreiben von Texten oder das Führen von Verhandlungen beziehen, stellen Kompetenzen ein umfassenderes Set an Fähigkeiten dar, welches zusätzlich auch Wissen, Erfahrungen und persönliche Eigenschaften einschließt und nicht immer messbar ist. Im Falle der *Future Skills,* ein Begriff, der sich in der Praxis so durchgesetzt hat, werden die Skills aber im Sinne des breiteren und inklusiveren Kompetenzbegriffs verstanden und als Synonym verwendet.

2 Die Rolle des Fachwissens in der Zukunft

Das Fachwissen spielt in der zukünftigen Arbeitswelt und den entsprechenden Anforderungsprofilen keine unwichtige Rolle. Bei Bewertungen der beruflichen Qualifikation treten jedoch die zukunftsorientierten Kompetenzen kontinuierlich in den Vordergrund. Durch den rasanten digitalen Wandel, der kontinuierlich neue Tools, Plattformen und Systeme auf den Markt bringt und dabei immer mehr Bereiche der menschlichen Arbeit erschließt, kann sich das erforderliche Fachwissen zudem schnell ändern, und es kann in gewissen Bereichen wichtiger sein, sich rapide in neue Technologien einzuarbeiten und sich an neue Arbeitsumgebungen anzupassen, als schnell veraltende Inhalte in ihrer Tiefe zu verstehen. Auch das Aufkommen von Automatisierung und KI kann das Fachwissen zum Beispiel für datengetriebene Aufgaben obsolet machen, da die technologische Informationsverarbeitung viel schneller viel größere Datenmengen bearbeiten und neues Wissen generieren kann als die menschliche Kognition. Hinzu kommt, dass Aufgaben stets komplexer und multidisziplinärer werden und somit eine sich ausweitende Zusammenarbeit über verschiedene Fachdisziplinen hinweg eine zunehmende globale Vernetzung von Wissen und Expertise erfordert. Es wird immer wichtiger, über den eigenen fachlichen Horizont hinauszuschauen und mit Fachleuten aus anderen Bereichen zu kommunizieren, zusammenzuarbeiten und voneinander zu lernen.

Zusammengefasst lässt sich sagen,

> „dass es eine zunehmend untergeordnete Rolle spielt, kodifiziertes Wissen abrufbar parat zu haben. Viel wichtiger ist es, Daten, Information und Wissen zu suchen und zu diskriminieren, Unterscheidungen treffen zu können sowie die Validität und Objektivität der jeweils gefundenen Informationen vornehmen zu können" (Ehlers, 2020, S. 15).

Dies stets im Zusammenspiel mit Technologien oder anderen Menschen mit entsprechenden Expertisen. Insbesondere in spezialisierten Berufen oder zur Stärkung der eigenen Position in einem Arbeitsnetzwerk ist es jedoch wichtig zu betonen, dass aktualisiertes Fachwissen nach wie vor von großer Bedeutung ist.

3 Die Future Skills

Future Skills sollen uns befähigen, mit den Herausforderungen der Zukunft umzugehen, beruflich erfolgreich zu sein und aktiv zur positiven Entwicklung unserer Gesellschaft beizutragen. Ehlers definiert sie in seinem Grundlagenwerk als „Kompetenzen, die es Individuen erlauben, in hochemergenten Handlungskontexten selbstorganisiert komplexe Probleme zu lösen und (erfolgreich) handlungsfähig zu sein" (Ehlers, 2020, S. 57). Um dies besser zu veranschaulichen, teilen wir die Future Skills in zwei Kategorien auf (extra- und intrapersonelle Skills), welche sich jeweils in weitere zwei Dimensionen aufgliedern lassen. Diese Unterteilung soll helfen, die Menge an Informationen, welche in der Arbeits- und Organisationsforschung im Zusammenhang mit Future Skills gefunden werden, zu ordnen. Sie basiert auf Plausibilitätsannahmen und ist ein Vorschlag der Autorin.

3.1 Extrapersonelle Future Skills

Bei extrapersonellen Kompetenzen liegt der Fokus auf dem Umgang mit Dingen und Phänomenen der Umwelt, welche keine Menschen sind. In der Literatur zu Future Skills finden sich dabei zwei große Themenbereiche: Kompetenzen im digital-technischen Bereich und Kompetenzen im Nachhaltigkeitsbereich.

3.1.1 Digitale Skills

Da die Digitalisierung immer weiter voranschreitet und neue Möglichkeiten hervorbringt, wird der Umgang mit technologischen Umgebungen stetig wichtiger, um in der Arbeitswelt wettbewerbsfähig zu bleiben. Bereits in den ersten 15 Jahren des 20. Jahrhunderts ließ sich eine branchenübergreifende Werteverschiebung in der Personalselektion beobachten, wobei zum Beispiel klassische Managementkenntnisse in Wichtigkeitsrankings immer mehr in den Hintergrund traten, Softwareentwicklung hingegen von den hintersten auf die vordersten Positionen katapultiert wurde (Cummings & Janicki, 2020).

Nachfolgend werden die in der Literatur meistgenannten digitalen Kompetenzbereiche für die Arbeit der Zukunft aufgeführt. Für die Praxis gilt es dabei festzuhalten, dass eine große Tätigkeits-, Berufs- und Branchenabhängigkeit besteht. Es ist jeweils auf individueller Ebene zu evaluieren, welche der digitalen Skills im Einzelfall dann wirklich wichtig sind.

Datenanalyse und Dateninterpretation Angesichts der ständig wachsenden Datenmengen wird die Fähigkeit, Daten zu analysieren, zu interpretieren und daraus Erkenntnisse abzuleiten, von entscheidender Bedeutung sein. Die Datenanalyse ermöglicht sowohl das Generieren von neuem Fachwissen wie auch das Treffen fundierter Geschäftsentscheidungen, die Identifizierung von Trends und Mustern sowie die Entwicklung von maßgeschneiderten wirtschaftlichen Lösungen.

Programmierung und Codierung Die Fähigkeit, Code zu lesen und somit zu erkennen, was durch genutzte Technologie umgesetzt wird, aber auch das Programmieren selbst wird zunehmend gefragt sein (Cummings & Janicki, 2020).

Programmierkenntnisse ermöglichen es, genutzte Software zu analysieren und zu entwickeln oder Automatisierungslösungen umzusetzen. Ein Blick auf die großen Trainingsunternehmen und deren Weiterbildungsangebote in diesem Bereich gibt dabei Hinweise auf besonders zukunftsträchtige Programmiersprachen. So beschreibt die Marktanalyse für ein Programmierbootcamp der Universität Berkeley (Berkeley Boot Camps, 2020), dass Kenntnisse in elf bestimmten Programmiersprachen, darunter JavaScript (für Web-Entwicklungen, Spieleentwicklung, Mobile-Apps und die Bildung von Web-Servern), Python (für Back-End-Entwicklung, Data Science und App-Entwicklung) oder SQL (für Datenbankmanagement, Sales Reports und Business Management), für die Zukunft besonders relevant sind.

Künstliche Intelligenz und maschinelles Lernen KI und maschinelles Lernen werden in vielen Bereichen eine immer größere Rolle spielen. Das Verständnis der Funktionsweise von KI-Technologien zur richtigen Interpretation ihres Outputs, die Fähigkeit, KI-Algorithmen für eigene Fragestellungen zu entwickeln und anzuwenden, sowie das Wissen um die ethischen Implikationen von KI werden zukünftig immer wertvollere Kompetenzen darstellen.

Digitale Sicherheit und Datenschutz Mit der zunehmenden Vernetzung und dem Datenaustausch wird der Schutz von Informationen eine wachsende Herausforderung, welche sich regelmäßig in gegenwärtigen politischen Diskursen widerspiegelt. Kompetenzen im Bereich der digitalen Sicherheit und des Datenschutzes sind unerlässlich, um zum Beispiel Cyberangriffe zu verhindern oder zu erkennen und darauf zu reagieren.

Technische Aspekte der digitalen Kommunikation und Zusammenarbeit Die Nutzung digitaler Kooperationstools prägt den Arbeitsalltag immer stärker. Mit der Zunahme von Remote-Arbeit und globaler Vernetzung werden Fähigkeiten wie das technische Umsetzen von virtuellen Präsentationen immer wichtiger.

3.1.2 Nachhaltigkeitsskills

Nachhaltigkeit wird in Zukunft eine immer wichtigere Rolle spielen, da wir vor globalen Herausforderungen wie dem Klimawandel, Ressourcenknappheit und Umweltverschmutzung stehen. Obwohl das Thema der Nachhaltigkeit auch ökonomische und soziale Inhalte betrifft, rücken die genannten ökologischen Themen aus Dringlichkeitsgründen in den Fokus. Denn die beschriebenen Rahmenbedingungen prägen den zukünftigen Arbeitsalltag maßgeblich und müssen auf unterschiedlichen Ebenen mitberücksichtigt werden. Für die Praxis bedeutet dies, dass bei Arbeitnehmenden entsprechende Kompetenzen gefördert werden müssen. Diese sind wichtig, um eine nachhaltigere Zukunft zu gestalten und auf die Herausforderungen im Zusammenhang mit Umwelt und Ressourcen reagieren zu können.

Nachfolgend werden die in der Literatur meistgenannten Nachhaltigkeits-Kompetenzbereiche für die Arbeit der Zukunft aufgeführt.

Ökologisches Wissen Ein grundlegendes Verständnis der ökologischen Zusammenhänge und der Umweltprobleme ist entscheidend, um nachhaltiges Handeln zu fördern. Dies beinhaltet beispielsweise Kenntnisse über Ökosysteme, natürliche Ressourcen, Biodiversität und die ökologischen Auswirkungen menschlicher Aktivitäten.

Klimawandelanpassung und -minderung Angesichts der zunehmenden Auswirkungen des Klimawandels ist es wichtig, Fähigkeiten in den Bereichen Klimawandelanpassung und -minderung zu entwickeln. Dies beinhaltet zum Beispiel die Entwicklung von Strategien zur Reduzierung von Treibhausgasemissionen.

Nachhaltiges Ressourcenmanagement Angesichts der begrenzten Ressourcen unseres Planeten wird ein effizientes und nachhaltiges Ressourcenmanagement immer wichtiger. Fähigkeiten wie Kreislaufwirtschaft, Abfallvermeidung, Energieeffizienz und Wassermanagement sind entscheidend, um eine nachhaltige Nutzung von Ressourcen zu fördern.

Nachhaltiges Design und Innovation Die Fähigkeit, nachhaltige Produkte und Dienstleistungen zu entwickeln, wird immer wichtiger. Dies umfasst das Verständnis von ökologischen und sozialen Auswirkungen, die Integration von Kreislaufwirtschaftsprinzipien und die Entwicklung innovativer Ansätze, um Probleme nachhaltig zu lösen.

3.2 Intrapersonelle Future Skills

Bei den intrapersonellen Kompetenzen liegt der Fokus auf dem Umgang mit Menschen, sei es mit sich selbst (intraindividuelle Skills) oder mit anderen Personen (interindividuelle Skills). Die meisten der intrapersonellen Future Skills werden von den übergreifenden Theorien der sozial-emotionalen Intelligenz und Kompetenz (Monnier, 2015) umfasst, welche zwar zum Teil altbewährte Kompetenzkonstrukte darstellen, in einer technischen Welt im schnellen Wandel jedoch immer mehr an Bedeutung gewinnen.

3.2.1 Intraindividuelle Skills

Eine Studie von Ehlers zeigt, dass etwa 80 % der Aneignung neuer Arbeitsfähigkeiten und neuen Fachwissens im Rahmen der Tätigkeit selbst stattfindet (Ehlers, 2020). Dies ist Teil der in diesem Kapitel oft genannten Anpassung, welche an sich verändernde Umstände auf der Arbeit gekoppelt ist. Damit diese Aneignung aber auch erfolgreich ist, spielen bestimmte Fähigkeiten und Fertigkeiten im Umgang mit sich selbst eine wesentliche Rolle.

Nachfolgend werden die in der Literatur meistgenannten intraindividuellen Kompetenzbereiche für die Arbeit der Zukunft aufgeführt.

Lernbereitschaft und kontinuierliches Lernen Angesichts des schnellen Wandels von Technologien und Arbeitsweisen ist die Bereitschaft zum lebenslangen Lernen von entscheidender Bedeutung. Die Fähigkeit, neue Kompetenzen zu erwerben und sich kontinuierlich weiterzuentwickeln, ist grundlegend, um mit den Entwicklungen Schritt zu halten.

Selbstwirksamkeit und Selbstorganisation Das Konzept der Selbstwirksamkeit nach Bandura (1977) besagt, dass man selbst davon überzeugt sein muss, mithilfe der bestehenden oder erlernbaren Fähigkeiten die gestellten Aufgaben bewältigen zu können. Dies impliziert die Fähigkeit, sich selbst sowie die aktuellen Arbeitsumstände richtig einzuschätzen und zu erkennen, was benötigt wird, um weiterhin erfolgreich zu sein. Demnach gilt es, anstehende Aufgaben effizient zu planen, Prioritäten zu setzen und den Arbeitsfluss zu organisieren.

Entscheidungsfähigkeit Die Entscheidungsfähigkeit als Teil der Problemlösekompetenz bedeutet in einer Welt, in der immer mehr Lösungsalternativen möglich sind (welche einen hohen Grad an Ambiguität hervorrufen können), komplexe Probleme zu analysieren und fundierte Entscheidungen zu treffen. Die Fähigkeit zu einer tiefgründigen Reflexion ist ein wesentlicher Teil davon.

Kreativität und Innovationsfähigkeit Angesichts der Notwendigkeit, innovative Lösungen für komplexe Probleme zu finden, wird Kreativität zu einer begehrten Fähigkeit. Dies bedeutet, gewohnte Denkmuster zu durchbrechen, über den Tellerrand zu schauen, neue Ideen zu generieren und bestehende Probleme auf unkonventionelle Weise anzugehen.

Resilienz Resilienz bedeutet Widerstandsfähigkeit, und im Unterschied zu den oben genannten Faktoren hilft diese nur indirekt bei der Anpassung an den schnellen Wandel, erlaubt aber einen guten Umgang mit Stresssituationen (Brasser, 2022; Kalisch, 2017). Ein Beispiel dafür ist die Fähigkeit, es zu erkennen, wenn man die nötigen Kompetenzen zur Anpassung an eine neue (Arbeits-)Situation nicht entwickeln kann (oder möchte), und dabei weiter zu verstehen, warum dieser Umstand eingetreten ist. Ferner hilft sie einem dabei, einen gesunden Umgang mit dieser unpassenden Situation zu finden und einen anderen, erfolgreichen Weg einzuschlagen.

3.2.2 Interindividuelle Skills

Die Komplexität der neuen Problemstellungen bedingt immer mehr multidisziplinäre Lösungsansätze. Die technischen Rahmenbedingungen, welche eine vereinfachte Zusammenarbeit auf globaler Ebene erlauben, fördern dabei den Austausch unterschiedlicher Expertisen, ohne zwangsweise einer festen Arbeitsgruppe anzugehören (Hackman & Katz, 2010). Kurz-, mittel- und langfristige Kooperationen werden also ein fester Bestandteil der modernen Arbeitswelt. In der Literatur findet man drei immer wiederkehrende Kompetenzbereiche, welche dieses Miteinander effizient gestalten sollen.

Kommunikationsfähigkeiten In einer vernetzten Welt, in der Zusammenarbeit über verschiedene Standorte und Kulturen hinweg stattfindet, ist die Fähigkeit, klar, respektvoll und effektiv zu kommunizieren, sowohl mündlich als auch schriftlich, von großer Bedeutung. Die richtige Kommunikation bildet die formale Grundlage für den erfolgreichen Austausch von fachlichen Inhalten und kann in unterschiedlichen Situationen auch unterschiedlich sein. Dabei gilt es zu beachten, dass diese Kommunikation meist von unterschiedlichen Medien gestützt ist und dabei nicht alle natürlichen Kommunikationskanäle (z. B. Mimik, Körpersprache, Intonation usw.) gleich stark genutzt werden können. Die zukünftige Kommunikation ist immer stärker medienbasiert!

Zusammenarbeit In einer erfolgreichen Zusammenarbeit ist es grundlegend, unterschiedliche Expertisen gewinnbringend zu verbinden, Konflikte zu lösen und gemeinsame Ziele zu erreichen. Dafür nutzt man Interaktionen, welche auch medienbasiert sein können. Ziel ist es, Vertrauen (Dirks, 1999) und psychologische Sicherheit (Edmondson, 2018) zu etablieren, sodass ein innovativer und kreativer Austausch stattfinden kann und neue fachliche Inhalte geschaffen werden.

Führungsfähigkeiten Durch die Auflösung des klassischen Arbeitsgruppen-Verständnisses mit klaren Hierarchien rückt die Selbstführung in der Arbeit der Zukunft immer mehr in den Fokus (Bettinger, 2021). Nichtsdestotrotz gilt es auch in den neuen Formen der Zusammenarbeit, gewisse Führungsaufgaben zu übernehmen, dabei die Mitarbeitenden zu motivieren, Verantwortung zu übernehmen und Entscheidungen für die Gruppe zu treffen.

❓ Fazit

Durch die Digitalisierung und die Globalisierung befindet sich die Welt in einem stetig zunehmenden und immer schneller werdenden Wandel. In der Arbeit der Zukunft treten zur Bewältigung dieses Wandels gewisse Kompetenzen (Future Skills) in den Vordergrund. Diese Kompetenzen beziehen sich auf technische Systeme, die Umwelt und auf Menschen. Es lassen sich vier Hauptkategorien identifizieren: digitale Skills, Nachhaltigkeitsskills, intraindividuelle Skills und interindividuelle Skills. Fachwissen bleibt wichtig, muss aber stets angepasst werden und tritt in den Hintergrund.

Schlüsselbegriffe

- **Kompetenzen:** Kompetenzen umfassen nicht nur Wissen, sondern auch Fertigkeiten, Fähigkeiten, Haltungen und Verhaltensweisen. Der Fokus liegt darauf, wie das Wissen angewendet wird und wie man praktische Probleme löst.
- **Skills:** Skills sind Elemente der Kompetenzen, welche sich auf praktische, handlungsbezogene und messbare Fähigkeiten beziehen. Sie werden jedoch oft synonym zum Kompetenzverständnis genutzt.
- **Future Skills:** Future Skills sind die Kompetenzen, welche in einer immer stärker digitalisierten und sich immer schneller verändernden Welt an Bedeutung gewinnen.

❓ Verständnisfragen
1. Wie unterscheiden sich Kompetenzen und Skills von Wissen?
2. Welche Aspekte der Zukunft sind die Auslöser dafür, dass Future Skills überhaupt wichtig werden?
3. Wie unterscheiden sich extrapersonelle und intrapersonelle Kompetenzen?
4. Warum ist es im Rahmen der digitalen Skills nicht nur wichtig, programmieren zu können?
5. Wie hängt Anpassungsfähigkeit mit Resilienz zusammen?

Literatur

Bandura, A. (1977). Self-efficacy: Toward a unifying theory of behavioral change. *Psychological Review, 84*(2), 191–215. ▶ https://doi.org/10.1037//0033-295x.84.2.191.

Berkeley Boot Camps (16. Dezember 2020). *11 most in-demand programming languages*. ▶ https://bootcamp.berkeley.edu/blog/most-in-demand-programming-languages/.

Bettinger, P. (2021). Etablierung normativer Ordnungen als Spielarten optimierter Selbstführung? Die Regierung des Pädagogischen am Beispiel des 4K- und 21st-Century-Skills-Diskurses. *MedienPädagogik, 45*, 34–58. ▶ https://doi.org/10.21240/mpaed/45/2021.12.17.X.

Brasser, M. (2022). Individuelle Resilienz fördern. In S. Kaudela-Baum, S. Meldau, & M. Brasser (Hrsg.), *Leadership und People Management: Führung und Kollaboration in Zeiten der Digitalisierung und Transformation* (S. 123–135). Springer Fachmedien. ▶ https://doi.org/10.1007/978-3-658-35521-0_8.

Brückner, F., & von Ameln, F. (2016). Agilität. *Gruppe Interaktion Organisation, 47*(4), 383–386. ▶ https://doi.org/10.1007/s11612-016-0334-6.

Cummings, J., & Janicki, T. N. (2020). What skills do students need? A multi-year study of it/is knowledge and skills in demand by employers. *Journal of Information Systems Education, 31*(3), 208–217. ▶ https://aisel.aisnet.org/jise/vol31/iss3/5.

Dirks, K. T. (1999). The effects of interpersonal trust on work group performance. *Journal of Applied Psychology, 84*(3), 445–455. ▶ https://doi.org/10.1037/0021-9010.84.3.445.

Edmondson, A. C. (2018). *The fearless organization: Creating psychological safety in the workplace for learning, innovation, and growth*. Wiley.

Ehlers, U.-D. (2020). *Future Skills: Lernen der Zukunft – Hochschule der Zukunft*. (Zukunft der Hochschulbildung – Future Higher Education). Springer Fachmedien.

El Zowalaty, M. E., Young, S. G., & Järhult, J. D. (2020). Environmental impact of the COVID-19 pandemic: A lesson for the future. *Infection Ecology & Epidemiology, 10*(1), 1768023. ▶ https://doi.org/10.1080/20008686.2020.1768023.

Hackman, J. R., & Katz, N. (2010). Group behavior and performance. In S. T. Fiske, D. T. Gilbert & G. Lindzey (Hrsg.), *Handbook of Social Psychology* (5. Aufl., S. 1208–1251). Wiley. ▶ https://doi.org/10.1002/9780470561119.socpsy002032.

Joller-Graf, K. (2014). *Leitartikel zum kompetenzorientierten Unterricht: Begriffe – Hintergründe – Möglichkeiten*. Entwicklungsschwerpunkt „Kompetenzorientierter Unterricht". PH Luzern. ▶ https://cdn.phlu.ch/phlu/corporate/f844815a08fd088fddc206fb1bedc1683df835d2/RT_K21_KO_Artikel_Leitartikel-komp-Unterrichten_jok_201509.pdf.

Kalisch, R. (2017). *Der resiliente Mensch: Wie wir Krisen erleben und bewältigen*. Neueste Erkenntnisse aus Hirnforschung und Psychologie.

Klieme, E. & Hartig, J. (2008). Kompetenzkonzepte in den Sozialwissenschaften und im erziehungswissenschaftlichen Diskurs. In M. Prenzel, I. Gogolin & H.-H. Krüger (Hrsg.), *Kompetenzdiagnostik* (S. 11–29). Verlag für Sozialwissenschaften. ▶ https://doi.org/10.1007/978-3-531-90865-6_2.

Monnier, M. (2015). Difficulties in defining social-emotional intelligence, competences and skills: A theoretical analysis and structural suggestion. *International Journal for Research in Vocational Education and Training, 2*(1), 59–84. ▶ https://doi.org/10.13152/IJRVET.2.1.4.

Moser, U. (2001). *Für das Leben gerüstet? Die Grundkompetenzen der Jugendlichen*. Kurzfassung des nationalen Berichtes PISA 2000. (Statistik der Schweiz. Fachbereich 15, Bildung und Wissenschaft). Bundesamt für Statistik (BFS).

Steffen, W., Broadgate, W., Deutsch, L., Gaffney, O., & Ludwig, C. (2015). The trajectory of the Anthropocene: The great acceleration. *Anthropocene Review, 2*(1), 81–98. ▶ https://doi.org/10.1177/2053019614564785.

Weinert, F. E. (2002). *Leistungsmessungen in Schulen* (2. Aufl.). Beltz.

„New Work" und Gesundheit

Ferdinand Baierer und Jürgen Glaser

Inhaltsverzeichnis

1 Wandel der Arbeitswelt – 98

2 Zum Verständnis von „New Work" – 99

3 „Old Work" und „New Work" – 100

4 Befundlage zu flexibel-entgrenzter Arbeit und Gesundheit – 103

5 Anforderungen an Betriebe und Beschäftigte – 105

Literatur – 108

© Der/die Autor(en), exklusiv lizenziert an Springer-Verlag GmbH, DE, ein Teil von Springer Nature 2024
J. Basel und S. Manchen Spörri (Hrsg.), *Angewandte Psychologie für die Wirtschaft*,
https://doi.org/10.1007/978-3-662-68559-4_8

Insights

- „New Work" umfasst unterschiedliche Gestaltungsformen der Erwerbsarbeit, in deren Mittelpunkt die Flexibilisierung von Arbeitszeit und Arbeitsort steht.
- Vorteile für Beschäftigte entstehen dann, wenn sie selbst die Kontrolle darüber haben, wie und in welchem Maße solche Gestaltungsoptionen individuell genutzt werden.
- Gesundheitsbeeinträchtigungen sind besonders dann zu verzeichnen, wenn eine Entgrenzung der Erwerbsarbeit zu Erholungseinbußen führt.
- Betriebe müssen die Einführung von „New Work" bewusst und mit Blick auf individuelle Bedürfnislagen der Beschäftigten gestalten.

Einleitung

Die Arbeitswelt befindet sich in einem ständigen Wandel, geprägt durch technologische Entwicklungen und die zunehmende Integration von Informations- und Kommunikationstechnologien. Diese Veränderungen haben die Arbeitsorganisation nachhaltig beeinflusst, weg von traditionellen Normalarbeitsverhältnissen hin zu flexibilisierten Arbeitsformen. Diese Flexibilisierung führt oft zu einer Verdichtung der Arbeitsanforderungen und einer Intensivierung der Arbeit, was sowohl Stressoren als auch Lernanforderungen erhöht. Gleichzeitig bieten neue Arbeitsformen mehr persönliche Kontrolle und Flexibilität, bergen jedoch Risiken wie Arbeitsentgrenzung und negative Auswirkungen auf die psychische Gesundheit. Angesichts der fortschreitenden digitalen Transformation müssen Unternehmen diesen Wandel hin zu „New Work" aktiv und reflektiert gestalten. Dies erfordert eine Anpassung an veränderte Wertevorstellungen und die Implementierung vertrauensbasierter Organisations- und Führungskulturen, die Selbstorganisation und Partizipation fördern. Der folgende Artikel beleuchtet den Begriff „New Work", untersucht die Auswirkungen flexibilisierter Arbeit auf die Gesundheit von Beschäftigten und stellt Anforderungen an eine gesundheitsförderliche Arbeitsgestaltung vor.

1 Wandel der Arbeitswelt

Die Arbeitswelt befindet sich in einem kontinuierlichen Wandel. Durch stetig neue technologische Entwicklungen verändern sich die Bedingungen der (abhängigen) Erwerbsarbeit tiefgreifend. Mit der umfassenden Integration von Informations- und Kommunikationstechnologien (IKT) in nahezu allen Tätigkeiten im Zuge der sogenannten dritten industriellen Revolution hat sich die Form der Arbeitsorganisation weg vom in der Arbeitsmarktforschung etablierten Konzept des Normalarbeitsverhältnisses hin zu flexibilisierten Formen der Erwerbsarbeit gewandelt (Allvin et al., 2011).

Bedingt durch die fortwährende Beschleunigung des sozialen Wandels, des Lebenstempos und maßgeblich durch die technologische Beschleunigung in der modernen Gesellschaft (Rosa, 2013) lässt sich eine Arbeitsintensivierung, das heißt eine Verdichtung von Arbeitsanforderungen in der verfügbaren Arbeitszeit feststellen. Weltweit berichten Erwerbstätige seit den 1990er Jahren von zunehmenden Arbeitsstressoren in Form zeitlicher Überforderung und enger Deadlines (Kubicek et al., 2014), was sich bis heute fortsetzt (vgl. Eurofound, 2022, 2023). Zudem verlangen die Arbeitstätigkeiten komplexere Fähigkeiten zur Aufgabenerledigung bei höherer Interdependenz und gestiegenen Kooperationsanforderungen in einer globalisierten Welt (Wegman et al., 2018). Neuartige Anforderungen aus der Nutzung von Technologien (vgl. Hu et al., 2021) sowie deren Charakteristika (vgl. Day et al., 2019) beanspruchen Arbeitnehmende zusätzlich. Das erlebte „Zuviel" an Informationen in der digitalisierten Arbeitswelt äußert sich konkret – vermittelt durch die Nutzung von Technologien – in einer Informationsüberlastung mit schädlichen Folgen für die psychische Gesundheit (vgl. Bundesanstalt für Arbeitsschutz und Arbeitsmedizin [BAuA], 2020).

Parallel zu vermehrten Stressoren und Lernanforderungen in der Arbeit lässt sich aber auch von erweiterten Ressourcen berichten, nämlich mehr persönlicher Kontrolle über die Art und Abfolge der Verrichtung von Arbeitsaufgaben (Wegman et al., 2018). Mit solchen Möglichkeiten der zeitlichen und örtlichen Flexibilisierung zeigt sich jedoch auch zunehmend Arbeitsentgrenzung in Form von – selbst- und fremdinitiierter – *Technology-assisted Supplemental Work* (TASW) (Fenner & Renn, 2004). Während 2015 noch 22 % der europäischen Erwerbstätigen von einer regelmäßigen Extensivierung der Arbeitszeit in die Freizeit berichteten, um Anforderungen der Arbeit zu bewältigen, stieg diese Quote 2021 auf 34 % an (Eurofound, 2022, 2023), mit nachteiligen Effekten für die psychische Gesundheit (Kühner et al., 2023).

Vor dem Hintergrund der schnell fortschreitenden digitalen Transformation von Betrieben, Branchen und der Gesellschaft ist es für Betriebe unerlässlich, diesen Wandel formaler und struktureller Merkmale der Arbeit im Sinne einer „New Work" zu berücksichtigen. Es gilt dem Fachkräftemangel als attraktiver Arbeitgeber zu begegnen, indem veränderte Werteüberzeugungen der jüngeren Generationen aufgegriffen und auf Vertrauen basierende Organisations- und Führungskulturen implementiert werden, die Selbstorganisation fördern und Partizipation an Entscheidungen ermöglichen.

Im Folgenden wird zunächst der populär gewordene Begriff der „New Work" näher beleuchtet, und es werden Parallelen zu Formen flexibilisierter Arbeit dargestellt. Darauf aufbauend werden Forschungsbefunde zu den Wirkungen flexibel-entgrenzter Arbeit auf die (psychische) Gesundheit von Erwerbstätigen diskutiert, um schließlich Anforderungen an eine gesundheitsförderliche Gestaltung von „New Work" für die betriebliche Praxis aufzuzeigen.

2 Zum Verständnis von „New Work"

Abweichend vom kapitalismuskritischen Verständnis des New-Work-Begriffs nach Bergmann (2017) finden sich im heutigen betrieblichen Kontext zu „New Work" eine Reihe an diffusen Konzepten zur Gestaltung oder Organisation von Arbeit.

> **Zum New-Work-Begriff nach Frithjof Bergmann**
> Der Philosoph und Anthropologe Frithjof Bergmann hat das „New Work"-Konzept in seinem Buch „Neue Arbeit, neue Kultur" (2017) ausführlich begründet. Im Kern seines Konzepts steht die kategorische Ablehnung einer kapitalistisch geprägten Lohnerwerbsarbeit. Als Gegenentwurf zeichnet er eine Form selbstbestimmter Arbeit, die – geleitet von wirklichen Bedürfnissen und Talenten – in kleinen Gemeinschaften stattfindet, die sich gegenseitig unterstützen. Im Mittelpunkt seiner Argumentation steht eine selbstbestimmte „Arbeit, die wir wirklich wirklich wollen", nach der jeder Mensch strebt, um seine Potenziale zu verwirklichen. Bereits in den 1980er Jahren nimmt er mit dem sog. „Personal Fabricator" (Bergmann, 2017) technologische Entwicklungen vorweg, wie sie heute etwa mit dem 3D-Drucker existieren, mit dem sich für die Lebensführung benötigte Gegenstände selbst bzw. gemeinschaftlich herstellen lassen. Künstlich, etwa durch Werbung erzeugte Bedürfnisse im Sinne eines Konsumismus lehnt er ab. Die heute in vielen Betrieben so bezeichneten Formen von „New Work" hat er wiederholt als unzureichend betitelt, da sie zwar attraktiver als die „alte Arbeit" erscheinen, jedoch die aus seiner Sicht notwendige Abschaffung kapitalistischer Lohnarbeit nicht realisieren.

Im „New Work Barometer" (Schermuly & Meifert, 2022) werden Praktiken erfasst, die von Erwerbstätigen mit „New Work" assoziiert werden. Maßnahmen in Betrieben umfassen insbesondere Flexibilisierungsinstrumente wie Homeoffice-Möglichkeiten, agile Arbeit und offene-, flexible Bürokonzepte, aber auch Änderungen von Führungsorganisation (z. B. Demokratisierung, Verflachung von Hierarchien) und -stilen (z. B. transformationale, digitale, agile Führung). Neben diesen finden sich auch Konzepte zum Lernen in der Arbeit und zur Förderung von Achtsamkeit oder Sinnhaftigkeit der Arbeit unter dem Begriff „New Work". Das „New-Work-Barometer" liefert zudem interessante Ergebnisse zur Auffassung über die Bedeutung von „New Work". Führungskräfte lehnen Bergmanns Verständnis von New Work, welches eine Änderung der Machtverhältnisse innerhalb des Unternehmens zugunsten einer Demokratisierung postuliert, signifikant häufiger ab als Mitarbeitende ohne Weisungsbefugnisse. Bevor im Folgenden eine arbeitspsychologische Perspektive auf „New Work" eingenommen wird, soll zuerst die „Old Work" thematisiert werden.

3 „Old Work" und „New Work"

Das Normalarbeitsverhältnis – oder „Old Work" – ist gekennzeichnet durch eine unbefristete Arbeitsstelle, welche sozial abgesichert und tariflich entlohnt ist und deren Arbeitstätigkeiten in Vollzeit zu festen Zeiten und an festen Orten erbracht werden, in der Vergangenheit meist von männlichen Personen. Nach der Beendigung des Arbeitstages verlassen Angestellte die Arbeitsstätte und gehen ihren Freizeitaktivitäten nach (Mückenberger, 1985). Eine ähnliche Form von „Old Work", mit Fortschritten in der geschlechtlichen Gleichstellung, hat in der Gesellschaft immer noch prägenden Charakter.

Durch bedeutende Entwicklungen in der Leistungsfähigkeit und Ortsunabhängigkeit von IKT im Zuge der digitalen Transformation, – die gekennzeichnet ist durch Unterstützung, aber auch Ablösung menschlicher Arbeitskraft durch vernetzte digitale Systeme – sowie einer Deregulierung der Sozial- und Arbeitszeitgesetze entwickelten sich Möglichkeiten der Flexibilisierung von Arbeit, wodurch sich schon früh sog. „atypische Beschäftigungsformen" ausbildeten (vgl. Mückenberger, 1985). Hier bestehen abweichend vom typischen „9-to-5-Job" örtliche bzw. zeitliche Freiheitsgrade der Arbeitsverrichtung, wodurch Anforderungen aus unterschiedlichen Lebensdomänen (bspw. Arbeit, Familie, Freizeit oder Ehrenamt) besser bewältigt werden können. Diese Flexibilisierungsmöglichkeiten der Arbeitsorganisation als Folge der digitalen Transformation bilden sich bei den Erwerbstätigen der Europäischen Union ab: Neben der steigenden Nutzung von (mobilen) IKTs wie PC, Laptop und Smartphone für die Arbeit (2010: 52 %, 2015: 57 %, 2021: 77 %; Eurofound, 2022, 2023) hat sich der Anteil an Personen mit flexiblen Anteilen in der Erwerbsarbeit in den letzten Jahren erhöht (BAuA, 2022). Die Flexibilisierung von Arbeit betrifft dabei alle Berufsgruppen. Bürojobs mit einem hohen Anteil an informationsbezogenen Tätigkeiten, wie etwa im IT-Bereich, haben zweifelsohne ein höheres Potenzial zur Flexibilisierung, jedoch können auch die personenbezogenen Tätigkeiten einer Pflegekraft oder objektbezogene Arbeiten in der Produktion insbesondere zeitlich flexibler gestaltet werden.

Unter *Flexibilisierung von Arbeit* wird in der Regel eine Anpassung der Arbeitskapazität an die Nachfrage bzw. an schwankende Auftragsvolumen verstanden, wobei zwischen Strategien *betriebsinterner* und *-externer* Flexibilisierung differenziert werden kann (Organization for Economic Co-operation and Development [OECD], 1986). Interne Strategien nehmen keinen Rückgriff auf den externen Arbeitsmarkt und *vice versa*. Zusätzlich können nach OECD (1986) *quantitative,* das heißt eine Anpassung der mengen-/zahlenmäßigen Arbeitskraftkapazität, von *qualitativen* Dimensionen der Flexibilisierung, das heißt einer Anpassung der Leistungsfähigkeit/-bereitschaft des Arbeitskraftpotenzials, unterschieden werden. Aufbauend auf diese Klassifizierung und auf Arbeiten von Atkinson (1984) sowie Keller und Seifert (2006) lassen sich fünf Formen der Arbeitsflexibilisierung unterscheiden (◘ Tab. 8.1).

◘ Tab. 8.1 Formen der Flexibilisierung von Arbeit

Flexibilisierungsform	Angepasster Aspekt der Arbeitskapazität	Beispiel	
Quantitative Flexibilisierung		Intern	Extern
Numerisch	Arbeitskraftvolumen	Zeitkonten	Crowdwork
Monetär	Arbeitskosten	tarifliche Öffnungsklauseln	Lohnkostensubventionen
Temporal	Verteilung von Arbeitszeit	Teilzeitarbeit	Arbeit in der Freizeit
Räumlich	Arbeitsort	Desksharing	Homeoffice
Qualitative Flexibilisierung			
Funktional	Arbeitsorganisation und Qualifikation	Weiterbildungen	Transfergesellschaft

Anders als flexible Arbeit, die in der Arbeitsdomäne vertraglich geregelt stattfindet, bezeichnen *entgrenzte Formen der Arbeit* – mit Bezug auf Venkatesh und Vitalari's (1992) Verständnis von *Supplemental Work* als orts- und zeitentgrenzter, domänenüberspannender betrieblicher Mehrarbeit – das praktizierte Arbeitsverhalten außerhalb der regulären Arbeitszeiten und außerhalb des regulären betrieblichen Arbeitsortes. Ein Beispiel für entgrenzte Arbeit ist TASW, welche unvergütete Mehrarbeit darstellt, die in der Freizeit mithilfe von IKT erbracht wird (Fenner & Renn, 2004).

Poethke et al. (2019) bezeichnen den technologiebedingten Wandel formaler und struktureller Merkmale als *Arbeit 4.0,* welche „die zunehmend digitalisierte, flexible und entgrenzte Form des Arbeitens [abbildet]. Sie betrifft nicht nur die Veränderung in der Arbeitsverrichtung an sich, sondern führt zu einer Reorganisation von Arbeitsformen und Arbeitsverhältnissen in vielen Bereichen" (S. 131). Diese umfassen neben den formalen und strukturellen Änderungen auch einen Wandel der Haltung zur Arbeit, wie beispielsweise die erhöhte Individualisierung und Subjektivierung der Arbeit und eine Demokratisierung bei Entscheidungen in Unternehmen. Während Poethke et al. (2019) Arbeit 4.0 weiter fassen und Konzepte zu Sinn und Mitbestimmung in der Arbeit aufnehmen, rücken Beiträge zu *New Ways of Working* die persönliche Kontrolle über Flexibilisierung durch Technologie in den Vordergrund. Baane et al. (2011) beschreiben vier Bestandteile dieser „nieuw werk": zeit- und ortsunabhängiges Arbeiten, ergebnisorientierte Mitarbeiterführung, freier Zugang zu und freie Nutzung von Wissen sowie flexible Arbeitsverhältnisse. Demerouti et al. (2014) definieren aufbauend auf den Vorarbeiten von Baane et al. *New Ways of Working* als eine Form von Arbeitsgestaltung, „in which employees can control the timing and place of their work, while being supported by electronic communications" (S. 124). Eine übereinstimmende Auffassung von „New Work" mit Bezug auf Baane et al. findet sich ferner bei Nijp et al. (2016), wobei hier insbesondere auf die mannigfaltigen Kombinationsmöglichkeiten der quantitativen und qualitativen Gestaltung von flexiblen Arbeitsverhältnissen hingewiesen wird.

Durch die Gegenüberstellung der Begriffe „Old Work" und „New Work" könnte suggeriert werden, dass diese neue Art der Arbeit zum einen einheitlich wäre, das heißt, nur eine Form der „New Work" existierte. Wie hingegen die dargestellte Vielfältigkeit der Begriffsverwendung in der Praxis und Forschungsliteratur zeigt, ist „New Work" keinesfalls ein homogenes Konzept. Zum anderen könnte vermutet werden, dass eine Art „Erbfolge" und vollständige Ablösung der alten Arbeit durch die neue Arbeit vorläge (Allvin et al., 2011). Jedoch besteht – parallel zum Normalarbeitsverhältnis – zum Thema der flexiblen Arbeit eine langjährige Einführungsgeschichte und Forschungstradition: Schon in den 1990er Jahren wurden Pilotprojekte zur Einführung von örtlich flexibler Arbeit durchgeführt und als positiv bewertet (z. B. Büssing et al., 2003; W. R. Glaser & Glaser, 1995).

In diesem Beitrag wird unter Berücksichtigung der Konzepte *New Ways of Working* (Baane et al., 2011; Demerouti et al., 2014) und struktureller und formeller Merkmale der *Arbeit 4.0* (Poethke et al., 2019) „New Work" als *flexibel-entgrenzte Arbeit* (J. Glaser & Palm, 2016) wie folgt aufgefasst:

> **New Work**
>
> **New Work** wird als die persönliche Kontrolle über eine Abweichung vom Normalarbeitsverhältnis („Old Work") unter Bedingungen individuell-betrieblicher Flexibilisierungsmöglichkeiten verstanden, wobei der Einsatz bzw. die Verfügbarkeit von digitalen Technologien als bedingender Kontextfaktor gilt, durch den moderne, flexibel-entgrenzte Formen der Erwerbsarbeit ermöglicht werden. In der betrieblichen Praxis spielt die räumliche oder zeitliche Flexibilisierung eine maßgebliche Rolle.

Durch die Möglichkeit, Instrumente der Arbeitsflexibilisierung mehreren Flexibilisierungsformen zuzuordnen, ist eine systematische Trennung von empirischen Forschungsbefunden kaum vorzunehmen. So ließe sich beispielsweise Teilzeitarbeit unter temporaler, numerischer wie auch monetärer Flexibilisierung einordnen. Im Folgenden werden insbesondere Befunde von räumlichen und zeitlichen Flexibilisierungsformen bezüglich der Gesundheit von Mitarbeitenden vorgestellt. Zu den gesundheitlichen Aspekten numerischer bzw. monetärer Flexibilisierung sei an dieser Stelle auf Arbeiten zu Arbeitsplatzunsicherheit und prekären Arbeitsverhältnissen verwiesen (z. B. de Witte et al., 2016; Rönnblad et al., 2019). Funktionale Flexibilisierungsformen finden sich unter anderem in soziotechnisch fundierten Konzepten wie teilautonomer Gruppenarbeit (vgl. Strohm & Ulich, 1997) und arbeitsgestalterischen Prinzipien einer vollständigen, menschengerechten Tätigkeit (Hacker & Sachse, 2023).

4 Befundlage zu flexibel-entgrenzter Arbeit und Gesundheit

Alle Faktoren der (Arbeits-)Umwelt, die auf den Menschen psychisch einwirken, werden in der Arbeitspsychologie als *psychische Belastung* verstanden und umfassen sowohl positive Aspekte wie kognitive Anforderungen und Autonomie als auch negative Aspekte wie Zeitdruck. Diese wirken sich in Form von *psychischer Beanspruchung* förderlich (etwa als Arbeitsmotivation) oder beeinträchtigend (etwa als Stresserleben) kurz- und langfristig auf die Gesundheit aus (Rohmert & Rutenfranz, 1975; Semmer, 1984). Eine Änderung der Arbeitsorganisation – wie bei einem Übergang zu „New Work" – führt immer auch zu veränderten Anforderungen, Ressourcen und/oder Stressoren der Arbeitstätigkeit, was wiederum positive oder negative Folgen für das Beanspruchungserleben in Form von Gesundheitsindikatoren (z. B. Erholung, Burnout, somatische Beschwerden) haben kann.

Nijp et al. (2012) haben den empirischen Kenntnisstand aus 53 Einzelstudien zu Auswirkungen der Kontrolle über die Arbeitszeit auf die Einstellung zur Arbeit, die Life-Domain-Balance sowie die Gesundheit in einem systematischen Review zusammengefasst. Sie zeigen, dass mit einer erhöhten Arbeitszeitkontrolle eine bessere Vereinbarkeit von beruflichen und privaten Anforderungen einhergeht. Ähnliche positive Zusammenhänge werden für Einstellungen wie beispielsweise die Arbeitsmotivation, -zufriedenheit oder organisationale Bindung berichtet. Bei Zusammenhängen zu Gesundheitsindikatoren zeigen sich für die im Review betrachteten Einzelstudien gemischte Ergebnisse. Einerseits zeigen einige Studien positive Folgen der persönlichen Kontrolle der Arbeitszeit wie beispielsweise ein verringertes Stresserleben, geringere Burnout-Symptomatiken oder verringerte körperliche Beschwerden.

Andererseits berichten Einzelstudien von keinen solchen Zusammenhängen. Die positiven Effekte für Mitarbeitende werden mit der zeit- und erholungsregulierenden Funktion der persönlichen Kontrolle über die Arbeitszeit erklärt. Zum einen können Arbeitende ihre Arbeitszeit flexibel an private Anforderungen anpassen, um etwa morgens einen Arzttermin wahrzunehmen. Zum anderen können flexibel Erholungspausen eingelegt werden, um starker und langanhaltender Erschöpfung vorzubeugen. Da zum Zeitpunkt des Reviews nur wenige Interventions- oder Längsschnittstudien verfügbar waren, sollten jedoch keine kausalen Schlussfolgerungen gezogen werden.

In einer aktuellen Metaanalyse betrachten Shifrin und Michel (2022) gesundheitsrelevante Folgen von flexiblen Arbeitsverhältnissen aus 33 Studien mit insgesamt 90.602 Teilnehmenden. Sie unterscheiden dabei zwischen den Wirkungen der Form der Flexibilisierung (zeitlich vs. räumlich) sowie, ob die Verfügbarkeit oder die tatsächliche Nutzung von Flexibilisierungsoptionen differenzierte Zusammenhänge zu Gesundheit aufweisen. Die Ergebnisse der Metaanalyse zeigen: Je flexibler Arbeitsverhältnisse zeitlich und örtlich gestaltet sind, desto weniger Fehltage und desto bessere physische Gesundheit werden von Arbeitnehmenden berichtet. Keine Zusammenhänge finden sich jedoch zu gesundheitsrelevanten Verhaltensweisen wie etwa zur Anzahl an Tagen in der Woche, an denen Sport getrieben wird. Die Metaanalyse gibt zudem erste Hinweise auf die Wirksamkeit von verschiedenen Formen von Arbeitsflexibilisierung: Wenn zeitliche Flexibilisierungsmaßnahmen im Vergleich zu zeitlich und örtlich kombinierten Maßnahmen betrachtet werden, zeigen die zeitlichen Flexibilisierungsinstrumente stärkere Einflüsse auf die Gesundheit der Betroffenen als die kombinierten Maßnahmen. Ein weiteres bedeutendes Ergebnis für die Gesundheit von Mitarbeitenden zeigt sich zudem, wenn zwischen der Verfügbarkeit und der tatsächlichen Nutzung von Flexibilisierungsinstrumenten unterschieden wird: Die Verfügbarkeit von Flexibilisierungsoptionen hat einen stärkeren Einfluss auf die Gesundheit als die tatsächliche Nutzung. Shifrin und Michel erklären dies damit, dass eine höhere eigene Kontrolle der zeitlichen und örtlichen Aufgabenerledigung – im Gegensatz zur betrieblichen Anordnung – eine bessere Nutzung von energiebasierten Ressourcen erlaubt. Solche Ressourcen können beispielsweise körperliche und geistige Energie oder Zeit darstellen, die in Abhängigkeit von persönlichen Präferenzen – auf Grundlage individueller Bedürfnisse – individueller und effizienter genutzt werden können.

Mit Blick auf entgrenzte Arbeit untersuchten Wendsche und Lohmann-Haislah (2017) durch metaanalytische Strukturgleichungsmodelle deren Auswirkung auf die Erholungszeit, in der die erwähnten – aufgrund Anstrengung verbrauchten – energiebasierten Ressourcen wieder aufgefüllt werden. Die Ergebnisse der Auswertung der 25.538 Studienteilnehmenden aus 68 Einzelstichproben zeigen einen seriellen Mediationseffekt. Dies bedeutet, dass hohe Anforderungen und Stressoren in der Arbeit dazu führen, dass Mitarbeitende nach der Arbeit – also während der Ruhezeit – schlechter von der Arbeit abschalten können. In der Folge berichten Personen kurzfristig von stärkerer Ermüdung, die längerfristig zu starker, anhaltender Erschöpfung führt. Diese Ergebnisse können anhand des *Stressor-Detachment-Modells* erklärt werden (vgl. Sonnentag & Fritz, 2015). Mittels entgrenzter Formen von Arbeit – wie etwa TASW – werden psychische Belastungen in die Freizeitdomäne übertragen und bleiben für die Arbeitenden präsent, wodurch sich diese kognitiv nicht von den Belastungen lösen können. Dies führt zum Ausbleiben von Erholungserfahrungen und dementsprechend zu erhöhten Ermüdungs- und Erschöpfungssymptomen.

Eine aktuelle Metaanalyse von Kühner et al. (2023), in der empirische Befunde aus 89 unabhängigen Stichproben mit insgesamt 39.085 befragten Erwerbstätigen analysiert wurden, kommt zu übereinstimmenden Ergebnissen. Die Autorinnen und Autoren untersuchen die Konsequenzen von entgrenzter Arbeit für die Erholung, die Vereinbarkeit von Berufs- und Privatleben sowie für die Gesundheit. Je häufiger von TASW berichtet wird, desto schlechter sind Erholungserfahrungen wie etwa Schlaf oder das Abschalten-Können von der Arbeit. Zudem führt mehr entgrenzte Arbeit dazu, dass häufiger Konflikte zwischen Anforderungen aus der Arbeits- und Privatdomäne auftreten. In Bezug auf Gesundheit zeigen sich gemischte Ergebnisse. Einerseits zeigen sich Zusammenhänge zwischen TASW und verringerter psychischer Gesundheit, wie beispielsweise höherem Stresserleben oder höherer Erschöpfung. Andererseits werden – von einer geringeren Zahl an Studien – keine Konsequenzen für die physische Gesundheit berichtet.

Kühner et al. prüfen in ihrer Metaanalyse zudem, welche Faktoren dazu beitragen, dass von Arbeitenden mehr TASW-Verhalten gezeigt wird. Zum einen führen Arbeitsstressoren, also Stress begünstigende Arbeitsmerkmale, wie etwa zeitliche Überforderung, zur Extensivierung von Arbeit. Zum anderen zeigt sich, dass mehr Autonomie in der Arbeit, also die Kontrolle darüber wann, wo und wie die Arbeit ausgeführt wird, zu mehr entgrenzter Arbeit führen kann. Auch das soziale Umfeld hat Einfluss darauf, ob TASW-Verhalten gezeigt wird. Je höher die Erwartungen vom Arbeitgeber und den Arbeitskollegen und -kolleginnen bzw. den Vorgesetzten sind, auch nach der Arbeit erreichbar zu sein, oder je mehr dies im Arbeitsumfeld die Norm ist, desto häufiger berichten Arbeitnehmende von TASW. Neben den Arbeitsmerkmalen und dem soziornormativen Arbeitskontext spielen aber auch Personenfaktoren eine Rolle. Je stärker Personen es präferieren, die Arbeits- und die Privatdomäne voneinander zu trennen, und je größer deren Kontrolle über Grenzen zwischen diesen beiden Domänen ist, desto weniger entgrenzt ist das Arbeitsverhalten.

Jenseits der Metaanalysen zu entgrenzter Arbeit beschäftigen sich psychologische Studien mit Gründen zur Vorhersage von zeit- und ortsflexibler Arbeit unter Einbezug von Normen, Präferenzen und der Kontrolle über die Grenzziehung. Beispielsweise befassen sich Palm et al. (2020) mit der Motivation zu solchen flexibel-entgrenzten Verhaltensweisen vor dem theoretischen Hintergrund des *Reasoned Action Approach* (Fishbein & Ajzen, 2010). Demnach erklären *Integrationsnormen* (bspw. Erwartungen der Organisation; Verhalten anderer), die *Verhaltenskontrolle* über die Ausgestaltung von Grenzen und die *persönliche Präferenz* einer Integration oder Trennung der Lebensdomänen das gezeigte Entgrenzungsverhalten. Kossek und Lautsch (2012) unterscheiden neben diesen beiden Polen der Präferenzen zudem sog. Alternierer, die je nach Anforderungen und Bedürfnissen aus den Domänen ihr Entgrenzungsverhalten flexibel anpassen. Deren empirische Untersuchungen haben hierzu differenzierte sog. Boundary-Management-Typen zutage gebracht, die sich etwa in den Dimensionen der Permeabilität (wie durchlässig sind die Grenzen?) und Zentralität (die Wichtigkeit) der Domänen unterscheiden.

Zusammenfassend verdeutlichen diese Forschungsergebnisse die positive Wirkung flexibilisierter Arbeitsformen auf die Gesundheit, insbesondere und vorwiegend dann, wenn Erwerbstätige selbst über die Nutzung von zeitlichen bzw. örtlichen

Flexibilisierungsinstrumenten bestimmen können respektive persönliche Kontrolle darüber haben. Bei Entgrenzungsverhalten hingegen besteht die Gefahr von unzureichender Erholung, was (langfristig) ein erhebliches Risiko für die psychische Gesundheit darstellt. Um mit dem Übergang zu „New Work" gesundheitsförderliche Effekte zu erzielen, müssen sich Organisationen und Beschäftigte der Einflussmöglichkeiten und Risiken bewusst sein.

5 Anforderungen an Betriebe und Beschäftigte

Belegt durch die eindeutigen Ergebnisse der Metaanalysen ist die erlebte Autonomie bzw. die *persönliche Kontrolle* über Inhalte und Abläufe der Arbeit die entscheidende Einflussvariable für die Gesundheit. Nijp et al. (2016) sowie van Steenbergen et al. (2018) begleiten in ihren Längsschnittstudien jeweils die *verpflichtende* Einführung von „New Work" in einem Betrieb, genauer die Einführung zeit- und ortsflexibilisierter Arbeitsmöglichkeiten in Form von Homeoffice, selbstorganisierten Arbeitszeiten, Desksharing und der Ausgabe von Laptops und Smartphones an Mitarbeitende. Nijp et al. beobachteten dabei keine langfristige Verbesserung oder Verschlechterung bei Arbeitsstressoren, -anforderungen, Leistung, sozialen Kontakten oder Arbeits-Familien-Konflikten. Jedoch zeigte sich trotz der Nutzung der Flexibilisierungsinstrumente auch keine Erweiterung der wahrgenommenen Kontrolle über die Arbeitszeit und überdies eine Verschlechterung der subjektiven Gesundheit. Van Steenbergen et al. berichteten von über die Zeit leicht abnehmenden Arbeitsanforderungen und einer kurz- und langfristigen Abnahme der erlebten Autonomie, aber von keinen Änderungen für die psychische Gesundheit. Durch die verpflichtenden Übergänge zu „New Work" in beiden begleiteten Unternehmen kam es also statt zu einer Erhöhung der individuellen Spielräume durch die Flexibilisierung zu einer Verschlechterung. Unternehmen können Einschränkungen der Autonomie zum Beispiel mit einer Unternehmenskultur, die auf Vertrauen statt auf der *digital whip* (Festlegung und Überwachung von Arbeitsplänen und -tätigkeiten durch Algorithmen) basiert, sowie mit einer Senkung expliziter und impliziter Erwartungen an das Flexibilisierungsverhalten entgegenwirken.

Auf der Ebene von *individuellen Einflussfaktoren* ist das Boundary Management hervorzuheben. Gemäß der Boundary Theory (Ashforth et al., 2000) existieren unterschiedliche Ausprägungen in der *individuellen Präferenz* bezüglich der Trennung oder Integration des Arbeits- und Privatlebens, sogenannte Boundary-Management-Typen. Präferieren Personen bspw. die Segmentierung der Domänen, werden aber anhaltend durch arbeitsbezogene E-Mails in der Privatdomäne zum Arbeiten animiert, kann dies negative Auswirkungen auf Gesundheitsindikatoren haben, kurzfristig beispielsweise in Form von verringerter Arbeitszufriedenheit, längerfristig in Form verringerter psychischer und physischer Gesundheit. Gesundheitsförderliche Effekte für Mitarbeitende sind dann zu erwarten, wenn Personen ihre Präferenzen auch ausüben können. Wie die vorgestellten Längsschnittstudien zeigen, ist es deswegen erforderlich, die Kontrolle der Arbeitsverrichtung den einzelnen Mitarbeitenden zu überlassen, statt sie betrieblich vorzugeben. Auch die *Entwicklung individueller Strategien* zur Grenzziehung kann förderlich für die Gesundheit sein.

Beispielsweise können Benachrichtigungen für Apps mit Arbeitsbezug automatisch nach Arbeitsende blockiert oder mentale Rollenübergänge durch einen Wechsel in die Arbeits-/Privatkleidung unterstützt werden.

Eine *Anpassung des Führungsverhaltens* weg von einer indirekten Steuerung durch Leistungsbemessung anhand von einseitigen Zielvorgaben hin zu gemeinsamen Zielvereinbarungen zwischen Mitarbeitenden und Führungskräften (sog. Management by Objectives) kann zudem dazu beitragen, selbstausbeuterische Verhaltensweisen etwa in Form von extensiviertem Arbeitsverhalten mittels realistischer Zeitbemessungen der Aufgabenerledigung zu unterbinden. Betriebliche Unterstützungsangebote dahingehend können zum Beispiel die Stärkung selbstregulierten Verhaltens im Sinne einer Selbstführung (Manz & Sims, 2001) oder Möglichkeiten zu Job-Crafting (Zhang & Parker, 2019) und fortlaufende Qualifizierungsmöglichkeiten für Mitarbeitende in Form von Fortbildungen zu neu implementierten Technologien umfassen.

Auch *soziale Bedürfnisse* von Erwerbstätigen dürfen neben den psychologischen Grundbedürfnissen nach Kompetenz und Autonomie (Deci et al., 2017) als wichtige Determinanten für die Arbeitsmotivation bei der Gestaltung flexibler Arbeit nicht vernachlässigt werden. Insbesondere bei räumlichen Flexibilisierungsformen, wie beispielsweise bei ausgedehnten Homeoffice-Zeiträumen, kann es zu reduzierter sozialer Unterstützung durch Kolleginnen und Kollegen oder Vorgesetzte infolge des geringeren Kontakts kommen. Soziale Unterstützung dient jedoch besonders bei der Bewältigung von Arbeitsanforderungen als wichtige Ressource. Um das Risiko sozialer Isolation und verringerter Kooperation zu senken, sollten der soziale Austausch zwischen Mitarbeitenden und Vorgesetzten, regelmäßige Rückmeldungen und das Zurverfügungstellen relevanter Informationen (jedoch unter Berücksichtigung der Gefahr einer Informationsüberlastung) gefördert werden. Eine Formalisierung von Kommunikationswegen, -möglichkeiten und insbesondere -zeiten kann neben dem Erfüllen sozialer Bedürfnisse einer Entgrenzung von Arbeit vorbeugen und unterbrechungsfreies Arbeiten fördern.

Schließlich sollte auch die *Arbeitsumgebung* beachtet werden. Die Verfügbarkeit von funktionstüchtiger IKT sowie genügend ergonomischen Arbeitsplätzen und -mitteln an allen Arbeitsorten müssen als Grundvoraussetzung vom Unternehmen sichergestellt werden.

❓ Fazit

„New Work" birgt Risiken, bietet aber auch große Chancen für Unternehmen. Mithilfe der Stärkung von Autonomie unter Berücksichtigung sozionormativer Aspekte und persönlicher Präferenzen, gesundheitsförderlicher Führungsstile sowie einer ausführlichen Planung und Vorbereitung der Maßnahmenimplementierung mit Antizipation und Prävention negativer Folgen können Betriebe aktiv zur Gesundheitserhaltung und -förderung ihrer Beschäftigten beitragen. Unternehmen müssen den Wandel hin zu mehr sinn- und bedeutungserfüllenden Tätigkeiten, Partizipationsmöglichkeiten im Betrieb und Persönlichkeitsförderlichkeit der Erwerbsarbeit beachten und auf geänderte Bedürfnisse der Arbeitnehmenden bei der Gestaltung flexibel-entgrenzter Arbeitsformen eingehen.

> **Schlüsselbegriffe**
>
> - **Arbeitsflexibilisierung:** Anpassung des Arbeitspotenzials an betriebliche Erfordernisse durch numerische, monetäre, zeitliche, räumliche und funktionale Flexibilisierungsformen
> - **Arbeitsentgrenzung:** Extensivierung von Arbeitszeiten in die Privatdomäne
> - **Arbeitskontrolle:** selbstbestimmter Einfluss auf die Nutzung betrieblicher Arbeitsgestaltungsoptionen
> - **Boundary Management:** Formen der Grenzziehung zwischen Erwerbsarbeit und Privatleben in Abhängigkeit von individuellen Präferenzen und normativen Einflüssen

❓ Verständnisfragen

1. Was versteht man unter „New Work" im engen (Bergmann) und im weiteren Sinn (betriebliche Umsetzung)?
2. Welche Vorteile kann „New Work" für die Beschäftigten haben?
3. Welche Gesundheitsrisiken sind mit „New Work" verbunden?
4. Welche Maßnahmen können Betriebe ergreifen, damit „New Work" die gewünschten Vorteile bringt und Gesundheitsrisiken vermeidet?

Literatur

Allvin, M., Aronsson, G., Hagström, T., Johansson, G., & Lundberg, U. (2011). *Work without boundaries: Psychological perspectives on the new working life*. Wiley. ▶ https://doi.org/10.1002/9781119991236.

Ashforth, B. E., Kreiner, G. E., & Fugate, M. (2000). All in a day's work: Boundaries and micro role transitions. *Academy of Management Review, 25*(3), 472–491. ▶ https://doi.org/10.5465/amr.2000.3363315.

Atkinson, J. (1984). Manpower strategies for flexible organisations. *Personnel management, 16*, 28–31.

Baane, R., Houtkamp, P., & Knotter, M. (2011). *Het nieuwe werken ontrafeld: Over bricks, bytes & behaviour* [Unraveling new ways of working]. Koninklijke van Gorcum.

Bergmann, F. (2017). *Neue Arbeit, neue Kultur* (S. Schuhmacher, Übers.) (6. Aufl.). Arbor.

Bundesanstalt für Arbeitsschutz und Arbeitsmedizin (BAuA). (2020). *Informationsflut am Arbeitsplatz: Umgang mit großen Informationsmengen vermittelt durch elektronische Medien*. Projekt F 2373. ▶ https://www.baua.de/DE/Angebote/Publikationen/Berichte/F2373.html.

Bundesanstalt für Arbeitsschutz und Arbeitsmedizin (BAuA). (2022). *Arbeitszeitreport Deutschland: Ergebnisse der BAuA-Arbeitszeitbefragung 2021*. Forschung – Projekt F 2507. ▶ https://www.baua.de/DE/Angebote/Publikationen/Berichte/F2507.html.

Büssing, A., Drodofsky, A., & Hegendörfer, K. (2003). *Telearbeit und Qualität des Arbeitslebens: Ein Leitfaden zur Analyse, Bewertung und Gestaltung*. Hogrefe.

Day, A., Barber, L. K. & Tonet, J. (2019). Information communication technology and employee wellbeing: Understanding the „iParadox Triad" at Work. In R. N. Landers (Hrsg.), *The Cambridge handbook of technology and employee behavior* (S. 580–607). Cambridge University Press. ▶ https://doi.org/10.1017/9781108649636.022.

De Witte, H., Pienaar, J., & de Cuyper, N. (2016). Review of 30 years of longitudinal studies on the association between job insecurity and health and well-being: Is there causal evidence? *Australian Psychologist, 51*(1), 18–31. ▶ https://doi.org/10.1111/ap.12176.

Deci, E. L., Olafsen, A. H., & Ryan, R. M. (2017). Self-determination theory in work organizations: The state of a science. *Annual Review of Organizational Psychology and Organizational Behavior, 4*(1), 19–43. ▶ https://doi.org/10.1146/annurev-orgpsych-032516-113108.

Demerouti, E., Derks, D., ten Brummelhuis, L. L., & Bakker, A. B. (2014). New ways of working: Impact on working conditions, work-family balance, and well-being. In C. Korunka & P. Hoonakker (Hrsg.), *The impact of ICT on quality of working life* (S. 123–141). Springer. ▶ https://doi.org/10.1007/978-94-017-8854-0_8.

Eurofound. (2022). *European working conditions survey integrated data file, 1991–2015: Data collection.* SN: 7363.

Eurofound. (2023). *European working conditions telephone survey, 2021: Data collection.* SN: 9026. ▶ https://doi.org/10.5255/UKDA-SN-9026-2.

Fenner, G. H., & Renn, R. W. (2004). Technology-assisted supplemental work: Construct definition and a research framework. *Human Resource Management, 43*(2–3), 179–200. ▶ https://doi.org/10.1002/hrm.20014.

Fishbein, M. & Ajzen, I. (2010). *Predicting and changing behavior: The reasoned action approach.* Psychology Press.

Glaser, W. R. & Glaser, M. O. (1995). *Telearbeit in der Praxis: Psychologische Erfahrungen mit Ausserbetrieblichen Arbeitsstätten bei der IBM Deutschland GmbH.* Luchterhand.

Glaser, J., & Palm, E. (2016). Flexible und entgrenzte Arbeit: Segen oder Fluch für die psychische Gesundheit? *Wirtschaftspsychologie, 18*(3), 82–99.

Hacker, W. & Sachse, P. (2023). *Allgemeine Arbeitspsychologie: Psychische Regulation von Arbeitstätigkeiten* (4. Aufl.). Hogrefe; Vdf Hochschulverlag.

Hu, X., Park, Y. A., Day, A., & Barber, L. K. (2021). Time to disentangle the information and communication technology (ICT) constructs: Developing a taxonomy around ICT use for occupational health research. *Occupational Health Science, 5*(1–2), 217–245. ▶ https://doi.org/10.1007/s41542-021-00085-6.

Keller, B., & Seifert, H. (2006). Atypische Beschäftigungsverhältnisse: Flexibilität, soziale Sicherheit und Prekarität. *WSI Mitteilungen,* (5/2006), 235–240. ▶ https://www.wsi.de/de/wsi-mitteilungen-atypische-beschaeftigungsverhaeltnisse-flexibilitaet-soziale-sicherheit-und-prekaritaet-12187.htm.

Kossek, E. E., & Lautsch, B. A. (2012). Work–family boundary management styles in organizations. *Organizational Psychology Review, 2*(2), 152–171. ▶ https://doi.org/10.1177/2041386611436264.

Kubicek, B., Korunka, C., Paškvan, M., Prem, R., & Gerdenitsch, C. (2014). Changing working conditions at the onset of the twenty-first century: Facts from international datasets. In C. Korunka & P. Hoonakker (Hrsg.), *The impact of ICT on quality of working life* (S. 25–41). Springer. ▶ https://doi.org/10.1007/978-94-017-8854-0_3.

Kühner, C., Rudolph, C. W., Derks, D., Posch, M., & Zacher, H. (2023). Technology-assisted supplemental work: A meta-analysis. *Journal of Vocational Behavior, 142,* 103861. ▶ https://doi.org/10.1016/j.jvb.2023.103861.

Manz, C. C. & Sims, H. P. (2001). *The new superleadership: Leading others to lead themselves.* Berrett-Koehler.

Mückenberger, U. (1985). Die Krise des Normalarbeitsverhältnisses. *Zeitschrift für Sozialreform, 31*(7), 415–475.

Nijp, H. H., Beckers, D. G. J., Geurts, S. A. E., Tucker, P., & Kompier, M. A. J. (2012). Systematic review on the association between employee worktime control and work-non-work balance, health and well-being, and job-related outcomes. *Scandinavian Journal of Work, Environment & Health, 38*(4), 299–313. ▶ https://doi.org/10.5271/sjweh.3307.

Nijp, H. H., Beckers, D. G. J., van de Voorde, K., Geurts, S. A. E., & Kompier, M. A. J. (2016). Effects of new ways of working on work hours and work location, health and job-related outcomes. *Chronobiology International, 33*(6), 604–618. ▶ https://doi.org/10.3109/07420528.2016.1167731.

Organization for Economic Co-operation and Development (OECD). (1986). *Flexibility in the labour market: The current debate.*

Palm, E., Seubert, C., & Glaser, J. (2020). Understanding employee motivation for work-to-nonwork integration behavior: A reasoned action approach. *Journal of Business and Psychology, 35*(5), 683–696. ▶ https://doi.org/10.1007/s10869-019-09648-5.

Poethke, U., Klasmeier, K. N., Diebig, M., Hartmann, N., & Rowold, J. (2019). Entwicklung eines Fragebogens zur Erfassung zentraler Merkmale der Arbeit 4.0. *Zeitschrift für Arbeits- und Organisationspsychologie, 63*(3), 129–151. ▶ https://doi.org/10.1026/0932-4089/a000298.

Rohmert, W., & Rutenfranz, J. (1975). *Arbeitswissenschaftliche Beurteilung der Belastung und Beanspruchung an unterschiedlichen industriellen Arbeitsplätzen.* Bundesminister für Arbeit und Sozialordnung.

Rönnblad, T., Grönholm, E., Jonsson, J., Koranyi, I., Orellana, C., Kreshpaj, B., Chen, L., Stockfelt, L., & Bodin, T. (2019). Precarious employment and mental health: A systematic review and meta-analysis of longitudinal studies. *Scandinavian Journal of Work, Environment & Health, 45*(5), 429–443. ▶ https://doi.org/10.5271/sjweh.3797.

Rosa, H. (2013). *Social acceleration: A new theory of modernity*. Columbia University Press.

Schermuly, C. C., & Meifert, M. (2022). *New-Work-Barometer 2022*. ▶ www.haufe.de/personal/hr-management/wie-fuehrungskraefte-ueber-new-work-denken_80_572982.html.

Semmer, N. (1984). *Streßbezogene Tätigkeitsanalyse: Psychologische Untersuchungen zur Analyse von Streß am Arbeitsplatz*. Zugl.: Techn. Univ. Berlin, Diss. 1984. Beltz.

Shifrin, N. V., & Michel, J. S. (2022). Flexible work arrangements and employee health: A meta-analytic review. *Work & Stress, 36*(1), 60–85. ▶ https://doi.org/10.1080/02678373.2021.1936287.

Sonnentag, S., & Fritz, C. (2015). Recovery from job stress: The stressor-detachment model as an integrative framework. *J Organiz Behav, 36*(S1), S72–S103. ▶ https://doi.org/10.1002/job.1924.

Strohm, O. & Ulich, E. (Hrsg.) (1997). *Unternehmen arbeitspsychologisch bewerten: Ein Mehr-Ebenen-Ansatz unter besonderer Berücksichtigung von Mensch, Technik und Organisation*. ETH Zürich. Vdf Hochschulverlag.

Van Steenbergen, E. F., van der Ven, C., Peeters, M. C. W., & Taris, T. W. (2018). Transitioning towards new ways of working: Do job demands, job resources, Burnout, and engagement change? *Psychological Reports, 121*(4), 736–766. ▶ https://doi.org/10.1177/0033294117740134.

Venkatesh, A., & Vitalari, N. P. (1992). An emerging distributed work arrangement: An investigation of computer-based supplemental work at home. *Management Science, 38*(12), 1687–1706. ▶ https://doi.org/10.1287/mnsc.38.12.1687.

Wegman, L. A., Hoffman, B. J., Carter, N. T., Twenge, J. M., & Guenole, N. (2018). Placing job characteristics in context: Cross-temporal meta-analysis of changes in job characteristics since 1975. *Journal of Management, 44*(1), 352–386. ▶ https://doi.org/10.1177/0149206316654545.

Wendsche, J., & Lohmann-Haislah, A. (2017). Detachment als Bindeglied zwischen psychischen Arbeitsanforderungen und ermüdungsrelevanten psychischen Beanspruchungsfolgen: Eine Metaanalyse. *Z Arb Wiss, 71*(1), 52–70. ▶ https://doi.org/10.1007/s41449-017-0044-0.

Zhang, F., & Parker, S. K. (2019). Reorienting job crafting research: A hierarchical structure of job crafting concepts and integrative review. *Journal of Organizational Behavior, 40*(2), 126–146. ▶ https://doi.org/10.1002/job.2332.

Werteorientiertes Generationsmanagement als Investition in ein strategisches Personalmanagement

Martina Stangel-Meseke

Inhaltsverzeichnis

1 Generationen im Kontext der Workplace Diversity und der Generationsforschung – 113

2 Wahrnehmung älterer Mitarbeitender in Unternehmen – 114

3 Kritische Würdigung der Umsetzung des Generationsmanagements – 116

4 Komplexität mit Werten begegnen – 117

5 Werteorientiertes Generationsmanagement und Perspektiven für ein strategisches Personalmanagement – 119

   Literatur – 123

© Der/die Autor(en), exklusiv lizenziert an Springer-Verlag GmbH, DE, ein Teil von Springer Nature 2024
J. Basel und S. Manchen Spörri (Hrsg.), *Angewandte Psychologie für die Wirtschaft*,
https://doi.org/10.1007/978-3-662-68559-4_9

Insights

- Das Management der Altersdiversität in Unternehmen anhand der Charakteristika von Generationen birgt die Gefahr, Altersstereotype zu manifestieren und inadäquate Maßnahmen im Personalmanagement abzuleiten.
- Komplexe dynamische Unternehmensumwelten erfordern keine Differenzierung zwischen jüngeren und älteren Mitarbeitenden, sondern einen fokussierten Wissensaustausch.
- Das werteorientierte Generationsmanagement ermöglicht auf der Basis kollektiv geteilter Werte eine auf Wissen fokussierte Zusammenarbeit der Mitarbeitenden. So wird der Erhalt der Lernfähigkeit des Unternehmens gesichert und gleichermaßen ein nachhaltiges und zukunftsfähiges strategisches Personalmanagement gestaltet.

Einleitung

Die in einer kurzen Zeitspanne seit 2020 eingetretenen kritischen Ereignisse in unserer Gesellschaft (Corona-Pandemie, Umwelt-Katastrophen, Zuwanderungsströme, Ukraine-Krieg, Inflation, Rezession) haben zu einem rasanten Wandel und Umdenken in Gesellschaft und Wirtschaft geführt.

New Work ist als dominierender Megatrend in aller Munde. Digitalisierung und Postwachstumsbewegungen haben das Verständnis von Arbeit grundlegend verändert und Sinnfragen in den Fokus gestellt. So zeigt sich auf Unternehmensseite mit der sogenannten *Sinn-Ökonomie* ein Fortschrittsverständnis, das gleichermaßen ökologische, ökonomische und ethische Werte berücksichtigt. Unternehmen wollen sich als verantwortlich im Sinne einer Corporate Social Responsibility positionieren und so ihre Arbeitgeber-Attraktivität, Kundenbindung und Resilienz steigern. Aufseiten der Mitarbeitenden hat sich Work-Life-Blending als fließender Übergang zwischen Arbeits- und Privatleben etabliert. Mitarbeitende können flexibel auf private Umstände reagieren und selbstbestimmt arbeiten. Die durch die Corona-Pandemie initialisierten Veränderungen der Arbeitszeit und des -ortes erlauben neue Arbeitsformen, wie *Remote Work:* Selbstständige ebenso wie Angestellte arbeiten an Orten, an denen sie auch ihre Freizeit verbringen (Zukunftsinstitut, 2021).

Der demografische Wandel führt zu beachtlichen Veränderungen. Laut Bevölkerungsvorausberechnung des Statistischen Bundesamts (2022) zeichnet sich ein Anstieg der Seniorenzahl und ein Rückgang der Bevölkerung im Erwerbsalter ab. Bis Mitte der 2030er Jahre wird in Deutschland die Zahl der Menschen im Rentenalter (ab 67 Jahren) von derzeit 16,4 Mio. auf mindestens 20,0 Mio. steigen. Damit wird der Anteil der Rentnerinnen und Rentner an der Bevölkerung so hoch sein wie noch nie. Die Unternehmen müssen in Zukunft mit weniger und älterem Personal auskommen.

Das Management der Vielfalt dieser exemplarisch aufgezählten Facetten von New Work und des demografischen Wandels mit der resultierenden Altersdiversität der Mitarbeitenden muss in den Personalstrategien der Unternehmen aufgegriffen und umgesetzt werden. Vor allem avanciert der Umgang mit den verschiedenen Generationen zum entscheidenden Erfolgsfaktor für das Lernen und die Entwicklung der Unternehmen. Daher muss – so das Plädoyer der Autorin – anstelle einer Differenzierung der in den Unternehmen arbeitenden Generationen in Generationsclustern die Basis für eine gemeinsame Zusammenarbeit im Sinne einer Werteorientierung geschaffen werden.

1 Generationen im Kontext der Workplace Diversity und der Generationsforschung

Der Gedanke von Diversität am Arbeitsplatz besteht in der Wertschätzung und dem Respekt gegenüber Verschiedenheit und Andersartigkeit in Bezug auf verschiedene Ebenen (Charta der Vielfalt, o. J.). Workplace Diversity wird in der grundsätzlichen Ausrichtung betrachtet als „[…] set of conscious practices that involve understanding and appreciating interdependence of humanity, cultures, and the natural environment; practicing mutual respect for qualities and experiences that are different from our own; understanding that diversity includes not only ways of being but also ways of knowing" (Patrick & Kumar, 2012, S. 1). Mit Blick auf das Diversity-Kriterium Alter wird die Altersdifferenz der Generationen am Arbeitsplatz von Cletus et al., (2018, S. 45) als „one of the biggest challenges of workplace diversity" herausgestellt.

Während es im Verständnis der Workplace Diversity in Unternehmen um die Vermeidung von Diskriminierung älterer Mitarbeitender geht, beschäftigt sich die Generationsforschung mit der Betrachtung der Generationen in Bezug auf kollektiv geteilte Erlebnisse. Diese Idee geht auf den Soziologen Karl Mannheim zurück: Generationen werden als gesellschaftliche Kohorte verstanden, die Geburtsperiode und dieselben prägenden gesellschaftlichen und historischen Ereignisse teilen (Mannheim, 1928/29). Aufgrund des Alters und der individuellen Lebensphasen haben die Mitglieder einer Generation überwiegend bestimmte Einstellungen, Ansichten und Wünsche (Bruch et al., 2010), die in der Forschung beschrieben werden. National und international finden sich häufig unterschiedliche zeitliche Einteilungen der namentlich klassifizierten Generationen, wobei die gängigste die US-amerikanische ist (Klaffke, 2016).

Ergänzend zu den in ◘ Tab. 1 dargestellten Haltungen und Wünschen der verschiedenen Generationen werden diesen bestimmte Eigenschaften und Verhaltensweisen zugeschrieben (Franken, 2022). Babyboomer werden als loyal, dankbar und fürsorglich beschrieben. Sie haben Expertenwissen und bevorzugen einen

◘ **Tab. 1** Charakteristika verschiedener Generationen. (In Anlehnung an Schnetzer, 2019; Scholz, 2015; Statista, 2023b)

Generation	Haltung	Wünsche
Babyboomer-Generation (geboren zwischen 1956 und 1965)	Arbeit hat den höchsten Stellenwert	Persönliches Wachstum als Ziel
Generation X (geboren zwischen 1966 und 1980)	Zeit ist wertvoller als Geld; Teilen von Macht und Wissen	Freiheitsgrade bei der Arbeit
Generation Y (geboren zwischen 1981 und 1995)	Multitasking und Vernetzung mit neuen Technologien	Selbstverwirklichung und Flexibilität
Generation Z (geboren zwischen 1996 und 2009)	Vermeidung von Work-Life-Blending	Wunsch nach klaren Strukturen und Sicherheit

strukturierten Arbeitsstil. Ferner pflegen sie intensive analoge Netzwerke und Beziehungen. Die Generation X wird als hoch qualifiziert charakterisiert. Sie zeichnet sich durch Eigeninitiative, Selbstständigkeit, Individualismus, Ehrgeiz, Offenheit für das Neue und Zugang zu Technik aus. Die Generation Y steht für Sinnorientierung in der Arbeit, hohe Qualifikation, Lernwille, Problemlösungsorientierung und Teamfähigkeit. Sie weist eine digitale Affinität auf und ist digital und analog vernetzt. Die Generation Z wird als selbstbewusst, teamorientiert, kreativ und in ihrer Werteorientierung auf Nachhaltigkeit und Chancengleichheit fokussiert beschrieben. Sie hat eine hohe digitale Affinität und nutzt soziale Kontakte zur Selbstverwirklichung.

In der Forschung zu Generationen wird betont, dass der Wertewandel in der Gesellschaft und damit auch in den Unternehmen durch die Einstellungen der dominierenden Generationen geprägt wird. Laut Statista (2023b) bildete die Generation X 2021 die bevölkerungsstärkste Altersgruppe in Deutschland mit einem Anteil von 19,9 % aller Einwohnerinnen und Einwohnern. Die zweitgrößte Gruppe, Generation Y, hatte zum Erhebungszeitpunkt einen Anteil von rund 19,1 %. US-amerikanischen Statistiken zufolge stellte die Generation Y *(Millennials)* 2022 mit 72,2 Mio. die stärkste Generation in den USA und wird dort zukünftig als Majorität die arbeitende Bevölkerung dominieren.

Die Differenzierung zwischen den Generationen, insbesondere deren Alters (s. ▶ Abschn. 9.2), mündet in unterschiedlichen Wahrnehmungen und darauf basierenden Handlungen im unternehmerischen Kontext (s. ▶ Abschn. 9.3).

2 Wahrnehmung älterer Mitarbeitender in Unternehmen

Generell wird unsere Wahrnehmung von Personen durch Vorurteile und Stereotype beeinflusst. Altersvorurteile und -stereotype sind eng miteinander verbunden und stellen vereinfachende und verallgemeinernde Vorstellungen über die Eigenschaften der Gruppe der Älteren dar (Krings & Kluge, 2022, S. 153). Aus kognitiver Sicht erfüllen sie die Funktion, die Komplexität der sozialen Stimuluswelt zu reduzieren. Die Wahrnehmenden werden mit zu erwartenden Eigenschaften und Verhaltensweisen der älteren Personen sowie mit entsprechenden Gefühls- und Verhaltensregeln versorgt (Snyder & Miene, 1994). In diesem Sinne können Altersvorurteile und -stereotype sowohl positiv als auch negativ sein.

Empirische Studien im Bereich der Altersdiversität zeigen, dass im Arbeitskontext die Einstellungen gegenüber älteren Mitarbeitenden im Vergleich zu jüngeren häufig negativ konnotiert sind. Dem gegenüber stehen Studien, die in Form einer Metaanalyse bzw. einer originären empirischen Untersuchung diese negativen Einstellungen kritisch hinterfragen und gegenteilige Befunde diskutieren. Im Folgenden werden ausgewählte Studienergebnisse vorgestellt.

Laut einer Metaanalyse von Posthuma und Campion (2009) verfügen ältere Arbeitskräfte im Vergleich zu jüngeren über geringere Fähigkeiten, sind weniger motiviert und weniger produktiv (Stereotyp: schlechtere Leistungen). Ferner sind sie schwerer weiterzubilden, weniger anpassungsfähig, weniger flexibel und widersetzen sich stärker Veränderungen (Stereotyp: Veränderungsresistenz). Dazu kommt, dass sie weniger lernfähig sind und folglich ein geringeres Entwicklungspotenzial aufweisen (Stereotyp: geringere Lernfähigkeit). Einige dieser Facetten bestätigen sich auch in den Studien von Benz (2010) und Boockmann und Zwick (2004): Nach Ansicht von Personalverantwortlichen zeichnen sich ältere Kolleginnen und Kollegen durch weniger Lernbereitschaft und Lernfähigkeit sowie geringere körperliche Belastbarkeit, Flexibilität und Kreativität aus.

In der jüngeren Forschung zu Age Diversity werden Altersstereotype aufgegriffen und gegenteilige Befunde zu den zuvor genannten negativen Erkenntnissen aufgeführt und diskutiert. Hertel et al., (2013a, b) analysierten Studien hinsichtlich ihres Beitrags zur Identifikation der Stärken älterer Mitarbeitender und zu Herausforderungen und Risiken der Altersdiversität in Teams und Organisationen. Zusammengefasst kommen die Autoren zu folgenden Ergebnissen:

Zu den Stärken älterer Mitarbeitender (Hertel et al., 2013a, S. 731–734) Ältere Mitarbeitende zeigen sich weniger veränderungsresistent als ihre jüngeren Kolleginnen und Kollegen. Sie haben weniger Konflikte in Bezug auf die Vereinbarkeit von Arbeit und Familie als die Mitarbeitenden mittleren Alters und infolgedessen eine bessere Work-Life-Balance. Im Vergleich zu jüngeren Kolleginnen und Kollegen haben sie keine niedrigere Stresstoleranz. Sie haben nur ein leicht höheres Risiko für längere Krankschreibungen als Jüngere. Darüber hinaus sehen sie sich mehr in der Verantwortung als ihre jüngeren Kolleginnen und Kollegen, wenn es um umweltverträgliche Initiativen geht.

Zur wahrgenommenen Altersdiversität in Teams und Organisationen (Hertel et al., 2013b, S. 859–861) Personaleinstellungen älterer Mitarbeitender hängen von der Altersnorm der Einstellenden ab. Ab einem Alter von 65 Jahren werden weniger Mitarbeitende eingestellt als zwischen 58 bis 63 Jahren. Beabsichtigte wahrgenommene Altersdiskriminierung wirkt sich sowohl bei jüngeren als auch älteren Mitarbeitenden negativ auf das Arbeitsengagement aus. Dieser Effekt zeigte sich dann, wenn ältere Arbeitnehmende seltener befördert wurden, obwohl sie als fit und motiviert für den Aufstieg angesehen wurden. Bei unbeabsichtigter Diskriminierung stellt sich insbesondere bei älteren Mitarbeitenden ein demotivierender Effekt ein, was bedeutet, dass das wahrgenommene Stereotyp in das eigene Selbstkonzept aufgenommen und die zugeschriebene Rolle angenommen wird. Dies ist dann der Fall, wenn ältere Mitarbeitende als weniger fit und interessiert an einer Beförderung wahrgenommen werden und ihnen aufgrund dessen keine angeboten wird. Ältere Mitarbeitende gleichen ihre negativen Alterseffekte durch das Vergeben von kontraproduktivem Verhalten aufseiten anderer Teammitglieder aus. Eine positive Haltung der Teammitglieder gegenüber Altersvielfalt fördert nicht nur den Wissensaustausch im Team, sondern trägt darüber hinaus zu einer Steigerung der Identifikation mit dem Team bei.

Neuere Studien zu arbeitsbezogenen Altersstereotypen thematisieren das Alter und die generelle Wahrnehmung des Alterns, die Qualität des Kontakts zu älteren Mitarbeitenden sowie den Gruppenzusammenhalt mit steigender Anzahl eng vertrauter älterer Mitarbeitender (In-Group-Effekt) als weiter zu erforschende Dimensionen (Kleissner & Jahn, 2020). In der Studie von Petery et al. (2020) wird aufgezeigt, dass das Alter mit geringer Arbeitsleistung assoziiert wird.

Die hier exemplarisch berichteten Studienergebnisse verweisen aufgrund ihrer unterschiedlichen, teils sogar heterogenen Befundlage zur Differenzierung der

Altersstereotype und ihrer Dimensionen auf die Relevanz für weitere Forschung. Ein Grund für diese Befundlage liegt in der Heterogenität des Untersuchungsdesigns, dessen Bandbreite von theoriegeleiteten quantitativen Ansätzen mit standardisierten Erhebungsinstrumenten bis hin zu selbst konstruierten Erhebungsinstrumenten der Forschenden reicht. Weitere Limitationen ergeben sich daraus, dass es sich hauptsächlich um Querschnittstudien handelt.

Unabhängig vom dringenden Bedarf an weiterer Forschung zur Differenzierung der Altersstereotype und ihrer Dimensionen sind deren negative Folgen von enormer Relevanz für die Zusammenarbeit der verschiedenen Generationen in den Unternehmen.

3 Kritische Würdigung der Umsetzung des Generationsmanagements

Die derzeitige Konzeption des Generationsmanagements ist sehr stark an den jeweiligen Generationen orientiert und ignoriert die individuelle Komponente der Persönlichkeit. Stattdessen werden in der praxisorientierten Literatur Unternehmen Empfehlungen zu generationsspezifischen Personal- und Organisationsentwicklungsmaßnahmen entlang den Generationen gegeben. So werden beispielsweise unter „Personalmanagement-Wissen online" (Lilie, 2016) organisationale Maßnahmen für die Generationen Babyboomer, X, Y und Z skizziert, wie in ◘ Tab. 2 dargestellt.

Die Rezeption und die Umsetzung solcher Maßnahmen führen zu einer weiteren Differenzierung zwischen den älteren und jüngeren Mitarbeitenden. Wer legt zum Beispiel fest, dass die Babyboomer „altersgerechte Lernmethoden" benötigen, und warum werden für diese Generation im Gegensatz zur Generation Y und Z keine Entwicklungsgespräche empfohlen? Solche Empfehlungen verstärken weiter den In- und Outgroup-Effekt zwischen den Generationen und manifestieren die vorhandenen Altersstereotype. Ferner resultieren aus den so entstehenden kognitiven Mustern Generationskonflikte in der Zusammenarbeit der verschiedenen Mitarbeitenden. So finden sich in der Praxis verschiedene Denkmuster (Mangelsdorf, 2015, S. 55–62): Babyboomer werden als nicht veränderungswillig angesehen, während die Generation Y die Strategie der Zukunft neu definieren will. Mitarbeitende mit längerer Betriebszugehörigkeit überschätzen ihre beruflichen Erfahrungen, während die Generation Y die Erfahrung der Älteren eher unterschätzt. Schon allein aufgrund einer in den jüngeren Generationen bevorzugten Duzkultur entstehen häufig angespannte Arbeitssituationen, insbesondere bei einer jüngeren Führungskraft und älteren Mitarbeitenden. Seit einigen Jahren sind Personen der Generation Y in Führungspositionen und führen Mitarbeitende der Generationen Y und X sowie Babyboomer. Gehen die jüngeren Führungskräfte in der Wahrnehmung mancher Babyboomer unsensibel mit der Situation um, reagieren Letztere mit stiller Resignation oder passiver Verweigerungshaltung.

Die Umsetzung des Generationsmanagements unterstützt weder eine Zusammenarbeit der verschiedenen Generationen noch eine erfolgreiche strategische Steuerung der Unternehmen in sich weiter dynamisch verändernden Organisationsumwelten.

Tab. 2 Generationsspezifische Maßnahmen für verschiedene Generationen. (In Anlehnung an Lilie, 2016)

Generationscluster	Maßnahmen
Babyboomer	**Renteneintritt:** Perspektivgespräche; Senioren-Modelle; systematisches Aufarbeiten von Wissen für das Unternehmen **Arbeitsgestaltung:** Fokus auf Arbeitsplatzergonomie; Vermeidung körperlicher Überforderung sowie hohen Zeitdrucks bei Aufgabenerledigung; abwechslungsreiche Aufgaben **Lernsettings:** altersgerechte Lernmethoden **Zusammenarbeit:** als Mentorinnen und Mentoren für Generation Y und Z
Generation X	**Arbeitsgestaltung:** selbstständige Aufgabenerledigung; Einhaltung regelmäßiger Arbeitszeiten mit Zeitanpassung; Weiterbildungen; Aufstiegsmöglichkeiten; hochwertige Arbeitsausstattung **Zusammenarbeit:** als Mentorinnen und Mentoren für Generation Y und Z
Generation Y	**Arbeitskultur:** Raum für Innovativität, Kreativität, Kollegialität; Wohlfühlatmosphäre (gemeinsames Mittagessen etc.); Zugang zu sozialen Netzwerken und Lernplattformen **Arbeitsgestaltung:** Entwicklungsgespräche; Flexibilisierung der Arbeitszeit und des -ortes; Führungs-, Projekt- und Fachlaufbahnen sowie Auslandsaufenthalte; projektbezogene Teamarbeit
Generation Z	**Bewerbungsmanagement:** Nutzung von Online-Kanälen und sozialen Medien; zeitnahe Reaktion auf Bewerbungen; Steuerung der extrinsischen Motivation (Vergütung; Handyvertrag, Führerschein) **Arbeitsgestaltung:** Entwicklungsgespräche; Förderung der fachlichen Kommunikation mit den Führungskräften; Flexibilisierung der Arbeitszeit und des -ortes; Lernen mit moderner IT und Social Media; Projekte zur Steigerung der Identifikation mit dem Unternehmen

Dass die Betrachtung der Komplexität und der Umgang damit für ein zukünftiges Generationsmanagement von Relevanz ist, wird im Folgenden argumentativ dargelegt.

4 Komplexität mit Werten begegnen

Komplexe Settings wurden bereits in den 1960er Jahren von Emery und Trist (1969) unter dem Begriff *soziotechnisches System* thematisiert, um die Beziehungen und Wechselwirkungen zwischen sozialen und technischen Systemen hervorzuheben und zu untersuchen. Dabei werden soziale und technische Systeme zu Teilsystemen des soziotechnischen Systems. Die Übertragung des Konzepts auf Unternehmen ermöglicht Gestaltung und Entwicklung und wird genutzt, um die weiteren Erfordernisse für das Generationsmanagement abzuleiten.

◘ Abb. 1 zeigt den Kern des Unternehmens mit dessen strategischen und operativen Zielen. Um den Kern herum befinden sich die Subsysteme der Organisation: Produkte, Technologie, Soziales, Strukturen, Aufgaben. Um diese gruppieren sich die Umweltsysteme Gesetzgebung, Gesellschaft und Markt. Das Unternehmen

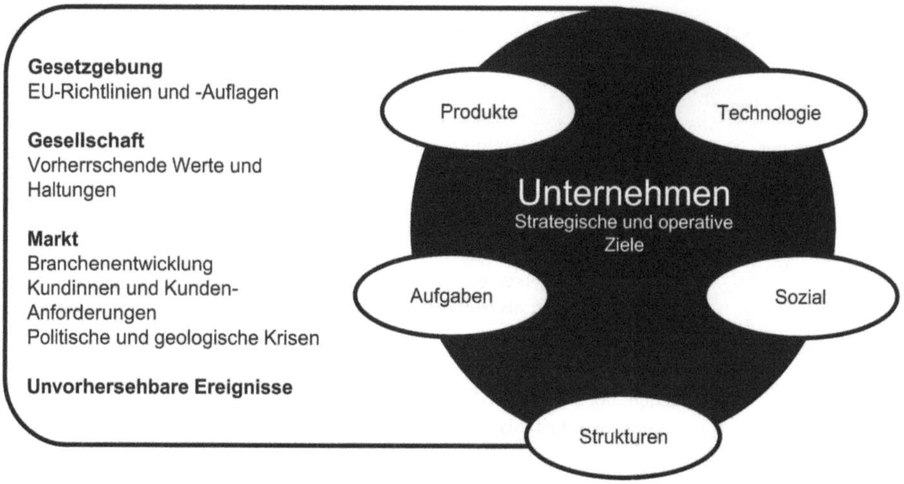

Abb. 1 Komplexität dynamischer Unternehmensumwelten. (In Anlehnung an Emery & Trist, 1969; French & Bell, 1994)

und die Umwelt beeinflussen sich wechselseitig, wobei die Grenzen zwischen Umwelt und Unternehmen je nach Branche und Ausrichtung unterschiedlich durchlässig sein können. Jedes Subsystem muss gesteuert werden, um den Fortbestand der Organisation zu sichern; dabei beeinflussen Veränderungen in einem auch die anderen Subsysteme. Das heißt, dass Unternehmen die Umwelt stets beobachten, deren Auswirkungen für die eigenen Subsysteme antizipieren und diesbezüglich handeln müssen.

Spätestens mit der Corona-Krise als unvorhersehbarem Ereignis und dem dadurch ausgelösten, anhaltenden Digitalisierungsschub in allen Organisationen hat sich gezeigt, wie schnell sich die hier im Modell dargestellte, von den Unternehmen weltweit zu handhabende Komplexität noch steigern kann. Generationsübergreifend mussten alle Mitarbeitenden mit unterschiedlichem digitalen Erfahrungshintergrund qualifiziert werden, digital zu arbeiten und dies in diversen Arbeitsformen in kurzer Zeit umzusetzen. In allen Subsystemen der Organisation ergaben sich Veränderungen: So musste überlegt werden, wie und welche Produkte digital hergestellt und vertrieben bzw. wie Dienstleistungen digital angeboten werden können. Auf technologischer Seite mussten digitale Tools zur Verfügung gestellt und das Wissen zum Umgang mit diesen sichergestellt werden. Im sozialen Feld mussten Führungsfähigkeiten in Bezug auf den Umgang mit Komplexität und Unsicherheit erweitert und die Führungskräfte zu Führung auf Distanz befähigt werden. Arbeitsabläufe mussten zum Teil komplett geändert und Aufgaben sowie Verantwortlichkeiten neu festgelegt werden.

Mit Blick auf weitere noch nicht antizipierbare Ereignisse bedingt durch technischen Fortschritt in der Informations- und Kommunikationstechnologie-Branche, fortschreitende Auswirkungen globalen Wirtschaftens und damit einhergehende interkulturelle Interdependenzen müssen sich die Unternehmen dem kontinuierlichen und nicht mehr aufzuhaltenden facettenreichen Wandel als „neuem Normal" stellen. Fragen nach dem Umgang mit stetiger Dynamik der Unternehmensumwelten und zusätzlichen neuen Krisen erfordern daher einen überlegten Umgang mit existenziell nötigem Wissen für die Unternehmen. Die verschiedenen Generationen in den Unternehmen müssen derart verknüpft und verbunden werden, dass sie mit ihrem Wissen und dessen Management dem organisationalen Wandel situationsgerecht begegnen können. Daher bedarf es statt einer differenzierenden Betrachtung der Generationen einer verbindenden Perspektive, die auf geteilten Werten basiert.

Grundhaltungen werden unter anderem in der personzentrierten Psychotherapie thematisiert (Rogers, 1979) und sind auch für heutige Unternehmen sowohl für die Führungsriege als auch die Mitarbeitenden von Relevanz. Es handelt sich dabei um Grundhaltungen, die im Kern die generelle Wertschätzung einer Person fokussieren. Dazu gehören Empathie, Akzeptanz, Kongruenz, Vertrauen und Neugierde. Empathie bedeutet nichtwertendes, einfühlendes Verstehen einer anderen Person. Akzeptanz zeichnet sich dadurch aus, eine andere Person ohne Bedingungen so anzunehmen und zu respektieren, wie sie ist. Kongruenz bedeutet in einer Weise handeln zu können, die mit den eigenen Werten übereinstimmt und darüber hinaus authentisch ist und wirkt. Vertrauen bezieht sich darauf, dass eine Person von einer anderen Person glaubt, dass diese ihre Fähigkeiten ausbauen und sich entwickeln kann. Neugierde bezeichnet schließlich das offene und ehrliche Interesse einer Person für die Wahrnehmung und die Ansichten einer anderen. Aufbauend auf diesem Gedanken einer Grundhaltung wird im Folgenden dargelegt, wie ein werteorientiertes Generationsmanagement im Unternehmen implementiert werden kann.

5 Werteorientiertes Generationsmanagement und Perspektiven für ein strategisches Personalmanagement

Die Implementierung eines werteorientierten Generationsmanagements stellt einen Wandlungsprozess dar. Daher ist es wichtig, dass die Unternehmensleitung den Beteiligten den Nutzen dieses Prozesses verdeutlicht. Generell sollte im Vorfeld die Notwendigkeit einer unternehmerischen Grundhaltung (vgl. ▶ Abschn. 9.4) für die gegenseitige Wertschätzung aller Mitarbeitenden und deren erfolgreicher Zusammenarbeit dargelegt werden. Bezüglich der Zusammenarbeit der verschiedenen Generationen liegt der Nutzen in der Sensibilisierung und dem Abbau vorhandener Generationsstereotype und diesbezüglicher Generationskonflikte, einer Erhöhung des intergenerativen Verständnisses und der Förderung des Vertrauens sowie der Vorhersagbarkeit des Verhaltens durch die erlebte erfahrungs- und wissensorientierte Zusammenarbeit mit den verschiedenen Generationen.

Die Implementierung eines werteorientierten Generationsmanagements vollzieht sich in systematisch aufeinanderfolgenden Schritten (siehe ◘ Abb. 2).

Bei der Altersstrukturanalyse (Schritt 1) bietet es sich an, in Altersklassen zu arbeiten, zum Beispiel: < 20 Jahre, 21–30 Jahre, 31–40 Jahre, 41–50 Jahre, 51–60 Jahre, > 60 Jahre. Sie erfolgt für das gesamte Unternehmen sowie für einzelne Bereiche und bezieht gleichermaßen die Betriebszugehörigkeit (Erfahrung), die Qualifikation (Ausbildung, Studium) und Position (Führungskraft etc.) mit ein. Die Analyseergebnisse zur Verteilung der Altersgruppen im Unternehmen stellen eine

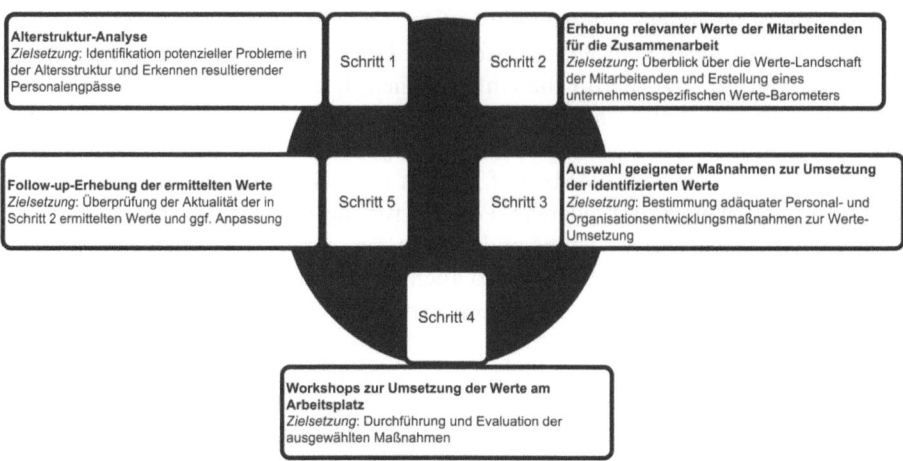

◻ **Abb. 2** Implementierung eines werteorientierten Generationsmanagements. (eigene Darstellung)

wichtige Basis für die Erarbeitung der Werte in generationsübergreifenden Teams dar (Schritt 2) und geben Anhaltspunkte für die zukünftige Personalbedarfsplanung.

In Schritt 2 werden generationsübergreifende Werte erhoben, um einen Überblick über die Wertelandschaft der Mitarbeitenden zu erhalten. Dazu wird eine altersgemischte Arbeitsgruppe (eine *Generation Workforce*) gebildet, die eine Befragung zu den relevanten Werten der Beschäftigten durchführt. Das Erhebungsinstrument kann je nach empirischer Expertise des Personalmanagements mit diesem erarbeitet werden. Hier bietet sich erfahrungsgemäß die Beschäftigung mit Coaching-Tools an, wie zum Beispiel mit der Werteliste[1]. Zusätzlich sollte auch eine intensive Auseinandersetzung mit den in der personzentrierten Psychotherapie thematisierten Werten erfolgen. So kann die Generation Workforce die Werte selektieren, die sie als repräsentativ für die Zusammenarbeit im Unternehmen erachten. Falls keine empirische Expertise im Personalmanagement vorhanden ist, bietet sich eine Kooperation mit empirisch arbeitenden Disziplinen der Hochschulen an. In beiden Fällen sollten die befragten Beschäftigten die in der Erhebung relevanten Werte verhaltensnah beschreiben und in offenen Befragungsfeldern für sie relevante Werte mit Beschreibungen ergänzen können. Sofern möglich, sollte die Erhebung online erfolgen. Die erhobenen Daten werden quantitativ und qualitativ ausgewertet und sollten im gesamten Unternehmen in den jeweiligen Bereichen kommuniziert und im Intranet online zur Verfügung gestellt werden, um die Akzeptanz für die Ergebnisse zu erhöhen. Hier bietet sich eine vereinfachte Darstellung in Form eines Wertebarometers an.

Im anschließenden Schritt 3 werden adäquate Personal- und Organisationsentwicklungsmaßnahmen zur Werteumsetzung festgelegt. Dazu werden weitere generationsübergreifende Teams gebildet. Diese identifizieren mit Unterstützung der

---

1 CoachingCards 2022: ▶ https://coaching.cards/.

Verantwortlichen des Personalbereichs und/oder externer Beratung adäquate Maßnahmen zur Umsetzung der identifizierten Werte. Für diesen Schritt kann auch eine Orientierung an Maßnahmen aus dem Bereich des Diversity-Managements und an wissenschaftlich fundierten lernförderlichen Personal- und Organisationsentwicklungsmaßnahmen hilfreich sein (Becker, 2015; Stangel-Meseke, 2016).

Die ausgewählten Maßnahmen werden in Schritt 4 in Workshop-Form in altersgemischten Teams umgesetzt und mit einer summativen Evaluation begleitet (Thierau-Brunner et al., 2006). Zur Bewertung der Ergebnisse müssen im Vorfeld Evaluationskriterien festgelegt werden, wie zum Beispiel wahrgenommene Verfestigung der Werte, Verbesserung der Kommunikation zwischen den altersheterogenen Teammitgliedern und Perspektivübernahme. Da es keine spezifischen Evaluationsinstrumente für derartige Interventionen gibt, ist es ratsam, sich hier wissenschaftlich begleiten zu lassen.

In dem abschließenden Schritt 5 wird die Aktualität der in Schritt 2 ermittelten Werte überprüft. Der dafür zu wählende zeitliche Horizont ist abhängig von der Dynamik der Unternehmensumwelten, die auf das Unternehmen wirken. Aus Sicht der Evaluationsforschung ist es dennoch ratsam, nach einem halben und spätestens nach einem Jahr eine Befragung zu den in Schritt 2 ermittelten Werten durchzuführen. Sollte sich hier eine Änderung der Werte ergeben, sind die Schritte 3 und 4 ebenso wiederholt anzuschließen. Die Dokumentation der Umsetzung des werteorientierten Generationsmanagements sollte als fortlaufender Prozess medial im Unternehmen erfolgen. Darüber hinaus ist darauf zu achten, dass die beteiligten Mitarbeitenden in diesem Prozess stets erwähnt werden, um ihnen Wertschätzung für ihr Engagement zu zeugen. So kann die Identifikation mit dem werteorientierten Generationsmanagement sukzessiv gesteigert werden.

Das werteorientierte Generationsmanagement bietet für das strategische Personalmanagement eine neue Perspektive. Werte bezeichnen, was uns als Einzelnen bzw. den Beschäftigten im Unternehmen zu einem bestimmten Zeitpunkt wichtig ist. Sie sind nicht ein für alle Mal festgelegt, sondern spiegeln unsere Bedürfnisse in aktuellen Lebensumständen wider. Somit sind die Werte gleichermaßen selbst eine individuelle Reaktion auf die Dynamik der Umwelt und formen in der Gemeinschaft der Belegschaft die grundlegende Zusammenarbeit im Unternehmen. Werden diese Werte in ihrer Relevanz für Mitarbeitende geschätzt und im Unternehmen als kollektives Gut verankert, hat dies positive Auswirkungen auf die Zusammenarbeit der verschiedenen Generationen. So kann eine Unternehmenskultur entstehen, die die Qualität des unterschiedlichen Wissens einer altersgemischten Belegschaft in den Fokus stellt und darüber positive Anreize für das Engagement und die Motivation der Mitarbeitenden frei von Altersvorurteilen und Altersstereotypen setzt. Die generationsübergreifenden Werte bilden gleichermaßen die Basis für die Ableitung zukunftsrelevanter generationsübergreifender Kompetenzen der Mitarbeitenden – zum Beispiel Überblickswissen, Fähigkeit zur interdisziplinären Zusammenarbeit und Kommunikation, Problemlösungskompetenz, kritisches Denken, Innovationsfähigkeit, Offenheit für das Neue und lebenslanges Lernen. Auf dieser Basis können generationsübergreifende Qualifizierungsangebote identifiziert und umgesetzt werden. Die Zusammenarbeit zwischen den Generationen steuert und gestaltet in diesem Sinne die Strategien im Personalmanagement zum Erhalt der organisationalen Lernfähigkeit in dynamischen Unternehmensumwelten.

❓ Fazit

Aufgrund des demografischen Wandels und der damit einhergehenden Überalterung der Gesellschaft wie auch des Personals stehen Unternehmen aktuell vor der Herausforderung, verschiedene Generationen in der Zusammenarbeit zu integrieren. Die Umsetzung dieser Zusammenarbeit erfolgt im Personalmanagement mit Rekurs auf Generationen (Babyboomer, X, Y, Z) und den Beschreibungen der Generationen mit Eigenschaften sowie typischen Verhaltensweisen. Dies führt zu einer ungerechtfertigten Etikettierung der einzelnen Individuen und zu einer Manifestierung von Altersstereotypen. Die daraus abgeleiteten Maßnahmen des Personalmanagements für die verschiedenen Generationen führen darüber hinaus zu einer weiteren Kluft zwischen jüngeren und älteren Mitarbeitenden, die in vielfältigen Generationskonflikten münden. Empirische Befunde, die gegenteilige Ergebnisse zu den Altersstereotypen, insbesondere zu den vermeintlichen Unterschieden zwischen älteren und jüngeren Mitarbeitenden aufzeigen, werden dabei ignoriert. Mit Blick auf die zunehmende Dynamik der Unternehmensumwelten, die zum Teil – wie die Corona-Krise gezeigt hat – unvorhersehbar ist, wird der Umgang mit Wissen und kurzfristigem Wissenserwerb der Mitarbeitenden in den Unternehmen zu einem zukünftig existenziellen Erfolgsfaktor. Für die Zusammenarbeit zwischen älteren und jüngeren Mitarbeitenden sind gemeinsame Werte das Bindeglied, da diese die Aufmerksamkeit auf ein Mit- anstelle eines Gegeneinanders ermöglichen. Die Implementierung eines werteorientierten Generationsmanagements ermöglicht auf Basis einer generationsübergreifenden Bestimmung und Umsetzung relevanter Werte für die Zusammenarbeit eine zukunftsträchtige und nachhaltige Steuerung des strategischen Personalmanagements.

Schlüsselbegriffe

- **Altersvorurteile und Altersstereotype:** Vereinfachende und verallgemeinernde Vorstellungen über die Eigenschaften der Gruppe der älteren Menschen, die der Reduktion der Komplexität der sozialen Stimuluswelt dient.
- **Soziotechnisches System:** Ansatz, der die Beziehungen und Wechselwirkungen zwischen sozialen und technischen Systemen hervorhebt und untersucht und in der Übertragung auf Unternehmen deren Gestaltung und Weiterentwicklung ermöglicht.
- **Grundhaltungen in der personzentrierten Psychotherapie:** Empathie, Akzeptanz, Kongruenz, Vertrauen und Neugierde. Es handelt sich um Grundhaltungen, die im Kern die generelle Wertschätzung einer Person fokussieren und daher gut für die Umsetzung einer Werteorientierung in Unternehmen geeignet sind.
- **Werteorientiertes Generationsmanagement:** ermöglicht auf Basis einer generationsübergreifenden Bestimmung und Umsetzung relevanter Werte für die Zusammenarbeit eine zukunftsträchtige und nachhaltige Steuerung des strategischen Personalmanagements.

❓ Verständnisfragen

1. Warum stellt das Management der Generationen in Unternehmen eine Herausforderung dar?

2. Was kennzeichnet Generationen und warum werden sie so stark in der betrieblichen Praxis rezipiert? Welche empirischen Befunde sprechen für die Anwendung der Charakteristika der Generationen, welche dagegen?
3. Welchen Stellenwert können Grundhaltungen der personzentrierten Psychotherapie für Unternehmen im Kontext des Generationsmanagements einnehmen?
4. Wie erfolgt die Implementierung des werteorientierten Generationsmanagements? Welche Forschung sollte im Weiteren zum werteorientierten Generationsmanagement betrieben werden?

Literatur

Becker, M. (2015). *Systematisches Diversity Management: Konzepte und Instrumente für die Personal- und Führungspolitik*. Schäffer Poeschel.

Benz, M. (2010). *Personalmanagement in Zeiten des Demografischen Wandels: Zukünftige Herausforderungen für groß- und mittelständische Unternehmen mit Fokus auf die Zielgruppe der älteren Arbeitnehmer* [Dissertation]. Rheinische Friedrich-Wilhelms-Universität, Bonn. ▶ https://hdl.handle.net/20.500.11811/4246.

Boockmann, B. & Zwick, T. (2004). Betriebliche Determinanten der Beschäftigung älterer Arbeitnehmer. *Zeitschrift für Arbeitsmarktforschung, 37*(1), 53–63. ▶ https://doku.iab.de/zaf/2004/2004_1_zaf_boockmann_zwick.pdf.

Bruch, H., Kunze, F., & Böhm, S. (2010). *Generationen erfolgreich führen: Konzepte und Praxiserfahrungen zum Management des demographischen Wandels*. Gabler. ▶ https://doi.org/10.1007/978-3-8349-8506-4.

Charta der Vielfalt (o. J.). *Vielfaltsdimensionen: Die sieben Dimensionen von Vielfalt*. ▶ https://www.charta-der-vielfalt.de/fuer-arbeitgebende/vielfaltsdimensionen/.

Cletus, H. E., Mahmood, N. A., Umar, A., & Ibrahim, A. D. (2018). Prospects and challenges of workplace diversity in modern day organizations: A critical review. *HOLISTICA – Journal of Business and Public Administration, 9*(2), 35–52. ▶ https://doi.org/10.2478/hjbpa-2018-0011.

Emery, F. E., & Trist, E. L. (1969). Socio-technical systems. In F. E. Emery (Hrsg.), *Systems thinking: Selected readings* (S. 281–295). Penguin.

Franken, S. (2022). *Führen in der Arbeitswelt der Zukunft*. Springer Fachmedien.

French, W. L., & Bell, C. H. (1994). *Organisationsentwicklung: Sozialwissenschaftliche Strategien zur Organisationsveränderung* (C. Markert, Übers.) (4. Aufl.). Haupt.

Hertel, G., van der Heijden, B. I. J. M., de Lange, A. H., & Deller, J. (2013a). Facilitating age diversity in organizations – part I: Challenging popular misbeliefs. *Journal of Managerial Psych, 28*(7/8), 729–740. ▶ https://doi.org/10.1108/JMP-07-2013-0233.

Hertel, G., van der Heijden, B. I. J. M., de Lange, A. H., & Deller, J. (2013b). Facilitating age diversity in organizations – part II: Managing perceptions and interactions. *Journal of Managerial Psych, 28*(7/8), 857–866. ▶ https://doi.org/10.1108/JMP-07-2013-0234.

Klaffke, M. (2016). Generation Diversity: Mehr-Generationen-Belegschaften erfolgreich führen. In P. Genkova & T. Ringeisen (Hrsg.), *Handbuch Diversity Kompetenz, Band 2: Gegenstandsbereiche* (S. 209–222). Springer Fachmedien. ▶ https://doi.org/10.1007/978-3-658-08853-8_17.

Kleissner, V., & Jahn, G. (2020). Dimensions of work-related age stereotypes and in-group favoritism: Research on aging. *Research on Aging, 42*(3–4), 126–136. ▶ https://doi.org/10.1177/0164027519896189.

Krings, F. & Kluge, A. (2022). Altersvorurteile. In L.-E. Petersen & B. Six (Hrsg.), *Stereotype, Vorurteile und soziale Diskriminierung: Theorien, Befunde und Interventionen* (2. Aufl., S. 153–161). Beltz.

Lilie, O. (2016). *Generationsspezifische Personalarbeit gestalten*. MA&T Organisationsentwicklung GmbH. ▶ https://www.perwiss.de/generationsspezifische-personalarbeit-gestalten.html.

Mangelsdorf, M. (2015). *Von Babyboomer bis Generation Z: Der richtige Umgang mit unterschiedlichen Generationen im Unternehmen*. GABAL.

Mannheim, K. (1928/29). Das Problem der Generationen. *Kölner Vierteljahreshefte für Soziologie, 7*, 157–185; 309–330.

Patrick, H. A., & Kumar, V. R. (2012). Managing workplace diversity: Issues and challenges. *SAGE Open, 2*(2), 1–15. ▶ https://doi.org/10.1177/2158244012444615.

Petery, G. A., Wee, S., Dunlop, P. D., & Parker, S. K. (2020). Older workers and poor performance: Examining the association of age stereotypes with expected work performance quality. *Int J Select Assess, 28*(4), 510–521. ▶ https://doi.org/10.1111/ijsa.12309.

Posthuma, R. A., & Campion, M. A. (2009). Age stereotypes in the workplace: Common stereotypes, moderators, and future research directions. *Journal of Management, 35*(1), 158–188. ▶ https://doi.org/10.1177/0149206308318617.

Rogers, C. R. (1979). The foundations of the person-centered approach. *Education, 100*(2), 98–107. ▶ http://www.elementsuk.com/libraryofarticles/foundations.pdf.

Schnetzer, S. (2019). *Studienergebnisse „Junge Deutsche 2019"*. ▶ https://simon-schnetzer.com/studienergebnisse-junge-deutsche-2019/.

Scholz, C. (2015). *Gedanken und Materialien zur Generation Z*. ▶ http://die-generation-z.de/page/16.

Snyder, M., & Miene, P. (1994). On the functions of stereotype and prejudice. In M. P. Zanna & J. M. Olson (Hrsg.), *The psychology of prejudice: The Ontario Symposium* (Bd. 7, S. 33–54). Erlbaum.

Stangel-Meseke, M. (2016). Diversity Management – Fluch oder Segen für Unternehmen? In P. Genkova & T. Ringeisen (Hrsg.), *Handbuch Diversity Kompetenz, Band 1: Perspektiven und Anwendungsfelder* (S. 413–435). Springer Fachmedien. ▶ https://doi.org/10.1007/978-3-658-08594-0_10.

Statista. (2023a). *Bevölkerung in Deutschland nach Generationen 2021*. ▶ https://de.statista.com/statistik/daten/studie/1130193/umfrage/bevoelkerung-in-deutschland-nach-generationen/.

Statista. (2023b). *U.S. population by generation 2022*. ▶ https://www.statista.com/statistics/797321/us-population-by-generation.

Statistisches Bundesamt (Destatis). (2022). *Demografischer Wandel: Zukünftige Bevölkerungsentwicklung*. ▶ www.destatis.de/DE/Themen/Querschnitt/Demografischer-Wandel/_inhalt.htm#353406.

Thierau-Brunner, H., Wottawa, H., & Stangel-Meseke, M. (2006). Evaluation von Personalentwicklungsmaßnahmen. In K. Sonntag (Hrsg.), *Personalentwicklung in Organisationen: Psychologische Grundlagen, Methoden und Strategien* (3. Aufl., S. 329–351). Hogrefe.

Zukunftsinstitut (2021). *Megatrend-Dokumentation* (8. Aufl.).

Mythen der Personalauswahl

Uwe P. Kanning

Inhaltsverzeichnis

1 Das Denken in „Generationen" – 127

2 Bewerbungsunterlagen – 128

3 Einstellungsinterview – 130

4 Intelligenztest – 131

5 Künstliche Intelligenz – 131

Literatur – 133

© Der/die Autor(en), exklusiv lizenziert an Springer-Verlag GmbH, DE, ein Teil von Springer Nature 2024
J. Basel und S. Manchen Spörri (Hrsg.), *Angewandte Psychologie für die Wirtschaft*,
https://doi.org/10.1007/978-3-662-68559-4_10

Insights

- Die Personalauswahlpraxis ist durch zahlreiche Mythen – also aus Sicht der Forschung falsche Überzeugungen – geprägt.
- Menschen werden stereotyp in Generationen eingeteilt und ihnen werden dabei ohne Berücksichtigung individueller Unterschiede bestimmte Bedürfnisse zugeschrieben.
- Bei der Sichtung von Bewerbungsunterlagen werden Kriterien herangezogen (etwa Lücken im Lebenslauf), die sich in der Forschung als nicht sinnvoll erwiesen haben.
- Einstellungsinterviews verlaufen mehrheitlich unstrukturiert.
- Intelligenztests finden bei der Besetzung von Managementpositionen kaum Verwendung.
- Das vorliegende Kapitel kontrastiert Mythen der Personalauswahl mit Ergebnissen der Forschung.

Einleitung

Seit Jahrzehnten beschäftigt sich die psychologische Forschung in Hunderten von Studien unter anderem mit der Frage, wie gute Personalauswahl funktionieren kann. Das Ziel der Personalauswahl ist es dabei, eine Person zu finden, die den Anforderungen einer Stelle möglichst gut entspricht und in der Konsequenz gute Leistung erbringt sowie Zufriedenheit erlebt. Die besondere Herausforderung besteht dabei in der Prognose der beruflichen Leistung: Heute soll eingeschätzt werden, inwieweit eine bestimmte Person in einigen Monaten gute Leistung auf einem bestimmten Arbeitsplatz erbringt. In kaum einem Bereich des Personalwesens können wir heute, aus der Forschung kommend, so gut fundierte Handlungsempfehlungen für die Praxis ableiten wie in der Personalauswahl (Kanning, 2018; Schuler, 2014). Ein Blick in die Praxis zeigt jedoch, dass nur sehr wenig von dieser Forschung auch in der Praxis bekannt ist bzw. umgesetzt wird (Kanning, 2015). Die Konsequenzen sind sowohl für die eingestellten Personen als auch für Arbeitgeberinnen und Arbeitgeber mitunter fatal: Menschen bekommen einen Arbeitsplatz, der nicht zu ihren Interessen passt, sie über- oder unterfordert. Mitarbeiterinnen und Mitarbeiter leiden unter inkompetenten Führungskräften. Kundinnen und Kunden werden durch ungeeignete Servicekräfte vergrault. Im Extremfall schlittern Unternehmen in den Konkurs, wenn in den Spitzenpositionen Personen arbeiten, die für ihre Aufgaben nicht hinreichend geeignet sind (Kanning, 2019).

Verantwortlich für die große Diskrepanz zwischen Forschung und Praxis dürfte vor allem die Unkenntnis über entsprechende Forschungsergebnisse sein (Kanning, 2022). Viele Menschen, die in der Praxis Verantwortung tragen, haben kein einschlägiges Studium absolviert und vertrauen auf ihr subjektives Erleben sowie auf Traditionen und Moden in der Personalarbeit. Leider lässt sich aber aus der Tatsache, dass unzählige Unternehmen seit Jahrzehnten eine gewisse Praxis üben, nicht schließen, dass diese Praxis auch zielführend ist.

Im Folgenden soll es darum gehen, einige zentrale Mythen der Personalauswahl als solche zu benennen und Alternativen aufzuzeigen (ausführlicher: Kanning, 2017a). Unter *Mythen* verstehen wir im Folgenden Überzeugungen, die sich in der empirischen Forschung als unhaltbar erwiesen haben, aber dennoch tagtäglich das Handeln von Tausenden Menschen in der Personalarbeit prägen.

1 Das Denken in „Generationen"

Seit einigen Jahren findet sich in der Praxis die Überzeugung, dass es sinnvoll sei, Menschen in Generationen einzuteilen, weil sich die Vertreterinnen und Vertreter verschiedener Generationen angeblich grundlegend voneinander unterscheiden. Dies betrifft insbesondere jüngere Generationen, die sogenannte Generation Y sowie die Generation Z. Die Zugehörigkeit zu einer bestimmten Generation wird über das Geburtsjahr definiert, wobei in der Literatur durchaus unterschiedliche Geburtsjahrgänge der Definition einer Generation zugrunde gelegt werden. Personen aus der Generation Y sind – grob eingeordnet – in den letzten beiden Jahrzehnten vor der Jahrtausendwende geboren worden. Menschen, die der Generation Z angehören, wurden ungefähr in den ersten zehn Jahren des gegenwärtigen Jahrhunderts geboren. Folgen wir den Überzeugungen der Ratgeberliteratur, so sollen sich vornehmlich Vertreterinnen und Vertreter dieser beiden Generationen sehr grundlegend von ihren Vorgängergenerationen unterscheiden (z. B. Maas, 2023; Parment, 2013): Sie sollen primär freizeitorientiert sein, weniger Leistungsmotivation aufweisen, sich weniger für materielle Dinge interessieren und Schwierigkeiten mit Autorität haben. Es gehört zum Wesen der Ratgeberliteratur, dass selten konkrete Zahlen genannt werden. Das Ziel scheint hier nicht selten zu sein, eine bestimmte Botschaft zu predigen, die zum einen sehr einfach und plausibel klingt und zum anderen die Möglichkeit schafft, damit Geld zu verdienen. Ist es erst einmal gelungen, Unternehmen davon zu überzeugen, dass junge Menschen vollkommen anders ticken als Menschen mittleren oder höheren Alters, so lässt sich dies monetär in vielfältiger Weise nutzen, etwa durch den Verkauf von Trainings für Führungskräfte oder mit Beratungsleistungen bei der Neugestaltung von Personalauswahlverfahren.

Ein Blick in die Forschung, die sich mit Arbeitsmotiven von Menschen unterschiedlicher Generationen beschäftigt, zeichnet ein weitgehend anderes Bild (Kanning, 2016a):

- Es ist keineswegs so, dass jüngere Menschen grundsätzlich weniger an materiellen Dingen interessiert oder weniger leistungsorientiert wären als ältere.
- Sofern sich Unterschiede zwischen Generation finden lassen, fallen diese immer sehr klein aus.
- Innerhalb einer Generation befinden sich viele Millionen Menschen, die extrem unterschiedliche Auffassungen haben. Es ist daher grundlegend falsch, davon auszugehen, dass eine bestimmte Person, nur weil sie zur Generation X oder Y gehört, eine bestimmte Ausprägung eines Arbeitsmotivs aufweist. ◘ Abb. 1 verdeutlicht dies am Beispiel des Strebens nach Work-Life-Balance in der Generation Y. Im Vergleich zu Vorgängergenerationen weist die Generation Y ein leicht erhöhtes Bedürfnis nach Work-Life-Balance auf. Innerhalb einer Generation ist die Vielfalt der einzelnen Menschen jedoch extrem groß. Berücksichtigen wir, dass sich im Zuge eines Bewerbungsverfahrens niemals der personifizierte Durchschnitt einer Generation bei einem Arbeitgeber bewirbt, sondern immer einzelne Individuen, so wird deutlich, dass das Denken in Generationen in keiner Weise weiterhilft, denn woher will der Arbeitgeber wissen, dass Lisa Müller oder Paul Schulze innerhalb der Verteilung (◘ Abb. 1) an einer bestimmten

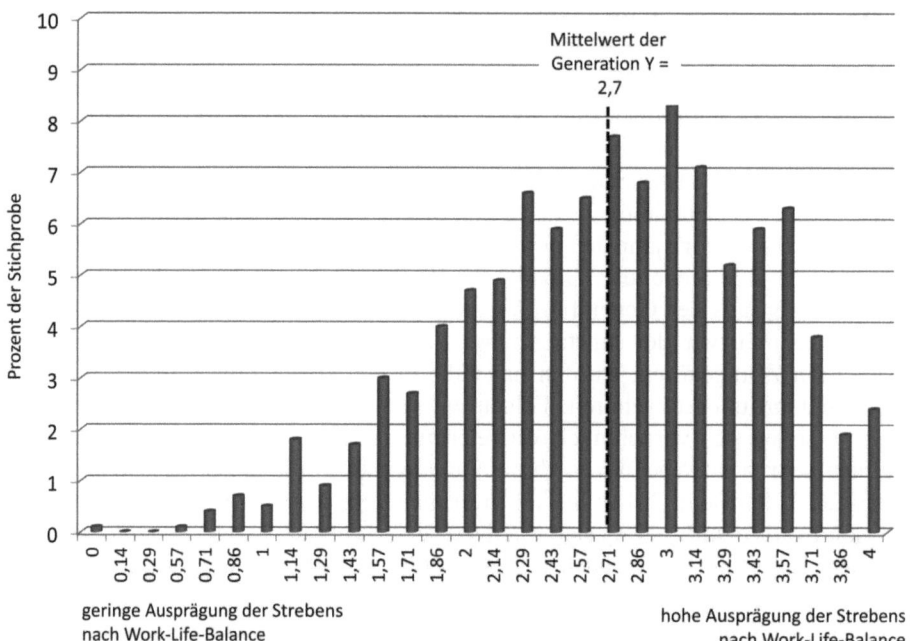

● Abb. 1   Häufigkeitsverteilung in der Generation Y für das Streben nach Work-Life-Balance

Position zu verorten ist? Das Denken in Generationen ist ein Denken in Stereotypen, dass dem einzelnen Menschen nicht gerecht werden kann. Wer sich für die Bedürfnisse und Einstellungen von Bewerberinnen und Bewerbern interessiert, muss diese selbst bei jeder einzelnen Person erfragen (Kanning, 2016a; Kanning & Schmitt, 2023).

2 Bewerbungsunterlagen

Den Bewerbungsunterlagen wird in deutschen Unternehmen eine sehr große Bedeutung bei der Auswahl zukünftiger Mitarbeiterinnen und Mitarbeiter beigemessen. Die überwiegende Mehrheit der Bewerberinnen und Bewerber wird in dieser frühen Phase des Auswahlverfahrens herausgefiltert. Prinzipiell können dabei zwei Fehler auftreten. Der *Fehler der ersten Art* besteht darin, dass eine Person überschätzt wird. Dieser Fehler lässt sich später etwa durch ein gutes Einstellungsinterview leicht wieder korrigieren. Viel gefährlicher ist der *Fehler der zweiten Art*. Er besteht darin, dass eine Person nach der Sichtung der Bewerbungsunterlagen fälschlicherweise zurückgewiesen wird, weil man ihre tatsächliche Eignung für die Stelle nicht erkannt hat. Dieser Fehler lässt sich leider nicht korrigieren, da die betroffenen Personen nicht zu einer eingehenderen Untersuchung ihrer Eignung eingeladen werden. Insbesondere in Zeiten des Fachkräftemangels ist der Fehler der zweiten Art fatal. Je weniger geeignete Personen sich in einem Bewerberpool befinden, desto wichtiger ist es, nicht zu streng vorauszuwählen, um den Fehler der zweiten Art möglichst gering zu halten.

Ein Blick in die Praxis zeigt leider, dass viele Kriterien, die seit Jahrzehnten in der Sichtung von Bewerbungsunterlagen eingesetzt werden, wenig valide sind, also keine gute Einschätzung der Eignung von Bewerberinnen und Bewerbern ermöglichen (Kanning, 2016c). Dies betrifft vor allem die folgenden Punkte:

— Viele Arbeitgeber nutzen formale Kriterien, wie zum Beispiel die Menge der Tippfehler, die Länge des Anschreibens oder die formale Gestaltung des Lebenslaufes, um Rückschlüsse auf die Persönlichkeit eines Menschen zu ziehen. Bewerberinnen und Bewerber, die viele Tippfehler aufweisen, erscheinen beispielsweise als wenig gewissenhaft. Eine Studie von Kanning et al., (2018) zeigt jedoch, dass formale Kriterien keinerlei Rückschlüsse auf die Persönlichkeit eines Menschen erlauben.

— In Bezug auf das Anschreiben ist zu berücksichtigen, dass etwa zwei Drittel der Bewerberinnen und Bewerber dieses heute nicht mehr selbst verfassen, sondern mit Vorlagen aus dem Internet arbeiten (Kanning, 2017b). Aus diesem Grund ist es auch nicht sinnvoll, das Anschreiben als Ausdruck einer individuellen Eignung zu interpretieren.

— Das wichtigste Kriterium bei der Sichtung von Bewerbungsunterlagen in deutschen Unternehmen ist das der Berufserfahrung. Dabei wird insbesondere viel Wert auf die Dauer der Berufserfahrungen gelegt (Kanning, 2016c). Die Forschung zeigt jedoch, dass die Dauer der Berufserfahrung in Jahren nur dann ein sinnvoller Prädiktor der zukünftigen Berufsleistung ist, wenn es sich um einen sehr komplexen Beruf handelt. Viele Menschen arbeiten in verhältnismäßig einfachen Berufen. Hier reicht mitunter eine Berufserfahrung von wenigen Monaten aus, um alles zu lernen, was für eine korrekte Aufgabenerfüllung notwendig ist. Man denke in diesem Zusammenhang beispielsweise an Tätigkeiten in der Produktion, im Einzelhandel oder in der Gastronomie. Viel aussagekräftiger als die Dauer in Jahren ist die Vielfalt der Aufgaben, die jemand während seiner beruflichen Tätigkeit erledigen musste (Quiñones et al., 1995). Dennoch wird bei der Besetzung von Führungspositionen die Bedeutung der Führungserfahrung überschätzt. Im Mittelwert lässt sich nicht nachweisen, dass erfahrene Führungskräfte auch bessere Führungskräfte wären als Anfängerinnen und Anfänger im Führungsgeschäft (Kanning & Fricke, 2013).

— Zu den Top Ten der beliebtesten Kriterien bei der Sichtung von Bewerbungsunterlagen gehören Lücken in der Berufsbiografie. Zwei großangelegte Studien zeigen, dass dies nicht gerechtfertigt ist (Frank & Kanning, 2014; Frank et al., 2017). Der Zusammenhang zwischen Lücken in der Berufsbiografie und der Persönlichkeit der betroffenen Personen beziehungsweise ihrer beruflichen Leistung ist äußerst gering. Zudem hängt die Interpretierbarkeit davon ab, ob die Gründe für das Entstehen entsprechender Lücken (z. B. Arbeitslosigkeit, Kindererziehung, Krankheit) bekannt sind.

Statt sich an diesen Kriterien zu orientieren, wäre es sinnvoller, bei der Besetzung von Einstiegspositionen (Auszubildende, Trainees) die Durchschnittsnote des Schulzeugnisses bzw. des Hochschulabschlusses heranzuziehen. Wichtig ist, dass die Ausbildung inhaltlich zu den Arbeitsaufgaben passt und dass die Betroffenen gegebenenfalls entsprechende Weiterbildungsmaßnahmen absolviert haben und einschlägige Berufserfahrung sammeln konnten. Entscheidend ist dabei immer die

Ähnlichkeit zwischen dem früheren Arbeitsplatz und dem zukünftigen (Kanning, 2018).

3 Einstellungsinterview

Einstellungsinterviews werden in Deutschland nach wie vor weitgehend aus dem Bauch heraus geführt (Kanning, 2016b): Diejenige Person, die das Interview leitet, denkt sich die meisten Fragen im laufenden Gespräch aus. Klare Kriterien zur Bewertung der Antworten existieren nicht. Es wird nicht darauf geachtet, dass allen Bewerberinnen und Bewerbern für eine bestimmte Stelle dieselben Fragen gestellt werden. Im Laufe des Gesprächs bildet sich ein subjektiver Eindruck von der Eignung der Person. Am Ende wird die Person eingestellt, die dem Interviewer oder der Interviewerin das beste Gefühl vermittelt. Seit Jahrzehnten zeigt die Forschung, dass derart gering strukturierte Interviews die berufliche Leistung nur äußerst schlecht prognostizieren können. Die durchschnittliche Prognosegüte liegt bei ca. 9 % der zukünftigen beruflichen Leistung. Im Vergleich hierzu liegen hoch strukturierte Interviews bei etwa 35 % (Kanning, 2021a). Hoch strukturierte Interviews weisen folgende Merkmale auf (Schuler, 2018):

- Das Interview basiert auf einer gründlichen Analyse der mit der zukünftigen Stelle einhergehenden Anforderungen.
- Zu jeder Anforderung werden mehrere Fragen formuliert, die allen Bewerberinnen und Bewerbern im späteren Einstellungsinterview gestellt werden.
- Für jede Frage wird ein Punktesystem zur Bewertung der Antworten entwickelt, das letztlich definiert, welche Antwort für eine niedrige oder hohe Ausprägung des interessierenden Merkmals (z. B. Führungskompetenz) spricht.
- An der Bewertung sind mindestens zwei Personen beteiligt, die unabhängig voneinander eine Einschätzung vornehmen.
- Die Auswahlentscheidung basiert auf einem Vergleich des Leistungsprofils der einzelnen Bewerberinnen bzw. Bewerber mit dem Anforderungsprofil der Stelle.

Das Problem gering strukturierter Interviews liegt vor allem darin, dass die Personen, die die Entscheidung fällen, blind ihrer intuitiven Urteilsbildung vertrauen. Das heißt, sie gehen davon aus, dass sie geeignete Personen treffsicher erkennen können, wenn sie sich eine Zeit lang mit ihnen unterhalten. Seit Langem zeigt die Forschung jedoch, dass bei einem solchen Vorgehen in systematischer Weise unbewusste Urteilsfehler auftreten. Beispielsweise werden sehr gut aussehende Menschen positiver bewertet als solche, die weniger gut aussehen. Großen und kräftigen Menschen wird eine höhere Führungskompetenz unterstellt als Menschen mit eher zartem Körperbau. Menschen, die übergewichtig sind oder einen ausländischen Namen tragen, werden abgewertet. Interessanterweise unterlaufen erfahrenen Personen exakt die gleichen Fehler wie völligen Laien (Kanning, 2021b). Die Berufserfahrung schützt also nicht vor entsprechenden Urteilsfehlern.

4 Intelligenztest

Intelligenztests werden in Deutschland nur vergleichsweise selten in der Personalauswahl eingesetzt (Armoneit et al., 2020). Dies ist leider ein Fehler, denn die Intelligenz eines Menschen erweist sich in vielen Berufen als ein sehr guter Prädiktor der zukünftigen Leistung von Bewerberinnen und Bewerbern. ◘ Tab. 1 gibt die Ergebnisse einer entsprechenden Metaanalyse wieder (Salgado et al., 2003). Hier zeigt sich, dass die Intelligenz umso aussagekräftiger für die Prognose der zukünftigen Leistung in einem Beruf ist, je komplexer die beruflichen Aufgaben ausfallen. Die Messung der Intelligenz in der Personalauswahl empfiehlt sich vor allem dann, wenn die neu eingestellten Personen noch sehr viel lernen müssen (Auszubildende, Trainees, Quereinsteiger) oder es sich um komplexe berufliche Aufgaben handelt (z. B. hohe Managementpositionen).

5 Künstliche Intelligenz

Die Digitalisierung der Gesellschaft bringt es mit sich, dass auch in der Personalauswahl in immer stärkerem Maße vollständig digitalisierte Methoden angeboten werden. Beratungsunternehmen versprechen Arbeitgeberinnen und Arbeitgebern, dass sie mithilfe künstlicher Intelligenz Anschreiben sinnvoll deuten, die gesprochene Sprache und auch die Körpersprache im Einstellungsinterview zur Ableitung von Persönlichkeitsprofilen nutzen sowie Internetdaten von Bewerberinnen und Bewerbern sinnvoll zur Persönlichkeitsdiagnostik einsetzen können. In all diesen Bereichen gibt es seit einigen Jahren Grundlagenforschung, die zeigt, dass ein Fünkchen Wahrheit in den Versprechungen der Anbieterinnen und Anbieter liegt. Es finden sich durchaus signifikante Zusammenhänge zwischen der Körpersprache eines Menschen oder seinen Facebook-Daten und der Persönlichkeit. Das eigentliche Problem liegt jedoch darin, dass diese Zusammenhänge sehr gering sind. Zudem ist der Einsatz künstlicher Intelligenz mit vergleichsweise hohen Kosten verbunden. Ein wissenschaftlich fundierter Persönlichkeitsfragebogen würde bei deutlich geringeren Kosten eine viel höhere Validität erreichen. Zum gegenwärtigen Zeitpunkt muss daher vom Einsatz künstlicher Intelligenz in der Personalauswahl abgeraten werden (Kanning, 2024).

◘ Tab. 1 Prognose beruflicher Leistung in Prozent, bezogen auf verschiedene Berufsfelder. (Nach Salgado et al., 2003)

Berufsfeld	Anteil der späteren beruflichen Leistung, die anhand der gemessenen Intelligenz prognostiziert werden kann
Kraftfahrer	20
Elektriker	29
Facharbeiter	30
Ingenieure	40
Manager	45

Fazit

In der Praxis der Personalauswahl wirken zahlreiche Mythen, die letztlich dazu beitragen, dass viele Auswahlverfahren nur in einem sehr geringen Ausmaß in der Lage sind, die berufliche Leistung zu prognostizieren. Im Einzelnen betrifft dies die folgenden Punkte:

- Es ist nicht sinnvoll, Bewerberinnen und Bewerber in Generationen einzuteilen. Die Menschen einer Generation sind so vielfältig in ihren Werthaltungen und Interessen wie Menschen an sich.
- Bei der Sichtung von Bewerbungsunterlagen sollte man sich auf biografische Fakten konzentrieren, die einen direkten Bezug zum Beruf aufweisen. Bewerbungsfotos sind ebenso wenig aussagekräftig wie etwa die formale Gestaltung der Bewerbungsunterlagen, Lücken im Lebenslauf oder Hobbys.
- Intelligenztests erweisen sich in vielen Auswahlverfahren als eine sehr valide Methode zur Prognose der beruflichen Leistung. Dies gilt insbesondere für Positionen, in denen komplexe berufliche Aufgaben zu erledigen sind.
- Einstellungsinterviews sollten in hohem Maße strukturiert ablaufen. Dies ist sowohl im Interesse der Bewerberinnen und Bewerber als auch im Interesse der Arbeitgeberin bzw. des Arbeitgebers: Je weniger Bauchgefühl, desto besser ist in der Regel die Auswahlentscheidung.
- Nach derzeitigem Erkenntnisstand ist es nicht sinnvoll, künstliche Intelligenz in der Personalauswahl einzusetzen.

Schlüsselbegriffe

- **Mythen der Personalauswahl:** Überzeugungen, die häufig in der Praxis anzutreffen sind, jedoch im Widerspruch zu den Ergebnissen der Forschung stehen.
- **Strukturiertes Einstellungsinterview:** Strukturierte Einstellungsinterviews arbeiten mit einem Interviewleitfaden, in dem sowohl die Fragen als auch Kriterien zur Bewertung der Antworten festgelegt sind.
- **Intelligenztest:** Intelligenztests erfassen die kognitive Fähigkeit eines Menschen und gehören zu den besonders validen Methoden der Personalauswahl.
- **Künstliche Intelligenz in der Personalauswahl:** Über computergenerierte Algorithmen wird versucht, die Eignung von Bewerberinnen und Bewerbern festzustellen. Bislang gelingt dies nicht sinnvoll.

Verständnisfragen

1. Welches sind die zwei wichtigsten Argumente gegen den Einsatz des Generationenkonzeptes in der Personalauswahl?
2. Worin besteht der Unterschied zwischen dem Fehler der ersten und dem Fehler der zweiten Art und wie lassen sie sich reduzieren?
3. Warum verraten Anschreiben so wenig über einen Menschen?
4. Wie gestalten Sie ein aussagekräftiges Einstellungsinterview und welche Bedeutung messen Sie dabei der eigenen Erfahrung bei?
5. In welchen Fällen ist es sinnvoll, einen Intelligenztest in der Personalauswahl einzusetzen?

Literatur

Armoneit, C., Schuler, H., & Hell, B. (2020). Nutzung, Validität, Praktikabilität und Akzeptanz psychologischer Personalauswahlverfahren in Deutschland 1985, 1993, 2007, 2020: Fortführung einer Trendstudie. *Zeitschrift für Arbeits- und Organisationspsychologie, 64*(2), 67–82. ▶ https://doi.org/10.1026/0932-4089/a000311.

Frank, F., & Kanning, U. P. (2014). Lücken im Lebenslauf: Ein valides Kriterium der Personalauswahl? *Zeitschrift für Arbeits- und Organisationspsychologie, 58*(3), 155–162. ▶ https://doi.org/10.1026/0932-4089/a000140.

Frank, F., Wach, D., & Kanning, U. P. (2017). Zusammenhang zwischen Lücken im Lebenslauf und Berufserfolg: Ein Mythos der Personalauswahlpraxis. *Zeitschrift für Arbeits- und Organisationspsychologie, 61*(2), 69–80. ▶ https://doi.org/10.1026/0932-4089/a000237.

Kanning, U. P. (2024). Künstliche Intelligenz in der Personalauswahl. In U. P. Kanning & M. L. Ohlms (Hrsg.), Digitale Personalauswahl und Eignungsdiagnostik (S. 197–226). Springer.

Kanning, U. P. (2015). *Personalauswahl zwischen Anspruch und Wirklichkeit*. Springer. ▶ https://doi.org/10.1007/978-3-662-45553-1.

Kanning, U. P. (2016a). Gibt es die Generation Y? *Personalmagazin, 11*, 34–37. ▶ https://www.visionintoaction.de/wp-content/uploads/2017/06/Kanning-gibt-es-die-generation-y.pdf.

Kanning, U. P. (2016b). Einstellungsinterviews in der Praxis. *Report Psychologie, 41*(11–12), 442–450.

Kanning, U. P. (2016c). Über die Sichtung von Bewerbungsunterlagen in der Praxis der Personalauswahl. *Zeitschrift für Arbeits- und Organisationspsychologie, 60*(1), 18–32. ▶ https://doi.org/10.1026/0932-4089/a000193.

Kanning, U. P. (2017a). *50 Strategien, die falschen Mitarbeiter zu finden … und wie Sie es besser machen können*. Beltz.

Kanning, U. P. (2017b). Strategisches Verhalten in der Personalauswahl: Wie Bewerber versuchen, ein gutes Ergebnis zu erzielen. *Zeitschrift für Arbeits- und Organisationspsychologie, 61*(1), 3–17. ▶ https://doi.org/10.1026/0932-4089/a000214.

Kanning, U. P. (2018). *Standards der Personaldiagnostik: Personalauswahl professionell gestalten* (2. Aufl.). Hogrefe. ▶ https://doi.org/10.1026/02740-000.

Kanning, U. P. (2019). *Managementfehler und Managerscheitern*. Springer.

Kanning, U. P. (2021a). *Crashkurs Personalpsychologie: Organisations- und arbeitspsychologische Grundlagen für die Praxis*. Haufe.

Kanning, U. P. (2021b). Wenn Erfahrung nicht vor Torheit schützt: Urteilsfehler in der Personalauswahl. *Skeptiker* (2), 64–71.

Kanning, U. P. (2022). Forschung und Praxis in der Personalpsychologie: Plädoyer für eine evidenzbasierte Personalarbeit. *Report Psychologie, 47*(4), 5–8.

Kanning, U. P. & Fricke, P. (2013). Führungserfahrung: Wie nützlich ist sie wirklich? *Personalführung, 46*(1), 48–53. ▶ https://www.dgfp.de/hr-wiki/Führungserfahrung__Wie_nützlich_ist_sie_wirklich_.pdf.

Kanning, U. P. & Schmitt, A. (2023). Schubladendenken funktioniert nicht – Wie sinnvoll ist es, Menschen in Generationen einzuteilen? *Personalwirtschaft, 9*, 64–66.

Kanning, U. P., Budde, L. & Hülskötter, M. (2018). Wie valide ist die regelkonforme Gestaltung von Bewerbungsunterlagen? *PERSONALquaterly* (4), 38–45.

Maas, R. (Hrsg.). (2023). *Generation Z für Personalmanagement und Führung*. Carl Hanser. ▶ https://doi.org/10.3139/9783446477469.

Parment, A. (2013). *Die Generation Y*. Gabler. ▶ https://doi.org/10.1007/978-3-8349-4622-5.

Quiñones, M. A., Ford, J. K., & Teachout, M. S. (1995). The relationship between work experience and job performance: A conceptual and meta-analytic review. *Personnel Psychology, 48*(4), 887–910. ▶ https://doi.org/10.1111/j.1744-6570.1995.tb01785.x.

Salgado, J. F., Anderson, N., Moscoso, S., Bertua, C., de Fruyt, F., & Rolland, J. P. (2003). A meta-analytic study of general mental ability validity for different occupations in the European community. *Journal of Applied Psychology, 88*(6), 1068–1081. ▶ https://doi.org/10.1037/0021-9010.88.6.1068.

Schuler, H. (2014). *Psychologische Personalauswahl: Eignungsdiagnostik für Personalentscheidungen und Berufsberatung* (4. Aufl.). Hogrefe.

Schuler, H. (2018). *Das Einstellungsinterview* (2. Aufl.). Hogrefe. ▶ https://doi.org/10.1026/02871-000.

Konsumentenverhalten im Mehrkanalhandel

Erik Maier

Inhaltsverzeichnis

1 Kanäle im Handel – 136
1.1 Phasen des Kaufprozesses – 136
1.2 Typen von Kanälen im Handel – 138
1.3 Komplementäre Fähigkeiten der Verkaufskanäle – 139

2 Verhaltensformen im Mehrkanalsystem – 140
2.1 Research-Shopping – 140
2.2 Mono-, Multi- und Omnichannel-Handel – 141
2.3 Synergien zwischen Verkaufskanälen – 143

3 Einflussfaktoren der Kanalnutzung – 143
3.1 Produkttypen – 143
3.2 Einkaufssituation – 144
3.3 Heterogenität der Kundenbedürfnisse – 145

Literatur – 147

© Der/die Autor(en), exklusiv lizenziert an Springer-Verlag GmbH, DE, ein Teil von Springer Nature 2024
J. Basel und S. Manchen Spörri (Hrsg.), *Angewandte Psychologie für die Wirtschaft*,
https://doi.org/10.1007/978-3-662-68559-4_11

Insights

- Kunden stehen mehrere Verkaufs- und Informationskanäle zur Verfügung: zum einen der stationäre Handel und zum anderen digitale Kanäle (stationär, online, mobil).
- Kundenreisen beziehen über alle Phasen (Vorkauf, Kauf und Nachkauf) der sog. *Customer Journey* im Regelfall mehrere Kanäle ein, zum Beispiel zur Information, Transaktion und Nachbearbeitung (z. B. Retouren).
- Durch unterschiedliche Fähigkeiten der Kanäle im Handel entsteht eine positive Wechselwirkung (sog. *Komplementarität*), wodurch die Nutzung von mehreren Kanälen zur Regel wird.
- Dadurch lassen sich Phänomene wie sogenanntes *Research-Shopping* erklären, also beispielsweise das Kaufen im Laden nach einem vorherigen Besuch in einem Onlineshop (sog. „Webrooming") oder der Onlinekauf nach dem Ladenbesuch (sog. „Showrooming").
- Produkttypen (Such- vs. Erfahrungsgüter), Nutzungssituation und Konsumentenpräferenzen erzeugen Heterogenität hinsichtlich des wahrgenommenen Nutzens der Verkaufskanäle und in deren Nutzung über die *Customer Journey*.

Einleitung

Die Bedeutung des Onlinehandels, oder „E-Commerce", hat in den vergangenen Jahrzehnten stark zugenommen. Durch die Corona-Pandemie erhielt das starke Umsatzwachstum einen weiteren Schub: 2021 setzte der Onlinehandel in Deutschland ca. 87 Mrd. € um, was einem Anteil von circa 15 % am Gesamteinzelhandelsvolumen entspricht (Handelsverband Deutschland e. V [HDE], 2022). Dieses Wachstum des Onlinehandels wird medial gern als Sargnagel des stationären Handels gesehen (Weißmüller, 2016). Doch ist das wirklich so? Immer mehr Händler bezeichnen sich selbst als „Multi-" oder gar „Omnichannel"-Händler (Hofacker, 2019). Bereits 86 % des Handelsumsatzes werden heute den Omnichannel-Handelsformaten zugerechnet (Büchl, 2022). Doch dieses Wachstum hat auch Schattenseiten: Seit der rasant steigenden Inflation im Jahre 2022 verzeichnen viele Onlinehändler stagnierende oder sogar sinkende Umsätze im Vergleich zum Vorjahr (z. B. Amazon oder Zalando). Häufig geht diese Umsatzstagnation mit einem Rückgang der Profitabilität einher. Onlinehändler kämpfen mit hohen Werbe- und Retourkosten bei gleichzeitig sinkenden Margen.

Der folgende Beitrag betrachtet das Konsumentenverhalten im Mehrkanalhandel. Dabei wird ein besonderes Augenmerk auf die Rolle der „Kanäle" gelegt. Das Verhalten in den einzelnen Kanälen (z. B. die Optimierung der Produktdarstellung in Webshops auf Basis konsumpsychologischer Erwägungen, Maier, 2019) steht dabei weniger im Fokus.

1 Kanäle im Handel

Aus den unterschiedlichen Konsumentenbedürfnissen entsteht das Zusammenspiel verschiedener Handelskanäle entlang der Phasen des Kaufprozesses.

1.1 Phasen des Kaufprozesses

Ein Kaufprozess im Handel besteht üblicherweise aus drei Phasen: der Vorkauf-, Kauf- und Nachkaufphase. Vor diesem Hintergrund unterscheidet man zwei verschiedene

Bedürfnisse: erstens den Kaufgrund, wie zum Beispiel das Kaputtgehen eines alten Rasenmähers, der ersetzt werden muss. Auf diese von außen gegebenen Gründe (z. B. Kaputtgehen, situationsspezifische Bedürfnisse oder länger geplante Anschaffungen) soll hier nicht näher eingegangen werden, auch wenn diese natürlich auch beeinflussbar sind (etwa durch Werbung).

Zweitens gibt es phasenspezifische Bedürfnisse im Kaufprozess. Diese beeinflussen die Interaktion der Konsumenten mit den Kanälen eines Händlers. Deshalb werden sie hier genauer betrachtet.

Vorkauf Die Vorkaufphase beinhaltet alle Schritte vor dem eigentlichen Kauf eines Produktes, insbesondere die Beschaffung von Informationen zur Produktkategorie, zu einem bestimmten Produkt und zu dessen Alternativen. Daher geht es in der Vorkaufphase (auch: Suchphase) vor allem um die Befriedigung von Informationsbedürfnissen. Die Informationen umfassen sprachlich transportierte Inhalte sowie visuelle (z. B. Aussehen des Produktes) und andere sensuelle Elemente (z. B. Geruch oder Textur eines Produktes). Dabei verändert sich das Informationsverhalten von Konsumenten nicht nur innerhalb der Kundenreise *(Customer Journey)*, sondern sogar innerhalb der Vorkaufphase. Anfangs stehen Aufmerksamkeit und Bewusstsein für bestimmte Lösungen im Vordergrund: „Welche Antriebsarten gibt es heute für Rasenmäher?". Danach werden Informationen zu verfügbaren Produkten und Marken relevanter: „Welche Marken bieten elektrische Rasenmäher an?". In der sogenannten Erwägungsphase geht es den Kundinnen und Kunden um den Vergleich von verfügbaren Optionen entlang bestimmter Dimensionen (z. B. Batteriekapazität, Leistung, Aussehen) im Verhältnis zum Preis. Teils erfolgt dieser Vergleich auch erst am physischen *Point of Sale* oder im Onlineshop. Eine besonders wichtige Information für Konsumenten ist hier der Vergleich des Preises eines Produktes über verschiedene Händler.

Kauf In der Kaufphase – direkt vor und während des Kaufes eines Produktes – geht es vor allem um die Abwicklung der Transaktion, das heißt Vertragsabschluss und Erhalt eines bestimmten Produktes. Dabei spielen besonders die Faktoren Geschwindigkeit („Wann ist das Produkt verfügbar?") und Komfort eine wichtige Rolle. Gleichzeitig versuchen Konsumenten, ihr Risiko gering zu halten, etwa indem sie bei bekannten Händlern bestellen (Gensler et al., 2012).

Nachkauf Auch in der Nachkaufphase (nach Abschluss der Transaktion) entstehen für Konsumierende bestimmte Bedürfnisse. Ein wichtiges Bedürfnis im Onlinehandel ist die (kostenfreie) Rückgabemöglichkeit des Produktes (Shehu et al., 2020). Später geht es in der Nachkaufphase vor allem um den Kundenservice, falls Probleme auftreten (z. B. in Interaktion mit einer Hotline) oder auch als Teil der normalen Produktpflege, etwa Nachfüllprodukte, wie ein neuer Akku oder Druckerpatronen, oder die Wartung beim Pkw. Die Bedeutung der Nachkaufphase variiert je nach Kundensegment und Produktkategorie stark (Frasquet et al., 2015). Während bei einigen Produktkategorien nach dem Kauf nur sehr selten Interaktionen mit dem Handel stattfinden (z. B. bei Lebensmitteln), ist dies bei anderen, z. B. wartungsintensiven Produkten sehr häufig der Fall. Auch versuchen Hersteller zunehmend, durch digitale Technologien eine permanente Beziehung zum Kunden aufrechtzuerhalten, etwa über Apps, mit denen sich das Produkt steuern oder verwalten lässt (vgl. Roggeveen & Sethuraman, 2020).

1.2 Typen von Kanälen im Handel

Kanäle bedienen im Handel die Bedürfnisse der Konsumenten entlang des Kaufprozesses. Dabei unterscheiden wir zwei Typen von Kanälen, obwohl die Grenze zwischen beiden durchaus fließend ist.

Verkaufskanäle Diese Kanäle sind vor allem darauf ausgelegt, den Kauf bzw. die Transaktion zu ermöglichen. Man unterscheidet analoge und digitale Verkaufskanäle (siehe ◘ Tab. 1). Am stationären *Point of Sale* können Konsumenten und Konsumentinnen Produkte auswählen, kaufen und direkt mitnehmen. Andere analoge Verkaufskanäle, etwa Kataloge, Fax- oder Telefonbestellungen, sind heute nicht mehr gebräuchlich.

Im Onlinehandel erfolgen Vergleich und Kauf digital und die Übergabe des Produktes später (etwa durch Versand oder Abholung im Laden im Zuge von *Click & Collect*, Weber & Maier, 2020). Die lang etablierte Gegenüberstellung von On- und Offlinehandel greift heute aber zu kurz, da sich besonders der digitale Handel stark ausdifferenziert hat. Neben dem klassischen *Webshop* sind weitere digitale Kanäle beispielsweise Apps (v. a. im Zusammenspiel mit dem Einkauf über das Mobiltelefon) und digitale Marktplätze, welche wie ein Onlineshop aussehen, aber andere Wirkprinzipien haben (Reinartz et al., 2019).

Gleichzeitig entwickeln sich zahlreiche weitere Verkaufskanäle. Ein Trend ist, dass immer mehr Akteure (z. B. Händler, soziale Netzwerke) direkte Transaktionsmöglichkeiten in ihre Angebote einbauen, um Kunden schneller und einfacher zum Kauf zu bewegen und zusätzliche Einkommensquellen (etwa durch Kommissionen) zu erschließen. Ein Beispiel dafür sind digitale (Sprach-)Assistenten (z. B. Siri, Alexa). Über diese können Konsumenten heute nicht nur Informationen bekommen und weitere Geräte bedienen, sondern auch einkaufen (Halbauer et al., 2022). Auch soziale Netzwerke und ihre Apps fungieren mittlerweile als Verkaufskanal: Viele soziale Netzwerke erlauben es ihren Nutzern, direkt aus dem Netzwerk Produkte zu kaufen (Herzallah et al., 2022). Besonders visuell orientierte Influencer-Netzwerke, wie etwa Instagram, haben früh diese Funktion integriert. Ziel ist dabei, den Kaufprozess zu vereinfachen sowie Impulskäufe zu fördern. An diesen Beispielen sieht man, dass die Bezeichnung „Verkaufskanäle" eigentlich zu kurz greift, da es häufig nicht nur um die reine Transaktion geht, sondern auch Informationen ausgetauscht

◘ **Tab. 1** Vereinfachter Überblick über Verkaufskanäle

Verkaufskanalart	Verkaufskanäle
Analog	Stationärer Handel (*Point of Sale*) Automaten Katalog-Versandhandel Fax- oder Telefonbestellung
Digital	Webshop App Marktplätze Digitale Assistenten (z. B. Alexa) Social Selling

werden und Unterhaltungs- und Erfahrungselemente enthalten sind. Hier verschwimmt die Grenze zwischen Verkaufs- und Werbekanälen.

Werbekanäle Im Gegensatz zu den Handelskanälen dienen Werbekanäle der reinen Information der Verbraucher. Dabei unterscheidet man zwei Formen von Werbung: „Push-" und „Pull-Marketing". „Push-Marketing" beschreibt von einem Unternehmen ausgehende Informationen, beispielsweise Werbeplakate, TV-Werbung oder Display-Werbung. „Pull-Marketing" bezeichnet von Konsumenten nachgefragte Informationen, wie beispielsweise Suchmaschinenanfragen. Die Unterscheidung zwischen diesen Formen ist jedoch nicht immer trennscharf: So suchen Konsumenten (d. h. „Pull") auf Suchmaschinen nach Informationen, etwa zum Suchbegriff „Rasenmäher", gleichzeitig bezahlen aber Unternehmen für eine Listung bei bestimmten Suchbegriffen (d. h. „Push"); man spricht hier von Suchmaschinenwerbung.

Im Vordergrund steht jedoch immer die vom Werbenden kontrollierte und somit in der Regel vorteilhafte Darstellung des jeweiligen Angebotes oder Produktes. ◘ Tab. 2 fasst einige der üblichen Werbekanäle zusammen – wobei besonders im digitalen Marketing noch weitere Alternativen bestehen.

1.3 Komplementäre Fähigkeiten der Verkaufskanäle

Ein kennzeichnendes Element des modernen Handels ist das Zusammenwirken mehrerer Verkaufs- und Werbekanäle. Hierbei treten Synergien, also positive Wechselwirkungen, sowohl zwischen den Werbekanälen als auch zwischen den Verkaufskanälen auf (vgl. Diskussionen zum Beitrag verschiedener Werbekanäle am Kauf, auch Attribution genannt: Kannan et al., 2016). Das Zusammenwirken der Verkaufskanäle im Mehrkanalhandel ist aber kein Nullsummenspiel, in dem sich die Kanäle gegenseitig Umsatz wegnehmen (Deleersnyder et al., 2002); vielmehr ergänzen sich die Verkaufskanäle in ihrer Funktion. Man spricht daher von Komplementarität und nicht Kannibalisierung der Verkaufskanäle; darin besteht der wichtigste Grund für ihr positives Zusammenwirken. So ermöglichen Ladengeschäfte ein reales Verkaufserlebnis, das direkte Testen und auch die sofortige Mitnahme der

◘ **Tab. 2** Vereinfachter Überblick über Werbekanäle

Werbekanalart	Analog	Digital
Push	Plakat TV- und Radio-Werbung (bei nicht „smarten" Geräten) Postwurfsendungen und Dialogmarketing	Display-Werbung/Banner, Inclusive Retargeting Videowerbung (z. B. auf YouTube vor einem Video) In sozialen Medien eingebettete Werbung (z. B. Einblendung auf TikTok) E-Mail-Marketing
Pull	Zeitungsinserate	Suchmaschinenmarketing (*SEA:* Search Engine Advertising) Suchmaschinenoptimierung (*SEO:* Search Engine Optimization) Preisvergleichswebseiten

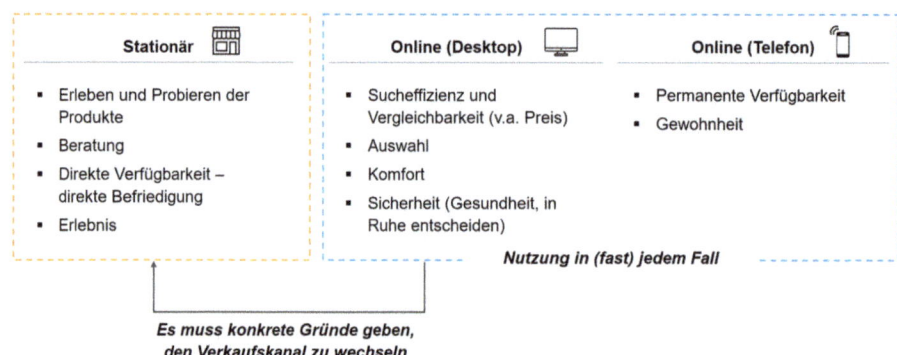

◘ **Abb. 1** Am häufigsten von Konsumenten positiv wahrgenommene Fähigkeiten der Verkaufskanäle Eigene Darstellung

Produkte. Onlineshops dagegen bieten den Vorteil ihrer besonderen Such- und Vergleichseffizienz und eine sehr breite Verfügbarkeit von Waren (Avery et al., 2012). In ◘ Abb. 1 sind einige Vorteile wichtiger Verkaufskanäle zusammengefasst dargestellt.

Durch diese Komplementarität entsteht bei Konsumenten eine unterschiedliche Nutzenwahrnehmung der Kanäle (Konuş et al., 2014; Melis et al., 2015) entlang der verschiedenen Phasen des Kaufprozesses (vgl. ▶ Abschn. 11.1.1). Bei der Informationssuche in der Vorkaufphase haben vor allem digitale Kanäle durch umfangreiche, schnelle und einfach verfügbare Informationen Vorteile gegenüber dem stationären Handel (Avery et al., 2012). Am besten untersucht ist die Nutzenwahrnehmung der potenziellen Käufer in der Kaufphase. Während es beim Onlinekauf vor allem um die komfortable Lieferung, den erhofften niedrigeren Preis und ein größeres Angebot geht, besuchten Befragte ein Geschäft häufig wegen der direkten Verfügbarkeit eines Produktes (Maier & Kirchgeorg, 2016). Auch Studien im internationalen Umfeld unterstreichen die sich ergänzenden Gründe für die Wahl von On- oder Offline-Kanälen (Betancourt et al., 2016; Gensler et al., 2012).

2 Verhaltensformen im Mehrkanalsystem

Im Folgenden gehen wir auf verschiedene, sich aus den unterschiedlichen Fähigkeiten der Verkaufskanäle ergebende Verhaltensformen der Konsumenten ein.

2.1 Research-Shopping

Aufgrund der sich ergänzenden Fähigkeiten kommt es dazu, dass Kunden im Kaufprozess den Verkaufskanal wechseln, um die besonderen Fähigkeiten verschiedener Kanäle (vgl. ◘ Abb. 1) nutzen zu können (Gensler et al., 2017; Neslin et al., 2006): also beispielsweise das Produkt im Laden in die Hände zu nehmen, danach aber online nach dem niedrigsten Preis zu suchen (Gensler et al., 2012). Man spricht hier auch von *Research-Shopping,* das heißt von einem Wechsel der Verkaufskanäle zur

Informationsgewinnung. Betrachtet man einen Kaufprozess mit zwei Schritten, in denen Konsumierende Kontakt zu zwei Kanälen des Händlers haben, kann man im Research-Shopping zwei unterschiedliche Formen unterscheiden:
- *Webrooming:* Informationssuche im Internet, danach Kauf im Laden
- *Showrooming:* Informationssuche im Laden, danach Kauf im Internet

Prinzipiell sind aber auch Kaufprozesse mit mehr als zwei Schritten denkbar (siehe ◘ Abb. 2). Dies lässt sich am Beispiel des Rasenmäherkaufs illustrieren: Kunden werden sich mit hoher Wahrscheinlichkeit in der Suchphase online informieren (z. B. verschiedene Herstellerwebseiten besuchen, Produktrezensionen lesen und Preise bei Händlern vergleichen), gleichzeitig besteht aber auch häufig das Bedürfnis, das Produkt physisch zu testen, – weshalb ein Besuch im Laden bereits in der Suchphase wahrscheinlich ist. Anschließend könnte es zum Onlinekauf kommen, etwa wegen des höheren Komforts, weil das Produkt in der gewünschten Konfiguration beim Händler (z. B. einem Baumarkt) gerade nicht in der Filiale vorrätig ist oder um es günstiger bei einem anderen Anbieter zu kaufen. Die Nachkaufphase könnte wiederum verschiedene Kanäle beinhalten, etwa einen Filialbesuch, wenn es technische Probleme mit dem Produkt gibt.

Generell kann man feststellen, dass in zahlreichen Produktkategorien Kunden fast immer erst digital recherchieren – zumindest mit dem Ziel, einen Referenzpreis für den Ladenbesuch zu ermitteln, die Öffnungszeiten oder die Produktverfügbarkeit zu prüfen (Gensler et al., 2012). Ein Kontakt mit digitalen Werbe- oder Kaufkanälen erfolgt also im Regelfall immer. Stationär orientierte Händler müssen daher nach Möglichkeiten suchen, Kunden in ihren präferierten Verkaufskanal zu bewegen.

2.2 Mono-, Multi- und Omnichannel-Handel

Die Sorgen des stationären Handels hinsichtlich des Onlinehandels lassen sich mit der Entwicklung der Verkaufskanäle erklären (siehe ◘ Abb. 3). Traditionell betrieben die meisten Händler nur einen Verkaufskanal, was als *Monochanneling* bezeichnet wird. Bis zum Aufkommen des Onlinehandels in den 1990er Jahren und noch bis in die 2000er war der stationäre Handel das vorherrschende Modell (vgl. Weltevreden, 2007). Auch viele Onlinehändler waren ursprünglich sogenannte *Pure Player* und betrieben ausschließlich einen Onlineshop. Das Risiko der Kundenabwanderung entsteht, wenn ein anderer Händler derselben Branche Produkte über einen anderen Kanal anbietet (z. B. online). Wenn ein Kunde während des Kaufprozesses den Verkaufskanal wechselt, bedeutet dies dann automatisch den Verlust des Kunden an die Konkurrenz. Wenn ein Kunde etwa zuerst einen Laden besucht,

◘ Abb. 2   Phasen im Kaufprozess und Nutzung der Verkaufskanäle Eigene Darstellung

		Mono-channel					
		"Pure Play"		Multi-channel		Omnichannel	
	Händler:	A	B	C	D	E	F
Verkaufs-kanal:	Stationär	☑	☐	☑	☑	☑	☑
	Online	☐	☑	☑	☑	☑	☑
		Showrooming		*Webrooming*		*Interne Migration*	

▫ **Abb. 3** Von Mono- über Multi- zu Omnichannel Eigene Darstellung

um Schuhe anzuprobieren, und dann letztendlich online kauft (*Showrooming,* vgl. Gensler et al., 2017), ist das schlecht für den stationären, aber gut für den Onlinehändler. Wenn umgekehrt eine Kundin zuerst verschiedene Onlineshops nach ihrem bevorzugten Rasenmäher durchsucht und dann beim Händler vor Ort kauft (*Webrooming,* vgl. Verhoef et al., 2015), geht der Onlinehändler leer aus. In einer Umgebung mit nur einem Verkaufskanal bedeutet jeder Wechsel des Verkaufskanals, dass der Kauf bei der Konkurrenz getätigt wird.

In diesem System war daher jeder Verkaufskanalwechsel (on- zu offline oder umgekehrt) von den Händlern unerwünscht; diese Mentalität hält sich bis heute in Teilen des Handels. So wurden Konsumenten, die sich im Laden informierten und dann online kauften, auch lange als „Trittbrettfahrer" diffamiert (*Free Rider,* vgl. Van Baal & Dach, 2005; Heitz-Spahn, 2013).

Um den Showrooming-Wechsel in den Onlinehandel zu vermeiden, ergriffen insbesondere stationäre Händler verschiedene Maßnahmen, wie zum Beispiel Umbenennung ihrer Produkte im Laden zur Verringerung der Vergleichbarkeit mit dem Onlinehandel oder das Hervorrufen eines schlechten Gewissens bei Kunden, die zum Onlinekauf wechseln wollten. Dieser Ansatz basiert auf der Betrachtung der Beziehung der Verkaufskanäle als Nullsummenspiel: Was in einem Verkaufskanal gekauft wird, kann nicht mehr in einem anderen erworben werden. Als Konsequenz daraus richteten vor allem stationäre Händler, die sich durch den Onlinehandel unter Druck gesetzt fühlten, selbst einen Onlinekanal ein (vgl. Pauwels et al., 2011; van Nierop et al., 2011). Die so entstandenen Mehrkanalnetzwerke bezeichnet man als *Multichannel-Netzwerke* (Verhoef et al., 2015).

Ein weiterer wichtiger Vorteil der Verfügbarkeit mehrerer Verkaufskanäle ist, dass Händler dadurch wahrscheinlicher mit ihren Kunden in Kontakt kommen. Einzelne Kanäle sind nicht nur Points of Sale, sondern Kontaktpunkte, über die Kunden in Kontakt mit einer Marke kommen (Verhoef et al., 2015) – zusätzlich zur (kanalübergreifenden) Werbung (Danaher et al., 2020). Erhöht ein Händler die Anzahl der Kanäle, dann erhöht sich auch die Anzahl der Kundenkontakte (Baxendale et al., 2015). Zwar wird besonders stationären Geschäften ein sog. „Werbetafeleffekt" zugeschrieben (*Billboard Effect,* Avery et al., 2012; Wang & Goldfarb, 2017), aber auch die Webseiten eines Händlers oder Anbieters helfen, die Markenbekanntheit zu steigern (vgl. Biyalogorsky & Naik, 2003). Kanäle eines Handelssystems können daher als Zugangstor für andere Kanäle fungieren, die Konsumenten von einem Kanal in einen anderen lotsen (Verhoef et al., 2007;

Dholakia et al., 2005). Beispiele hierfür sind Werbeaktionen im Ladenlokal (beispielsweise Flyer für die neue App) oder im Webshop (beispielsweise für Sonderaktionen in bestimmten Filialen).

2.3 Synergien zwischen Verkaufskanälen

Die sich ergänzenden Fähigkeiten der Verkaufskanäle sind am besten für das Verhältnis zwischen stationärem Handel und Webshops dokumentiert (Avery et al., 2012; Pauwels et al., 2011; Pauwels & Neslin, 2015; van Nierop et al., 2011), gelten aber prinzipiell auch für die Beziehung zwischen normalen und mobilen Webshops (Bang et al., 2013; L. Huang et al., 2016), zwischen stationärem Handel und mobilen Webshops (Grewal et al., 2018) sowie Marktplätzen und Webshops (Maier & Wieringa, 2021).

Insgesamt kann man festhalten, dass die Vorteile eines Mehrkanalsystems für den Händler weiter zunehmen, je stärker die Verkaufskanäle integriert sind, das heißt je einfacher die Übergänge zwischen den Kanälen eines Händlers für die Kundinnen und Kunden sind (Herhausen et al., 2015; H. Li et al., 2018). Durch die Integration der Kanäle sinken die Kosten für einen Wechsel innerhalb des Verkaufskanalsystems eines Händlers, was es wiederum unwahrscheinlicher macht, dass Kundinnen und Kunden beim Research-Shopping zur Konkurrenz abwandern. Diese Erweiterung und Integration der Verkaufskanäle kann nicht nur zu einer Umsatz-, sondern auch zu einer Profitabilitätssteigerung führen (Maier et al., 2023). Daher sollten Händler nicht nur mehrere Kanäle anbieten (Multichannel-Handel), sondern diese auch verknüpfen (Omnichannel-Handel).

3 Einflussfaktoren der Kanalnutzung

Drei Faktoren sind wichtige Treiber der Kanalnutzung im Mehrkanalhandel: 1) Produkttypen, 2) die Einkaufssituation, 3) die Heterogenität der Kundenbedürfnisse.

3.1 Produkttypen

Die Intensität und Form des Research-Shoppings unterscheidet sich nach Produktkategorie (vgl. ◘ Abb. 4). Die Art des Produktes bestimmt hierbei, wie stark sich die Bedürfnisse im Kaufprozess unterscheiden (Weathers et al., 2007). Denn besonders Suchgüter *(Search Goods)*, für die objektive und vergleichbare Kriterien eine wichtige Rolle spielen (z. B. die Speicherkapazität einer Festplatte, Akkulaufzeit, Gewicht), eignen sich für die Onlinerecherche nach Informationen: Zahlreiche, als objektiv wahrgenommene Informationen lassen sich leichter online sammeln und vergleichen als beim Besuch mehrerer Läden. Da Suchgüter vergleichbar sind (z. B. ein bestimmtes Buch), kommt die Preistransparenz des Onlinehandels bei diesen Gütern besonders zum Tragen. Auch werden bei Suchgütern seltener weitere haptische oder visuelle Informationen benötigt, die nur im stationären Handel verfügbar sind. Daher findet der Handel von Suchgütern heute sehr stark digital statt – und

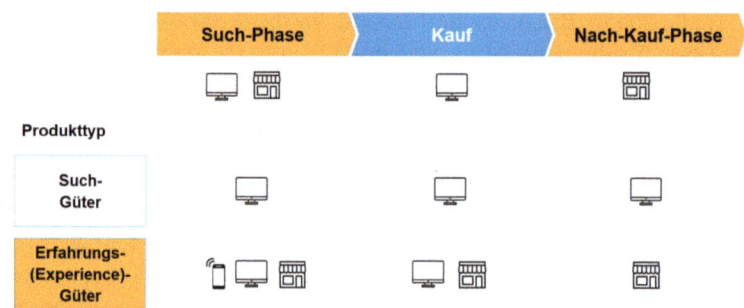

Abb. 4 Wahrscheinlichkeit von Research-Shopping für verschiedene Produkttypen Eigene Darstellung

waren Suchgüter wie Bücher, andere Medien und Elektronik die ersten, in denen der Onlinehandel die Verkaufszahlen dominierte. ◘ Abb. 3 stellt dies illustrativ dar.

Hingegen eignen sich sogenannte Erfahrungsgüter *(Experience Goods),* die Konsumentinnen und Konsumenten testen und häufig anfassen müssen, um ihre Qualität zu beurteilen, deutlich weniger gut für die rein digitale Informationssuche. Deshalb bevorzugen Konsumentinnen und Konsumenten für diese Güter den Besuch eines Ladens zur Informationsgewinnung, um das Produkt auszuprobieren oder sich beraten zu lassen (Maier & Kirchgeorg, 2016). Dieser stationäre Besuch ergänzt die digitale Informationsbeschaffung in der Suchphase des Kaufprozesses. Suchen Kundinnen und Kunden beispielsweise nach einem neuen Sofa, könnten sie sich online einen Überblick über das Angebot verschaffen, stationär testen und dann letztlich online bestellen, um den Komfort einer Produktlieferung zu bekommen – und dann evtl. im Laden zu reklamieren. An diesem Beispiel wird deutlich, dass die Stärke der Komplementarität nicht bei jeder Produktkategorie gleich ist (Betancourt et al., 2016; Pauwels et al., 2011). Die bereits erwähnten Suchgüter, bei denen die Suche von Informationen eine große Bedeutung hat bzw. die sehr vergleichbar sind (z. B. Elektronikartikel), profitieren weit weniger vom Verkaufskanalwechsel als Erfahrungsgüter, bei denen sowohl Informationssuche als auch multisensuale Elemente wichtig sind (wie Möbel oder Mode).

Neben diesen Produkttypen gibt es weitere Produktkategorien, die Verbraucherinnen und Verbraucher aus Gewohnheit (z. B. Lebensmittel, Drogerieartikel) oder wegen ihres geringen Sachwertes (z. B. Waren des täglichen Bedarfs) seltener in Mehrkanalprozessen kaufen. Teils ist dies nicht nur durch die Konsumentinnen und Konsumenten bestimmt, sondern hat auch mit dem Angebot des Handels zu tun, wenn die Produkte zum Beispiel eine zu geringe Marge bei zu hohen Versandkosten haben.

3.2 Einkaufssituation

Ein wichtiger Treiber für die Wahl der Verkaufskanäle ist die Einkaufssituation. Hierbei spielt besonders die Verfügbarkeit eine wichtige Rolle. Einerseits die Verfügbarkeit des Verkaufskanals: Vor allem mobile Verkaufskanäle (mobile Webshops, Apps) werden von Konsumenten wegen ihrer permanenten Verfügbarkeit

(z. B. beim Pendeln im Nahverkehr) genutzt (L. Huang et al., 2016). Andererseits geht es auch um die Verfügbarkeit der Produkte. Zwar versuchen Onlinehändler die Lieferzeiten ihrer Produkte immer weiter zu senken, zum Beispiel Amazon mit „PrimeNow" oder sogenannte „Quick Commerce"-Lieferdienste für Lebensmittel, aber zahlreiche Produkte sind weiterhin am schnellsten stationär verfügbar. Daher schließen Kundinnen und Kunden ihren Kaufprozess dann besonders häufig stationär ab, wenn sie die gesuchten Produkte schnell benötigen (Weber & Maier, 2020). Andererseits führt eine wahrgenommene Zeitknappheit wiederum häufig dazu, dass Konsumentinnen und Konsumenten in den Onlinehandel wechseln, um sich den Weg in den stationären Handel zu sparen.

Weitere wichtige situative Faktoren, die die Mehrkanalnutzung beeinflussen, haben mit dem Bedürfnis nach Informationen in der Vorkauf- oder Suchphase zu tun. Impulskäufe beispielsweise sind fast nie durch ausführliche Rechercheprozesse über mehrere Kanäle geprägt – egal, ob sie on- oder offline stattfinden.

3.3 Heterogenität der Kundenbedürfnisse

Neben den sich ergänzenden Fähigkeiten der Verkaufskanäle ist auch deren Reichweite in bestimmten Kundensegmenten ein wichtiger Grund für ihr positives Zusammenspiel. Denn hinsichtlich der Nutzung der verfügbaren Kanäle besteht eine deutliche Heterogenität zwischen den Konsumentengruppen (Konuş et al., 2008; Sands et al., 2016).

Zunächst gingen Onlinehändler davon aus, durch ein besseres Einkaufserlebnis die gesamten Umsätze des stationären Handels auf sich ziehen zu können. So schreibt zum Beispiel der amerikanische Online-Möbelhändler Wayfair Inc. (2015, eigene Übersetzung):

» Die Möglichkeiten sind riesig. […] Kunden haben deutlich gemacht, dass sie Möbel gern online einkaufen möchten. Wir glauben, dass die Kunden, die schon heute bei uns kaufen, nur die Vorreiter sind.

Diese Hoffnung erwies sich jedoch als falsch. Zwar gibt es Vorreiter *(Early Adopters)* und Nachzügler *(Late Adopters)* unter den Nutzern des Onlinehandels (vgl. J. Li et al., 2015). Das bedeutet aber keinesfalls, dass sich der komplette Handelsumsatz in den Onlinehandel verschiebt. Gründe für eine vielfältigere Kanalnutzung sind einerseits die unterschiedlichen Fähigkeiten der Kanäle (siehe ▶ Abschn. 11.1.3). Aber auch die Bedürfnisse einzelner Kundensegmente unterscheiden sich (Konuş et al., 2008; Pauwels et al., 2011). Als vereinfachtes Beispiel: Während einige Kundinnen und Kunden ungern Läden besuchen und lieber bequem von daheim einkaufen, weil sie ein starkes Komfortbedürfnis haben, bevorzugen andere den stationären Handel, weil sie Produkte gern testen oder sofort mitnehmen möchten. Auch wenn diese stereotype Polarisierung in der Praxis natürlich verschwimmt, unterscheidet sich der aus den Fähigkeiten eines Verkaufskanals erzielte Nutzen für einzelne Kundensegmente (Pauwels et al., 2011). Daher können Händler, die nur einen Verkaufskanal anbieten, nur einzelne Kundensegmente ansprechen und nicht den gesamten Markt. Händler mit mehreren (integrierten) Verkaufskanälen sind hier breiter aufgestellt.

Eine Vielzahl von Faktoren fördert die segmentspezifische Wahrnehmung der Kanäle. Beispielsweise sinkt die Nutzung digitaler Kanäle mit zunehmendem Alter (Blut & Wang, 2020), aber die Nutzung des stationären Handels steigt (Maier et al., 2023). Auch Erfahrung mit bestimmten Kanälen, wie etwa dem Onlinehandel (Frambach et al., 2007) und der sozioökonomische Status beeinflussen die Nutzung von Verkaufskanälen (Neslin et al., 2006; Im et al., 2003). Zusätzlich zu dieser interpersonellen Varianz in der Wahrnehmung der Verkaufskanäle gibt es auch noch situative Faktoren, die die Nutzenwahrnehmung der Kanäle beeinflussen (z. B. Zeitdruck, vgl. Weber & Maier, 2020). Zusammengefasst variiert die Nutzenwahrnehmung eines Verkaufskanals abhängig von der Produktkategorie, der Phase des Kaufprozesses, des Kundensegments und von situativen Faktoren.

> **Fazit**
>
> Das Kundenverhalten im heutigen Mehrkanalhandel ist nicht mehr durch eine Entscheidung für oder gegen den stationären bzw. den digitalen Handel geprägt. Vielmehr nutzen Kunden mehrere Kanäle über den Kaufprozess hinweg – in Abhängigkeit vom wahrgenommenen Nutzen der Kanäle, von den gesuchten Produkten und der Einkaufssituation. Die Antwort des Handels auf diese Verhaltensweisen heißt *Omnichanneling*, womit die nahtlose Integration der Verkaufskanäle bezeichnet wird. Diese Integration hat das Ziel, die fast in jedem Fall stattfindenden Verkaufskanalwechsel während eines Kaufprozesses innerhalb des Verkaufskanalsystems des Händlers stattfinden zu lassen. Gleichzeitig besteht eine große Heterogenität zwischen verschiedenen Kundentypen – was es den Händlern ermöglicht, durch die Konfiguration und Erweiterung ihres Verkaufskanalsystems bestehende Kunden besser anzusprechen oder neue Kunden zu gewinnen.

Schlüsselbegriffe

- **Werbekanäle:** Kanäle, in denen Kunden durch die Anbieter mittels Werbung informiert werden (z. B. Onlinebanner oder Plakate).
- **Verkaufskanäle:** Kanäle, in denen Konsumenten sich informieren, aber auch kaufen können.
- **Komplementarität der Kanäle:** positives Wechselspiel der Verkaufskanäle, welches zu Synergien (vs. Kannibalisierung) führt (d. h. „Win-Win" statt Nullsummenspiel).
- **Research-Shopping:** Wechsel der Verkaufskanäle im Kaufprozess mit dem Ziel, die jeweiligen Vorteile der Verkaufskanäle auszunutzen (z. B. Online-Informationssuche, Offlinekauf).
- **Webrooming:** Online-Informationssuche, Offlinekauf.
- **Showrooming:** Offline-Informationssuche, Onlinekauf.
- **Omni-Channel:** System der starken Integration der Verkaufskanäle eines Händlers (vs. Multi-Channel, wo diese nicht so stark integriert sind).
- **Suchgüter:** Güter, über die sich per „Schreibtischrecherche" sehr gut Informationen sammeln lassen, die für den Kauf nötig sind.
- **Erfahrungsgüter:** Güter, für die eine direkte Erfahrung zur Einschätzung von Qualität und Fähigkeiten des Produktes nötig ist (durch Berühren, Sehen oder Riechen). Diese Güter bilden das Gegenstück zu den Suchgütern.

Verständnisfragen

1. Welche Phasen des Kaufprozesses gibt es? Und welche Bedürfnisse sind in ihnen besonders wichtig?
2. Warum sind Verkaufskanäle „komplementär"?
3. Erfüllen alle Verkaufskanäle in jedem Kaufprozess eine Funktion?
4. Wie beeinflussen Produktkategorie, Situation und Heterogenität der Kunden die Kanalwahl?

Literatur

Avery, J., Steenburgh, T. J., Deighton, J., & Caravella, M. (2012). Adding bricks to clicks: Predicting the patterns of cross-channel elasticities over time. *Journal of Marketing, 76*(3), 96–111. ▶ https://doi.org/10.1509/jm.09.0081.

Bang, Y., Lee, D.-J., Han, K., Hwang, M., & Ahn, J.-H. (2013). Channel capabilities, product characteristics, and the impacts of mobile channel introduction. *Journal of Management Information Systems, 30*(2), 101–126. ▶ https://doi.org/10.2753/MIS0742-1222300204.

Baxendale, S., Macdonald, E. K., & Wilson, H. N. (2015). The impact of different touchpoints on brand consideration. *Journal of Retailing, 91*(2), 235–253. ▶ https://doi.org/10.1016/j.jretai.2014.12.008.

Betancourt, R. R., Chocarro, R., Cortiñas, M., Elorz, M., & Mugica, J. M. (2016). Channel choice in the 21st century: The hidden role of distribution services. *Journal of Interactive Marketing, 33*, 1–12. ▶ https://doi.org/10.1016/j.intmar.2015.09.002.

Biyalogorsky, E., & Naik, P. (2003). Clicks and mortar: The effect of on-line activities on off-line sales. *Marketing Letters, 14*(1), 21–32. ▶ https://doi.org/10.1023/A:1022854017292.

Blut, M., & Wang, C. (2020). Technology readiness: A meta-analysis of conceptualizations of the construct and its impact on technology usage. *Journal of the Academy of Marketing Science, 48*(4), 649–669. ▶ https://doi.org/10.1007/s11747-019-00680-8.

Büchl, J. (2022). *Omnichannel ist „the new normal": Das müssen Händler jetzt wissen*. Google. ▶ https://www.thinkwithgoogle.com/intl/de-de/insights/customer-journey/omnichannel-ist-das-new-normal-im-handel/.

Danaher, P. J., Danaher, T. S., Smith, M. S., & Loaiza-Maya, R. (2020). Advertising effectiveness for multiple retailer-brands in a multimedia and multichannel environment. *Journal of Marketing Research, 57*(3), 445–467. ▶ https://doi.org/10.1177/0022243720910104.

Deleersnyder, B., Geyskens, I., Gielens, K., & Dekimpe, M. G. (2002). How cannibalistic is the internet channel? A study of the newspaper industry in the United Kingdom and The Netherlands. *International Journal of Research in Marketing, 19*(4), 337–348. ▶ https://doi.org/10.1016/S0167-8116(02)00099-X.

Dholakia, R. R., Zhao, M., & Dholakia, N. (2005). Multichannel retailing: A case study of early experiences. *Journal of Interactive Marketing, 19*(2), 63–74. ▶ https://doi.org/10.1002/dir.20035.

Frambach, R. T., Roest, H. C. A., & Krishnan, T. V. (2007). The impact of consumer Internet experience on channel preference and usage intentions across the different stages of the buying process. *Journal of Interactive Marketing, 21*(2), 26–41. ▶ https://doi.org/10.1002/dir.20079.

Frasquet, M., Mollá, A., & Ruiz, E. (2015). Identifying patterns in channel usage across the search, purchase and post-sales stages of shopping. *Electronic Commerce Research and Applications, 14*(6), 654–665. ▶ https://doi.org/10.1016/j.elerap.2015.10.002.

Gensler, S., Verhoef, P. C., & Böhm, M. (2012). Understanding consumers' multichannel choices across the different stages of the buying process. *Marketing Letters, 23*(4), 987–1003. ▶ https://doi.org/10.1007/s11002-012-9199-9.

Gensler, S., Neslin, S. A., & Verhoef, P. C. (2017). The showrooming phenomenon: It's more than just about price. *Anniversary Issue, 38*, 29–43. ▶ https://doi.org/10.1016/j.intmar.2017.01.003.

Grewal, D., Ahlbom, C.-P., Beitelspacher, L., Noble, S. M., & Nordfält, J. (2018). In-store mobile phone use and customer shopping behavior: Evidence from the field. *Journal of Marketing, 82*(4), 102–126. ▶ https://doi.org/10.1509/jm.17.0277.

Halbauer, I., Jacob, S., & Klarmann, M. (2022). Brand presentation order in voice shopping: Understanding the effects of sequential product presentation. *Journal of Retailing, 98*(4), 759–778. ▶ https://doi.org/10.1016/j.jretai.2022.06.002.

Handelsverband Deutschland e. V. (HDE). (2022). *Online Monitor 2022.* ▶ https://einzelhandel.de/online-monitor.

Heitz-Spahn, S. (2013). Cross-channel free-riding consumer behavior in a multichannel environment: An investigation of shopping motives, sociodemographics and product categories. *Journal of Retailing and Consumer Services, 20*(6), 570–578. ▶ https://doi.org/10.1016/j.jretconser.2013.07.006.

Herhausen, D., Binder, J., Schoegel, M., & Herrmann, A. (2015). Integrating bricks with clicks: Retailer-level and channel-level outcomes of online-offline channel integration. *Journal of Retailing, 91*(2), 309–325. ▶ https://doi.org/10.1016/j.jretai.2014.12.009.

Herzallah, D., Muñoz-Leiva, F., & Liébana-Cabanillas, F. (2022). Selling on Instagram: Factors that determine the adoption of Instagram commerce. *International Journal of Human-Computer Interaction, 38*(11), 1004–1022. ▶ https://doi.org/10.1080/10447318.2021.1976514.

Hofacker, L. (2019). *Omnichannel-Commerce 2019: Marktanalyse von Services, Kommunikation und Mehrkanal-Modellen.* EHI Retail Institute GmbH.

Huang, L., Lu, X., & Ba, S. (2016). An empirical study of the cross-channel effects between web and mobile shopping channels. *Information & Management, 53*(2), 265–278. ▶ https://doi.org/10.1016/j.im.2015.10.006.

Im, S., Bayus, B. L., & Mason, C. H. (2003). An empirical study of innate consumer innovativeness, personal characteristics, and new-product adoption behavior. *Journal of the Academy of Marketing Science, 31*(1), 61–73. ▶ https://doi.org/10.1177/0092070302238602.

Kannan, P. K., Reinartz, W., & Verhoef, P. C. (2016). The path to purchase and attribution modeling: Introduction to special section. *International Journal of Research in Marketing, 33*(3), 449–456. ▶ https://doi.org/10.1016/j.ijresmar.2016.07.001.

Konuş, U., Verhoef, P. C., & Neslin, S. A. (2008). Multichannel shopper segments and their covariates. *Journal of Retailing, 84*(4), 398–413. ▶ https://doi.org/10.1016/j.jretai.2008.09.002.

Konuş, U., Neslin, S. A., & Verhoef, P. C. (2014). The effect of search channel elimination on purchase incidence, order size and channel choice. *International Journal of Research in Marketing, 31*(1), 49–64. ▶ https://doi.org/10.1016/j.ijresmar.2013.07.008.

Li, J., Konuş, U., Pauwels, K., & Langerak, F. (2015). The hare and the tortoise: Do earlier adopters of online channels purchase more? *Journal of Retailing, 91*(2), 289–308. ▶ https://doi.org/10.1016/j.jretai.2015.01.001.

Li, H., Lobschat, L., & Verhoef, P. C. (2018). Multichannel retailing: A review and research agenda. *FNT in Marketing, 12*(1), 1–79. ▶ https://doi.org/10.1561/1700000059.

Maier, E. (2019). Serial product evaluations online: A three-factor model of leadership, fluency and tedium during product search. *International Journal of Research in Marketing, 36*(4), 558–579. ▶ https://doi.org/10.1016/j.ijresmar.2019.07.001.

Maier, E., & Kirchgeorg, M. (2016). *Wie reagiert der Offline- auf den Online-Handel? Die Verbreitung von Reaktionsstrategien im stationären Handel.* HHL. ▶ https://www.hhl.de/app/uploads/2018/10/Maier-Kirchgeorg_2016_Wie-reagiert-der-Offline-auf-den-Online-Handel.pdf.

Maier, E., & Wieringa, J. (2021). Acquiring customers through online marketplaces? The effect of marketplace sales on sales in a retailer's own channels. *International Journal of Research in Marketing, 38*(2), 311–328. ▶ https://doi.org/10.1016/j.ijresmar.2020.09.007.

Maier, E., Bornschein, R., Manss, R. & Hesse, D. (2023). Financial consequences of adding bricks to clicks. *International Journal of Research in Marketing.* Vorab-Onlinepublikation. ▶ https://doi.org/10.1016/j.ijresmar.2023.06.003.

Melis, K., Campo, K., Breugelmans, E., & Lamey, L. (2015). The impact of the multi-channel retail mix on online store choice: Does online experience matter? *Journal of Retailing, 91*(2), 272–288. ▶ https://doi.org/10.1016/j.jretai.2014.12.004.

Neslin, S. A., Grewal, D., Leghorn, R., Shankar, V., Teerling, M. L., Thomas, J. S., & Verhoef, P. C. (2006). Challenges and opportunities in multichannel customer management. *Journal of Service Research, 9*(2), 95–112. ▶ https://doi.org/10.1177/1094670506293559.

Pauwels, K., & Neslin, S. A. (2015). Building with bricks and mortar: The revenue impact of opening physical stores in a multichannel environment. *Journal of Retailing, 91*(2), 182–197. ▶ https://doi.org/10.1016/j.jretai.2015.02.001.

Pauwels, K., Leeflang, P. S. H., Teerling, M. L., & Huizingh, K. E. R. (2011). Does online information drive offline revenues? Only for specific products and consumer segments! *Journal of Retailing, 87*(1), 1–17. ▶ https://doi.org/10.1016/j.jretai.2010.10.001.

Reinartz, W., Wiegand, N., & Imschloss, M. (2019). The impact of digital transformation on the retailing value chain. *International Journal of Research in Marketing, 36*(3), 350–366. ▶ https://doi.org/10.1016/j.ijresmar.2018.12.002.

Roggeveen, A. L., & Sethuraman, R. (2020). Customer-interfacing retail technologies in 2020 & beyond: An integrative framework and research directions. *Journal of Retailing, 96*(3), 299–309. ▶ https://doi.org/10.1016/j.jretai.2020.08.001.

Sands, S., Ferraro, C., Campbell, C., & Pallant, J. (2016). Segmenting multichannel consumers across search, purchase and after-sales. *Journal of Retailing and Consumer Services, 33*, 62–71. ▶ https://doi.org/10.1016/j.jretconser.2016.08.001.

Shehu, E., Papies, D., & Neslin, S. A. (2020). Free shipping promotions and product returns. *Journal of Marketing Research, 57*(4), 640–658. ▶ https://doi.org/10.1177/0022243720921812.

Van Baal, S., & Dach, C. (2005). Free riding and customer retention across retailers' channels. *Journal of Interactive Marketing, 19*(2), 75–85. ▶ https://doi.org/10.1002/dir.20036.

Van Nierop, J. E. M., Leeflang, P. S. H., Teerling, M. L., & Huizingh, K. E. R. (2011). The impact of the introduction and use of an informational website on offline customer buying behavior. *International Journal of Research in Marketing, 28*(2), 155–165. ▶ https://doi.org/10.1016/j.ijresmar.2011.02.002.

Verhoef, P. C., Neslin, S. A., & Vroomen, B. (2007). Multichannel customer management: Understanding the research-shopper phenomenon. *International Journal of Research in Marketing, 24*(2), 129–148. ▶ https://doi.org/10.1016/j.ijresmar.2006.11.002.

Verhoef, P. C., Kannan, P. K., & Inman, J. J. (2015). From multi-channel retailing to omni-channel retailing: Introduction to the special issue on multi-channel retailing. *Journal of Retailing, 91*(2), 174–181. ▶ https://doi.org/10.1016/j.jretai.2015.02.005.

Wang, K., & Goldfarb, A. (2017). Can offline stores drive online sales? *Journal of Marketing Research, 54*(5), 706–719. ▶ https://doi.org/10.1509/jmr.14.0518.

Wayfair Inc. (2015). *2014 annual report*. ▶ https://investor.wayfair.com/reporting/annual-reports-and-proxies/default.aspx.

Weathers, D., Sharma, S., & Wood, S. L. (2007). Effects of online communication practices on consumer perceptions of performance uncertainty for search and experience goods. *Journal of Retailing, 83*(4), 393–401. ▶ https://doi.org/10.1016/j.jretai.2007.03.009.

Weber, A., & Maier, E. (2020). Reducing competitive research shopping with cross-channel delivery. *International Journal of Electronic Commerce, 24*(1), 78–106. ▶ https://doi.org/10.1080/10864415.2019.1683706.

Weißmüller, L. (23. Juni 2016). Der Einzelhandel verschwindet – und das ist gut so. *Süddeutsche Zeitung*. ▶ https://www.sueddeutsche.de/wirtschaft/innenstaedte-der-einzelhandel-verschwindet-und-das-ist-gut-so-1.3045300.

Weltevreden, J. W. (2007). Substitution or complementarity? How the Internet changes city centre shopping. *Journal of Retailing and Consumer Services, 14*(3), 192–207. ▶ https://doi.org/10.1016/j.jretconser.2006.09.001.

Kundenvertrauen und Misstrauen

Relevanz, Dynamik und Interaktion

Jörn Basel

Inhaltsverzeichnis

1   Von Urvertrauen zu Kundenvertrauen – 153

2   Facetten des Vertrauensbegriffs – 155

3   Relevanz und Messung von Kundenvertrauen – 156

4   Verlorenes Vertrauen und Misstrauen – 159

     Literatur – 163

© Der/die Autor(en), exklusiv lizenziert an Springer-Verlag GmbH, DE, ein Teil von Springer Nature 2024
J. Basel und S. Manchen Spörri (Hrsg.), *Angewandte Psychologie für die Wirtschaft*,
https://doi.org/10.1007/978-3-662-68559-4_12

Insights

- Kundenvertrauen bezeichnet die Erwartung und Zuversicht eines Kunden, dass sich ein Anbieter in Bezug auf seine Leistungsversprechen verlässlich und im Umgang mit dem Abnehmer fair und integer verhält.
- Die Vertrauenswürdigkeit eines Anbieters bemisst sich insbesondere anhand der Dimensionen Kompetenz, Wohlwollen und Integrität.
- Die Messung von Kundenvertrauen zielt beispielsweise auf eine Beurteilung des Vertrauensnehmers hinsichtlich Humanität, Transparenz, Kompetenz und Verlässlichkeit ab.
- Herausfordern ist bei zahlreichen Messansätzen die Integration des schwierig operationalisierbaren Faktors Verletzlichkeit.
- (Kunden-)Vertrauen und Misstrauen können als separate Konstrukte konzipiert werden. Dies bedeutet auch, dass unterschiedliche Strategien im Bereich des Vertrauensaufbaus und der Misstrauensreduktion zielführend sein können.

Einleitung

Zahlreiche Unternehmensskandale der letzten Jahre werden oftmals mit einem damit einhergehenden Vertrauensverlust in Verbindung gebracht und folglich auch als *Vertrauenskrisen* deklariert (Bachmann et al., 2015). In den meisten Fällen bedeuten diese Ereignisse zwar auch einen schmerzhaften finanziellen Verlust für die betroffenen Unternehmen, jedoch ist dieser in der Regel nicht existenzbedrohend. Wie bedeutsam kann schwindendes Vertrauen aus Kundensicht aber im Extremfall sein? Kann erodierendes Kundenvertrauen auch einen globalen Konzern in die Knie zwingen? Die kurze Antwort auf diese Frage lautet: Ja. So gilt es als hinlänglich dokumentiert, dass der Niedergang der Schweizer Großbank Credit Suisse im Frühjahr 2023 insbesondere durch einen dramatischen Vertrauensverlust erklärt werden kann. Dieser führte schlussendlich zu einem so umfangreichen und damit geschäftsbedrohenden Kapitalabzug (siehe ◘ Abb. 1), dass schließlich der Schweizer Staat intervenieren musste und im Zuge einer sogenannten „Shotgun-Wedding" eine (Not-)Übernahme durch den Hauptkonkurrenten UBS in die Wege leitete (Schoop & Baumann-Rüdiger, 2023).

Um zu verstehen, welch eine vielseitige Bedeutung Kundenvertrauen in unserem Wirtschaftssystem besitzt, soll daher in diesem Beitrag eine kurze konzeptionelle Bestandsaufnahme des Konstruktes Vertrauen erfolgen, mit einem besonderen Fokus auf die Interaktion zwischen Unternehmen (als Anbieter) und Kunden (als Konsumenten).[1] Neben einer Einführung in verschiedene Vertrauensfacetten und deren ökonomische Relevanz soll hierbei auch diskutiert werden, welche Dynamiken sich aus fehlendem oder verlorenem Vertrauen ergeben. Hierzu ist es notwendig, auch das Zusammenspiel von Vertrauen und Misstrauen genauer zu betrachten. Die Kenntnis dieser Dynamik ist nicht nur aus wissenschaftlicher Sicht lohnend: Auch die reichhaltige anwendungsorientierte Forschung zu diesem Themenbereich zeigt, dass nicht jeder Vertrauensverlust irreparabel ist oder

---

1 In diesem Beitrag werden die Begriffe *Kunde* und *Konsument* weitestgehend synonym verstanden. Während *Kunde* allerdings oftmals als Oberbegriff verstanden wird, ist *Konsument* (bzw. *Verbraucher*) eher auf eine Privatperson bezogen. In der Literatur findet sich zusätzlich auch der Hinweis auf sogenanntes *Stakeholder*-Vertrauen (Pirson & Malhotra, 2008). Dieser Oberbegriff schließt Kunden mit ein, bezieht sich daneben aber auch explizit auf weitere einem Unternehmen verbundene Akteure, wie etwa Mitarbeiter oder Lieferanten.

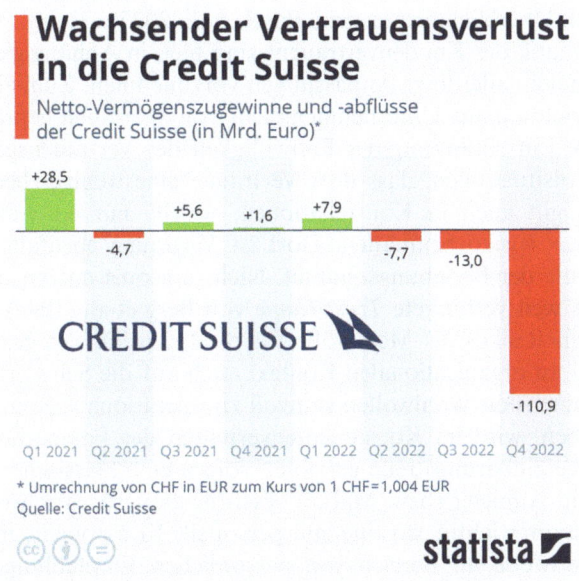

◘ **Abb. 1** Vertrauensverlust am Beispiel der Credit Suisse (angepasst Janson, 2023)

zwangsläufig bedeutende finanzielle Konsequenzen nach sich ziehen muss. Kundenvertrauen kann daher als valide messbare Steuerungsgröße verstanden und strategisch genutzt werden.

1 Von *Urvertrauen* zu *Kundenvertrauen*

Die interdisziplinäre Reichhaltigkeit der wissenschaftlichen Auseinandersetzungen mit dem Thema Vertrauen erschwert naturgemäß eine allgemeine Definition. Aus sozialwissenschaftlicher Sicht lässt sich angelehnt an Rousseau et al., (1998) dahingehend ein Konsens feststellen, dass Vertrauen als eine psychologische Komponente der Beziehungsqualität zwischen zwei Parteien verstanden wird. Hierbei geht der sogenannte *Vertrauensgeber* freiwillig eine riskante Vorleistung gegenüber dem *Vertrauensnehmer* ein. Das Risiko besteht hierbei darin, dass der Vertrauensgeber sich im erweiterten Sinne verletzlich macht – jedoch geleitet von einer generellen positiven Erwartungshaltung bezogen auf die Intentionen und Handlungen des Vertrauensnehmers (McEvily & Tortoriello, 2011).

Übertragen auf eine Kundenperspektive bedeutet dies nach Mann (2008), dass Vertrauen dort gleichzusetzen ist mit der „Erwartung und Zuversicht eines Kunden, dass sich ein Anbieter in Bezug auf seine Leistungsversprechen verlässlich und im Umgang mit dem Abnehmer fair und integer verhalten wird". In dieser Definition wird ein weiterer wichtiger Aspekt der Vertrauensbeziehung deutlich, nämlich die Vertrauenswürdigkeit des Vertrauensnehmers. Diverse Studien bestätigen hierbei, dass sich insbesondere die von Mayer et al. (1995) abgeleiteten Dimensionen Fähigkeit, Wohlwollen und Integrität über zahlreiche Anwendungsbereiche als robust und fruchtbar für die Erklärung von Vertrauenskonstellationen erwiesen haben (für einen erweiterten Überblick hierzu siehe Basel et al., 2023).

Für die Thematik des Kundenvertrauens sind hier, in Abhängigkeit vom jeweiligen Geltungsbereich, allerdings Anpassungen vorzunehmen. Zum einen muss nicht jede Kundenbeziehung aus Unternehmenssicht von Vertrauen geprägt sein. So bedeutet etwa eine Einschränkung der Freiwilligkeit des Vertrauensgebers, zum Beispiel in Monopolsituationen, dass dort Vertrauen eine weniger bedeutsame Rolle spielt. Gleiches gilt auch in Konstellationen, welche nur ein minimales – beziehungsweise kein – Risiko beinhalten. Dort ist Vertrauen ebenfalls keine notwendige Determinante der Beziehungsqualität. Nicht umsonst nutzen spieltheoretische Ansätze wie das weit verbreitete *Trust-Game* von Berg et al. (1995) die Höhe eines meist finanziellen Risikos als Messgröße für die Intensität des gezeigten Vertrauens. Ferner wird im organisationalen Kontext auch auf die Schwierigkeit hingewiesen, dort die Dimension Wohlwollen sinnvoll zu operationalisieren. Wie bei Mann (2008) beschrieben, wird im Konsumentenverhalten der Fokus daher stärker auf eine Form der Vereinbarungstreue gerichtet, sofern eine klassische Beziehung zwischen Kunde und Anbieter (bzw. Marke) beschrieben wird. Wohlwollen wird allerdings dort wiederum wichtig, wo eine interpersonelle Komponente in die Beziehung einfließt, beispielsweise im Bereich von persönlichen Empfehlungen, sogenannte „third party endorsements" (Barnett White, 2005), welche etwa im Kontext von Influencermarketing eine zentrale Rolle spielen (Lou & Yuan, 2019).

Zu vertrauen ist menschlich – wie entsteht jedoch Vertrauen? Gibt es eine biologische Veranlagung, quasi ein angeborenes Urvertrauen, diese risikoreichen Beziehungen einzugehen, oder ist es vielmehr unsere Umwelt, welche uns die Vorteile von funktionierenden Vertrauensverhältnissen aufzeigt? Laut van Lange (2015) gibt es zwar eine gewisse genetische Komponente für eine (generalisierte) Vertrauensdisposition, entscheidender ist jedoch die Herausbildung von Vertrauen als „soziale[r] Interaktionserfahrung". Gewisse entwicklungsbedingte Vertrauenserfahrungen (bzw. auch erlebte Verletzungen) können daher als relevante Einflussgrößen auf eine generalisierte Vertrauensbereitschaft betrachtet werden. Dies entspricht im psychologischen Sinne auch dem Postulat der klassischen sozialen Lerntheorie nach Rotter (1967).

Der Versuch, Kundenvertrauen aufzubauen, kann folglich auf eine biologische Basis zurückgreifen; zusätzlich sind hierbei jedoch soziales und bestärkendes Lernen bedeutsam. Die mit Vertrauen verbundene positive Erwartungshaltung kann hierbei etwa auf die Zukunft gerichtet sein. Poppo et al., (2008) sprechen hier von einem „Schatten der Zukunft" („Shadow of the future"), welcher sich in einer rationalen und bewussten Bewertung eines langfristigen Kooperationserfolges manifestiert. Zusätzlich kann die positive Erwartungshaltung auch retrospektiv gebildet werden und als „Schatten der Vergangenheit" („Shadow of the past", Poppo et al., 2008) die gegenwärtigen Entscheidungen beeinflussen. Insbesondere Letzteres ist ein Beispiel dafür, wie soziale Normen und Verhaltensstandards sich in der Ausprägung eines Konstruktes wie Kundenvertrauen niederschlagen können. Diese vorausschauende beziehungsweise rückblickend ausgerichtete Erklärung der Vertrauensentstehung bedeutet allerdings nicht, dass Vertrauensbildung stets von bewussten kognitiven Abwägungsprozessen geleitet ist. Laut Kramer (2009) ist in zahlreichen Kooperationen dem Vertrauensgeber gar nicht bewusst, dass er hier

Vertrauen schenkt. Insbesondere wenn bestimmte Formen der Interaktion etabliert sind, ist davon auszugehen, dass hier kaum bewusst bestimmte Risiken abgewogen werden.

2 Facetten des Vertrauensbegriffs

Die wissenschaftliche Auseinandersetzung mit Vertrauen hat nicht nur disziplinäre Schwerpunkte hervorgebracht, sondern wird auch stark davon geleitet, ob individuelle oder kollektive Akteure zueinander in Beziehung treten. Das Verhältnis zwischen Kunde und Anbieter lässt sich beispielsweise als organisationales Vertrauen bezeichnen. Dieser Beziehungsvariante lässt sich nicht nur das Vertrauen in ein Unternehmen zuordnen, sondern auch das sogenannte Markenvertrauen (Esch et al., 2019). Im Rahmen von Business-to-Business(B2B)-Beziehungen ist auch der Kunde häufig eine Organisation, was bedeutet, dass man es hier mit interorganisationalem Vertrauen zu tun hat. Betrachtet man hingegen die Interaktion mit einem bestimmten Vertreter eines Unternehmens, würde sich der Fokus dagegen auf ein interpersonelles Vertrauen richten. Einen Sonderfall stellen in diesem Kontext beispielsweise Unternehmensvorstände bzw. CEOs dar, welche als prominente Personen oftmals als Identifikationsfiguren für ein Unternehmen angesehen werden. Studien zeigen jedoch, dass sich das Vertrauen in CEOs von demjenigen in die zugehörigen Unternehmen durchaus unterscheiden kann (Ingenhoff & Sommer, 2010).

Die Analyse von Vertrauen hängt allerdings nicht nur von der berücksichtigten Ebene ab, sondern auch bei der Beschreibung von Vertrauen als Ergebnis einer sozialen Interaktion selbst lassen sich weitere Differenzierungen vornehmen (Clases & Wehner, 2005, S. 398 ff.). So versteht man unter einem generalisierten Vertrauen eine grundlegende positive Erwartungshaltung gegenüber den Aussagen und Handlungen von anderen Akteuren. Dieser Vertrauensbereich gilt vor allem dann als entscheidend, wenn Situationen oder Sachverhalte unbekannt sind und wenig bis keine Erwartungswerte vorliegen. Das generalisierte Vertrauen kann in seinem Geltungsbereich von einem spezifischen Vertrauen abgegrenzt werden. Dieses richtet sich auf bestimmte Sachverhalte oder spezifische Personen. Diese Differenzierung ist wichtig, da es beispielsweise aus Kundensicht vorkommen kann, dass man einem bestimmten Vertreter (z. B. dem persönlichen Kundenberater) sein Vertrauen schenkt, gegenüber der Organisation oder auch der Branche jedoch bestimmte Vorbehalte hegt und das Vertrauen diesen gegenüber dementsprechend deutlich niedriger ausgeprägt ist.

Hinsichtlich der kognitiven Prozesse nennen Shapiro et al., (1992) drei Vertrauensvarianten, welche sich auch auf ein spezifiziertes Kundenvertrauen übertragen lassen: Im Bereich des *kalkulativen Vertrauens* wird klar im Sinne eines Kosten-Nutzen-Prinzips gehandelt. Aus Kundensicht wäre dies die starke Orientierung an verschiedenen Preis-Leistungs-Parametern. *Transformatives Vertrauen* gründet auf einer Werteübereinstimmung, wie sie etwa zu erkennen ist, wenn ein Kunde einem Unternehmen vertraut, das bestimmte Nachhaltigkeitsstandards einhält. Diese Vertrauensausprägung findet sich typischerweise auch innerhalb von homogenen Gruppen. Der Aufbau von Kunden zu sogenannten Communitys ist daher auch mit dem Ziel verbunden, hier eine solche absatzfördernde Vertrauensbeziehung

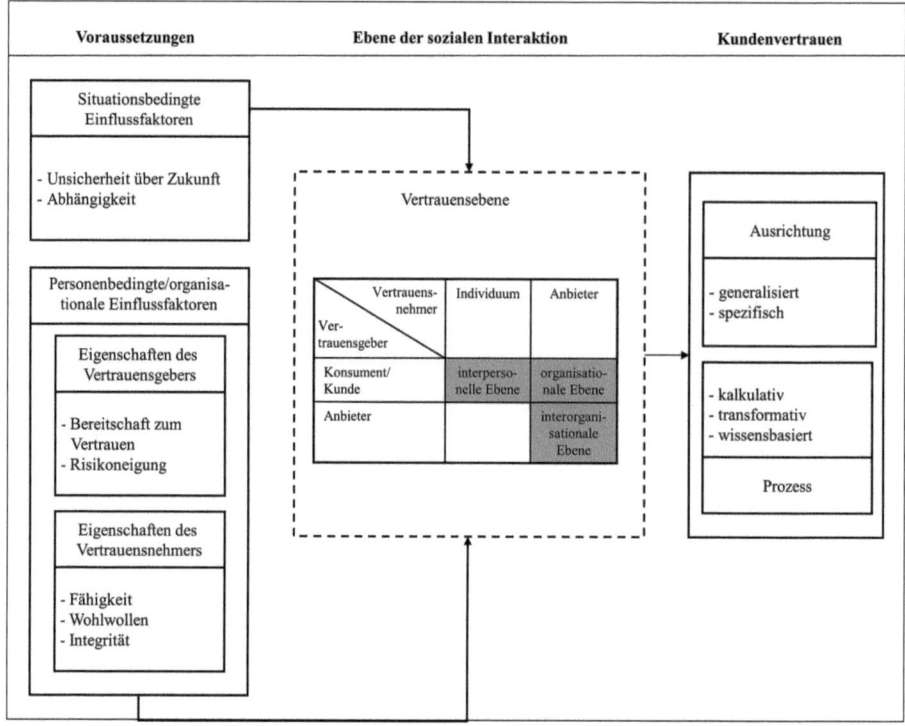

◘ **Abb. 2** Perspektiven auf Kundenvertrauen (Adaptiert von Brühl et al., 2016)

herzustellen (Anaya-Sánchez et al., 2020). Schließlich gibt es auch Formen von *wissensbasiertem Vertrauen,* welches sich aus den Erfahrungswerten wiederholter Interaktionen speist. Das Vertrauen des Kunden entsteht hier entsprechend einem Reiz-Reaktion-Lernen durch positive Erlebnisse. Gerade bei sogenannten Low-Involvement-Produkten ohne bedeutende Qualitätsunterschiede ist eine solche Vertrauensbeziehung wichtig. ◘ Abb. 2.

3 Relevanz und Messung von Kundenvertrauen

Wie bereits von Luhmann (1973) postuliert, erklärt sich die Relevanz von Vertrauen insbesondere aus seiner komplexitätsreduzierenden Funktion. Diese ursprünglich systemtheoretisch abgeleitete Beobachtung ist auch auf den Konsumbereich sinnvoll übertragbar, der wie jede andere soziale Interaktion auch systemtheoretisch betrachtet werden kann. Vereinfacht gesagt verzichtet ein Kunde auf theoretisch unendlich ausgedehnte und aufwendige Kontrollmechanismen, etwa in Form einer intensiven Überprüfung von Alternativangeboten, oder nutzt bestimmte Labels und Codes als Indikatoren für eine relevante Vertrauensdimension (Esch et al., 2019). Die Komplexität einer potenziell immensen Auswahl an Prüfprozessen wird dadurch effizient reduziert im Vertrauen auf das Leistungsversprechen des Anbieters. Der offensichtliche Vorteil dieser riskanten Vorleistung besteht für den

Vertrauensgeber vor allem darin, dass er anfallende Transaktionskosten bedeutend senken kann und sich auch nicht in den unendlichen Alternativen einer Multioptionsgesellschaft verliert.

Vertrauen reduziert für den Vertrauensgeber daher Aufwand und wird gleichzeitig für den Vertrauensnehmer – insbesondere bezogen auf die daraus resultierende Kundenloyalität – zum strategischen Wettbewerbsvorteil (Morgan & Hunt, 1994), der sich im wahrsten Sinne des Wortes auszahlt: Nicht umsonst korrelieren in Befragungen zum Kundenvertrauen in Marken- und Unternehmen wie *Trusted Brands* in Deutschland (Reader's Digest, 2022) oder dem *Swiss Reputation Ranking* (Growth from Knowledge [GfK], 2022) in der Schweiz hohe Vertrauenswerte meist positiv mit entsprechenden Marktanteilen und wirtschaftlicher Prosperität.

Ein isolierter Empfehlungsindikator, der in der Praxis häufig verwendete Net-Promoter-Score (NPS), zeigt ebenfalls einen hohen linearen Zusammenhang mit der Messung von Kundenvertrauen. Mit der isolierten Single-Item-Messung mittels der zehnerskalierten Frage: „Wie wahrscheinlich ist es, dass Sie eine bestimmte Marke/Unternehmung weiterempfehlen würden?", erklärt er jedoch nicht, weshalb eine hohe Loyalität entsteht und wo beispielsweise Potenziale liegen, ein bestehendes Kundenvertrauen auszubauen (Grisaffe, 2007).

Wie lässt sich jedoch bestehendes Kundenvertrauen genau messen? Esch et al. (2019) betonen, dass zwar Uneinigkeit darüber bestehe, wie viele Vertrauensdimensionen genau adressiert werden, jedoch großer Konsens, „dass sich das Verständnis einer kognitiven und einer affektiven Komponente des Vertrauens sowie die dahinterstehenden Aspekte etabliert haben". So schlagen etwa die in der Praxis tätigen Beraterinnen Reichheld und Dunlop (2022) vor, spezifisch für die Messung von Kundenvertrauen auf die Dimensionen *Intention* (als affektive Komponente) und *Kompetenz* (als kognitive Komponente) zu fokussieren. Daraus ergibt sich nach der Analyse der beiden Autorinnen, dass sich Kundenvertrauen im Wesentlichen anhand folgender vier Ebenen erklären lässt:

1. **Humanität** bedeutet, dass ein Unternehmen Werte wie Empathie, Freundlichkeit und Fairness gegenüber den Kunden signalisiert.
2. **Transparenz** betrifft die verständliche Kommunikation von Entscheidungen eines Unternehmens und das Teilen von Informationen.
3. **Kompetenz** meint die eigentliche Qualität der entsprechenden Produkte oder Dienstleistungen.
4. **Verlässlichkeit** ist das konsequente Einhalten von Unternehmensversprechen.

Die ersten beiden Dimensionen beschreiben folglich die von den Kunden wahrgenommenen Intentionen eines Unternehmens. Entsprechend dem bereits genannten Modell von Mayer et al. (1995) erkennt man hier den Bezug zu Wohlwollen und Integrität. Die Kompetenzdimension (also die Fähigkeit eines Unternehmens, sein Leistungsversprechen einzulösen) wird bei Reichheld und Dunlop (2022) zusätzlich um eine Form der Reliabilität (die Zuverlässigkeit der Leistungserbringung) ergänzt, welche besonders dem im Konsumbereich wichtigen Erfüllen von bestimmten Erwartungshaltungen Rechnung trägt.

Zur Messung des Kundenvertrauens werden von Reichheld und Dunlop zwei Varianten vorgeschlagen: Zum einen eine reduzierte Kurzvariante, welche jede Ebene mittels eines einzelnen Items auf einer 7er-Likert-Skala (mit den Eckpunkten „stimme voll zu" – „stimme überhaupt nicht zu") abbildet. Zum anderen besteht

Tab. 1 Messung von Kundenvertrauen. (Nach Reichheld & Dunlop, 2022)[2]

Dimension	Item (Kern- und Attributfragen)
Humanität	Das Unternehmen/die Marke zeigt mir gegenüber Empathie und Freundlichkeit und behandelt jeden fair
	(…) löst Probleme schnell, wobei Sicherheit und Zufriedenheit an erster Stelle stehen
	(…) schätzt und respektiert jede Person, unabhängig von Herkunft, Identität oder Glauben
	(…) legt Wert auf das Wohl der Gesellschaft und der Umwelt, nicht nur auf den Profit
	(…) trägt Sorge für die Angestellten
Transparenz	Das Unternehmen/die Marke teilt Informationen, Motive und Entscheidungen offen und in einer klaren und einfachen Sprache mit
	Marketing und Kommunikation des Unternehmens/der Marke sind akkurat und ehrlich
	(…) ist offen darüber, wie sie durch die Interaktionen mit den Kunden Geld verdienen und ausgeben
	Wie und warum Daten verwendet werden, wird in einfacher und leicht verständlicher Sprache mitgeteilt
	(…) informiert klar und offen über Gebühren und Kosten von Produkten und Dienstleistungen
Kompetenz	Das Unternehmen/die Marke stellt qualitativ hochwertige Produkte, Dienstleistungen und/oder Erfahrungen her
	Produkte (Dienstleistungen) sind von guter Qualität, leicht zugänglich und sicher in der Anwendung
	Die Preise für Produkte, Dienstleistungen und Erlebnisse haben ein gutes Preis-Leistungs-Verhältnis
	Die Mitarbeiter und Führungskräfte sind qualifiziert und wissen, wie sie auf meine Bedürfnisse eingehen können
	(…) schafft langfristige Verbesserungen und Lösungen, die für mich gut funktionieren
Verlässlichkeit	Das Unternehmen/die Marke hält seine/ihre Versprechen konsequent und verlässlich ein
	Auf (…) kann man sich verlassen, wenn es um die Verbesserung der Qualität von Produkten und Dienstleistungen geht
	(…) bietet durchgängig Produkte, Dienstleistungen und Erfahrungen mit Qualität
	(…) bietet eine reibungslose digitale Interaktion, die bei Bedarf funktioniert
	(…) löst Probleme zeitnah und in angemessener Weise

auch die Möglichkeit, dass die einzelnen Ebenen hinsichtlich bestimmter Attribute vertieft evaluiert werden. Hierzu geben die Autoren jeweils vier spezifische Items an (siehe ◘ Tab. 1).

---

2 Hierbei handelt es sich um eine nicht validierte Übersetzung der englischsprachigen Items (Deloitte, o. J.) durch den Autor.

◘ **Tab. 2** Kundenvertrauen, Kategorisierung nach Reichheld und Dunlop (2022)

Negatives Vertrauen		Neutrales Vertrauen			Positives Vertrauen	
Stimme gar nicht zu	Stimme nicht zu	Stimme eher nicht zu	Weder noch	Stimme eher zu	Stimme zu	Stimme voll zu

Aus den aggregierten Werten lässt sich gemäß Reichheld und Dunlop (2022) der sogenannte *HX-Trust-Score*™ berechnen (HX für „Human Experience", vgl. Deloitte, o. J.). Items, die mit „stimme voll zu" oder „stimme zu" beantwortet wurden, werden hierbei als positives Vertrauen bewertet, die Antworten „stimme eher zu", „weder noch" und „stimme eher nicht zu" werden als neutrales Vertrauen gewertet; die beiden ablehnenden Antwortoptionen gelten als negatives Vertrauen (vgl. ◘ Tab. 2). Der Score für die entsprechende Dimension wird berechnet, indem der prozentuale Anteil der negativen Werte vom prozentualen Anteil der positiven Werte abgezogen wird. Der Gesamtscore ist folglich der Durchschnitt der vier Dimensionswerte.

Die Messung des Kundenvertrauens nach Reichheld und Dunlop ist stark in der praxisorientierten Anwendung verwurzelt. Dies bedeutet allerdings, dass hier weniger eine strenge wissenschaftliche Prüfung im Sinne einer messtheoretischen Konstruktvalidität erfolgt ist. Relevanz und Genauigkeit des Instruments werden stattdessen mit einer großen Stichprobe und den entsprechenden Korrelaten begründet. Solche Praktiker-Ansätze werden daher aufgrund offener Fragen zur Validität, etwa von Gillespie (2016), kritisch gesehen, und es ist durchaus plausibel zu argumentieren, dass Reichheld und Dunlop (2022) mit dem HX-Trust-Score™ eher eine Messung der *Vertrauenswürdigkeit* aus Kundensicht vornehmen, da beispielsweise nicht explizit auf die für Vertrauen notwendige Verletzlichkeit des Vertrauensgebers eingegangen wird.

Die Herausforderung, verschiedene Typen von Verletzlichkeiten und Risikonuancen adäquat abzubilden, dürfte auch dafür verantwortlich sein, dass es im Bereich des Kundenvertrauens keinen einheitlichen Messstandard gibt. Zahlreiche Studien nutzen daher individuell erstellte Item-Batterien. Ansätze, welche sich dezidiert der Messung von Vertrauen aus Kundenperspektive widmen, sind folglich weniger weit verbreitet. Aus dem Bereich Markenvertrauen stammt etwa das Modell von F. Li et al. (2008), oder als deutschsprachige Messoption gibt es den Ansatz von Hegner (2012). Aus einer generellen Konsumentenperspektive ist in diesem Kontext auch der Ansatz von Neumann (2007) zu nennen. Aber auch für diese Skalen gilt einschränkend die bereits genannte Kritik von Gillespie (2016), welche sich insbesondere auf die schwierige Operationalisierung des tatsächlichen Risikos beziehungsweise der Verletzlichkeit bezieht.

4 Verlorenes Vertrauen und Misstrauen

Die hohe Bedeutung von Vertrauen zeigt sich – wie eingangs am Beispiel der Credit Suisse beschrieben – vor allem dann, wenn bestehendes Vertrauen etwa durch Skandale, Missmanagement oder sonstiges Fehlverhalten Schaden genommen hat.

Prominente Beispiele, welche auch aus wissenschaftlicher Perspektive vielseitig betrachtet wurden, sind etwa die Korruptionsverstrickungen von Siemens (Eberl et al., 2015) oder die manipulierten Abgaswerte durch Volkswagen, welche auch unter dem Schlagwort „Dieselgate" bekanntgeworden sind (Gillespie & Siebert, 2018).

Im Sinne des Ansatzes von Mayer et al. (1995) können solche negativen Ereignisse eine oder mehrere Dimensionen der Vertrauenswürdigkeit des Anbieters tangieren. So betrifft eine fehlerhafte Produktion etwa die Kompetenz, Korruption die Integrität und ein für Kunden nachteiliges Anreizsystem die Dimension Wohlwollen (Xie & Peng, 2009). Tritt ein solches vertrauenszerstörendes Ereignis auf, geht man im Sinne von psychologischen Attributionsmodellen davon aus, dass Kunden eine (kognitive) kausale Zuschreibung vornehmen (Tomlinson & Mayer, 2009). Diese ist wiederum maßgeblich davon beeinflusst, welche Reaktion vonseiten des Vertrauensnehmers erfolgt. Nach Bozic (2017) lassen sich die Reaktionen auf einen (Konsumenten-)Vertrauensverlust im Wesentlichen in vier Kategorien zusammenfassen:

1. Verbale Reaktionen – im Sinne von Kommunikationsstrategien, etwa Ausreden, Rechtfertigungen oder Entschuldigungen, mit dem Ziel einer glaubwürdigen Rechenschaftsabgabe (Brühl et al., 2018). Zu diesen verbalen Reaktionen zählt allerdings auch die (bewusste) Taktik, nicht auf vertrauenszerstörende Ereignisse einzugehen und hierzu zu schweigen (Lewicki & Brinsfield, 2017).
2. Betriebliche oder organisationale Restrukturierung – etwa Reformen in der Unternehmensführung (z. B. im Bereich Corporate Social Responsibility), Austausch von Führungskräften oder Neugestaltung von Anreizstrukturen (Gillespie et al., 2014).
3. Buße – beispielsweise Formen der Selbstkontrolle oder auch finanzielle Ausgleichszahlungen (Tidwell, 2017).
4. Einschaltung von Drittparteien – etwa Testimonials von vertrauenswürdigen Experten oder Prominenten, aber auch die Einbeziehung von staatlichen Institutionen (Richards et al., 2011). Dies etwa mit dem Ziel, von dem bestehenden Vertrauen in diese Akteure zu profitieren und einen sogenannten „Spillover-Effekt" zu erreichen, bei welchem die positiven Attribute der Drittpartei auf den Vertrauensnehmer übergehen (Høyer & Mønness, 2016).

Die jeweiligen Reaktionen, meist in Kombination, sollen im Idealfall dazu beitragen, dass der Kunde die gewählte Strategie des Vertrauensnehmers als glaubwürdig bewertet und sich wieder bereit zeigt, das Risiko einer Vertrauensbeziehung einzugehen. Typologien von *Rechenschaftsabgaben,* wie etwa von Brühl und Kury (2019), erlauben es hierbei, experimentell zu überprüfen, welche Variante zu einem erhöhten Vertrauenswert führt – dies unter der Voraussetzung, dass der Vertrauensbruch mit einer hohen externen Validität hinreichend abgebildet werden kann.

Wiederholte Unternehmensskandale können allerdings nicht nur einen Vertrauensverlust bewirken, sondern sich auch in Misstrauen manifestieren. Misstrauen lässt sich, angelehnt an Lewicki et al. (1998), als gefestigte negative Erwartungen in Bezug auf das Verhalten anderer beschreiben. Die für Vertrauen notwendige Verletzlichkeit wird hierbei bewusst nicht – oder nicht mehr – in Kauf genommen.

Spannenderweise ergeben sich bei der differenzierten Betrachtung von Misstrauen zunehmend Hinweise darauf, dass Misstrauen nicht mit niedrigem oder fehlendem Vertrauen gleichzusetzen ist, sondern dass es als eigenständiges Konstrukt betrachtet werden kann (Benamati et al., 2006; Guo et al., 2017). Damit ist es vorstellbar, dass Vertrauen und Misstrauen nicht als Endpunkte eines Kontinuums zu betrachten sind, sondern durchaus parallel existieren können.

Um die Betrachtung der beiden Konstrukte zu erleichtern, schlagen Emborg et al. (2020) eine Matrix vor, welche auf der Y-Achse zwischen Makro- und Mikro-Urteilen differenziert. Auf der X-Achse unterscheiden die Autoren auf Kalkül basierende Urteile (im Sinne vorliegender Evidenz) von solchen basierend auf Identifikation (geleitet von Affekt oder Werten, etwa im Rahmen von ethisch-moralischen Beurteilungen). Bezogen auf Konsumentenverhalten wäre etwa ein Beispiel für hohes kalkulatorisches Makro-Vertrauen und bestehendes Mikro-Misstrauen eine Aussage wie: „Toyota stellt sehr pannensichere Autos her, allerdings erscheint mir der lokale Toyota-Händler als sehr unseriös." Eine andere Aussage, welche auf bestehendes Makro-Misstrauen sowohl auf kalkulatorischer als auch identifikatorischer Ebene hindeutet und gleichzeitig bestehendes Mikro-Vertrauen auf beiden Ebenen anzeigt, wäre beispielsweise: „Ich vertraue meinem langjährigen Anlageberater, aber die Finanzbranche hat ihre moralischen Verfehlungen immer wieder unter Beweis gestellt, was man am Niedergang der Credit Suisse auch sieht." Je nach Informationslage ist es daher möglich, gleichzeitige Vertrauens- und Misstrauensurteile über dieselbe Person oder Organisation abzuleiten.

Wenn Misstrauen als eigenständiges Konstrukt betrachtet werden kann, stellt sich hier die Frage, inwieweit eine spezifische, trennscharfe Messung möglich ist. Dies ist deshalb relevant, weil bei unabhängigen Konstrukten möglicherweise auch andere Dynamiken vorliegen könnten (Hoberg, 2020). Sprich, fehlendes Kundenvertrauen hat nicht zwangsläufig die gleichen Konsequenzen wie bestehendes Misstrauen. Noch komplizierter wird dieser Sachverhalt, wenn man das gleichzeitige (hohe) Bestehen beider Konstrukte annimmt, wie in der Matrix von Emborg et al. (2020) dargestellt (siehe ◘ Tab. 3).

Es ist daher nicht verwunderlich, dass aktuell nur wenige Ansätze zur eigenständigen Misstrauensentstehung (Six & Latusek, 2023) oder zur Misstrauensmessung vorliegen. Hoberg (2020) etwa sieht auch die mögliche Eigenständigkeit von Misstrauen, setzt bei der Messung dennoch auf eine negativ formulierte Variante des Modells von Mayer et al. (1995) (geringe Kompetenz, mangelndes Wohlwollen, fehlende Integrität). Eine der wenigen eigenständigen und validierten Ansätze zur quantifizierten Messung von Misstrauen stammt von Lewicka und Zakrzewska-Bielawska (2022). Diese Autorinnen gehen davon aus, dass sich Misstrauen entlang zweier Dimensionen als eigenständiges Konstrukt greifbar machen lässt:

◘ **Tab. 3** Zusammenspiel Vertrauen und Misstrauen. (Nach Emborg et al. 2020)

	Kalkulatorische Beurteilung Evidenzbasierte Wahl	Identifikationsbasierte Beurteilung Affektive und ethische Wahl
Makro-Urteil Institutionen und Organisationen	Vertrauen Misstrauen	Vertrauen Misstrauen
Mikro-Urteil Gruppen und Individuen	Vertrauen Misstrauen	Vertrauen Misstrauen

1. **Misstrauensüberzeugungen:** Diese Dimension bezieht sich auf die bisherigen Erfahrungen mit dem anderen Akteur. Aus diesen ergibt sich bei vorliegendem Misstrauen etwa der Wunsch nach (zusätzlicher) Kontrolle und auch die kritische Bewertung von (positiven) Drittmeinungen.
2. **Misstrauensveranlagung:** Bezieht sich auf die Stabilität und Validität von negativen Überzeugungen gegenüber dem anderen Akteur, insbesondere bezogen auf die Einschätzung, dass dieser seine (vorhandene) Kompetenz nicht im Kooperationsprozess einsetzt.

Der Ansatz von Lewicka und Zakrzewska-Bielawska (2022) wurde zwar für einen generellen interorganisationalen Kontext entwickelt, ist jedoch auch im Konsumentenbereich anwendbar. Dies zeigt sich insbesondere an gescheiterten Kundenbeziehungen, wo nach bestimmten negativen Erfahrungen zusätzliche Kontrollen eingefordert werden oder die Kunden auch nicht mehr erreichbar sind für wohlwollende Testimonials durch Dritte. Es ist daher zu vermuten, dass bei bestehendem Misstrauen die Aussagen von Influencern als Testimonial weniger wirksam sind als bei niedrigen Vertrauenswerten. Ein besonderer Treiber von Misstrauen in diesem Modell ist ebenfalls aus Kundensicht beachtenswert, dass nämlich insbesondere nicht genutzte Kompetenz das Misstrauen nach oben schnellen lässt. Um auf das Beispiel der „Dieselgate"-Affäre zurückzukommen: VW hätte unproblematisch eine akkurate Abgasmessung durchführen können – dem stand aber die bewusste Entscheidung entgegen, von dieser Kompetenz keinen Gebrauch zu machen.

> **Fazit**
>
> Im Bereich Kundenvertrauen lässt sich eine *Relevance-Action-Gap* feststellen. Die Bedeutung von Vertrauen ist hinlänglich dokumentiert, wird allgemein anerkannt und teilweise sogar explizit als Erfolgspotenzial in Unternehmensstrategien aufgenommen. Dennoch zeigt sich, dass eine tatsächliche Investition in (Kunden-)Vertrauen meist erst dann erfolgt, wenn dieses Schaden genommen hat. Vertrauen wird dadurch zu einem Hygienefaktor, der nur bei Abwesenheit als relevant erachtet wird. Dies stellt aus verschiedenen Gründen ein verschenktes Potenzial dar, da beispielsweise Unternehmensziele wie Kunden- oder Serviceorientierung in der Regel nur bei hohen Vertrauenswerten konsequent realisiert werden können. Auch bei verstärkt anzutreffenden technologischen Schnittstellen mit dem Kunden zeigt sich, dass klassische Modelle wie Technologieakzeptanz nicht ohne eine Auseinandersetzung mit der Einflussgröße Vertrauen zielführend sind.
>
> Die hier skizzierte Aufstellung von konzeptionellen Überlegungen zur Vertrauensentstehung, Vertrauenswürdigkeit und der entsprechenden Optionen zur Vertrauensmessung aus Kundenperspektive soll daher als Impuls verstanden werden, Vertrauen stärker als bedeutsamen Indikator für die Qualität der Kundenbeziehung heranzuziehen. Ziel sollte es sein, dass Kundenvertrauen strategisch genutzt werden kann, auch ohne den akuten Handlungsdruck von Krisensituationen. Vertrauensaufbau ist nicht nur ein Thema im Rahmen von Krisenintervention, sondern eine wichtige Aufgabe gerade auch in weniger turbulenten Zeiten. Dies wird schon dadurch deutlich, dass beispielsweise die Unterkategorie Markenvertrauen nicht primär durch Qualitätsaspekte erklärt werden kann, sondern Entwicklungen wie eine verstärkte *Corporate Social Responsibility* (CSR) oder auch verstärkte Nachhaltigkeitsüberlegungen

integritätsbezogene Einflussgrößen an Bedeutung gewinnen lassen. Um den Mehrwert eines hohen Kundenvertrauens nutzen zu können, bedarf es einer differenzierten Auseinandersetzung mit den Faktoren, die die Vertrauenswürdigkeit insbesondere aus Sicht der Kundinnen und Kunden beeinflussen. Es ist in diesem Sinne zu vermuten, dass eine Credit Suisse mit einem ausreichenden Vertrauenspolster aus besseren Zeiten die letzte Krise hätte meistern können.

Schlüsselbegriffe

- **Riskante Vorleistung:** Vertrauen setzt voraus, dass der Kunde bereit ist, ein gewisses Risiko als Vorleistung gegenüber dem Vertrauensnehmer (Anbieter) einzugehen.
- **HX-Trust-Score™:** Praxisorientierte Messung von Kundenvertrauen.
- **Attribution:** Im Falle eines negativen Ereignisses nimmt der Vertrauensgeber eine kognitive kausale Zuschreibung vor, inwieweit der Vertrauensnehmer als verantwortlich für das negative Ereignis anzusehen ist.
- **Verbale Reaktionen:** wie z. B. Rechtfertigungen oder Ausreden sind potenzielle Strategien im Umgang mit Vertrauensverlusten.

❓ Verständnisfragen

1. Weshalb spielt in Monopolsituationen Kundenvertrauen eine weniger wichtige Rolle?
2. Warum ist der Net-Promoter-Score (NPS) nicht ausreichend zur Messung von Kundenvertrauen?
3. Welche Reaktionen kann ein Anbieter auf einen Vertrauensverlust zeigen?
4. Was wäre ein Beispiel für zeitgleich beim Kunden bestehendes Vertrauen und Misstrauen?

Literatur

Anaya-Sánchez, R., Aguilar-Illescas, R., Molinillo, S., & Martínez-López, F. J. (2020). Trust and loyalty in online brand communities. *Spanish Journal of Marketing – ESIC, 24*(2), 177–191. ▶ https://doi.org/10.1108/SJME-01-2020-0004.

Bachmann, R., Gillespie, N., & Priem, R. (2015). Repairing trust in organizations and institutions: Toward a conceptual framework. *Organization Studies, 36*(9), 1123–1142. ▶ https://doi.org/10.1177/0170840615599334.

Barnett White, T. (2005). Consumer trust and advice acceptance: The moderating roles of benevolence, expertise, and negative emotions. *Journal of Consumer Psychology, 15*(2), 141–148. ▶ https://doi.org/10.1207/s15327663jcp1502_6.

Basel, J., Westmattelmann, D., Niemann, V., & Ade, V. (2023). Vertrauen: Ein anwendungsorientierter und interdisziplinärer Überblick. In J. Basel & P. Henrizi (Hrsg.), *Psychologie von Risiko und Vertrauen: Wahrnehmung, Verhalten und Kommunikation* (S. 193–221). Springer.

Benamati, J., Serva, M. A. & Fuller, M. A. (2006). Are trust and distrust distinct constructs? An empirical study of the effects of trust and distrust among online banking users. In *Proceedings of the 39th Annual Hawaii International Conference on System Sciences (HICSS'06)* (121b). IEEE Computer Society. ▶ https://doi.org/10.1109/HICSS.2006.63.

Berg, J., Dickhaut, J., & McCabe, K. (1995). Trust, reciprocity, and social history. *Games and Economic Behavior, 10*(1), 122–142. ▶ https://doi.org/10.1006/game.1995.1027.

Bozic, B. (2017). Consumer trust repair: A critical literature review. *European Management Journal, 35*(4), 538–547. ▶ https://doi.org/10.1016/j.emj.2017.02.007.

Brühl, R., & Kury, M. F. (2019). Rhetorical tactics to influence responsibility judgments: Account giving in banks presidents' letters during the financial market crisis. *International Journal of Business Communication, 56*(3), 299–325. ▶ https://doi.org/10.1177/2329488415627356.

Brühl, R., Basel, J., & Kury, M. F. (2018). Communication after an integrity-based trust violation: How organizational account giving affects trust. *European Management Journal, 36*(2), 161–170. ▶ https://doi.org/10.1016/j.emj.2017.08.001.

Brühl, R., Basel, J., & Kury, M. F. (2016). Vertrauensbildung durch Kommunikation: Die Rolle von Verantwortung und Rechenschaft. In F. Keuper & T. Sommerlatte (Hrsg.), *Vertrauensbasierte Führung: Devise und Forschung* (S. 179–196). Springer. ▶ https://doi.org/10.1007/978-3-662-48499-9_9.

Clases, C., & Wehner, T. (2005). Vertrauen in Wirtschaftsbeziehungen. In D. Frey, L. von Rosenstiel & C. Graf Hoyos (Hrsg.), *Handbuch Wirtschaftspsychologie* (S. 397–401). Beltz.

Deloitte (o. J.). *A blueprint for building trust: Create competitive advantage for loyalty through trust.* ▶ www.deloittedigital.com/us/en/offerings/customer-led-marketing/hx--in-times-of-uncertainty/a-new-measure-of-trust.html.

Eberl, P., Geiger, D., & Aßländer, M. S. (2015). Repairing trust in an organization after integrity violations: The ambivalence of organizational rule adjustments. *Organization Studies, 36*(9), 1205–1235. ▶ https://doi.org/10.1177/0170840615585335.

Emborg, J., Daniels, S. E., & Walker, G. B. (2020). A framework for exploring trust and distrust in natural resource management. *Front Commun, 5*, 13. ▶ https://doi.org/10.3389/fcomm.2020.00013.

Esch, F.-R., Rühl, V., & Baumgartl, C. (2019). Messung des Markenvertrauens. In F.-R. Esch (Hrsg.), *Handbuch Markenführung* (S. 1273–1288). Springer Fachmedien. ▶ https://doi.org/10.1007/978-3-658-13342-9_66.

Gillespie, N. (2016). Survey measures of trust in organizational contexts: An overview. In F. Lyon, G. Möllering & M. Saunders (Hrsg.), *Handbook of research methods on trust* (2. Aufl., S. 225–239). Elgar.

Gillespie, N., & Siebert, S. (2018). Organizational trust repair. In A.-M.I. Nienaber, R. H. Searle, & S. B. Sitkin (Hrsg.), *The Routledge companion to trust* (S. 284–301). Routledge.

Gillespie, N., Dietz, G., & Lockey, S. (2014). Organizational reintegration and trust repair after an integrity violation: A case study. *Business Ethics Quarterly, 24*(3), 371–410. ▶ https://doi.org/10.5840/beq2014437.

Grisaffe, D. B. (2007). Questions about the ultimate question: Conceptual considerations in evaluating Reichheld's net promoter score (NPS). *Journal of Consumer Satisfaction, Dissatisfaction and Complaining Behavior, 20*, 36–53. ▶ https://jcsdcb.com/index.php/JCSDCB/article/view/41.

Growth from Knowledge (GfK). (2022). *GfK Business Reflector 2022: Swiss Reputation Ranking.* ▶ www.gfk.com/de/presse/ch-business-reflector-2022.

Guo, S.-L., Lumineau, F., & Lewicki, R. J. (2017). Revisiting the foundations of organizational distrust. *FNT in Management, 1*(1), 1–88. ▶ https://doi.org/10.1561/3400000001.

Hegner, S. (2012). *Die Relevanz des Vertrauens für das identitätsbasierte Management globaler Marken: Ein interkultureller Vergleich zwischen Deutschland, Indien und Südafrika.* Springer Gabler. ▶ https://doi.org/10.1007/978-3-8349-3900-5.

Hoberg, F. (2020). *Bedeutung und Wirkungspotentiale effizienter Krisenkommunikation: Vertrauen aufbauen, Misstrauen reduzieren.* Springer Fachmedien. ▶ https://doi.org/10.1007/978-3-658-28351-3.

Høyer, H. C., & Mønness, E. (2016). Trust in public institutions: Spillover and bandwidth. *Journal of Trust Research, 6*(2), 151–166. ▶ https://doi.org/10.1080/21515581.2016.1156546.

Ingenhoff, D., & Sommer, K. (2010). Trust in companies and in CEOs: A comparative study of the main influences. *Journal of Business Ethics, 95*(3), 339–355. ▶ https://doi.org/10.1007/s10551-010-0363-y.

Janson, M. (2023). *Wachsender Vertrauensverlust in die Credit Suisse* [Digitales Bild]. Statista. ▶ https://de.statista.com/infografik/29535/.

Kramer, R. M. (2009). Rethinking trust. *Harvard Business Review, 87*(6), 68–77. ▶ https://hbr.org/2009/06/rethinking-trust.

Lewicka, D., & Zakrzewska-Bielawska, A. F. (2022). Trust and distrust in interorganisational relations: Scale development. *PLoS ONE, 17*(12), e0279231. ▶ https://doi.org/10.1371/journal.pone.0279231.

Lewicki, R. J., & Brinsfield, C. (2017). Trust repair. *Annual Review of Organizational Psychology and Organizational Behavior, 4*(1), 287–313. ▶ https://doi.org/10.1146/annurev-orgpsych-032516-113147.

Lewicki, R. J., McAllister, D. J., & Bies, R. J. (1998). Trust and distrust: New relationships and realities. *Academy of Management Review, 23*(3), 438–458. ▶ https://doi.org/10.5465/amr.1998.926620.

Li, F., Kashyap, R., Zhou, N., & Yang, Z. (2008). Brand trust as a second-order factor: An alternative measurement model. *International Journal of Market Research, 50*(6), 817–839. ▶ https://doi.org/10.2501/S1470785308200225.

Lou, C., & Yuan, S. (2019). Influencer marketing: How message value and credibility affect consumer trust of branded content on social media. *Journal of Interactive Advertising, 19*(1), 58–73. ▶ https://doi.org/10.1080/15252019.2018.1533501.

Luhmann, N. (1973). *Vertrauen: Ein Mechanismus der Reduktion sozialer Komplexität* (2. Aufl.). Enke.

Mann, A. (2008). Dialogmarketing und Kundenvertrauen. In D. Klumpp, H. Kubicek, A. Roßnagel, & W. Schulz (Hrsg.), *Informationelles Vertrauen für die Informationsgesellschaft* (S. 329–346). Springer. ▶ https://doi.org/10.1007/978-3-540-77670-3_24.

Mayer, R. C., Davis, J. H., & Schoorman, F. D. (1995). An integrative model of organizational trust. *Academy of Management Review, 20*(3), 709–734. ▶ https://doi.org/10.2307/258792.

McEvily, B., & Tortoriello, M. (2011). Measuring trust in organisational research: Review and recommendations. *Journal of Trust Research, 1*(1), 23–63. ▶ https://doi.org/10.1080/21515581.2011.552424.

Morgan, R. M., & Hunt, S. D. (1994). The commitment-trust theory of relationship marketing. *Journal of Marketing, 58*(3), 20–38. ▶ https://doi.org/10.1177/002224299405800302.

Neumann, M. M. (2007). *Konsumentenvertrauen: Messung, Determinanten und Konsequenzen.* Zugl.: Mannheim, Univ., Diss., 2006. Springer Gabler.

Pirson, M. & Malhotra, D. (2008). *Unconventional insights for managing stakeholder trust.* (HBS working papers: 08-057). Harvard Business School Press. ▶ https://www.hbs.edu/ris/PublicationFiles/08-057_17f69d71-6bc0-46b6-ab0a-c42b87c9d546.pdf.

Poppo, L., Zhou, K. Z., & Ryu, S. (2008). Alternative origins to interorganizational trust: An interdependence perspective on the shadow of the past and the shadow of the future. *Organization Science, 19*(1), 39–55. ▶ https://doi.org/10.1287/orsc.1070.0281.

Reader's Digest. (2022). *Trusted Brand Studie 2022: Marken sind Vertrauensanker in unsicheren Zeiten.* ▶ www.readersdigest.de/blogs/markengut/trusted-brand-studie-2022-marken-sind-vertrauensanker-in-unsicheren-zeiten.

Reichheld, A., & Dunlop, A. (2022). *The four factors of trust: How organizations can earn lifelong loyalty.* Wiley.

Richards, C., Lawrence, G., & Burch, D. (2011). Supermarkets and agro-industrial foods: The strategic manufacturing of consumer trust. *Food, Culture & Society, 14*(1), 29–47. ▶ https://doi.org/10.2752/175174411X12810842291146.

Rotter, J. B. (1967). A new scale for the measurement of interpersonal trust. *Journal of Personality, 35*(4), 651–665. ▶ https://doi.org/10.1111/j.1467-6494.1967.tb01454.x.

Rousseau, D. M., Sitkin, S. B., Burt, R. S., & Camerer, C. (1998). Not so different after all: A cross-discipline view of trust. *Academy of Management Review, 23*(3), 393–404. ▶ https://doi.org/10.5465/amr.1998.926617.

Schoop, F. & Baumann-Rüdiger, E. (22. März 2023). Arroganz, Skandale und ein nicht gespielter Joker: Wie die Credit Suisse das Vertrauen verspielte. *NZZ.* ▶ www.nzz.ch/gesellschaft/credit-suisse-so-verspielte-die-cs-das-vertrauen-ld.1731353.

Shapiro, D. L., Sheppard, B. H., & Cheraskin, L. (1992). Business on a handshake. *Negotiation Journal, 8*(4), 365–377. ▶ https://doi.org/10.1007/BF01000396.

Six, F. E., & Latusek, D. (2023). Distrust: A critical review exploring a universal distrust sequence. *Journal of Trust Research, 13*(1), 1–23. ▶ https://doi.org/10.1080/21515581.2023.2184376.

Tidwell, M. (2017). *May I offer you a gift card? An analysis of Volkswagen's crisis response strategy in the wake of its Dieselgate scandal* [Dissertation, University of Kansas]. ▶ http://hdl.handle.net/1808/25586.

Tomlinson, E. C., & Mayer, R. C. (2009). The role of causal attribution dimensions in trust repair. *Academy of Management Review, 34*(1), 85–104. ▶ https://doi.org/10.5465/amr.2009.35731291.

Van Lange, P. A. M. (2015). Generalized trust. *Current Directions in Psychological Science, 24*(1), 71–76. ▶ https://doi.org/10.1177/0963721414552473.

Xie, Y., & Peng, S. (2009). How to repair customer trust after negative publicity: The roles of competence, integrity, benevolence, and forgiveness. *Psychology and Marketing, 26*(7), 572–589. ▶ https://doi.org/10.1002/mar.20289.

Nachhaltiger Konsum

Individuelle und systemische Ansätze, wie unser Konsum nachhaltiger werden kann

Marcel Zbinden und Dominik Georgi

Inhaltsverzeichnis

1	**Individuelles Verhalten – 169**	
1.1	Psychologische Einflussfaktoren des individuellen Verhaltens – 169	
1.2	Intentions-Verhaltens-Lücke – 170	
2	**Systemische Einbettung – 172**	
2.1	Verhalten des Staates – 172	
2.2	Verhalten der Hersteller – 174	
2.3	Verhalten von NGOs – 175	
3	**Interventionsansätze für nachhaltigeren Konsum – 176**	
3.1	Beeinflussung interner/personaler Bedingungen – 176	
3.2	Beeinflussung externer/situativer Bedingungen – 176	
	Literatur – 178	

© Der/die Autor(en), exklusiv lizenziert an Springer-Verlag GmbH, DE, ein Teil von Springer Nature 2024
J. Basel und S. Manchen Spörri (Hrsg.), *Angewandte Psychologie für die Wirtschaft*,
https://doi.org/10.1007/978-3-662-68559-4_13

Insights

- Erklären können, was nachhaltiger Konsum ist und warum wir uns damit beschäftigen sollten.
- Verstehen, weshalb der Vorzug von egoistischen gegenüber altruistischen Motiven zum Trittbrettfahrerproblem führt.
- Verstehen, warum es eine Lücke zwischen Verhaltensintention und Verhalten gibt und wie diese geschlossen werden kann.
- In der Lage sein, unterschiedliche Perspektiven als Treiber für Verhaltensänderungen einzunehmen: von den Konsumierenden selbst über die Hersteller hin zum Staat und NGOs.
- Unterscheiden können, was persönliche und was situative Determinanten der Beeinflussung des individuellen Konsums sind.

Einleitung

Wie kann jemand regelmäßig für das Klima auf die Straße gehen, im Sommer aber dennoch mit dem Flugzeug in die Ferien fliegen und am Black Friday mehrere Schnäppchen einkaufen? Das Verhalten von Konsumierenden ist oft widersprüchlich – auch Menschen mit einer nachhaltigen Einstellung schaffen es häufig nicht, im Alltag ihr geplantes Verhalten konsequent in die Tat umzusetzen. Dies liegt daran, dass *nachhaltiger Konsum* per se ein komplexes Phänomen ist, welches auf sehr verschiedenen Wirkmechanismen beruht (Pittner, 2017).

Unabhängig von solchen Widersprüchen kann *Nachhaltigkeit bzw. Neo-Ökologie* zurecht als *Megatrend* bezeichnet werden (Zukunftsinstitut, 2023). Die Weltbevölkerung benötigte zusammen im Jahr 2020 schon eine Fläche von 1,75 Erden, um den eigenen Verbrauch decken zu können (Balderjahn, 2021). Und gemäß dem *Earth Overshoot Day* ist es 2023 bereits am 5. Juni soweit, dass die Menschheit mehr verbraucht, als an Biokapazität für dieses Jahr vorhanden ist (Earth Overshoot Day, 2023). Nachhaltiger Konsum ist dabei ein wesentlicher Teilaspekt der Nachhaltigkeit und kann definiert werden als der Konsum von Gütern und Dienstleistungen, deren Produktion und Nutzung der Umwelt, der Gesellschaft sowie der Wirtschaft nicht schadet (Wiswede, 2021).

In der ökonomisch geführten Nachhaltigkeitsdebatte ist dabei häufig kein Platz für das Individuum, und der Beitrag des Einzelnen zum Klimaschutz wird oft marginalisiert (Balderjahn, 2022). Signifikante Veränderungen des Konsums in Richtung Nachhaltigkeit könnten am besten durch ökonomische Anreizsysteme und technologische Innovationen erreicht werden. Dass dabei der *Faktor Mensch* in seiner Rolle unterschätzt wird, sehen auch die Vereinten Nationen. Denn neben herrschenden Produktionsprozessen und -strukturen werden die verschwenderischen Konsumstile als Hauptverursacher für die weltweite Umweltverschmutzung, die Klimaerwärmung und den Verlust an Biodiversität verantwortlich gemacht (UN, 2023a).

In diesem Beitrag geht es darum zu verstehen, aus welchem Antrieb *Menschen sich nachhaltig oder eben nicht nachhaltig verhalten* bzw. weshalb ihr Verhalten häufig widersprüchlich ist, und mit welchen Interventionsansätzen gewünschte Verhaltensweisen gefördert werden können. Dies wird einerseits auf individueller Ebene anhand des Verständnisses der psychologischen Einflussfaktoren des Verhaltens diskutiert, andererseits über die Rolle der verschiedenen Akteure, die mit ihrem Verhalten den Konsum der Menschen beeinflussen. Als zentral können dabei die Hersteller und der Staat gesehen werden, daneben aber auch Nichtregierungsorganisationen (nachfolgend NGOs) wie Umweltschutzverbände oder Verbraucherorganisationen (Wiswede, 2021).

1 Individuelles Verhalten

Konsum als fixer Bestandteil des menschlichen Alltags ist mit Ausnahme von größeren Anschaffungen durch Routine und Veränderungsresistenz gekennzeichnet (Pittner, 2017). Dies bedeutet, dass eine *Umstellung auf ein nachhaltigeres Verhalten* häufig an sich schon anspruchsvoll ist. Hinzu kommt, dass es gerade im Bereich Nachhaltigkeit vielfach um Verhaltensweisen geht, die unbequem sein, erhebliche Anstrengungen erfordern oder mit höheren Kosten verbunden sein können. Die Entscheidung, zu Fuß zu gehen oder mit dem Fahrrad anstatt mit dem Auto zu fahren, kann zum Beispiel mehr Zeit und Mühe erfordern, während die Reduzierung des Fleischkonsums eine erhebliche Änderung der Ernährungsgewohnheiten bedeutet. Oder anders gesagt: Umweltbewusstes Konsumverhalten besteht immer im Spannungsverhältnis zwischen Eigeninteressen (z. B. Spaß haben, die eigene Gesundheit schützen) und empfundenen moralischen Verpflichtungen (z. B. andere schützen, die Umwelt schützen) (Balderjahn, 2021). Diese sozialen Dilemmata stellen laut Schläpfer und Fichter (2018) den wichtigsten Grund für nicht nachhaltiges Wirtschaften dar. Fällt der *Entscheidungskonflikt zwischen Eigen- und Gemeinnutz* egoistisch aus, führt dies zum sogenannten Trittbrettfahrerproblem. Dabei handelt es sich um eine Situation, in der Einzelne von einem öffentlichen Gut oder einer öffentlichen Ressource profitieren, ohne ihren gerechten Anteil zu deren Bereitstellung beizutragen. In diesen Dilemmata wirkt verstärkend, dass individuelle Vorteile für heute meist höher geschätzt werden als der abstrakte, in ferner Zukunft einlösbare Anteil an bestimmten öffentlichen Gütern wie einer intakten Umwelt (Olson, 2004). Doch welche Faktoren führen dazu, dass viele von uns sich trotz Trittbrettmöglichkeit in verschiedenen Situationen umweltbewusst verhalten?

1.1 Psychologische Einflussfaktoren des individuellen Verhaltens

Zahlreiche Modelle versuchen, die Einflussfaktoren des menschlichen Verhaltens darzustellen. Eines der Bekanntesten ist die *Theorie des geplanten Verhaltens* von Ajzen (1991), wobei Han und Stoel (2017) im Rahmen einer Metaanalyse nachweisen konnten, dass die Theorie auch für nachhaltiges Konsumverhalten ein guter Prädiktor ist. Die Theorie des geplanten Verhaltens geht davon aus, dass das Verhalten am besten über die Verhaltensintention vorhergesagt werden kann, also inwiefern jemand gewillt ist, ein bestimmtes Verhalten zu zeigen. Diese Verhaltensintention wird durch drei Faktoren beeinflusst: (1) Einstellung gegenüber dem Verhalten, (2) subjektive Normen und (3) wahrgenommene Verhaltenskontrolle (◘ Abb. 1).

Als *Einstellungen* werden dabei wertende Urteile bezeichnet, die Personen über Objekte, Menschen oder Verhaltensweisen abgeben. Personen mit einer positiven Einstellung zur Nachhaltigkeit sind dabei eher bereit, sich nachhaltig zu verhalten. Die Einstellung ist insofern ein wichtiges Konstrukt, weil sie Verhalten auch längerfristig beeinflussen kann. Maßnahmen zur Zunahme des nachhaltigen Konsums, die bei der Einstellung ansetzen, haben somit häufig eine Wirkung über ihre Dauer hinaus.

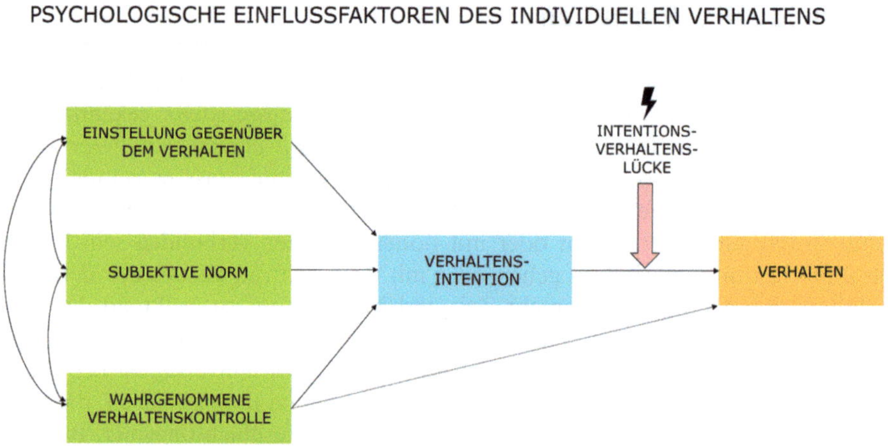

PSYCHOLOGISCHE EINFLUSSFAKTOREN DES INDIVIDUELLEN VERHALTENS

Abb. 1 Psychologische Einflussfaktoren des individuellen Verhaltens nach Ajzen (1991)

Bei der *subjektiven Norm* geht es um die Beeinflussung der Handlungsabsichten durch das Urteil anderer wichtiger Personen, wie Eltern, Lebenspartner und Lebenspartnerinnen, Freundinnen und Freunde oder Lehrerinnen und Lehrer. Diese Normen sind wie ungeschriebene Regeln, sie prägen die Überzeugungen, Einstellungen und Verhaltensweisen der Menschen und können ein wirkungsvolles Instrument zur Förderung eines nachhaltigen Konsums sein. So führten Rückmeldungen an die Haushalte bezüglich ihres Energieverbrauchs zu einer drastischen Verringerung des Energiebedarfs bei Verbrauchern mit einem im kommunizierten sozialen Vergleich sehr hohen Energieverbrauch (Schultz et al., 2007).

Die *wahrgenommene Verhaltenskontrolle* beschreibt die Einschätzung des Individuums, ob ein Verhalten leicht zu zeigen ist oder ob es Schwierigkeiten bei der Durchführung des Verhaltens geben wird. Diese Schwierigkeiten können sich sowohl aus einem Mangel an Ressourcen des Individuums als auch aus externen Bedingungen ergeben. Gemäß Kaiser et al. (1999) können Wissen über Umweltaspekte, umweltbezogene Werte und ein aus wahrgenommener Kontrolle resultierendes Verantwortungsgefühl gegenüber der Umwelt teilweise bis zu 60 % der Varianz umweltbezogener Verhaltensintentionen erklären.

1.2 Intentions-Verhaltens-Lücke

Im Modell von Ajzen (1991) werden die Einflussfaktoren auf die Verhaltensintention dargestellt, welche sich als der beste Prädiktor für das Verhalten erwiesen haben. Dennoch liegt zwischen der Verhaltensintention und dem Verhalten häufig ein großer Schritt, denn trotz entsprechender Einstellung und Intention hinsichtlich Nachhaltigkeit ist noch nicht sichergestellt, dass entsprechendes Verhalten auch gezeigt wird. Dies gilt insbesondere bei impulsivem oder habitualisiertem Verhalten. Man spricht hier von der *Intentions-Verhaltens-Lücke* (auch

Einstellungs-Verhaltens-Lücke, Attitude-Behavior-Gap oder Say-Do-Gap). Laut Wiswede (2021) ist diese Lücke nirgends so groß wie bei der Nachhaltigkeit. Die Gründe für diese Veränderungsresistenz sind zahlreich. Balderjahn (2021) nennt diesbezüglich verschiedene Barrieren, wie:

- *Preisbarriere:* zu hohe Preise der nachhaltigeren Alternativen. Auch „Zeitkosten" durch den Vergleichsaufwand wirken kaufhemmend.
- *Egoismusbarriere:* persönliche Bedürfnisse, die in Konkurrenz zur nachhaltigen Einstellung stehen.
- *Unsicherheitsbarriere:* Unsicherheiten hinsichtlich sozialer oder ökologischer Qualität, bzw. auf was man achten soll. Manchmal wird dies auch als Überforderung bezeichnet.
- *Vertrauensbarriere:* Misstrauen gegenüber den Herstellerinformationen.
- *Bequemlichkeitsbarriere:* fehlende Convenience beim Konsum nachhaltiger Produkte.

Verschiedene Theorien aus der Psychologie können zudem weitere häufig anzutreffende Barrieren erklären. *Moral Licensing* (auch *Rebound-Effekt*) bezeichnet das Phänomen, dass Personen, die sich nachhaltig verhalten, sich anschließend weniger sozial und ethisch verhalten (Mazar & Zhong, 2010). Psychologisch kann dies laut Spörrle und Bekk (2015) so erklärt werden, dass sich die Menschen einen „Freibrief" geben, und zwar schon für geringfügige Beiträge zur Umweltfreundlichkeit.

Die *kognitive Dissonanz* (Festinger, 1954) beschreibt einen unangenehmen Gefühlszustand, der dadurch entsteht, dass man verschiedene Wahrnehmungen und Gedanken zu etwas hat, die nicht miteinander vereinbar sind. Hinsichtlich Nachhaltigkeit kann es zum Beispiel sein, dass Menschen einen Konflikt zwischen ihren ökologischen Werten und ihrem Wunsch nach Bequemlichkeit, finanziellem Gewinn oder der Einhaltung sozialer Konventionen erleben. Wenn man zum Beispiel Energie sparen möchte und deshalb die Raumtemperatur seiner Wohnung reduziert, kann das im Widerspruch zur eigenen Gastlichkeit stehen, wenn man Freunde zu sich nach Hause einlädt. Dies kann dazu führen, dass man gar nicht handelt, weil man keine kognitive Dissonanz erleben möchte.

Und um sich selbst zu entlasten, führt der *attributive Effekt* (van Raaij, 1988) dazu, dass eigenes Fehlverhalten hinsichtlich Nachhaltigkeit häufig der Situation statt der eigenen Person zugewiesen wird (z. B. zu teure, zu weit entfernte oder visuell weniger attraktive ökologische Alternativen).

Ein weiterer, zentraler Grund für die Intentions-Verhaltens-Lücke ist, dass Entscheidungen im Alltag häufig *unbewusst* und dadurch bei Wiederholungskäufen *habitualisiert* erfolgen und dabei gar nicht mit unserem Wertesystem abgeglichen werden (Kahneman, 2012). Wenn wir es jedoch schaffen, unsere Gewohnheiten zu verändern, kann im Gegenzug auch eine positive Rückkopplung mit dem nachhaltigen Konsum stattfinden. Wenn wir zum Beispiel gewohnheitsmäßig unseren Abfall recyceln und kompostieren, denken wir eher über die ökologischen Folgen nach, wenn wir etwas in den Müll werfen (s. ▶ Abschn. 2.3).

Zudem ist die Entscheidungsfindung häufig auch *gedanklich abgekürzt oder verzerrt*, man spricht hier von *Heuristiken* oder *Cognitive Biases* (Kahneman, 2012). Dies ist nichts per se Schlechtes, denn solche Faustregeln oder Abkürzungen helfen uns dabei, rasche und häufig gute Entscheidungen zu treffen und Urteile zu fällen. So nutzen wir zum Beispiel bei weitem nicht alle vorliegenden Informationen, wenn wir konsumieren. Dadurch kann es aber vorkommen, dass Menschen die Vorteile einer unmittelbaren Befriedigung beim Kauf eines neuen Produkts überschätzen. Im Gegenzug werden die langfristigen Vorteile nachhaltiger Verhaltensweisen unterschätzt. Dies ist eine mögliche Erklärung, weshalb Phänomene wie der Black Friday auch bei nachhaltig orientierten Menschen funktionieren.

- **Blick in die Praxis: Krisen als Chance für Einstellungs- und Verhaltensänderungen**

Krisen bieten den optimalen Nährboden für Einstellungs- und Verhaltensänderungen. Im Rahmen einer Längsschnittstudie der Hochschule Luzern rund um das Konsumentenverhalten während der Corona-Pandemie konnte aufgezeigt werden, dass gewisse erzwungene Veränderungen durch den staatlich verordneten Lockdown nicht nur während diesem, sondern auch darüber hinaus gezeigt wurden (Georgi et al., 2020). Gerade weil das Konsumverhalten sich häufig durch Routinen auszeichnet, können erzwungene Umstellungen dabei wie eine Art Trainingslager angesehen werden, in dem man sich an neue Verhaltensweisen gewöhnen kann (Zbinden, 2020). Häufig findet jedoch mit der Zeit ein starker Jo-Jo-Effekt zurück zur alten Routine statt. Dieser Effekt wird reduziert, wenn die neue Verhaltensweise entscheidende Vorteile bietet, zum Beispiel hinsichtlich Convenience wie das Homeoffice; oder auch, wenn während der Umstellungsphase eine Einstellungsänderung stattgefunden hat. Zum Beispiel sind regionale Produkte nicht nur nachhaltiger, sondern schmecken auch besser. Falls es nicht zu einem *New Normal,* sondern zu einem *Back to Normal* kommt (Georgi et al., 2020), ist zumindest zu hoffen, dass die „Trainingsphase" als Nährboden für zukünftige Veränderungen dient.

2 Systemische Einbettung

Die psychologischen Einflussfaktoren des individuellen Verhaltens und deren Zusammenhänge verstehen und erklären zu können, ist an sich schon komplex. Hinzu kommen aber die Wechselwirkungen der Konsumierenden mit verschiedenen institutionellen Strukturen, die zentralen Einfluss auf das Konsumentenverhalten haben. In diesem System sind dabei an erster Stelle der Staat und die Hersteller zu nennen. Allerdings üben auch NGOs einen großen Einfluss auf den nachhaltigen Konsum aus. Jeder dieser Marktbeteiligten ist inzwischen vom Nachhaltigkeitsbegriff beeinflusst, zumindest in den entwickelten Wirtschaftsregionen (Spörrle & Bekk, 2015). Und sie wirken alle auf unterschiedliche Art und Weise aufeinander ein (◻ Abb. 2).

2.1 Verhalten des Staates

Der Staat kann eine entscheidende Rolle bei der Veränderung des nachhaltigen Konsums spielen, indem er politische Maßnahmen und Vorschriften zur Förderung nachhaltiger Praktiken umsetzt oder in nachhaltige Infrastruktur und Technologien investiert. Ein Beispiel für einen Regelansatz ist zum Beispiel das Verbot von Benzin- und Dieselfahrzeugen ab 2035 (Europäisches Parlament, 2022). Vorschriften

FRAMEWORK NACHHALTIGER KONSUM

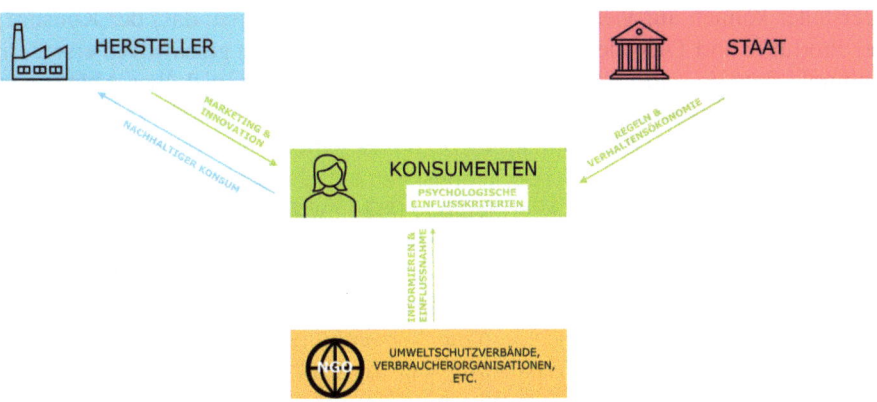

◘ **Abb. 2** Framework nachhaltiger Konsum

können aus Verbrauchersicht jedoch auch als Einschränkung der Wahlmöglichkeiten angesehen werden und so Widerstand auslösen. Außerdem muss für deren Glaubwürdigkeit sichergestellt sein, dass sie durchgesetzt werden.

Immer populärer werden deshalb Ansätze, bei welchen Unternehmen und Konsumierende zu nachhaltigen Entscheidungen ohne entsprechende Gesetze oder Regeln motiviert werden. Dies kann unter anderem über sogenanntes *Nudging* (Thaler & Sunstein, 2008) erfolgen, auch „sanfter Paternalismus" genannt. Nudges sind politische Instrumente und können als „Anstupser" verstanden werden, die auf verhaltensökonomischen Erkenntnissen beruhen und Verhaltensänderungen hervorrufen sollen. Dabei handelt es sich um subtile Maßnahmen, die es uns leichter machen, so zu handeln, wie es am besten für uns ist, ohne uns ein Verhalten vorzuschreiben. Konkrete Beispiele für Nudges sind die aufgeklebte Fliege im Pissoir, die Fußabdrücke auf Rolltreppen, die stehen oder gehen symbolisieren, oder auch öffentliche Aschenbecher mit zwei Bereichen, wo man sich für Messi oder Ronaldo als besten Fußballspieler entscheiden kann, je nachdem, wo man seinen Stummel reinwirft: Hauptsache, man wirft diesen nicht auf den Boden.

Die große Frage, ob der Staat mittels solcher verhaltensökonomischer Ansätze oder doch eher mittels Vorschriften den nachhaltigeren Konsum vorantreiben bzw. das Trittbrettfahren reduzieren soll, kann nicht pauschal beantwortet werden. Es hängt davon ab, was das Ziel der Verhaltensänderung ist, wie stark die bestehenden Gewohnheiten sind und wie die Menschen auf Nudges oder Vorschriften reagieren. In der Regel wirken Nudges aber dann besser, wenn das Ziel der Verhaltensänderung eher einfach und klar ist, wie zum Beispiel Strom sparen oder gesünder essen. Oder wenn das Bewusstsein oder der Vorsatz für das Verhalten bereits vorhanden ist, und es mit Nudges gelingt, diese anzusprechen oder zu verstärken. Wichtig ist dabei, dass Nudges transparent und freiwillig sind und keine unerwünschten Effekte haben (Miesler, 2022).

2.2 Verhalten der Hersteller

Hersteller können auf vielseitige Art und Weise dafür sorgen, dass der Konsum ihrer Produkte und Dienstleistungen nachhaltiger wird. Dies geschieht in erster Linie dadurch, dass sie selbst nachhaltiger wirtschaften, zum Beispiel über Abfallvermeidung, Energieeinsparung oder über den Einsatz nachhaltiger Lieferketten. So bietet zum Beispiel der Schweizer Onlineshop Galaxus seinen Kunden die Möglichkeit an, sich für eine Lieferung per „Schneckenpost" zu entscheiden, das heißt für eine langsamere, dafür ökologischere Liefermethode (Hämmerli, 2022).

Des Weiteren können Hersteller neben einer nachhaltigen Geschäftstätigkeit auch Produkte und Dienstleistungen entwickeln, die die Umwelt so wenig wie möglich belasten und den Bedürfnissen von Verbrauchern entsprechen, welche Wert auf Nachhaltigkeit legen. Dazu gehören die Verwendung umweltfreundlicher Materialien, die Reduzierung der Verpackung und die Einbeziehung nachhaltiger Merkmale, wie Energieeffizienz. Dieser Wunsch, Verantwortung für soziale und ökologische Lebensbedingungen und für die folgenden Generationen zu übernehmen, ohne dabei Verzicht üben zu müssen, ist die Maxime der LOHAS-Konsumierenden („Lifestyle of Health and Sustainability") (Helmke et al., 2016). Gerade Marketingaktivitäten für die LOHAS-Zielgruppe machen jedoch deutlich, dass die Gefahr einer Orientierung von Nachhaltigkeitsbestrebungen primär an deren Sichtbarkeit besteht (Wiswede, 2021). Insgesamt ist davon auszugehen, dass Hersteller häufig ökonomisch getrieben sind, wenn es um Nachhaltigkeit geht. Das heißt, sie streben einen finanziellen Vorteil an (z. B. durch reduzierte Energiekosten) oder auch einen Marktvorteil oder einen Imagegewinn (Schläpfer & Fichter, 2018). Die Grenzen zum häufig geäußerten Vorwurf des Greenwashings – was heißt, dass Produkte häufig umweltfreundlicher dargestellt werden, als sie tatsächlich sind – sind dabei fließend.

Neben den Bemühungen hinsichtlich der eigenen Nachhaltigkeit durch Hersteller sind neue Geschäftsmodelle entstanden, die auf eine strukturelle Veränderung der Gemeinschaft abzielen. Innerhalb der Circular Economy oder auch der Sharing Economy (s. u.) geht es um eine Abkehr von den heutigen „Take-Make-Dispose"-Systemen. Reparieren, Selbermachen, länger nutzen, Teilen, Kreislaufwirtschaften, Verhindern eines ungebrauchten Entsorgens werden hierbei als zukunftsweisende Alternativen zum heutigen Wegwerfverhalten gedeutet (Jonas et al., 2021).

- **Blick in die Praxis: der Sharing-Monitor Schweiz**

Gemäß Georgi et al. (2021) bedeutet Sharing, dass ein Produkt nicht einfach von einer Person gekauft, genutzt und weggeworfen wird, sondern auf seinem Weg vom ersten Kauf bis zur Entsorgung mehrere Besitzer hat und somit geteilt wird. Unterschieden werden kann dabei zwischen *Peer-Ownership Sharing* (z. B. Airbnb®), *Joint-Ownership Sharing* (gemeinsame Anschaffungen wie ein Rasenmäher unter Nachbarn), *Centralised Public Sharing* (z. B. Bibliotheken), *Centralised Private Sharing* (z. B. Car-Sharing), *sequenzielles Sharing* (z. B. Secondhand) und *Verbrauch-Sharing* (z. B. Foodsharing). Eine Befragung der Schweizer Bevölkerung 2019 brachte dabei eine ¾-½-¼-Verteilung zutage: Über alle untersuchten Kategorien hinweg beträgt die Bekanntheit der verschiedenen Sharing-Ansätze 75 %, deren Potenzial 52 % und die tatsächliche Nutzung 27 %. Auch wenn sich die spezifischen

Ergebnisse pro Sharing-Kategorie stark unterscheiden, so ist der Unterschied zwischen Bekanntheit und Nutzung in praktisch allen Bereichen sehr groß. Das heißt, es besteht beträchtliches Potenzial dafür, dass man Ansätze wie etwa das Teilen selten gebrauchter Güter mit anderen oder Secondhand-Mode nicht nur wohlwollend zur Kenntnis nimmt, sondern seinen Konsum entsprechend anpasst.

2.3 Verhalten von NGOs

Nichtregierungsorganisationen sind von staatlichen Institutionen und Einflüssen unabhängige Gruppierungen bzw. Organisationen mit einer spezifischen Interessensausrichtung, wie zum Beispiel Bekämpfung von Armut, Umwelt-, Klima- oder Tierschutz (Balderjahn, 2021). Die Rolle von NGOs besteht darin, das Bewusstsein zu schärfen, die Politik und die Hersteller zu beobachten und zu beeinflussen sowie mit Konsumierenden und Herstellern in Kontakt zu treten.

So versucht zum Beispiel der WWF das Thema *True Cost Accounting* (TCA) beim Staat und bei den Verbrauchern zu platzieren (TMG – Think Tank for Sustainability & World Wide Fund for Nature [WWF], 2021). Hierbei geht es darum, die gesamten ökologischen und sozialen Kosten eines Produkts oder einer Dienstleistung zu berücksichtigen, einschließlich der Kosten für Umweltverschmutzung, Abfall und Ressourcenerschöpfung. Indem diese Kosten in den Preis eines Produkts einfließen, kann TCA Anreize für einen nachhaltigen Konsum schaffen, indem es die Verbraucher dazu bringt, sich für Produkte zu entscheiden, die geringere ökologische und soziale Auswirkungen haben.

Verbraucherorganisationen wie die Stiftung Warentest, der Verbraucherzentrale-Bundesverband in Deutschland oder die Stiftung für Konsumentenschutz in der Schweiz unterstützen die Konsumierenden dabei, selbstbewusst zu handeln, indem sie die Produkttransparenz und Produktkontrolle durch *Labeling* und Vergabe von Gütesiegeln steigern (Ludin & Wellbrock, 2021).

Weiter können NGOs auch mit Herstellern zusammenarbeiten, um nachhaltige Produktion und nachhaltigen Konsum zu fördern (s. u.), aber auch, um Nachhaltigkeitsstrategien zu entwickeln, nachhaltige Praktiken einzuführen und nachhaltige Produkte und Dienstleistungen zu fördern.

- **Blick in die Praxis: der Veganuary**

Die Organisation *Veganuary*[1] hat seit 2014 über 2,5 Mio. Menschen aus zahlreichen Ländern dazu inspiriert und dabei unterstützt, sich für einen Monat vegan zu ernähren (Veganuary, 2023). Immer mehr Hersteller kooperieren inzwischen mit dieser NGO und fokussieren mit neuen Produkten und zahlreichen Initiativen im Januar auf vegane Initiativen. Gemäß Zbinden et al. (2023) funktioniert der Veganuary-Ansatz deshalb besonders gut, weil die konsequente Umstellung während eines längeren Zeitraums die Chancen für nachhaltige Verhaltensänderungen erhöht und weil man sich als Teil einer größeren Community fühlt, die das gleiche Ziel verfolgt.

---

1 ▶ https://veganuary.com/

3 Interventionsansätze für nachhaltigeren Konsum

Homburg und Matthies (2005) unterscheiden für einen nachhaltigeren Konsum zwischen Interventionen, die bei der Person, und solchen, die bei der Situation ansetzen. Zu den internen bzw. personalen Bedingungen für eine entsprechende Verhaltensintention gehören laut der oben ausgeführten Theorie des geplanten Verhaltens die *Einstellung gegenüber dem Verhalten,* die *subjektive Norm* und die *wahrgenommene Verhaltenskontrolle* (Ajzen, 1991). Bei der Beeinflussung externer bzw. situativer Bedingungen geht es darum, mittels Maßnahmen in den Konsumsituationen die Intentions-Verhaltens-Lücke zu schließen.

3.1 Beeinflussung interner/personaler Bedingungen

Zur Veränderung der persönlichen Einstellung von Konsumenten können *wissenszentrierte Techniken* helfen, indem durch bereitgestellte Informationen Menschen für die Umweltauswirkungen ihrer Verhaltensweisen sensibilisiert werden. So dienen Aufklärungskampagnen und Öffentlichkeitsarbeit durch Regierungen oder NGOs der Schärfung eines Bewusstseins für nachhaltige Verbrauchspraktiken, wie Abfallvermeidung, Energiesparen und die Wahl nachhaltiger Produkte. Wissenszentrierte Techniken werden dabei als notwendig, aber nicht hinreichend für eine Verhaltensänderung angesehen (Biel et al., 2005).

Darüber hinaus können *soziale Normen* angesprochen werden, zum Beispiel durch Hervorhebung des positiven Verhaltens anderer in der Gemeinschaft. Menschen sind eher bereit, nachhaltige Praktiken anzuwenden, wenn sie glauben, dass dies den Normen ihrer sozialen Gruppe entspricht.

Zur Steigerung der *wahrgenommenen Verhaltenskontrolle* muss den Menschen das Gefühl gegeben werden, dass ihr Beitrag zum Schutz der Umwelt etwas zählt. Dies gilt besonders in Anbetracht eines gerade bei Jüngeren vorherrschenden Kontrollverlustes rund um das Thema Umweltschutz.

3.2 Beeinflussung externer/situativer Bedingungen

Die *Intentions-Verhaltens-Lücke* entsteht primär durch Kaufbarrieren, Heuristiken und Gewohnheiten. Entsprechend sollten Maßnahmen an diesen Punkten ansetzen.

Als Basis hinsichtlich der Reduktion von *Kaufbarrieren* kann die Bereitstellung einer Infrastruktur bezeichnet werden, die nachhaltigen Konsum unterstützt. Dies kann Recyclinganlagen, Fahrradwege oder öffentliche Verkehrsmittel umfassen (Ludin & Wellbrock, 2021), aber auch die bessere Verfügbarkeit und Erschwinglichkeit nachhaltiger Produkte.

Um weitere Kaufbarrieren wie Unsicherheit oder fehlendes Vertrauen zu beseitigen oder *Heuristiken* in die gewünschte Richtung zu lenken, können verschiedene Nudges und weitere Ansätze helfen (Lehner et al., 2016):

- Vereinfachung und Einbettung von Informationen vor allem bei komplexen Sachverhalten. Dazu dienen Ansätze aus der Allgemeinpsychologie, wie z. B. eine Erhöhung der *Salienz* von Ökolabeln (Biel et al., 2005).

- Gestaltung des Entscheidungsumfeldes, z. B. Steigerung der Verkaufsmengen nachhaltigerer Produkte durch die entsprechende Anordnung von Produkten in Geschäften.
- Voreingestellte Entscheidungsoptionen üben einen großen Einfluss aus, weil sie oft mehr oder weniger unreflektiert übernommen werden. Beispielsweise führt die Voreinstellung von Ökostrom als Standard, die man aktiv auf eine Alternative ändern müsste, zu einem höheren Absatz von Ökostrom-Verträgen.

Um neue *Gewohnheiten* zu etablieren, hilft es, mit Anreizen zu arbeiten, damit das gewünschte Verhalten über einen längeren Zeitraum konsequent umgesetzt wird. Neben dem Veganuary ist zum Beispiel die Kampagne „Bike-to-Work" ein solcher Ansatz, damit der Arbeitsweg in Zukunft häufiger mit dem Fahrrad erfolgt. Gemäß Fogg (2020) muss dabei darauf geachtet werden, dass man nicht zu schnell zu viel will. Die Lösung seien „Tiny Habits", also kleine und machbare Schritte, die sich leicht in den Alltag integrieren lassen.

Zusammenfassend kann festgehalten werden, dass die Mischung bzw. die Multiplikation von situativen und personalen Ansätzen am erfolgversprechendsten ist. Situative Interventionen sind notwendig, weil sie i. d. R. einfacher und günstiger umzusetzen sind und mitunter raschen Erfolg ermöglichen, indem sie auch bei fehlender Einstellung zu nachhaltigem Verhalten führen können (Spörrle & Bekk, 2015). Längerfristig erfolgreich sind jedoch personenbezogene Ansätze, da so die Wahrscheinlichkeit erhöht werden kann, dass das gewünschte Verhalten auch über die Intervention hinaus anhält (Wiswede, 2021). Dies kann mittelfristig dazu führen, dass am Black Friday zwar noch immer konsumiert wird, aber man sich eher für eine besonders langlebige oder eine Secondhand-Variante entscheidet.

❓ Fazit

Es ist ein Zusammenspiel verschiedenster Faktoren, weshalb Menschen sich nicht bzw. nur bis zu einem gewissen Grad nachhaltig verhalten. Selbst bei entsprechender nachhaltiger Verhaltensintention verhindern Kaufbarrieren, Heuristiken und Gewohnheiten häufig ein nachhaltiges Verhalten.

Neben individuellen Erklärungsansätzen spielen beim nachhaltigen Konsum auch andere Marktteilnehmer wie Hersteller, der Staat oder NGOs eine entscheidende Rolle. Situative Interventionsansätze wie Nudges bringen häufig rascher und günstiger Erfolg, längerfristig sind jedoch personenzentrierte Ansätze effektiver. Eine Mischung aus beiden Bereichen, möglichst viele Ansätze und deren häufige Wiederholung ist deshalb anzustreben.

Schlüsselbegriffe

- **Trittbrettfahrerproblem:** von einem öffentlichen Gut oder einer öffentlichen Ressource profitieren, ohne selbst einen gerechten Anteil zu deren Bereitstellung beizutragen.
- **Theorie des geplanten Verhaltens:** bekanntes Modell zur Vorhersage des menschlichen Verhaltens.
- **Intentions-Verhaltens-Lücke:** Abweichung zwischen der Verhaltensintention und dem gezeigten Verhalten.

- **Heuristik:** mentale Strategien, Faustregeln oder Abkürzungen, die uns helfen, Entscheidungen zu treffen und Urteile zu fällen.
- **Nudging:** jemanden ohne vorgegebene Regeln zu einem bestimmten Verhalten sanft „anstupsen".

Verständnisfragen

1. Wie kann erklärt werden, dass nachhaltig orientierte Menschen dennoch am Black Friday Schnäppchen einkaufen?
2. Wie können psychologische Konzepte wie kognitive Dissonanz, der *Moral Licensing*-Effekt oder der attributive Effekt nicht nachhaltiges Verhalten erklären?
3. Was ist der Unterschied zwischen LOHAS-Marketing und Greenwashing?
4. Weshalb werden idealerweise personenzentrierte und situative Interventionsansätze zur Steigerung des nachhaltigen Konsums kombiniert?

Literatur

Ajzen, I. (1991). The theory of planned behavior. *Organizational Behavior and Human Decision Processes, 50*(2), 179–211. ▶ https://doi.org/10.1016/0749-5978(91)90020-T.

Balderjahn, I. (2021). *Nachhaltiges Management und Konsumentenverhalten* (2. Aufl.). UVK.

Balderjahn, I. (2022). Anti-Consumption und Nachhaltigkeit. In D.-M. Boltz, M. Bruhn, A. Gröppel-Klein & K.-U. Hellmann (Hrsg.), *Marke, Nachhaltigkeit und Verbraucherpolitik: Die Gewährleistungsmarke im Spannungsfeld zwischen Unternehmen, Konsumenten und Regulierung* (S. 29–40). Nomos. ▶ https://doi.org/10.5771/9783748912712-29.

Biel, A., Dahlstrand, U., & Grankvist, G. (2005). Habitual and value-guided purchase behavior. *Ambio, 34*(4–5), 360–365. ▶ https://doi.org/10.1639/0044-7447(2005)034[0360:havpb]2.0.co;2.

Earth Overshoot Day. (2023). *Country overshoot says*. ▶ https://www.overshootday.org/newsroom/country-overshoot-days/.

Europäisches Parlament. (2022). *Verkaufsverbot für neue Benzin- und Dieselfahrzeuge ab 2035: Was bedeutet das?* ▶ https://www.europarl.europa.eu/news/de/headlines/economy/20221019STO44572/verkaufsverbot-fur-neue-benzin-und-dieselfahrzeuge-ab-2035-was-bedeutet-das.

Festinger, L. (1954). A theory of social comparison processes. *Human Relations, 7*(2), 117–140. ▶ https://doi.org/10.1177/001872675400700202.

Fogg, B. J. (2020). *Tiny habits: Why starting small makes lasting change easy*. Virgin Books.

Georgi, D., Zbinden, M., Boenigk, M., Dahinden, L. & Bründler, S. (2020). *SUSBECT – SUStainable BEhavior during and after Corona Time: Wie kann der im Lockdown entstandene Nachhaltigkeitsschub langfristig genutzt werden?* Hochschule Luzern – Wirtschaft, IKM. ▶ https://doi.org/10.5281/zenodo.5036808.

Georgi, D., Zbinden, M., Dahinden, L., Grebmer, C., & Oswald, L. (2021). *Sharing Monitor Schweiz: Wie steht es um Sharing und die Sharing Economy in der Schweiz?* Hochschule Luzern – Wirtschaft, IKM. ▶ https://doi.org/10.5281/zenodo.7510412.

Hämmerli, A. (2022). *Neu liefern Galaxus und Digitec auf Wunsch per Schneckenpost*. Digitec Galaxus AG. ▶ https://www.galaxus.ch/de/page/neu-liefern-galaxus-und-digitec-auf-wunsch-per-schneckenpost-24534.

Han, T.-I., & Stoel, L. (2017). Explaining socially responsible consumer behavior: A meta-analytic review of Theory of Planned Behavior. *Journal of International Consumer Marketing, 29*(2), 91–103. ▶ https://doi.org/10.1080/08961530.2016.1251870.

Helmke, S., Scherberich, J. U. & Uebel, M. (2016). *LOHAS-Marketing: Strategie – Instrumente – Praxisbeispiele*. Springer Fachmedien. ▶ https://doi.org/10.1007/978-3-8349-3719-3.

Homburg, A., & Matthies, E. (2005). Umweltverhalten. In D. Frey, L. von Rosenstiel, & C. Graf Hoyos (Hrsg.), *Wirtschaftspsychologie: Handbuch* (S. 345–352). Beltz.

Jonas, M., Nessel, S., & Tröger, N. (2021). Reparieren, Selbermachen, Längernutzen: Kreislaufwirtschaften als Alternative zum ressourcenintensiven, linearen Massenkonsum? In M. Jonas, S. Nessel & N.

Tröger (Hrsg.), *Reparieren, Selbermachen und Kreislaufwirtschaften: Alternative Praktiken für nachhaltigen Konsum* (S. 1–24). Springer Fachmedien. ▶ https://doi.org/10.1007/978-3-658-31569-6_1.

Kahneman, D. (2012). *Thinking, fast and slow*. Penguin.

Kaiser, F. G., Ranney, M., Hartig, T., & Bowler, P. A. (1999). Ecological behavior, environmental attitude, and feelings of responsibility for the environment. *European Psychologist, 4*(2), 59–74. ▶ https://doi.org/10.1027//1016-9040.4.2.59.

Lehner, M., Mont, O., & Heiskanen, E. (2016). Nudging: A promising tool for sustainable consumption behaviour? *Journal of Cleaner Production, 134*(134), 166–177. ▶ https://doi.org/10.1016/j.jclepro.2015.11.086.

Ludin, D., & Wellbrock, W. (2021). Verbraucherökonomische Grundlagen eines nachhaltigen Konsums. In W. Wellbrock & D. Ludin (Hrsg.), *Nachhaltiger Konsum: Best Practices aus Wissenschaft, Unternehmenspraxis, Gesellschaft, Verwaltung und Politik* (S. 3–16). Springer Gabler. ▶ https://doi.org/10.1007/978-3-658-33353-9_1.

Mazar, N., & Zhong, C.-B. (2010). Do green products make us better people? *Psychological Science, 21*(4), 494–498. ▶ https://doi.org/10.1177/0956797610363538.

Miesler, L. (2022). *Behavioral insights: Intuitiv zu einem gesünderen Lebensstil*. NCD-Strategie 2017–2024. BAG. ▶ https://www.bag.admin.ch/bag/de/home/strategie-und-politik/nationale-gesundheitsstrategien/strategie-nicht-uebertragbare-krankheiten/verhaltensoekonomie.html.

Olson, M. (2004). *Die Logik des kollektiven Handelns: Kollektivgüter und die Theorie der Gruppen* (5. Aufl.). Mohr Siebeck.

Pittner, M. (2017). *Consumer Segment LOHAS: Nachhaltigkeitsorientierte Dialoggruppen im Lebensmitteleinzelhandel*. Springer Gabler. ▶ https://doi.org/10.1007/978-3-658-17142-1.

Schläpfer, F. & Fichter, C. (2018). Gesellschaft. In C. Fichter (Hrsg.), *Wirtschaftspsychologie für Bachelor* (S. 241–262). Springer. ▶ https://doi.org/10.1007/978-3-662-54944-5_11.

Schultz, P. W., Nolan, J. M., Cialdini, R. B., Goldstein, N. J., & Griskevicius, V. (2007). The constructive, destructive, and reconstructive power of social norms. *Psychological Science, 18*(5), 429–434. ▶ https://doi.org/10.1111/j.1467-9280.2007.01917.x.

Spörrle, M., & Bekk, M. (2015). Nachhaltiges Konsumentenverhalten. In K. Moser (Hrsg.), *Wirtschaftspsychologie* (2. Aufl., S. 285–302). Springer. ▶ https://doi.org/10.1007/978-3-662-43576-2_16.

Thaler, R. H., & Sunstein, C. R. (2008). *Nudge: Improving decisions about health, wealth, and happiness*. Yale Univ Press.

TMG – Think Tank for Sustainability & World Wide Fund for Nature (WWF). (2021). *True cost accounting and dietary patterns: An opportunity for coherent food system policy*. ▶ https://tmg-thinktank.com/tca-policy-tool.

United Nations (UN). (6. Januar 2023). *Goal 12: Ensure sustainable consumption and production patterns*. ▶ https://www.un.org/sustainabledevelopment/sustainable-consumption-production.

Van Raaij, W. F. (1988). Information processing and decision making: Cognitive aspects of economic behavior. In W. F. van Raaij, G. M. van Veldhoven, & K.-E. Wärneryd (Hrsg.), *Handbook of economic psychology* (S. 74–106). Springer. ▶ https://doi.org/10.1007/978-94-015-7791-5_3.

Veganuary. (2023). *Join the plant-based revolution*. ▶ www.veganuary.com.

Wiswede, G. (2021). Psychologie der Umweltproblematik. In *Einführung in die Wirtschaftspsychologie* (6. Aufl., S. 145–149). Ernst.

Zbinden, M. (2020). *Nachhaltiges Konsumverhalten: «Der Lockdown war für uns ein Trainingslager»*. Hochschule Luzern – Wirtschaft, IKM. ▶ https://news.hslu.ch/nachhaltiges-konsumverhalten-corona/.

Zbinden, M., Dahinden, L., Oswald, L., & Georgi, D. (2023). *Report zum Forschungsprojekt «Veganuary 2023»*. Hochschule Luzern – Wirtschaft, IKM. ▶ https://www.hslu.ch/de-ch/hochschule-luzern/ueber-uns/medien/medienmitteilungen/2023/05/11/veganuary-studie/.

Zukunftsinstitut. (2023). *Megatrend Neo-Ökologie*. ▶ https://www.zukunftsinstitut.de/dossier/megatrend-neo-oekologie/.

User Experience (UX)

(Digitale) Produkte nutzbar machen

Daniel Felix

Inhaltsverzeichnis

1   Was ist User Experience? – 182

2   Der Entwicklungsprozess *User-centered Design* – 184

3   Benutzerforschung – 187
3.1   Contextual Inquiry (Beobachtungsinterviews) – 188
3.2   Unbeteiligte Beobachtung – 189
3.3   Interview – 189
3.4   Umfragen – 190
3.5   Cardsorting – 190
3.6   Fokusgruppen – 191
3.7   Herausforderungen der Benutzerforschung im UX-Design – 191

4   Entwurf/Prototyping – 192
4.1   Informationsarchitektur und Wireframes – 192
4.2   UI- und Interaktionsdesign – 193

5   Barrierefreiheit – 193

6   Evaluation – 194
6.1   Usability-Tests – 194
6.2   Heuristische Evaluation – 194
6.3   Kognitives Walkthrough – 195
6.4   A/B-Tests – 195
6.5   Eye-Tracking – 195
6.6   Umfrageforschung – 195

        Literatur – 197

© Der/die Autor(en), exklusiv lizenziert an Springer-Verlag GmbH, DE, ein Teil von Springer Nature 2024
J. Basel und S. Manchen Spörri (Hrsg.), *Angewandte Psychologie für die Wirtschaft*,
https://doi.org/10.1007/978-3-662-68559-4_14

Insights

- Um eine gute User Experience (UX) zu erreichen, muss ein geeigneter Entwicklungsprozess angewendet werden.
- User-centered Design (UCD) als grundsätzliches Vorgehen bezieht die Benutzer und Benutzerinnen in den ganzen Prozess der Entwicklung ein, ist iterativ, geht schrittweise vor und arbeitet mit multidisziplinären Teams.
- Benutzerforschung, Entwürfe in immer weiter ausgereiften Schritten und die Evaluation mit Benutzern und Benutzerinnen sind die zentralen Schritte im Entwicklungsprozess.

Einleitung

Wirtschaftspsychologie befasst sich mit der Analyse menschlichen Verhaltens und Erlebens in wirtschaftlichen Kontexten. Beleuchtet wird im Folgenden die essenzielle Rolle der *User Experience* (UX, auch *Benutzungserlebnis*) in der digitalen Welt und wie sie den Unternehmenserfolg beeinflusst. Betrachtet werden die vielschichtigen Aspekte von UX und deren Bedeutung für den wirtschaftlichen Erfolg.

User Experience ist ein entscheidender Aspekt des Produktdesigns, der sich auf das Gesamterlebnis einer Person bezieht, die ein bestimmtes Produkt verwendet, wie beispielsweise eine Website, eine mobile Anwendung, ein physisches Produkt oder eine Dienstleistung. Sie umfasst eine Vielzahl von Elementen, die zum Gesamteindruck und zur Zufriedenheit der Benutzer und Benutzerinnen mit dem Produkt beitragen, wie zum Beispiel das Design, die Benutzungsfreundlichkeit und die Zugänglichkeit des Produkts, sowie die Emotionen und Wahrnehmungen, die die Benutzer und Benutzerinnen während der Interaktion damit haben (Nielsen, 1993).

Um ein Produkt zu schaffen, das nicht nur funktional, sondern auch angenehm und zufriedenstellend zu verwenden ist, berücksichtigt UX-Design die Bedürfnisse und Ziele der Benutzer und Benutzerinnen sowie ihr Verhalten und ihre Emotionen (Norman, 2013). Dazu gehören die Durchführung von Benutzerforschung, um die Zielgruppe zu verstehen, das Erstellen von Benutzerpersonas und Szenarien sowie das Testen und Iterieren verschiedener Designoptionen (Holtzblatt et al., 2005).

Die User Experience hat in den letzten Jahren eine zunehmende Bedeutung erlangt und ist zu einem zentralen Aspekt bei der Gestaltung von Produkten, Dienstleistungen und Systemen geworden. Doch was genau verbirgt sich hinter dem Begriff *User Experience* und warum ist sie so wichtig?

Im Folgenden wird vor allem am Beispiel der Software- oder Websiteentwicklung aufgezeigt, was die wichtigen Punkte im Entwicklungsprozess sind und wie der Entwicklungsprozess aufgebaut sein muss. Sinngemäß gilt dies jedoch für jedes Produkt, mit dem ein Benutzer oder eine Benutzerin interagiert. Die Prinzipien sind genauso auf ein physisches Produkt wie ein Haushaltsgerät oder ein medizinisches Gerät, auf Dienstleistungen wie eine Versicherungsberatung oder einen Verwaltungsprozess in einer Behörde anwendbar.

1 Was ist User Experience?

User Experience beschreibt die Gesamtheit aller Erfahrungen, die Nutzer und Nutzerinnen bei der Interaktion mit einem Produkt machen. Diese Erfahrungen können positiv oder negativ sein und hängen von verschiedenen Faktoren ab, wie zum

Beispiel der Gestaltung der Benutzungsoberfläche, der Usability des Produkts oder der Informationsarchitektur. Sie umfasst alle Aspekte des Weges eines Kunden oder einer Kundin vom ersten Kontakt mit dem Produkt bis zur letzten Erfahrung damit *(Customer Journey)*. So gehören also beispielsweise auch das Finden des Produktes, etwa im Internet, die Qualität der Erfüllung eines Kundenwunsches *(Fulfillment)* bei einer Bestellung (Lieferzeit, sicherer Versand etc.) oder die Qualität des Kundenservice zur User Experience. Eine gute UX ist damit ein entscheidender Faktor für den wirtschaftlichen Erfolg von Unternehmen. Positive UX beeinflusst das Kundenverhalten und stärkt die Markentreue. Eine optimierte UX hat einen direkten Einfluss auf die Umwandlung eines Kundenkontakts in einen Abschluss *(Conversion-Rate)* und somit auf das Unternehmenswachstum.

Ziel des UX-Designs ist es, diese Elemente so angenehm, einfach und effektiv wie möglich zu gestalten. Eine gute UX trägt dazu bei, dass Nutzer und Nutzerinnen das Produkt gerne nutzen und ihre Bedürfnisse schnell und effektiv erfüllen können. Eine schlechte UX kann hingegen dazu führen, dass Nutzer und Nutzerinnen frustriert sind, das Produkt nicht gerne nutzen und sich möglicherweise für eine Alternative entscheiden.

Ein Regelwerk, das viele Aspekte definiert, ist die internationale Normenreihe ISO 9241 – Ergonomie der Mensch-System-Interaktion. Sie beschreibt Richtlinien der Gebrauchstauglichkeit von Produkten und der Ergonomie interaktiver Systeme. Die Normenreihe beschreibt Anforderungen an die Arbeitsumgebung, Hardware, Software und die Prozesse zum Human-centered Design. Ziel der Normenreihe ist es, gesundheitliche Schäden beim Arbeiten mit interaktiven Systemen zu vermeiden und den Benutzenden die Ausführung ihrer Aufgaben zu erleichtern. Dazu werden allgemeinverbindliche Definitionen, Regeln und Anforderungen an interaktive Systeme festgelegt, um für Benutzer und Benutzerinnen eine gleichbleibende und einheitliche Qualität von Produkten und deren Benutzung zu gewährleisten. Die Normenreihe hat aktuell über 50 Teilnormen und wird vor allem in europäischen Ländern eingesetzt.

Um eine gute UX zu gestalten, müssen verschiedene Aspekte berücksichtigt werden. Ein wichtiger Aspekt ist die Usability. Dabei geht es darum, dass ein Produkt effektiv, effizient und zur Zufriedenheit der Benutzer und Benutzerinnen zu bedienen ist (ISO 9241-11, 2018). Dazu gehören unter anderem die Gestaltung der Benutzungsoberfläche, die Anordnung der Elemente sowie die Verständlichkeit von Texten und Beschriftungen. Auch die Geschwindigkeit und Reaktionszeit des Systems spielen eine wichtige Rolle bei der Usability.

Eine gute Usability ist besonders wichtig, da sie direkt mit der Zufriedenheit der Nutzer und Nutzerinnen und ihrer Erfahrung mit dem Produkt zusammenhängt. Ein schlecht gestaltetes Produkt kann frustrierend und zeitaufwendig sein, was zu einer negativen Erfahrung der Nutzer und Nutzerinnen führt. Eine gute Usability hingegen trägt dazu bei, dass Nutzer und Nutzerinnen das Produkt schnell und effektiv nutzen können, was zu einer positiven Erfahrung führt.

Neben der Usability spielt auch die Ästhetik eine wichtige Rolle beim UX-Design, da sie die Wahrnehmung der Nutzer und Nutzerinnen beeinflusst und zu ihrer Zufriedenheit beiträgt. Hier geht es darum, dass das Produkt ansprechend und attraktiv gestaltet ist und bei den Nutzern und Nutzerinnen positive Emotionen hervorruft. Eine schlechte Ästhetik hingegen kann die Nutzer und Nutzerinnen abschrecken und zu einer negativen Erfahrung führen. Das Thema Ästhetik umfasst unter anderem die richtige Wahl von Farben, Schriftarten und Grafiken sowie die Gestaltung von Animationen und Übergängen. Je nach Produkt spielen aber auch andere Faktoren wie Haptik oder Audio eine wichtige Rolle.

2 Der Entwicklungsprozess *User-centered Design*

Eine gute UX ist das Ziel – sie wird durch die Wahl des geeigneten Vorgehens erreicht. Generell spricht man dabei vom User-centered Design (UCD). Es gibt eine Vielzahl von UCD-Modellen, die bei der Gestaltung von Produkten, Dienstleistungen und Systemen eingesetzt werden können. Jedes Modell hat bestimmte Schwerpunkte innerhalb des Designprozesses sowie Grad und Art der Interaktion mit den Benutzern und Benutzerinnen. Im Folgenden werden einige der gebräuchlichsten Modelle und ihre jeweiligen Schwerpunkte erläutert:

- **ISO 9241-210,** 2010: Das Modell (Human-centered Design for interactive Systems) ist Teil der internationalen Normenreihe ISO 9241 (Ergonomics of Human-System-Interaction) und legt die Grundsätze und Anforderungen für die Benutzungszentrierung bei der Gestaltung von interaktiven Systemen fest. Es betont die kontinuierliche Einbeziehung von Benutzern und Benutzerinnen während des gesamten Gestaltungsprozesses und die Iteration des Designs auf der Grundlage von Benutzerfeedback. Mit dem Vorgehen soll sichergestellt werden, dass die sieben Anforderungen an ein interaktives System („Heuristiken") gemäß ISO 9241-110, 2020 erreicht werden, die für eine gute Usability gemäß ISO 9241-11, 2018 nötig sind: Aufgabenangemessenheit, Erwartungskonformität, Selbstbeschreibungsfähigkeit, Steuerbarkeit, Fehlertoleranz, Individualisierbarkeit und Lernförderlichkeit.
- Der **Usability-Engineering-Lifecycle** von Mayhew (1999) ist in die drei Phasen *Requirements Analysis*, *Design/Testing/Development* und *Installation* eingeteilt.

  In der Phase *Requirements Analysis* werden die Benutzer und Benutzerinnen sowie deren Aufgaben analysiert. Es werden auch die Möglichkeiten und Einschränkungen der verwendeten technischen Plattform untersucht sowie generelle Designprinzipien zusammengetragen, welche für das jeweils vorliegende Projekt relevant sind. Aus diesen Analysen werden dann die *Usability Goals* abgeleitet, welche später im Prozess überprüft werden sollen. Die Erkenntnisse aus der Analyse werden dabei dokumentiert. Dieses Dokument wird über den ganzen Verlauf des Prozesses mit neuen Informationen ergänzt.

  In der zweiten Phase *Design/Testing/Development* wird das Design des Userinterface erstellt sowie das System entwickelt. Das Design wird dann in einem Topdown-Ansatz realisiert. Im Schritt 1 wird ein *Interaction-Design* für die grobe Struktur des Userinterface erarbeitet. Dabei liegt der Fokus vor allem auf der Strukturierung der Funktionalität sowie auf Aspekten wie Navigation. In Schritt 2 sollen dann wiederkehrende *Interaction-Design-Patterns* für typische Elemente der Benutzungsoberfläche – wie zentrale Bildschirme (Einstiegsseite, Menü) oder wichtige Prozessschritte – erarbeitet und generelle Standards des Userinterface-Designs festgelegt, in Prototypen visualisiert, evaluiert und verbessert werden. In Schritt 3 werden schließlich die verbleibenden Schritte und Elemente des Userinterface in Prototypen ausgearbeitet, evaluiert und verbessert. Am Schluss der

Phase muss überprüft werden, ob auch die gesamte Funktionalität abgedeckt ist oder ob noch weitere Analysetätigkeit notwendig ist. In der dritten Phase *Installation* wird die Software/das Produkt erstellt und durch Benutzer-Feedback validiert. Ist alles in Ordnung ist das Produkt fertig, wenn nicht muss nochmals nachgebessert werden.

- **The five Planes of User-Experience-Design** (Garrett, 2002): Das Modell definiert fünf Ebenen der Benutzungserfahrung, die im Designprozess berücksichtigt werden sollten: *Strategie* (Businessziele und Benutzerbedürfnisse verstehen), *Umfang* (Funktionalitäten und Inhalte definieren), *Struktur* (Informationsarchitektur entwickeln), *Skeleton* (Wireframes und Prototypen erstellen) und *Surface* (visuelles Design). Die fünf Ebenen sind nicht zwingend lineare Schritte, die nacheinander durchlaufen werden. Stattdessen sind sie als integrierte Ebenen zu verstehen, die miteinander interagieren. Das bedeutet, dass Änderungen in einer Ebene Auswirkungen auf andere Ebenen haben können, und es ist wichtig, die Konsistenz und Kohärenz über alle Ebenen hinweg sicherzustellen. Diese Methode hilft Designern und Designerinnen und ganzen Teams, eine ganzheitliche Sicht auf ein Projekt zu entwickeln und sicherzustellen, dass alle relevanten Aspekte berücksichtigt werden.
- **The double Diamond** (Design Council, 2019): Dieses Modell betont den iterativen Charakter des Designprozesses und besteht aus vier Phasen: *Entdecken, Definieren, Entwickeln* und *Bereitstellen*. In der ersten Diamantphase (Entdecken) werden Probleme und Möglichkeiten erkannt. Die zweite Phase (Definieren) zielt darauf ab, die Herausforderungen zu konkretisieren und Ziele festzulegen. In der dritten Phase (Entwickeln) werden Ideen und Lösungen generiert. In der vierten Phase (Bereitstellen) werden diese Lösungen umgesetzt und evaluiert. Der Double Diamond betont iterative und kollaborative Prozesse, um innovative und benutzungszentrierte Lösungen zu entwickeln. Er ist ein flexibles Framework, das in verschiedenen Design- und Innovationskontexten eingesetzt werden kann. Das Modell des *Double Diamond* zeichnet sich vor allem dadurch aus, dass in den beiden Phasen „Entdecken" und „Entwickeln" der Blickwinkel geöffnet, und in den Phasen „Definieren" und „Bereitstellen" wieder auf einen Punkt fokussiert, der Blickwinkel also wieder geschlossen wird. Damit können Lösungen breit gesucht und dann fokussiert die bestgeeignete Lösung ausgewählt und weiterverfolgt werden.
- **Goal-directed Design** (Cooper et al., 2007; Goodwin, 2009): In diesem Modell wird der Prozess schwerpunktmäßig aus der Designperspektive betrachtet. Die *Interaction-Designer* arbeiten alleine die genaue Form- und Behavior-Specification sowie Prototypen aus und spezifizieren somit das Userinterface vollständig. Diese Ergebnisse werden danach an die *Entwickler und Entwicklerinnen* übergeben. Diese werden dann von den *Interaction-Designern* noch bei Fragen zum Userinterface unterstützt. Goal-directed Design fokussiert vor allem auf die Tätigkeiten des Interaction-Design und weniger auf die Evaluation.
- **Contextual Inquiry** (Beyer & Holtzblatt, 2017): Dieses Modell konzentriert sich stark auf die Beobachtung und das Verständnis des tatsächlichen Arbeitskontextes der Benutzer und Benutzerinnen. Es beinhaltet das persönliche Gespräch mit Benutzern und Benutzerinnen an ihren Arbeitsplätzen, um ihre Aufgaben, Bedürfnisse und Herausforderungen zu verstehen und daraus Erkenntnisse für die Gestaltung abzuleiten.

- **The Design-Thinking-Process** (T. Brown, 2008): *Design-Thinking* ist hier erwähnenswert, auch wenn es kein spezifisches Modell darstellt sondern eine Designphilosophie. Es betont die empathische Herangehensweise an die Gestaltung, bei der Designer und Designerinnen die Bedürfnisse und Perspektiven der Benutzer und Benutzerinnen verstehen und sich in sie hineinversetzen, um kreative Lösungen zu entwickeln. Der Prozess umfasst in der Regel die Phasen *Empathize* (einfühlen), *Define* (definieren), *Ideate* (Ideen generieren), *Prototype* (Prototypen erstellen) und *Test* (testen).

Diese Modelle sind nur einige Beispiele, die in der Praxis verwendet werden können. Es ist wichtig zu beachten, dass kein Modell für alle Projekte und Situationen geeignet ist; oft werden Elemente verschiedener Modelle je nach den spezifischen Anforderungen und Zielen des Projekts kombiniert.

Alle genannten Modelle haben einen ähnlichen Ansatz. Interessant ist, dass die Modelle die Grundidee des Deming-Zirkels (Simon, 1994) umsetzen – also auf sehr etablierten Grundsätzen fußen. Die Grundprinzipien des UCD sind:

- **Iterativität:** In einem iterativen Vorgehen (lat. *iterare:* wiederholen) werden einzelne Phasen mehrfach durchlaufen, um so eine schrittweise Annäherung an die optimale Lösung zu ermöglichen. Ein iteratives Vorgehen ist auch ein Zugeständnis an die Tatsache, dass Projekte nicht von vornherein in großem Detaillierungsgrad planbar sind. Iterativität hat auch Einzug in die Informatik gehalten (z. B. beim *Rational Unified Process,* RUP, siehe dazu Essigkrug & Mey, 2007). Klassische Designdisziplinen wie Architektur und Grafikdesign wissen aber schon lange um dieses Prinzip. Iterativität heißt, dass man in einem Projekt von vornherein davon ausgeht, dass es unmöglich ist, mit dem ersten Entwurf eine optimale Lösung zu finden. Deshalb wird das Projekt in verschiedenen Iterationen geplant, das heißt, nach dem ersten Entwurf einer Lösung wird diese evaluiert und man beginnt mit den gewonnenen Erkenntnissen quasi von vorne. Designs sollen anhand von mehreren Versionen von Prototypen immer weiter entwickelt werden. Es sollen mehrere Zyklen Design – Evaluation – Redesign durchgeführt werden, um die Prototypen immer weiter zu verbessern.
- **Benutzer und Benutzerinnen einbeziehen:** Beim User-centered Design werden Benutzer und Benutzerinnen nicht direkt ins Design involviert, sondern eher als Informationsquelle während der Analyse beziehungsweise als „Tester" in der Evaluation gesehen. Man ist in einem intensiven Kontakt mit Benutzern und Benutzerinnen, aber fragt sie nicht, „was sie wollen", sondern es wird versucht, ihre Ziele und Bedürfnisse möglichst gut zu verstehen, um die Lösung so weit wie möglich in Übereinstimmung mit den Zielen zu bringen.

Das aus Skandinavien stammende *Participatory Design* ist eine Methode, welche die Benutzer und Benutzerinnen aktiv in den Designprozess mit einbezieht (vgl. Kuhn & Winograd, 1996). Eines der Schlüsselelemente dieser Methode ist der Einbezug aller Interessengruppen und Benutzerinnen und Benutzer in den Designprozess – und dies bereits in frühen Phasen des Entwicklungsprozesses. Weitere zentrale Aspekte sind das *Empowerment* (Ermächtigung) der Benutzerinnen und Benutzer und Stakeholder, das darauf abzielt, sie aktiv in die Entscheidungen einzubeziehen und so ihr Engagement und ihre Identifikation mit dem Endprodukt zu stärken, die Kommunikation und Zusammenarbeit aller Beteiligten, das Prototyping und Testen mit Benutzern und Benutzerinnen sowie die Trans-

parenz und Offenheit, die den einfachen Zugang aller Beteiligten zu Informationen und Entscheidungen postulieren.
- **Userinterface first:** Das Ausgehen vom Userinterface wird im User-centered Design so realisiert, dass im Entwicklungsprozess zuerst das Userinterface mit Prototypen entworfen wird, bevor das technische Design bestimmt wird. Prototypen werden dabei auf Papier oder mithilfe von Prototyping-Tools erstellt. Dann wird evaluiert, ob die Anforderungen erfüllt sind, und das Design wird in einem iterativen Prozess weiter verbessert. Dabei werden Techniker konsultiert, um sicherzustellen, dass für die Prototypen nur Vorschläge gemacht werden, die im Rahmen des Machbaren liegen. Die Prototypen sollen so erstellt werden, dass verschiedene Designs mit möglichst geringem Aufwand ausprobiert und iterativ verbessert werden können. Das Entwickeln eines Prototyps geht mit Papier und Stiften oder mit einem einfachen Prototyping-Tool wesentlich schneller als mit der Software zur Entwicklung von richtigem Code auf der Zielplattform. Die Anzahl ausprobierter Varianten und durchlaufener Iterationen entscheidet hier über die Qualität des Ergebnisses.
- **Schichtenweises Vorgehen:** Mit „schichtenweisem" oder „stufenweisem" Vorgehen ist gemeint, dass im Designprozess vom Groben ins Feine, vom Abstrakten ins Konkrete gegangen wird. Auch in anderen Designdisziplinen wird so vorgegangen: In der Architektur zum Beispiel werden zuerst grobe Skizzen und erst später detaillierte Pläne gezeichnet; Grafikdesigner beginnen mit groben Layoutvorschlägen, mit Platzhaltern für Bilder und „Lorem ipsum"-Text. Diese groben Vorschläge werden beurteilt und dann weiter verfeinert. Das stufenweise Vorgehen hilft dabei, unnötigen Aufwand zu vermeiden. Durch das Entwickeln von Teillösungen und deren Evaluation kann vermieden werden, dass aufwendig erarbeitete Lösungen verworfen werden müssen. Ein weiterer wichtiger Punkt ist, dass ein Userinterface in Schichten unterteilt werden kann. Solche „Schichtenmodelle" werden von verschiedenen Autoren postuliert (Baxley, 2003; Garrett, 2002; Mandel, 1997).
- **Multidisziplinäre Teams:** Teams aus Mitgliedern mit unterschiedlichen Hintergründen haben unterschiedliche Perspektiven und Schwerpunkte. Sind alle relevanten Perspektiven, respektive alle relevanten Stakeholder in der Entwicklung ausreichend vertreten oder vollständig abgeholt worden, wird der Projekterfolg wesentlich verbessert. Frühzeitig einbezogen können sie ihre Wünsche und Bedenken einbringen, sodass diese adressiert und berücksichtigt werden können.

3 Benutzerforschung

Die Benutzerforschung ist ein unverzichtbarer Bestandteil des UX-Designprozesses. Sie ermöglicht es, ein tiefgreifendes Verständnis für die Bedürfnisse, Verhaltensweisen und Vorlieben der Nutzer und Nutzerinnen zu entwickeln. Durch die Integration von Erkenntnissen aus der Benutzerforschung in den Designprozess können Produkte und Dienstleistungen geschaffen werden, die die Erwartungen der Zielgruppe erfüllen und somit eine optimale UX bieten.

Benutzerforschung kann in Form von Umfragen, Interviews und Fokusgruppen erfolgen und dient dazu, Informationen über die Zielgruppe und deren Bedürfnisse und Ziele bei der Verwendung des Produkts zu sammeln (Holtzblatt et al., 2005; Rubin & Chisnell, 2008). Auf Grundlage dieser Forschung können Benutzerpersonas erstellt werden, fiktive Charaktere, welche die verschiedenen Benutzertypen repräsentieren, die das Produkt verwenden werden (Cooper, 1999).

Ein weiterer wichtiger Aspekt des UX-Designs ist das Erstellen von Benutzungsszenarien (Rubin & Chisnell, 2008). Dabei handelt es sich um detaillierte Beschreibungen, wie eine bestimmte Benutzerpersona das Produkt nutzen würde, einschließlich ihrer Ziele, Aufgaben und möglicher Hindernisse. Sowohl die Personas als auch die Szenarien können dazu dienen, den Designprozess zu lenken und sicherzustellen, dass das zukünftige Produkt den Bedürfnissen der Benutzer und Benutzerinnen entspricht (Cooper, 1999; Rubin & Chisnell, 2008). Im Folgenden werden einige grundlegende Methoden der Benutzerforschung beschrieben, die im User-centered Design eingesetzt werden.

3.1 Contextual Inquiry (Beobachtungsinterviews)

Bei der Methode *Contextual Inquiry* (Beyer & Holtzblatt, 2017; Courage & Baxter, 2005; Holtzblatt et al., 2005) handelt es sich um ein sogenanntes „Beobachtungsinterview" – ein Mittelding zwischen Interview und Beobachtung. Statt eine Menge von Regeln zu definieren, schlagen Beyer und Holtzblatt (2017) vor, bei den Erhebungen vor allem auf eine bestimmte Haltung den Benutzern und Benutzerinnen gegenüber zu achten: Das Verhältnis zwischen den Untersuchenden und den Benutzern und Benutzerinnen soll sich am Beziehungsmodell Meister/Lehrling orientieren. Im Moment der Contextual Inquiry sollen die Benutzer und Benutzerinnen als „Meister ihrer Aufgaben" angesehen werden und die Beobachter und Beobachterinnen sollen mit der Haltung eines Lehrlings an sie herantreten. Grundlegende Prinzipien von Contextual Inquiry sind: *Kontext, Partnerschaft, Interpretation* und *Fokus*.

Kontext: Die Erhebung soll dort durchgeführt werden, wo die Arbeit erledigt wird. Dabei wird die Arbeit bewusst in ihrem tatsächlichen Ablauf beobachtet und nicht in Erzählungen zusammengefasst vermittelt. Es werden konkrete Ereignisse dokumentiert, nicht summarische Abstraktionen. Folgende Aspekte können dadurch berücksichtigt werden: Gegebenheiten am Arbeitsplatz, verwendete Werkzeuge, Zusammenarbeit mit anderen Personen, organisatorische Strukturen, Kultur im Unternehmen etc.

Partnerschaft: Die Benutzer und Benutzerinnen sollen zu Verbündeten gemacht werden im Vorhaben, über die verrichtete Arbeit ein gemeinsames Verständnis zu erlangen. So könnte man das Verhältnis nebst Meister/Lehrling auch als das eines interdisziplinären Forscherteams beschreiben.

Interpretation: Die gemachten Beobachtungen sollen mit den Benutzern und Benutzerinnen zusammen interpretiert werden, d. h., die Beobachtenden formulieren immer wieder in eigenen Worten, was sie meinen, gelernt zu haben, und eventuelle Lösungen für bestehende Probleme werden gleich mit den Benutzern zusammen diskutiert.

Fokus: Eine Untersuchung soll einen klaren Fokus haben. Mit dem Setzen des Fokus lenkt der Beobachter oder die Beobachterin in der Situation der Erhebung seine/ihre Aufmerksamkeit auf die Aspekte der Arbeit, die für das Design des Systems relevant sind. Der Fokus kann sich über die Zeit auch ändern.

Mit dem Ergebnis der Contextual Inquiry besteht ein solides Fundament an Wissen über die Benutzer und Benutzerinnen, die aktuellen Prozesse und deren Schwachstellen. Daraus lässt sich ein Produkt definieren, das die Arbeitsprozesse optimal unterstützt, die Erwartungen der Benutzer und Benutzerinnen erfüllt, ihre Bedürfnisse berücksichtigt und die bestehenden Schwachstellen eliminiert.

3.2 Unbeteiligte Beobachtung

Die unbeteiligte Beobachtung wird nur dann gewählt, wenn es nicht möglich ist, mit den Benutzern und Benutzerinnen zu kommunizieren (z. B. mit Kundenberatern oder -beraterinnen in einem Kundengespräch), oder wenn dies die Benutzer und Benutzerinnen in der Ausführung der Aufgabe behindern würde (z. B. in Gefahrensituationen). Es kann auch sein, dass die Beobachtenden gar nicht als solche erkennbar sind, also quasi „undercover" beobachten. In welcher Art beobachtet werden soll, hängt von der jeweiligen Situation ab (Courage & Baxter, 2005). Benutzer und Benutzerinnen werden dabei beobachtet, wie sie ihre Arbeit erledigen. Die Beobachtenden spielen dabei eine passive Rolle, schauen also einfach zu, ohne mit den Benutzern und Benutzerinnen zu interagieren.

Die Prinzipien und Vorgehensweise sind wie bei der Contextual Inquiry – durch die fehlende Interaktion zwischen Beobachteten und Beobachtenden fällt das Prinzip Partnerschaft weg. Die Interpretation muss von den Beobachtenden ohne Feedback der Beobachteten durchgeführt werden. Durch diese zwei Punkte fehlt der unbeteiligten Beobachtung die emotionale Komponente der Benutzer und Benutzerinnen.

Damit eine Beobachtung die gewünschten Erkenntnisse liefert, ist es wichtig, sich ein klares Ziel zu setzen. Welche Probleme und Bedürfnisse sollen aufgedeckt, welche Aufgaben sollen beobachtet werden? Wie kann die Beobachtung ablaufen, damit die Beobachteten sich nicht gestört oder abgelenkt fühlen oder durch die Beobachtung in ihren Aktivitäten beeinflusst werden? Die Beobachtung soll nicht nur die reinen Handlungen erfassen, sondern auch emotionale Reaktionen festhalten. Diese weisen oft auf Designprobleme hin, die mit einem neuen Ansatz für das Produkt verbessert werden können. Zur Protokollierung sind Video- oder Audioaufnahmen (mit dem Einverständnis der Beobachteten) und Notizen geeignet. Aus den erfassten Daten können dann Muster identifiziert werden, die zum Beispiel aufzeigen, wo Arbeitsprozesse nicht optimal sind, wo Arbeitsschritte unklar oder umständlich sind und wo Funktionen fehlen oder nicht dem Arbeitsfluss entsprechend angeordnet sind.

3.3 Interview

Bei der Technik des Interviews werden Benutzern und Benutzerinnen oder anderen Personen (etwa den jeweiligen Vorgesetzten) Fragen gestellt, die dabei helfen, deren Anforderungen und Erwartungen besser zu verstehen. Es gibt verschiedene

Arten von Interviews. Beim offenen Interview stellt der Befrager oder die Befragerin hauptsächlich offene Fragen und lässt sich im Führen des Gesprächs von den Antworten des Befragten leiten. Bei einem strukturierten Interview hat der Befrager oder die Befragerin einen Katalog von offenen und geschlossenen Fragen vorliegen und folgt dessen vorgegebener Struktur. In halbstrukturierten Interviews werden Leitfaden und Fragenlisten vorbereitet. Der Befrager oder die Befragerin stellt seine/ihre Fragen aus einem Pool von Fragen, kann aber das Interview doch freier gestalten als beim strukturierten Interview und so flexibel reagieren, wenn das Gespräch einen interessanten Aspekt hervorbringt (Courage & Baxter, 2005).

Interviews von Benutzern und Benutzerinnen können am Arbeitsplatz durchgeführt werden oder auch an einem anderen Ort wie in einem Sitzungszimmer. Der Vorteil von Interviews am Arbeitsplatz ist, dass die Benutzer und Benutzerinnen in derselben Umgebung sind, in der sie auch ihre Arbeit verrichten (vgl. oben unter Contextual Inquiry). Wenn das Gespräch auf bestimmte Themen der Arbeit kommt, haben die Benutzer und Benutzerinnen zum Beispiel die Möglichkeit, gleich Beispiele ihrer Arbeit zu zeigen (etwa Kundenlisten, Formulare, Dossiers). Das trägt dazu bei, dass die Benutzer und Benutzerinnen mehr aus dem Kontext ihrer effektiven Arbeit heraus antworten und so die Erkenntnisse aus dem Interview valider sind.

Im Vergleich zu den Methoden der Beobachtung oder der Contextual Inquiry scheint das Interview eine ökonomischere Methode zu sein, weil Fragen gezielt gestellt werden können. Allerdings ergeben Interviews in der Regel auch weniger valide Ergebnisse, wenn es darum geht herauszufinden, wie Benutzer und Benutzerinnen ihre Arbeit erledigen. Beyer und Holtzblatt (2017) wie auch Nielsen (2001) weisen darauf hin, dass Benutzer und Benutzerinnen oft nicht genau erklären können, wie sie ihre Arbeit verrichten. Sie erzählen in Interviews oft etwas anderes, als man in Beobachtungen sehen kann. Interviews sollten also eher dazu eingesetzt werden herauszufinden, welche Arbeiten erledigt werden. Die Frage, wie die Arbeit im Detail erledigt wird, sollte dann in Beobachtungen eruiert werden.

3.4 Umfragen

Umfragen können mit Fragebogen auf Papier, auf einer Website oder per E-Mail durchgeführt werden. Der Fragebogen kann offene oder geschlossene Fragen enthalten. Bei der Gestaltung der Fragen ist bereits zu bedenken, wie die Fragen ausgewertet werden sollen. Da das Planen und Durchführen einer Befragung mit vielen potenziellen Fallen für methodische Fehler gespickt ist, sollte vor der Planung auf jeden Fall die entsprechend Fachliteratur (z. B. Courage & Baxter, 2005) konsultiert werden. Eine falsch aufgesetzte Befragung kann dazu führen, dass die gesammelten Daten keine brauchbaren Informationen ergeben.

3.5 Cardsorting

Cardsorting ist eine Methode, um die Grundlage für Navigationsstrukturen zu erarbeiten. Beim Cardsorting werden alle Items einer zu erarbeitenden Navigation (z. B. die einzelnen Seiten einer Website) auf kleine Karten geschrieben, und die

Benutzer und Benutzerinnen werden aufgefordert, diese Karten so zu gruppieren, wie es für sie sinnvoll erscheint. Je nach Problemstellung kann ein Cardsorting offen (d. h. ohne Vorgabe von Kategorien) oder geschlossen (d. h., Kategorien werden vorgegeben) durchgeführt werden. Die Auswertung von Cardsortings kann „mit bloßen Augen" oder mit einer entsprechenden Auswertungssoftware durchgeführt werden – je nach Fragestellung. Cardsortings können mit einzelnen Benutzern und Benutzerinnen oder auch in der Gruppe durchgeführt werden (Courage & Baxter, 2005; Spencer, 2009).

3.6 Fokusgruppen

In Fokusgruppen werden Benutzer und Benutzerinnen zusammengebracht, um spezifische Fragen in Bezug auf ein System zu diskutieren. Dabei kann einerseits die spontane Reaktion der Benutzer und Benutzerinnen auf ein Userinterface untersucht werden. Andererseits können auch Informationen darüber gesammelt werden, wie Benutzer und Benutzerinnen gewisse Arbeiten verrichten, analog zu der Beobachtung von einzelnen Benutzern und Benutzerinnen. Fokusgruppen werden im Marketing oft eingesetzt, um Kundenwünsche und den ersten Eindruck von Produktvorschlägen zu untersuchen. Sie können im User-centered Design eine gute Quelle von Einsichten zu den Wünschen und Bedürfnissen der Benutzer und Benutzerinnen sein, sollten aber nicht als einzige Methode eingesetzt werden. Für das Design von Userinterfaces brauchen Projekte tiefergehende Informationen dazu, wie Aufgaben genau erledigt werden (Courage & Baxter, 2005).

Fokusgruppen sollten auch nicht dazu verwendet werden, Userinterfaces auf Usability zu testen; die Methode des *Usability Testing* (siehe z. B. Rubin, 1994) ist dazu besser geeignet.

3.7 Herausforderungen der Benutzerforschung im UX-Design

Neben den zahlreichen Vorteilen, die die Benutzerforschung mit sich bringt, bestehen auch einige Herausforderungen:
- Zeit- und Ressourcenbeschränkungen: Die Durchführung umfassender Benutzerforschung ist durchaus zeit- und ressourcenintensiv. Budgetbeschränkungen und enge Projektzeitleisten können die Möglichkeit einschränken, umfangreiche Benutzerstudien durchzuführen.
- Auswahl der richtigen Methode: Es gibt eine Vielzahl von Benutzerforschungsmethoden und es ist nicht immer einfach, diejenige auszuwählen, die für das spezifische Projekt am besten geeignet ist. Die Auswahl der falschen Methode kann zu ungenauen oder unzureichenden Ergebnissen führen.
- Rekrutierung geeigneter Teilnehmender: Die Qualität der Benutzerforschung hängt stark von der Auswahl der Teilnehmenden ab. Es kann eine Herausforderung sein, eine repräsentative Stichprobe von Benutzern und Benutzerinnen zu rekrutieren, die die tatsächliche Zielgruppe angemessen repräsentiert.

4 Entwurf/Prototyping

Nachdem die Benutzerforschung durchgeführt sowie die Benutzerpersonas und Szenarien erstellt wurden, kann der Designprozess beginnen. Dieser beinhaltet häufig das Erstellen von *Prototypen,* die mit Benutzern und Benutzerinnen getestet werden, um Feedback zu sammeln und gegebenenfalls Änderungen vorzunehmen (Saffer, 2010).

Prototypen sind frühe und in der Regel einfache Visualisierungen eines Userinterface. Es gibt unterschiedliche Arten von Prototypen: Das Spektrum reicht von einfachen Papierprototypen (meist als *Wireframes*) bis hin zu interaktiven visuellen Prototypen. Prototypen können in unterschiedlicher Wiedergabetreue *(Fidelity)* umgesetzt werden.

Grob kann man *Low Fidelity (Lo-Fi)* und *High Fidelity (Hi-Fi)* unterscheiden. Lo-Fi-Prototypen zeichnen sich durch einen hohen Abstraktionsgrad aus: visuell einfach, schnell erstellbar, wenig Funktionalität. Hi-Fi-Prototypen hingegen sind grafisch nahe an der Realität, enthalten viel Funktionalität und Interaktivität und sind meist aufwendig in der Erstellung. Meist ist es aber nicht ausreichend, einfach zwischen Lo-Fi- und Hi-Fi-Prototypen zu unterscheiden. McCurdy et al. (2006) unterscheiden bezüglich der Wiedergabetreue fünf verschiedene Dimensionen: *Level of Visual Refinement, Richness of Interactivity, Breadth of Functionality, Depth of Functionality* und *Richness of Data Model* (visueller Detaillierungsgrad, Grad der Interaktivität, Breite der Funktionalität, Tiefe der Funktionalität und Reichtum des Datenmodells). Diese Aspekte sind voneinander unabhängig und je nach Anforderungen an den Prototypen kann es sinnvoll sein, die einzelnen Dimensionen als „Hi-Fi" oder „Lo-Fi" umzusetzen.

4.1 Informationsarchitektur und Wireframes

Die Informationsarchitektur ist die Strukturierung der Inhalte einer Website oder einer Anwendung. Eine klare und gut durchdachte Informationsarchitektur ist entscheidend für eine gute UX-Gestaltung. Die Basis für die Ausgestaltung der Inhaltsstruktur kann zum Beispiel mit der bereits vorgestellten Cardsorting-Methode erarbeitet werden: Benutzer und Benutzerinnen gruppieren die Themen gemäß ihrem mentalen Modell in Gruppen, die sie dann auch benennen. Bereits dieser Schritt kann auch evaluiert werden – die Methode *Tree Test* erlaubt es zu erfassen, wo in der Navigationshierarchie Benutzer und Benutzerinnen eine bestimmte Information suchen.

Eine weitere Möglichkeit, die Informationsarchitektur visuell zu planen, besteht darin, *Wireframes* zu erstellen. Wireframes sind einfache Skizzen, die die Struktur der Website oder der Anwendung abbilden und dann als Grundlage für das Design dienen. Meist sind sie eher „Lo-Fi", das heißt, sie sind wenig interaktiv, enthalten wenig visuell ausgereifte Elemente und wenige Funktionen und gehen nur für ausgesuchte Aktivitäten in die Tiefe. Zudem steht kein Datenmodell dahinter, das heißt, Eingaben werden nicht verarbeitet und angezeigt.

4.2 UI- und Interaktionsdesign

Das UI-Design definiert das visuelle Erscheinungsbild der Website oder der Anwendung. Ein ansprechendes UI-Design ist entscheidend für eine gute UX-Gestaltung, da es den Nutzern und Nutzerinnen hilft, sich auf der Website oder in der Anwendung zurechtzufinden und eine positive Erfahrung zu haben. Der Designprozess ist ein iterativer Prozess, bei dem Designer Änderungen und Verbesserungen auf Grundlage des Feedbacks vornehmen (Saffer, 2010).

Das Interaktionsdesign ist die Gestaltung der Interaktionen zwischen dem Nutzer und der Website oder der Anwendung. Eine gute Interaktionsgestaltung führt zu einem intuitiv und einfach zu bedienenden Userinterface, das den Nutzern und Nutzerinnen eine reibungslose und angenehme Erfahrung ermöglicht.

UX-Design umfasst auch das Erstellen von Designsystemen für eine konsistente Benutzeroberfläche und Interaktion (Goodwin, 2009). Ein Designsystem ist eine Sammlung von Designprinzipien, Komponenten und Richtlinien, die dazu dienen, ein konsistentes Erscheinungsbild und eine einheitliche Benutzungserfahrung über ein Produkt hinweg zu gewährleisten (Goodwin, 2009).

UX-Design beinhaltet auch die Erstellung von reaktiven und anpassungsfähigen Schnittstellen für verschiedene Geräte und Bildschirmgrößen. Mit der zunehmenden Nutzung von mobilen Geräten und verschiedenen Bildschirmgrößen ist es wichtig, sicherzustellen, dass das Produkt auf jedem Gerät effektiv verwendet werden kann. Dies kann die Gestaltung für verschiedene Bildschirmgrößen und -orientierungen umfassen sowie die Erstellung von Schnittstellen, die für die Touch-Eingabe optimiert sind (Marcotte, 2011).

Prototypen in dieser Phase können immer noch „Lo-Fi" sein – schnell werden jedoch „Hi-Fi"-Prototypen nötig, um eine größere Interaktivität, realistischere visuelle Darstellung und einen größeren Funktionsumfang zu ermöglichen. Ein Datenmodell ist meist erst in fortgeschrittenen Iterationen nötig.

5 Barrierefreiheit

Ein wichtiger Aspekt des UX-Designs ist die Gestaltung für Zugänglichkeit und Inklusivität. Dies bedeutet, sicherzustellen, dass Produkte für alle Menschen zugänglich sind, unabhängig von ihren Fähigkeiten oder Einschränkungen, wie zum Beispiel Seh- oder Hörbeeinträchtigungen (World Wide Web Consortium [W3C], o. J.). Es umfasst auch die Gestaltung des Produkts für die Kompatibilität mit Unterstützungstechnologien wie Bildschirmlesegeräten und die Bereitstellung von Alternativtexten für Bilder (W3C, o. J.). Die WCAG-Richtlinien *(Web Content Accessibility Guidelines)* sind in vier Hauptprinzipien unterteilt:

1. **Wahrnehmbar:** Informationen und Benutzungsoberflächenelemente müssen wahrnehmbar sein; Texte müssen alternativ dargestellt werden, Bilder sollten beschrieben werden, Videos sollten Untertitel haben.
2. **Bedienbar:** Benutzer und Benutzerinnen müssen in der Lage sein, die Benutzungsoberfläche und die Interaktionselemente effektiv zu bedienen. Die Benutzung muss mit Tastaturbefehlen navigierbar sein und Elemente dürfen nicht so schnell blinken, dass sie schwer zu verwenden sind.

3. **Verständlich:** Die Informationen und die Bedienung des Produkts müssen für alle Benutzer verständlich sein. Dazu gehören klare und einfache Sprache, konsistente Navigation und Hinweise zur Fehlerbehebung.
4. **Robust:** Die Inhalte sollen so gestaltet sein, dass sie von einer breiten Palette von technischen (Hilfs-)Technologien wie Browser oder Screenreader interpretiert werden können.

Die WCAG-Richtlinien sind in drei Konformitätsstufen unterteilt: A – die grundlegenden Anforderungen, AA – die mittlere Stufe der Zugänglichkeit, und AAA – die höchste Stufe der Zugänglichkeit.

Dabei ist zu bedenken, dass Menschen mit besonderen Anforderungen genauso Benutzer und Benutzerinnen eines Systems sind – und damit auch Kunden und Kundinnen. Schon aus rein wirtschaftlichen Gründen ist daher deren Berücksichtigung bei der Entwicklung von Produkten relevant. In der Schweiz ist zudem die öffentliche Verwaltung gesetzlich verpflichtet, auf ihren Websites die Regeln der Barrierefreiheit auf der Konformitätsstufe AA einzuhalten (Bundesgesetz über die Beseitigung von Benachteiligungen von Menschen mit Behinderungen, 151.3. 2020).

6 Evaluation

Um die UX effektiv zu gestalten, ist eine gründliche Evaluation unerlässlich. Grundsätzlich wird jede Entwurfsphase mit einer Evaluation abgeschlossen – das Feedback der Testnutzer und -nutzerinnen dient als Input für die nächste Iteration.

Im Folgenden sind die wichtigsten Evaluationsmethoden beschrieben, die in der Praxis angewendet werden.

6.1 Usability-Tests

Usability-Tests sind eine der bekanntesten und meistgenutzten Evaluationsmethoden im UX-Design. Sie beinhalten das Einbinden von echten Nutzern und Nutzerinnen, die das Produkt oder die Anwendung in einer kontrollierten Umgebung testen. Durch das Beobachten der Nutzer und Nutzerinnen beim Lösen von definierten Aufgaben können Schwachstellen im Design und der Benutzungsfreundlichkeit identifiziert werden (Dumas & Redish, 1999; Rubin, 1994; Rubin & Chisnell, 2008). Nielsen (1993) betont die Wichtigkeit von Usability-Tests und weist darauf hin, dass schon eine kleine Anzahl von Testern (5–8 Personen) ausreichen kann, um die meisten Probleme zu entdecken.

6.2 Heuristische Evaluation

Die heuristische Evaluation ist eine Methode, bei der Experten und Expertinnen das Produkt anhand vordefinierter Kriterien überprüfen und potenzielle Probleme identifizieren. Nielsen und Molich (1990) entwickelten eine Liste von zehn heuristischen Prinzipien, die bei dieser Methode häufig verwendet werden. Die ISO 9241-110, 2020 umfasst sieben Kriterien: *Aufgabenangemessenheit, Selbstbeschreibungsfä-*

higkeit, *Steuerbarkeit*, *Erwartungskonformität*, *Fehlertoleranz*, *Individualisierbarkeit* und *Lernförderlichkeit*. Obwohl Experten und Expertinnen die Anwendung nicht aus der Sicht der tatsächlichen Benutzer und Benutzerinnen testen, kann die Methode dennoch wertvolle Erkenntnisse liefern, die zur Verbesserung der UX beitragen.

6.3 Kognitives Walkthrough

Der kognitive Walkthrough ist eine Methode, bei der UX-Designer und -Designerinnen die Schritte nachvollziehen, die ein Benutzer oder eine Benutzerin ausführen muss, um eine bestimmte Aufgabe zu erledigen. Durch das Hineinversetzen in die Denkweise der Nutzer und Nutzerinnen können potenzielle Probleme und Hürden entdeckt werden (Lewis, 1982). Als Leitlinien können dabei auch die Heuristiken von Nielsen und Molich (1990) oder die Norm ISO 9241-110, 2020 herangezogen werden. Diese Methode ist besonders nützlich in frühen Designphasen, um die grundlegenden Funktionalitäten zu überprüfen.

6.4 A/B-Tests

A/B-Tests sind eine quantitative Methode, bei der zwei verschiedene Versionen eines Produkts oder einer Website erstellt und einem zufällig ausgewählten Nutzerpool präsentiert werden. Der Vergleich der beiden Versionen ermöglicht es, diejenige zu identifizieren, die eine bessere UX bietet und zu höheren Konversionsraten führt (Kohavi et al., 2007). A/B-Tests werden vor allem bei Online-Projekten eingesetzt, insbesondere wenn große Nutzerzahlen vorliegen oder zu erwarten sind.

6.5 Eye-Tracking

Eye-Tracking ist eine Technologie, die die Bewegung der Augen verfolgt, um zu verstehen, welche Teile eines Produkts oder einer Webseite die Aufmerksamkeit der Nutzer und Nutzerinnen auf sich ziehen. Dies ermöglicht es UX-Designern und -Designerinnen, die visuelle Hierarchie zu verbessern und das Produkt effektiver zu gestalten (Poole & Ball, 2005). Aufgrund des im Vergleich mit dem Informationsgewinn eher hohen technischen und finanziellen Aufwandes wird diese Methode eher selten eingesetzt. Sinnvoll ist sie sicher bei Marketingfragen, wo zum Beispiel die Wahrnehmung von Branding-Elementen oder die Informationslenkung auf bestimmte Elemente von Interesse ist.

6.6 Umfrageforschung

Die Umfrageforschung ist eine verbreitete Methode zur Bewertung der UX. Durch die Befragung von Nutzern und Nutzerinnen können umfangreiche Daten zu ihren Meinungen, Bedürfnissen und Erwartungen gesammelt werden. Umfrageforschung kann in Form von Fragebögen oder Interviews durchgeführt werden (Sauro & Lewis, 2012). Die Analyse der gesammelten Daten liefert wertvolle Einblicke und ermöglicht es, zu Beginn der Produktentwicklung Trends und Muster zu identifizieren, und nach der Produkteinführung Feedback zum Gebrauch und zur Benutzerzufriedenheit für die Weiterentwicklung zu sammeln.

❓ Fazit

Eine gute User Experience spielt eine entscheidende Rolle für den Erfolg von Unternehmen in der digitalen Welt. Die gezielte Optimierung der UX bietet ihnen die Möglichkeit, ihre Kunden und Kundinnen zu begeistern und langfristige Wettbewerbsvorteile zu erzielen. Durch die Berücksichtigung der Komplexität menschlichen Erlebens können Unternehmen dabei unterstützt werden, ihre digitalen Produkte und Dienstleistungen optimal an die Bedürfnisse der Nutzer anzupassen.

UX-Design beinhaltet die Zusammenarbeit mit anderen Disziplinen wie Produktmanagement, Entwicklung und Marketing und stellt damit sicher, dass Produkte den allgemeinen Geschäftszielen entsprechen. Dies kann das Sammeln von Anforderungen von Interessengruppen umfassen sowie die Zusammenarbeit mit Entwicklern und Entwicklerinnen, um die technische Machbarkeit des Produkts sicherzustellen, und die Zusammenarbeit mit Marketingteams, um das Produkt effektiv an die Zielgruppe zu vermarkten (Dumas & Redish, 1999).

UX-Design ist ein ganzheitlicher und menschenzentrierter Ansatz zur Gestaltung von Produkten, die den Bedürfnissen und Zielen der Benutzer und Benutzerinnen entsprechen und ihnen gleichzeitig ein zufriedenstellendes und angenehmes Erlebnis bieten.

Schlüsselbegriffe

- **User Experience:** ist ein Schlüssel zum Produkterfolg.
- **Benutzer und Benutzerinnen als Maß der Qualität:** Berücksichtigung ihrer Bedürfnisse, Erwartungen und Kenntnisse.
- **Der Entwicklungsprozess:** muss iterativ und kooperativ unter Einbezug aller Stakeholder gestaltet werden.
- **User-centered Design:** ist das Vorgehen, das mit einer Vielzahl von Methoden sicherstellt, dass das entwickelte Produkt auf dem Markt Erfolg haben kann.

❓ Verständnisfragen

1. Warum ist der Einbezug von Benutzern und Benutzerinnen so wichtig?
2. Welche grundlegenden Schritte sind im User-centered Design wichtig?
3. Warum gehört das Thema Barrierefreiheit ins Spannungsfeld der User Experience?
4. Warum ist Prototyping so wichtig im User-centered Design?
5. Wie prägt das Benutzungserlebnis das Verhältnis der Benutzer und Benutzerinnen zum Produkt und damit auch zum Hersteller oder Betreiber?

Literatur

Baxley, B. (2003). *Making the web work: Designing effective web applications.* New Riders.
Beyer, H., & Holtzblatt, K. (2017). *Contextual design: Defining customer-centered systems* (2. Aufl.). Morgan Kaufmann, Elsevier.
Brown, T. (2008). Design thinking. *Harvard Business Review,* 84–92. ▶ https://hbr.org/2008/06/design-thinking.
Bundesgesetz über die Beseitigung von Benachteiligungen von Menschen mit Behinderungen, 151.3. (2020). ▶ www.fedlex.admin.ch/eli/cc/2003/667/de.
Cooper, A. (1999). *The inmates are running the asylum: Why high-tech products drive us crazy and how to restore the sanity.* Sams.
Cooper, A., Reimann, R., & Cronin, D. (2007). *About face 3: The essentials of interaction design* (3. Aufl.). Wiley.
Courage, C., & Baxter, K. (2005). *Understanding your users: A practical guide to user requirements – Methods, tools, and techniques.* Elsevier, Morgan Kaufmann. ▶ https://doi.org/10.1016/B978-1-55860-935-8.X5029-5.
Design Council. (2019). The double diamond: A universally accepted depiction of the design process. ▶ https://www.designcouncil.org.uk/our-resources/the-double-diamond/.
Dumas, J. S., & Redish, J. C. (1999). *A practical guide to usability testing.* Intellect.
Essigkrug, A., & Mey, T. (2007). *Rational Unified Process kompakt.* Spektrum Akademischer Verlag.
Garrett, J. J. (2002). *The elements of user experience: User-centered design for the web* (2. Aufl.). New Riders, AIGA.
Goodwin, K. (2009). *Designing for the digital age: How to create human-centered products and services.* Wiley.
Holtzblatt, K., Wendell, J. B., & Wood, S. (2005). *Rapid contextual design: A how-to guide to key techniques for user-centered design.* Elsevier, Morgan Kaufmann. ▶ https://doi.org/10.1016/B978-0-12-354051-5.X5000-9.
ISO (2010). Ergonomics of human-system interaction – Part 210: Human-centred design for interactive systems (ISO 9241-210). Genf. ▶ https://www.iso.org/standard/52075.html.
ISO. (2018). Ergonomics of human-system interaction – Part 11: Usability: Definitions and concepts (ISO 9241-11). Genf. ▶ https://www.iso.org/standard/63500.html.
ISO. (2020). Ergonomics of human-system interaction – Part 110: Interaction principles (ISO 9241-110). Genf. ▶ https://www.iso.org/standard/75258.html.
Kohavi, R., Henne, R. M., & Sommerfield, D. (2007). Practical guide to controlled experiments on the web: Listen to your customers, not to the HiPPO. In P. Berkhin (Hrsg.), *13th ACM SIGKDD international conference on knowledge discovery and data mining. Symposium im Rahmen der Tagung von Association for Computing Machinery (ACM),* San Jose, California (S. 959–967).
Kuhn, S., & Winograd, T. (1996). Profile: Participatory design. In T. Winograd, J. Bennett, L. de Young, & B. Hartfield (Hrsg.), *Bringing design to software* (S. 290–294). Addison-Wesley.
Lewis, C. (1982). Using the „thinking-aloud" method in cognitive interface design (Computer science RC 9265). IBM TJ Watson Research Center.
Mandel, T. (1997). *The elements of user interface design.* Wiley.
Marcotte, E. (2011). *Responsive web design.* A Book Apart.
Mayhew, D. J. (1999). *The usability engineering lifecycle: A practitioner's handbook for user interface design.* Morgan Kaufmann.
McCurdy, M., Connors, C., Pyrzak, G., Kanefsky, B., & Vera, A. (2006). Breaking the fidelity barrier. In R. Grinter, T. Rodden, P. Aoki, E. Cutrell, R. Jeffries & G. Olson (Hrsg.), *CHI06: CHI 2006 Conference on Human Factors in Computing Systems. Symposium im Rahmen der Tagung von Association for Computing Machinery (ACM).* Montréal Québec Canada (S. 1233–1242).
Nielsen, J. (5. August 2001). First rule of usability? Don't listen to users. ▶ http://www.useit.com/alertbox/20010805.html.
Nielsen, J. (1993). *Usability engineering.* Morgan Kaufmann: Elsevier. ▶ https://doi.org/10.1016/C2009-0-21512-1.

Nielsen, J., & Molich, R. (1990). Heuristic evaluation of user interfaces. In J. C. Chew (Hrsg.), *SIGCHI Conference on Human Factors in Computing Systems. Symposium im Rahmen der Tagung von Association for Computing Machinery (ACM)*. ACM Special Interest Group on Computer-Human Interaction (S. 249–256).

Norman, D. A. (2013). *The design of everyday things*. Basic Books.

Poole, A., & Ball, L. J. (2005). Eye tracking in human-computer interaction and usability research: Current status and future prospects. In C. Ghaoui (Hrsg.), *Encyclopedia of human computer interaction* (S. 211–219). Idea Group Publishing. ▶ http://www.alexpoole.info/blog/wp-content/uploads/2010/02/PooleBall-EyeTracking.pdf.

Rubin, J. (1994). *Handbook of usability testing: How to plan, design, and conduct effective tests*. Wiley.

Rubin, J., & Chisnell, D. (2008). *Handbook of usability testing: How to plan, design, and conduct effective tests* (2. Aufl.). Wiley.

Saffer, D. (2010). *Designing for interaction: Creating smart applications and clever devices* (2. Aufl.). New Riders.

Sauro, J., & Lewis, J. R. (2012). *Quantifying the user experience: Practical statistics for user research*. Elsevier, Morgan Kaufmann.

Simon, A. (1994). Der kontinuierliche Verbesserungsprozess: Idee, Konzept, Abgeltung, Abgrenzung. *Angewandte Arbeitswissenschaft, 142*, 54–75.

Spencer, D. (2009). *Card sorting: Designing usable categories*. Rosenfeld Media.

World Wide Web Consortium (W3C). (o. J.). Accessibility. ▶ www.w3.org/mission/accessibility.

Die Genese der Customer Experience

Digitale Trends formen Erwartungen, Analysen formen die Experience

Sarah Seyr

Inhaltsverzeichnis

1 Technologischer Fortschritt und Kundinnen- bzw. Kundenerwartungen: Treiber von Customer Experience – 200

2 Die Genese von Customer Experience im Luzerner Modell – 202

3 Neue Technologien in der Interaktion: AI, AR/VR und Robotics formen die Erwartung – 204

4 Mit Predictive Analytics Personalisierung gestalten – 205

5 Von Fragmenten zum Ganzen: datenbasiertes Customer Experience Management – 206

Literatur – 209

© Der/die Autor(en), exklusiv lizenziert an Springer-Verlag GmbH, DE, ein Teil von Springer Nature 2024
J. Basel und S. Manchen Spörri (Hrsg.), *Angewandte Psychologie für die Wirtschaft*,
https://doi.org/10.1007/978-3-662-68559-4_15

🔍 Insights

- Erwartungen an eine Experience in einem bestimmten Kanal mit einem bestimmten Unternehmen werden durch Erfahrungen aus anderen Kontexten beeinflusst. Das Luzerner Modell betrachtet die Genese von Erwartungen und Erfahrungen über die Zeit hinweg.
- Die Interaktion zwischen Mensch und Unternehmen erfolgt zunehmend digital bzw. digital unterstützt. AI, AR/VR und Robotik sind aktuelle Trends, die insbesondere die Erwartung an eine zunehmend personalisierte Customer Experience formen.
- Daten aus digitalen Interaktionen werden analysiert, um vorausschauend personalisierte Experiences zu gestalten. Die wichtigsten Analysemethoden sind Prescriptive, Predictive und Real-Time Analytics.
- Zur Bestimmung der Customer Experience werden idealerweise Metriken für einzelne Interaktionen kombiniert mit Metriken für die gesamte Customer Experience.

Einleitung

Fortschreitende Technologien bewirken eine rapide Transformation der Customer Experience (CX). Die Art und Weise, wie Unternehmen mit Kundinnen und Kunden interagieren, hat sich grundlegend verändert, da digitale Kanäle und Technologien wie künstliche Intelligenz (AI), Augmented oder Virtual Reality (AR/VR) und Robotik immer häufiger eingesetzt werden.

Die neuen Möglichkeiten zur Interaktion formen die Erwartungen der Kundinnen und Kunden. Sie erwarten eine personalisierte und reibungslose Experience mit den Unternehmen, auch aufgrund von Erfahrungen aus anderen Kontexten. Das Luzerner Modell erklärt, wie über die Zeit hinweg Erwartungen geformt werden und Experience verändern. Um diese Erwartungen zu erfüllen, setzen Unternehmen auf die Analyse von Daten aus digitalen Interaktionen. Präskriptive, prädiktive und Echtzeit-Analysen werden eingesetzt, um vorausschauend personalisierte Interaktionen zu gestalten.

Die Bestimmung der CX erfordert eine ganzheitliche Betrachtung. Hierbei werden Metriken einzelner Interaktionen mit solchen für die gesamte CX kombiniert. Durch diese Kombination erhalten Unternehmen wertvolle Einblicke in die Kundinnen- und Kundenerfahrung und können gezielt Maßnahmen ergreifen, um die CX kontinuierlich zu verbessern.

Insgesamt ist es unerlässlich, dass Unternehmen sich der Veränderungen in der Technologie und der damit verbundenen Kundinnen- und Kundenerwartungen bewusst sind. Durch den Einsatz moderner Technologien und die Analyse von Kundinnen- und Kundendaten können sie personalisierte Interaktionen schaffen und somit die CX optimieren.

1 Technologischer Fortschritt und Kundinnen- bzw. Kundenerwartungen: Treiber von Customer Experience

Die fortschreitende Technologie hat einen erheblichen Einfluss auf die Kundinnen- und Kundeninteraktion mit Unternehmen. Innovationen werden maßgeblich vom technologischen Fortschritt vorangetrieben, der die Kundinnen- und

Die Genese der Customer Experience

Kundenerwartungen beeinflusst und Unternehmen neue Möglichkeiten eröffnet (Hoyer et al., 2020; Keiningham et al., 2020). Mit der weit verbreiteten Nutzung von Smartphones und der Verfügbarkeit schneller Internetverbindungen haben Kundinnen- und Kunden heute jederzeit und überall Zugang zu Produkten und Dienstleistungen. Die Nutzung von sozialen und Online-Medien ermöglicht direkte Kommunikation und Feedback zwischen Kundinnen und Kunden und Unternehmen. Infolgedessen haben Kundinnen und Kunden die Erwartung entwickelt, dass Interaktionen flexibel auf sie abgestimmt und nahtlos sein sollten.

Um die CX angemessen zu gestalten, ist es wichtig, die Schnittstellen zwischen Kundinnen bzw. Kunden und Technologie zu untersuchen und die durch Technologie entstandenen Erwartungen zu berücksichtigen. Die Abwägung der Kriterien zu Desirability (Erwünschtheit), Feasibility (Machbarkeit) und Viability (Rentabilität) bildet die Ausgangslage für die Gestaltung von Lösungen (Ries, 2011). Im Venn-Diagramm (vergleiche ◘ Abb. 1) werden die unterschiedlichen Perspektiven aufgezeigt und in den Schnittmengen miteinander verknüpft.

Der Fokus der Betrachtung liegt auf der Perspektive der Kundinnen und Kunden, denn *Customer Centricity* (Ceesay, 2020) bildet die Grundlage für die Gestaltung einer optimalen CX in der Schnittmenge mit der Business- und technologischen Perspektive. Das Luzerner Modell (Seyr et al., 2023) fokussiert insbesondere auch auf die Schnittmengen, die sich durch technologische Entwicklungen auftun und die Erwartungen der Kundinnen und Kunden beeinflussen. Ein zentraler Aspekt besteht darin, deren Erwartungen zu erkennen und zu messen, um angemessen darauf reagieren zu können. Kundinnen und Kunden streben eine individuelle Behandlung an, die durch umfassende Personalisierung der technischen Schnittstellen erreicht werden kann. Ein weiterer Fokus liegt auf der Schnittmenge zwischen Kundinnen bzw. Kunden und Unternehmen, bei der ein Austausch von Werten in Form von Transaktionen, aber auch nicht monetisierten Interaktionen stattfindet.

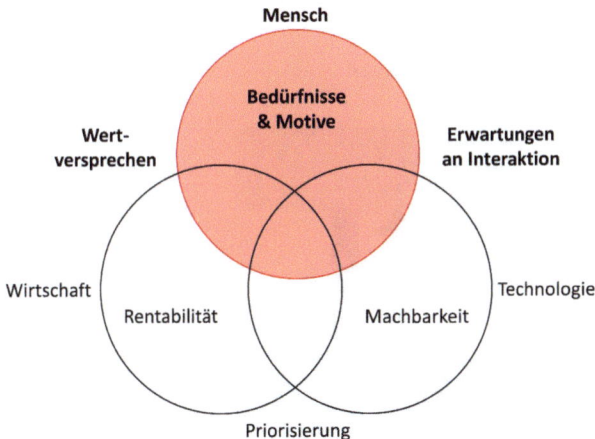

◘ **Abb. 1** Venn-Diagramm zur Erwünschtheit, Machbarkeit und Rentabilität mit Fokus auf die Perspektive der Kundinnen und Kunden (eigene Darstellung)

2 Die Genese von Customer Experience im Luzerner Modell

Das Luzerner Modell ist besonders geeignet zur Erklärung der CX im digitalen Kontext. Der rasante technologische Fortschritt hat dazu geführt, dass Interaktionen immer fragmentierter werden. Kundinnen und Kunden interagieren nicht nur mit einem Unternehmen, sondern mit mehreren über verschiedene Kanäle und Geräte. Um ein umfassendes Verständnis von CX zu erlangen, müssen Unternehmen die verschiedenen Fragmente von Interaktionen wieder zusammenführen und betrachten, wie sie zusammenhängen. Dies veranschaulicht das Luzerner Modell.

Die CX ist das Ergebnis der Interaktion zwischen Kundinnen und Kunden und einem Unternehmen. Sie ist ein Erlebnis von Kundin oder Kunde, das von der Qualität der Beziehung zwischen Kunde und Unternehmen geprägt wird. Diese Beziehung entwickelt sich im Laufe der Zeit (Georgi, 2000) und basiert auf den wiederholten Interaktionen, die zwischen beiden Parteien stattfinden, aber auch auf Einflüssen im Kontext der jeweiligen Partei. Bei der Betrachtung der CX werden demnach nicht nur die direkten Interaktionen zwischen Kunde und Unternehmen berücksichtigt, sondern auch der Kontext, in dem diese Interaktionen stattfinden (vgl. ◘ Abb. 2).

Eine nahtlose, kanalübergreifende Erfahrung durch Kanalintegration schafft ein besseres Kundinnen- und Kundenerlebnis (Lemon & Verhoef, 2016). Jedoch bringen Kundinnen und Kunden ihre Erfahrungen und Erwartungen aus anderen Interaktionen mit anderen Unternehmen oder Personen mit. Diese externen Einflüsse prägen ihre Erwartungen an die nächste Interaktion mit einem Unternehmen, wie ◘ Abb. 3 zeigt. Die Erwartungen an die Experience werden also beeinflusst von vorangegangenen Erfahrungen in der Customer Journey, der Reise von Kundinnen und Kunden über Touchpoints hinweg, und auch von anderen Erfahrungen aus anderen Journeys mit anderen Unternehmen.

CX wird ganzheitlich betrachtet, und sowohl die individuellen Interaktionen als auch der Kontext werden berücksichtigt. Denn die Wirkung eines einzelnen Touchpoints kann davon abhängen, an welcher Stelle er in der gesamten Customer Jour-

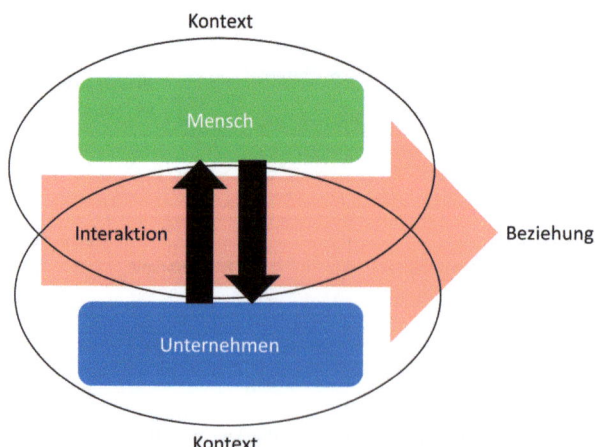

◘ **Abb. 2** Interaktion zwischen Kundinnen und Kunden sowie Unternehmen mit jeweiligem Kontext im Luzerner Modell (Seyr et al., 2023)

Die Genese der Customer Experience

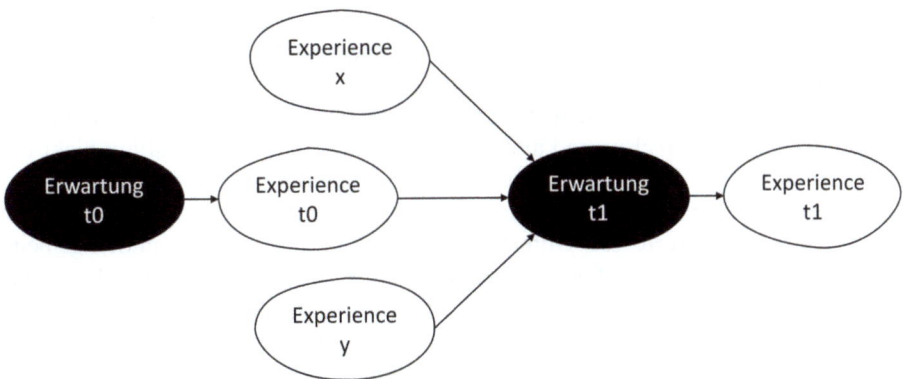

Abb. 3 Genese von Erwartungen und Customer Experience im Luzerner Modell (eigene Darstellung)

Abb. 4 Interaktion als Kommunikation, Transaktion und Co-Creation im Luzerner Modell (eigene Darstellung)

ney auftritt (Lemon & Verhoef, 2016). Indem Unternehmen die Erfahrungen und Erwartungen ihrer Kundinnen und Kunden verstehen, können sie ihre Interaktionen entsprechend gestalten und verbessern.

Interaktionen gibt es im Luzerner Modell als Kommunikation, Transaktion oder Co-Creation (vgl. Abb. 4). Die passende Kombination von Interaktionen macht somit die Experience aus.

Co-Creation wird im Luzerner Modell als die umfassendste Form der Interaktion betrachtet, in der gemeinsam Wert geschaffen wird. Es handelt sich um einen Prozess, in welchem Unternehmen auf die Bedürfnisse und Erwartungen ihrer Kundinnen und Kunden eingehen und diese in den Interaktionsprozess integrieren, um eine positive CX zu schaffen und das Wertversprechen erfolgreich einzulösen. Der Wert entsteht dabei in den Interaktionen zwischen Kundinnen und Kunden und Unternehmen und entwickelt sich im Laufe der Zeit, da die Erwartungen jeweils an frühere Erfahrungen geknüpft sind. Jede einzelne Erfahrung prägt die Erwartungen an zukünftige Interaktionen und beeinflusst somit den wahrgenommenen Wert.

Im Co-Creation-Paradigma wird der Wert der Interaktion nicht allein durch das Produkt selbst bestimmt, sondern auch durch andere Erfahrungen, wie beispielsweise Webplattformen und Interaktionsumgebungen, in denen Verbraucher mit dem Produkt und mit einer Gemeinschaft anderer Nutzer interagieren können (Ramaswamy, 2009). Beispielsweise kann ein Hersteller von Sportausrüstung nicht nur allein durch das Produkt selbst, sondern über Online-Services, Informationen und Community einen Mehrwert für seine Kundinnen und Kunden bieten. Co-Creation bedeutet, dass Werte von Unternehmen und Kundinnen und Kunden gemeinsam verhandelt und geschaffen werden. Im Beispiel des Sportherstellers kann dies in Form eines Forums, einer Plattform für Touren oder ähnlichem geschehen.

Die Arbeit an der CX stellt eine kontinuierliche Aufgabe dar. Insbesondere im digitalen Kontext, in dem die Interaktionen fragmentiert sind, ist es von großer Bedeutung, alle Teile der Interaktion zu berücksichtigen, stetig zu beobachten und zu verbessern. Durch das systematische Sammeln von Daten für jedes Fragment und deren Zusammenführung gewinnen wir ein umfassenderes Verständnis der Interaktionen und können somit dazu beitragen, das Wertversprechen von Unternehmen an Kundinnen und Kunden immer wieder aufs Neue zu erfüllen.

3 Neue Technologien in der Interaktion: AI, AR/VR und Robotics formen die Erwartung

Interaktionen finden zunehmend vermittelt oder begleitet durch Technologie statt. Insbesondere künstliche Intelligenz revolutioniert die Art und Weise, wie Kundinnen und Kunden mit Unternehmen interagieren. Neben AI haben auch Augmented bzw. Virtual Reality und virtuelle Assistenten oder Roboter beispielsweise in Service oder Logistik einen enormen Einfluss auf die CX. Weitere Technologien sind Internet of Things (IoT), Blockchain und 3D-Druck, die an bestimmten Stellen die Experience revolutionieren können. Blockchain wird die Transparenz entlang der gesamten Wertschöpfungskette eines Unternehmens erheblich verbessern, und der 3D-Druck hat das Potenzial, die Zeit zwischen Kauf und Lieferung drastisch zu verkürzen (Hoyer et al., 2020).

Im Kontext von Omnichannel, kanalübergreifenden Journeys, wirken interne und externe Nutzungserfahrungen auf die Experience in der jeweiligen Interaktion im jeweiligen Kanal. Die Qualität der Kanalintegration hat einen signifikanten Einfluss auf die wahrgenommene Geläufigkeit über verschiedene Kanäle hinweg, und interne Nutzungserfahrungen schwächen den Effekt der wahrgenommenen Geläufigkeit auf die Nutzung von Omnichannel-Diensten, während externe Nutzungserfahrungen diesen Effekt verstärken, mit anderen Worten: Frühere Erfahrungen mit ähnlichen Technologien (externe Nutzungserfahrungen) helfen den Nutzerinnen und Nutzern, ein allgemeines Urteil über Omnichannel zu entwickeln, und dieses Urteil kann sofort aktiviert werden, um die spätere Nutzung einer bestimmten Technologie zu beeinflussen. Wenn jemand bereits viel Erfahrung mit ähnlichen Technologien hat, wird es für sie oder ihn einfacher sein, Omnichannel-Dienste zu nutzen. Andererseits kann zu viel Erfahrung mit der spezifischen Technologie, die in den Omnichannel-Diensten verwendet wird, dazu führen, dass andere Faktoren wie persönliche Überzeugungen weniger wichtig werden (Shen et al., 2018).

Mit den neuen Möglichkeiten und Technologien steigen auch die Anforderungen an die Kanäle und ihre Integration (Seyr & Hafner, 2020). Unternehmen müssen in der Lage sein, Daten aus Interaktionen zu sammeln und diese effektiv zu nutzen, um angemessen und personalisiert auf die Bedürfnisse und Erwartungen der Kundinnen und Kunden zu reagieren. Eine zunehmend personalisierte CX ist grundsätzlich wünschenswert, und die Qualität dieser Erfahrung hängt maßgeblich davon ab, inwiefern Vertrauen zwischen Kundinnen und Kunden und Unternehmen besteht (Ameen et al., 2021).

4 Mit Predictive Analytics Personalisierung gestalten

Um aus großen Datenmengen Informationen zu gewinnen, Muster und Trends zu identifizieren, Modelle zu erstellen, Vorhersagen zu treffen und Entscheidungsprozesse zu unterstützen, werden Predictive Analytics eingesetzt (D. Beer, 2017; Roy et al., 2022). Predictive Analytics bezieht sich auf den Prozess der Nutzung historischer Daten, statistischer Algorithmen, künstlicher Intelligenz und maschineller Lernmethoden (Machine Learning), um zukünftige Ereignisse oder Verhaltensweisen vorherzusagen. Die Vorhersagen erfolgen mit einer bestimmten Wahrscheinlichkeit oder Genauigkeit.

Neben Predictive Analytics spielen auch Prescriptive und Real-Time Analytics eine Rolle. Der Reifegrad der Analytics-Methoden, die vorausschauende Ergebnisse erzielen, reicht von Handlungsempfehlungen basierend auf alternativen Szenarien (Prescriptive Analytics) über die Mustererkennung zur Vorhersage von Ereignissen (Predictive Analytics) bis hin zu Echtzeitentscheidungen (Real-Time Analytics) (D. Beer, 2017; Roy et al., 2022).

> **Definition**
> - **Prescriptive Analytics:** Nutzt Daten und Analyseergebnisse, um Entscheidungen zu treffen und Handlungsempfehlungen zu geben. Hierbei werden verschiedene Szenarien durchgespielt und die Auswirkungen auf das Unternehmen analysiert, um eine optimale Entscheidung zu treffen.
> - **Predictive Analytics:** Nutzt Daten, um Vorhersagen über zukünftige Ereignisse und Trends zu treffen. Hierbei werden verschiedene statistische Modelle und Algorithmen verwendet, um Muster in den Daten zu identifizieren.
> - **Real-Time Analytics:** Nutzt Echtzeitdaten, um Entscheidungen in Echtzeit zu treffen. Hierbei werden Algorithmen und Modelle verwendet, um Echtzeitdaten zu analysieren und Handlungsempfehlungen in Echtzeit zu geben.

Gängige Machine-Learning-Modelle weisen in der Regel einen großen Schwachpunkt auf: Sie erfordern mehrere Beobachtungen für ein und dieselbe Kundin oder ein und denselben Kunden. Das bedeutet, dass diese Modelle nur für wiederkehrende Kundinnen und Kunden funktionieren und die Bedürfnisse von Erstkundinnen und -kunden außer Acht lassen. Für das sogenannte „Kaltstartproblem" gibt es Lösungen mit probabilistischen Vorhersagen. Hierbei werden erste beobachtete Verhaltensweisen mit dem zukünftigen Kaufverhalten der Kundinnen und Kunden verknüpft. Unter der Annahme, dass es gemeinsame latente Merkmale zwischen diesen Verhaltensweisen und getätigten Käufen gibt, werden wiederum Prognosen möglich (Padilla & Ascarza, 2021).

Neben Kaufprognosen werden Analytics eingesetzt, um eine bessere CX zu gestalten, indem sie ein Unternehmen dabei unterstützen, personalisierte und maßgeschneiderte Interaktionen anzubieten. Durch automatische und dynamische Segmentierung erhalten (potenzielle) Kundinnen und Kunden passende Vorschläge für die nächste Interaktion (M.-H. Huang & Rust, 2021). Dies bedingt ein besseres Verständnis der Zielgruppe und des Marktes (M.-H. Huang & Rust, 2021), die Präsentation passender Produkte sowie die Bereitstellung dynamischer Inhalte in den entsprechenden Kanälen (Lichtenthaler, 2021). Außerdem können personalisierte Erlebnisse im Kundinnen- und Kundenservice geschaffen werden (Abu Daqar & Smoudy, 2019). Durch den Einsatz von Analytics, künstlicher Intelligenz und Machine Learning wird eine personalisierte CX skalierbar möglich.

> **Praxistipp: zielgerichtete Datenerhebung und -analyse**
>
> Die umfassende Erhebung aller verfügbaren Daten (Big Data) in der Hoffnung, dass AI schon irgendwelche Muster und Erklärungen finden wird, hat sich nicht bewährt. Vielmehr sollte der Fokus auf spezifische Messgrößen gelegt werden, welche relevant für den Unternehmenserfolg sind.

5 Von Fragmenten zum Ganzen: datenbasiertes Customer Experience Management

Customer Experience Management (CXM) ist ein kontinuierlicher Prozess zur Verbesserung der CX. CXM basiert auf der Nutzung von Daten und auf Techniken zur Datenerhebung und -analyse (Lemon & Verhoef, 2016). Dabei können verschiedene Aspekte der Kundinnen- und Kundenerfahrung gemessen werden, wie kognitive, affektive, physische, sensorische und soziale Reaktionen (L. Becker & Jaakkola, 2020). Die Herausforderung besteht darin, nicht nur einzelne Fragmente der CX zu verstehen, sondern sie auch in einen Gesamtkontext einzuordnen und als Ganzes zu betrachten.

Die Messung der CX erfolgt in direkten und indirekten Interaktionen zwischen Kundinnen und Kunden und einem Unternehmen an bestimmten Kontaktpunkten (Touchpoints) in bestimmten Kanälen. Viele Unternehmen verwenden Touchpoint-Messungen als Repräsentation für das Gesamterlebnis der Kundinnen und Kunden. Da die CX auch von den Erfahrungen vor, zwischen und nach den Touchpoints bestimmt wird, also entlang der gesamten Customer Journey, reichen Touchpoint-Messungen jedoch nicht aus, um verlässliche Aussagen über die CX als Ganzes zu treffen. Denn dabei spielen auch die „In-between Touchpoints", die Erlebnisse zwischen Kontaktpunkten, eine Rolle (Chatzopoulos & Weber, 2018).

◘ Tab. 1 zeigt Beispiele für Metriken innerhalb von Touchpoints und übergeordnete Metriken zur Bestimmung der CX (Fisher & Korduspleski, 2019; Keiningham et al., 2007; Otto et al., 2020; Palmer, 2010). Metriken können entlang der Journey

Tab. 1 CX und Business-Metriken entlang der Customer Journey sowie übergeordnet

Journey-Phase	Beispiel für CX-Metrik	Beispiel für Business-Metrik
Awareness	Engagement mit Inhalten	Reichweite von Marketingmaßnahmen
Consideration	Returning Visitor	Abbruchrate (Churn Rate)
Purchase	Einfachheit der Bestellung	Warenkorb-Wert
Use	Interaktionshäufigkeit	Up- und Crossselling
Support	Zufriedenheit mit Interaktion	Lösungszeit (Time to Solution oder Time to Problem Solved)
Advocacy	Feedback Quality	Anzahl Empfehlungen
Overall	Net Promoter Score Zufriedenheit Customer Effort Score	Kundinnen- oder Kundenertragswert (Customer Livetime Value) Abbruchrate (Churn Rate)

eingeordnet und mit Business-Metriken verknüpft werden. Grundsätzlich betrachten wir die Customer Journey von einem Schritt zum nächsten in aufeinanderfolgenden Phasen (Lemon & Verhoef, 2016). Schließlich dienen die Messungen dazu, die Experience im jeweiligen Touchpoint zu optimieren und übergeordnet den Return on Investment (ROI) von Maßnahmen zur Steigerung der CX zu bestimmen.

Für die gesamthafte Betrachtung und Gestaltung der CX ist es wichtig, diese mit dem Marketing, insbesondere dem Kundinnen- und Kundenbeziehungsmanagement, und dem Kerngeschäft eines Unternehmens zu verbinden. Dies bedeutet auch eine engere Verzahnung zwischen Vertrieb und digitalem Marketing, um personalisierte und abgestimmte Interaktionen zu ermöglichen und das Wertversprechen einzulösen (Venermo et al., 2020). Ein Konzept und klare strategische Ziele im Unternehmen sind auch Voraussetzung für den Erfolg beim Einsatz von Tools zur Umsetzung einer Kundinnen- und Kundenbeziehungsstrategie (Georgi & Mink, 2011).

> Die Messung der CX sollte nicht nur anhand quantitativer Daten aus digitalen Interaktionen geschehen, sondern auch qualitative Daten wie Kundinnen- und Kundenfeedback einbeziehen. Die Kombination beider Datenarten ermöglicht ein umfassenderes Verständnis der CX und damit gezielte Verbesserungsmaßnahmen. Marketing- und Kommunikationstools sind zunehmend in der Lage, qualitative Daten wie Textdaten beispielsweise aus Kommentaren, Bewertungen und Gesprächen auszuwerten.

Insbesondere im Marketing sind daher eine zunehmende Datenkompetenz und analytische Fähigkeiten gefordert, ebenso wie eine zunehmend ganzheitliche Betrachtung, um ausgehend vom Marketing Unternehmensangebote aktiv zu gestalten (Seyr & Stalder, 2022). Die Disziplinen Marketing, Vertrieb und Produkt müssen sich verzahnen, um ein gelungenes CXM zu erreichen.

❓ Fazit

Mit dem technologischen Fortschritt steigen die Erwartungen an die Personalisierung in der Customer Experience (CX). Deren ganzheitliche Betrachtung durch die Kombination von Metriken für einzelne Interaktionen und die gesamte Kundinnen-

und Kundenerfahrung ermöglicht wertvolle Einblicke und gezielte Maßnahmen zur kontinuierlichen Verbesserung der CX. Unternehmen müssen sich den technologischen Veränderungen und den damit einhergehenden Kundinnen- und Kundenerwartungen bewusst sein und moderne Technologien sowie die Analyse von Kundinnen- und Kundendaten nutzen, um personalisierte Interaktionen zu schaffen und die CX zu optimieren. Insbesondere Kenntnisse in Predictive Analytics zur Nutzung historischer Daten, statistischer Algorithmen, künstlicher Intelligenz und maschinellem Lernen sind erforderlich, um zukünftige Ereignisse oder Verhaltensweisen vorherzusagen. Aus Organisationssicht ist die Verbindung zwischen CX und dem Kerngeschäft eines Unternehmens entscheidend. Das Zusammenspiel der Disziplinen Marketing, Vertrieb und Produkt ermöglicht ein ganzheitliches Customer Experience Management (CXM).

Schlüsselbegriffe

- **Customer Experience (CX):** Das Gesamterlebnis, das eine Kundin oder ein Kunde mit einem Unternehmen hat, basierend auf allen Interaktionen und Berührungspunkten während der gesamten Reise der Kundin oder des Kunden (Customer Journey).
- **Kundinnen oder Kundenreise (Customer Journey):** Gesamter Ablauf und die Abfolge von Interaktionen und Berührungspunkten, die eine Kundin oder ein Kunde mit einem Unternehmen hat, von dem ersten Kontakt bis zur Kaufentscheidung und bis zum Ende der Kundinnen- oder Kundenbeziehung.
- **Customer Experience Management (CXM):** Ein kontinuierlicher Prozess, bei dem Unternehmen Daten und Techniken zur Analyse nutzen, um die Kundinnen- und Kundenerlebnisse zu verbessern und personalisierte, maßgeschneiderte Interaktionen anzubieten.
- **Personalisierung:** Möglichst individuell bzw. individualisiert auf die Bedürfnisse und Präferenzen von Kundinnen und Kunden eingehen, um ein maßgeschneidertes Erlebnis zu schaffen, das deren spezifischen Anforderungen entspricht.
- **Predictive Analytics:** Verfahren, bei dem historische Daten und statistische Algorithmen verwendet werden, um zukünftige Ereignisse oder Verhaltensweisen vorherzusagen, um so vorausschauende Entscheidungen zu treffen und Vorhersagen mit einer bestimmten Wahrscheinlichkeit zu generieren.

? Verständnisfragen

1. Wie lässt sich die Genese von Customer Experience im Luzerner Modell erklären? Welche Rolle spielen Erfahrungen aus anderen Kontexten und aus vorangehenden Interaktionen?
2. Welche Erwartungen an Interaktion entstehen aufgrund der zunehmenden Digitalisierung von Kanälen?
3. Welche Möglichkeiten zur Analyse von Daten aus digitalen Interaktionen gibt es? Wie können diese eingesetzt werden?
4. Welche Metriken zur Messung von Customer Experience gibt es entlang der Customer Journey und übergeordnet?

Literatur

Abu Daqar, M. A. M., & Smoudy, A. K. A. (2019). The role of artificial intelligence on enhancing customer experience. *International Review of Management and Marketing, 9*(4), 22–31. ▶ https://doi.org/10.32479/irmm.8166.

Ameen, N., Tarhini, A., Reppel, A., & Anand, A. (2021). Customer experiences in the age of artificial intelligence. *Computers in Human Behavior, 114,* 106548. ▶ https://doi.org/10.1016/j.chb.2020.106548.

Becker, L., & Jaakkola, E. (2020). Customer experience: Fundamental premises and implications for research. *Journal of the Academy of Marketing Science, 48*(4), 630–648. ▶ https://doi.org/10.1007/s11747-019-00718-x.

Beer, D. (2017). The data analytics industry and the promises of real-time knowing: Perpetuating and deploying a rationality of speed. *Journal of Cultural Economy, 10*(1), 21–33. ▶ https://doi.org/10.1080/17530350.2016.1230771.

Ceesay, L. B. (2020). Building a high customer experience management organization: Toward customer-centricity. *Jindal Journal of Business Research, 9*(2), 162–175. ▶ https://doi.org/10.1177/2278682120968983.

Chatzopoulos, C. G., & Weber, M. (2018). Challenges of Total Customer Experience (TCX): Measurement beyond touchpoints. *International Journal of Industrial Engineering and Management, 9*(4), 187–196. ▶ https://doi.org/10.24867/IJIEM-2018-4-187.

Fisher, N. I., & Kordupleski, R. E. (2019). Good and bad market research: A critical review of Net Promoter Score. *Applied Stochastic Models in Business and Industry, 35*(1), 138–151. ▶ https://doi.org/10.1002/asmb.2417.

Georgi, D. (2000). Entwicklung von Kundenbeziehungen: Theoretische und empirische Analysen unter dynamischen Aspekten. *Gabler.* ▶ https://doi.org/10.1007/978-3-663-09942-0.

Georgi, D., & Mink, M. (2011). Konzeption von Kundenbeziehungsstrategien. In H. Hippner, B. Hubrich, & K. D. Wilde (Hrsg.), *Grundlagen des CRM: Strategie, Geschäftsprozesse und IT-Unterstützung* (3. Aufl., S. 57–89). Gabler, Springer Fachmedien. ▶ https://doi.org/10.1007/978-3-8349-6618-6_2.

Hoyer, W. D., Kroschke, M., Schmitt, B., Kraume, K., & Shankar, V. (2020). Transforming the customer experience through new technologies. *Journal of Interactive Marketing, 51,* 57–71. ▶ https://doi.org/10.1016/j.intmar.2020.04.001.

Huang, M.-H., & Rust, R. T. (2021). A strategic framework for artificial intelligence in marketing. *Journal of the Academy of Marketing Science, 49*(1), 30–50. ▶ https://doi.org/10.1007/s11747-020-00749-9.

Keiningham, T. L., Aksoy, L., Bruce, H. L., Cadet, F., Clennell, N., Hodgkinson, I. R., & Kearney, T. (2020). Customer experience driven business model innovation. *Journal of Business Research, 116,* 431–440. ▶ https://doi.org/10.1016/j.jbusres.2019.08.003.

Keiningham, T. L., Cooil, B., Aksoy, L., Andreassen, T. W., & Weiner, J. (2007). The value of different customer satisfaction and loyalty metrics in predicting customer retention, recommendation, and share-of-wallet. *Managing Service Quality: An International Journal, 17*(4), 361–384. ▶ https://doi.org/10.1108/09604520710760526.

Lemon, K. N., & Verhoef, P. C. (2016). Understanding customer experience throughout the customer journey. *Journal of Marketing, 80*(6), 69–96. ▶ https://doi.org/10.1509/jm.15.0420.

Lichtenthaler, U. (2021). *Künstliche Intelligenz erfolgreich umsetzen: Praxisbeispiele für integrierte Intelligenz.* Springer Fachmedien. ▶ https://doi.org/10.1007/978-3-658-34670-6.

Otto, A. S., Szymanski, D. M., & Varadarajan, R. (2020). Customer satisfaction and firm performance: Insights from over a quarter century of empirical research. *Journal of the Academy of Marketing Science, 48*(3), 543–564. ▶ https://doi.org/10.1007/s11747-019-00657-7.

Padilla, N., & Ascarza, E. (2021). Overcoming the cold start problem of customer relationship management using a probabilistic machine learning approach. *Journal of Marketing Research, 58*(5), 981–1006. ▶ https://doi.org/10.1177/00222437211032938.

Palmer, A. (2010). Customer experience management: A critical review of an emerging idea. *Journal of Services Marketing, 24*(3), 196–208. ▶ https://doi.org/10.1108/08876041011040604.

Ramaswamy, V. (2009). Leading the transformation to co-creation of value. *Strategy & Leadership, 37*(2), 32–37. ▶ https://doi.org/10.1108/10878570910941208.

Ries, E. (2011). *The lean startup: How today's entrepreneurs use continuous innovation to create radically successful businesses.* Crown Business.

Roy, D., Srivastava, R., Jat, M., & Karaca, M. S. (2022). A complete overview of analytics techniques: Descriptive, predictive, and prescriptive. In P. M. Jeyanthi, T. Choudhury, D. Hack-Polay, T. P. Singh, & S. Abujar (Hrsg.), *Decision intelligence analytics and the implementation of Strategic Business Management* (S. 15–30). Springer International. ▶ https://doi.org/10.1007/978-3-030-82763-2_2.

Seyr, S., & Stalder, U. (2022). Datenkompetenz für Content Success. *Werbewoche M&K, 10,* 30–31. ▶ https://hub.hslu.ch/ikm/2022/10/07/datenkompetenz-fuer-content-success/.

Seyr, S., & Hafner, N. (2020). Automation & AI: Aktuelle Trends in der Kundeninteraktion. *Contact Management Magazin, 4,* 24–27. ▶ https://www.cmm360.ch/automation-ai-aktuelle-trends-in-der-kundeninteraktion.

Seyr, S., Georgi, D., & Stalder, U. (2023). *Das Luzerner Modell für Customer Experience* [unveröffentlichtes Manuskript].

Shen, X.-L., Li, Y.-J., Sun, Y., & Wang, N. (2018). Channel integration quality, perceived fluency and omnichannel service usage Channel integration quality, perceived fluency and omnichannel service usage: The moderating roles of internal and external usage experience. *Decision Support Systems, 109,* 61–73. ▶ https://doi.org/10.1016/j.dss.2018.01.006.

Venermo, A., Rantala, J., & Holopainen, T. (2020). From sales funnel to customer journey. In J. I. Kantola, S. Nazir, & V. Salminen (Hrsg.), *Advances in human factors, business management and leadership: Proceedings of the AHFE 2020 Virtual Conferences* (Bd. 1209, S. 200–206). Springer International. ▶ https://doi.org/10.1007/978-3-030-50791-6_25.

Nachhaltige Mobilität durch gezielte Maßnahmen fördern

Das Phasenmodell der selbstregulierten Verhaltensänderung

Christian Weibel und Timo Ohnmacht

Inhaltsverzeichnis

1 Das Phasenmodell der selbstregulierten Verhaltensveränderung – 213

2 Einflussfaktoren und Interventionsmöglichkeiten – 214
2.1 Vorüberlegungsphase: Verändern der Normen – 215
2.2 Absichtsphase: Verändern der Einstellung und der wahrgenommenen Verhaltenskontrolle – 216
2.3 Handlungsphase: Handlungsplanung, Probleme der Umsetzung – 219
2.4 Gewohnheitsphase: Rückfälle vermeiden – 220

Literatur – 221

© Der/die Autor(en), exklusiv lizenziert an Springer-Verlag GmbH, DE, ein Teil von Springer Nature 2024
J. Basel und S. Manchen Spörri (Hrsg.), *Angewandte Psychologie für die Wirtschaft*,
https://doi.org/10.1007/978-3-662-68559-4_16

Insights

- Mobilität spielt eine entscheidende Rolle in unserer Gesellschaft und ermöglicht soziale Teilhabe und wirtschaftliche Aktivitäten. Allerdings ist das gegenwärtige Verkehrssystem nicht nachhaltig und trägt zum Klimawandel bei.
- Das Phasenmodell nach Bamberg unterscheidet vier Phasen (Vorüberlegung, Absicht, Handlung und Gewohnheit) und bietet eine theoretische Grundlage, um Interventionen zur Verhaltensänderung in Bezug auf Mobilität zu planen und umzusetzen.
- In jeder Phase des Phasenmodells sind unterschiedliche Einflussfaktoren wirksam.
- Das Aktivieren sozialer Normen, die das gewünschte Verhalten unterstützen, ist eine effektive Strategie in der Phase der Vorüberlegung. Beispiele sind Kampagnen, die zeigen, wie viele Personen den öffentlichen Verkehr nutzen, um das Bewusstsein zu schärfen und das gewünschte Verhalten zu fördern.
- Die Einstellung zum öffentlichen Verkehr und die wahrgenommene Verhaltenskontrolle sind in der Phase der Absicht entscheidend. Maßnahmen zur Wissensvermittlung, emotionale Kommunikation und das Schaffen von Problembewusstsein können die Einstellung positiv beeinflussen. Zusätzlich können ökonomische Anreize, Infrastrukturverbesserungen und Dienstleistungen die wahrgenommene Verhaltenskontrolle stärken.
- Die Bildung einer Implementierungsabsicht in Form eines „Wenn-dann-Plans" erleichtert den Übergang von der Handlungs- zur Gewohnheitsphase und erhöht die Wahrscheinlichkeit, dass geplante Handlungen in konkreten Situationen umgesetzt werden, wodurch die langfristige Zielverfolgung unterstützt wird.
- In der Phase der Gewohnheit besteht die zentrale Herausforderung darin, das neue Verhalten beizubehalten und Habitualisierung zu erreichen.

Einleitung

Der individuellen räumlichen Mobilität – verstanden als die Beweglichkeit, sich diverser Verkehrsmittel zu bedienen und damit Ziele aufzusuchen, – kommt in unserer Gesellschaft eine zentrale Rolle zu, und sie bringt zahlreiche Vorteile mit sich. Verkehr als Resultat der Mobilität bedeutet zum einen soziale Teilhabe und verbindet damit Personen, Regionen, Länder und Kontinente. Zum anderen ist ein Wirtschaftssystem ohne Mobilität undenkbar. Ein Verkehrssystem ermöglicht Lieferketten, die die Produktion von Gütern und den Gütertransport zum Endkunden ermöglichen; es stellt sicher, dass Personen zur Arbeit gelangen und ihren Freizeitaktivitäten nachkommen können.

Die Nachteile der „grenzenlosen" Mobilität sind ebenso offensichtlich: Insbesondere ist das heutige Verkehrssystem nicht nachhaltig. Durch das Verkehrssystem werden schädliche Treibhausgase emittiert, welche zur Erderwärmung beitragen. Die Luftverschmutzung durch Smog (z. B. Feinstaub) bedroht das Ökosystem und die menschliche Gesundheit. Reduktionspotenziale durch technische Innovationen werden durch die wachsende Verkehrsnachfrage schnell wieder aufgehoben (Azevedo, 2014). Die OECD prognostiziert in einem kürzlich veröffentlichten Bericht, dass je nach Szenario bis 2050 die Passagiernachfrage um bis zu 79 % und die Frachtnachfrage um bis zu 100 % steigen wird (International Transport Forum [ITF], 2023). Diese Entwicklung steht im Konflikt zum Übereinkommen von Paris, das alle Staaten verpflichtet, den Ausstoß von Treibhausgasen zu reduzieren, um damit die globale Erderwärmung im Vergleich zur vorindustriellen Zeit unter zwei Grad Celsius zu halten (UN, 2023).

Zum individuellen Konsumverhalten sind zahlreiche theoretisch und empirisch fundierte Ansatzpunkte bekannt, um Interventionen zu planen und das Verhalten zu ändern (Steg & Vlek, 2009). Es gibt verschiedene Möglichkeiten, wie eine nachhaltigere Mobilität erreicht werden kann. Ein wichtiger Ansatzpunkt besteht darin, Personen dazu zu bringen, ihre Mobilitätsgewohnheiten zu überdenken und vermehrt den öffentlichen Verkehr zu nutzen. Sogenannte *Stufen-* oder *Phasenmodelle* bieten eine theoretische Grundlage, um segmentspezifisch und basierend auf dem aktuellen Verhaltensmuster Maßnahmen zu planen und Verhaltensänderungen zu initiieren (Heckhausen & Gollwitzer, 1987; Prochaska & DiClemente, 1982). So können maßgeschneiderte Maßnahmen definiert werden, welche effizient und zielgerichtet umgesetzt werden können.

Neben den Ansatzpunkten des Phasenmodells können auch Kontextfaktoren wichtig sein. So wird beispielsweise in einer kürzlich veröffentlichten Studie davon ausgegangen, dass insbesondere in ländlichen Gebieten nur schwer beziehungsweise mit kostenintensiven Maßnahmen eine Erhöhung des ÖV-Anteils an der Gesamtmobilität erreicht werden kann (Chatelain & Messner, 2022). Zielführender erscheint es deshalb, die Maßnahmen auf gut erschlossene urbane und suburbane Gegenden zu fokussieren.

1 Das Phasenmodell der selbstregulierten Verhaltensveränderung

Das Phasenmodell der selbstregulierten Verhaltensänderung *(Phase Model of Action, PMA)* nach Bamberg (2013a) unterscheidet vier Phasen: (1) Vorüberlegung, (2) Absicht, (3) Handlung und (4) Gewohnheit (L. Keller et al., 2020; Ohnmacht et al., 2017). Es definiert zudem drei Übergangspunkte *(Transition Points)*, die mit einer konkreten psychologischen Aufgabe verbunden sind (vgl. ◘ Tab. 1).

In der ersten Phase *Vorüberlegung* wird das aktuelle Verhalten bewertet und überdacht. In dieser Phase ist es wichtig, dass Personen ein Problembewusstsein und den Wunsch entwickeln, ihr Verhalten zu verändern, zum Beispiel mehr den öffentlichen Verkehr zu nutzen. Die zentrale Aufgabe besteht darin, das bestehende Verhalten zu reflektieren und den aktuellen Zustand zu hinterfragen, um eine Veränderung anzustreben. Eine Person wird eine Verhaltensänderung erst in Betracht

◘ Tab. 1 Phasenmodell der Handlung (Bamberg, 2013a, b; Lindenberg & Steg, 2007; Ohnmacht et al., 2017)

Nr.	Phase	Übergangspunkt	Psychologische Aufgabe
1	Vorüberlegung	Zielintention *(goal intention)*	Aktuelles und habitualisiertes Verhalten überdenken
2	Absicht	Verhaltensintention *(behavioral intention)*	Neue Verhaltensweise auswählen
3	Handlung	Implementierungsintention *(implementation intention)*	Neue Verhaltensweise implementieren
4	Gewohnheit		Neues Verhaltensmuster etablieren (Habitualisierung)

ziehen, wenn sie feststellt, dass der aktuelle Zustand nicht mit dem gewünschten Zustand übereinstimmt (z. B. nachhaltige Mobilitätsformen nutzen).

In der *Absichtsphase* stehen Überlegungen zur Umsetzung des neuen Verhaltens im Vordergrund. In dieser Phase bilden Personen eine Verhaltensabsicht und wägen die Vor- und Nachteile des gewünschten Verhaltens ab. Es werden auch Überlegungen angestellt, wie schwierig es sein könnte, das neue Verhalten umzusetzen.

In der *Handlungsphase* wird die konkrete Umsetzung des Zielverhaltens geplant: Personen treffen Entscheidungen darüber, wann und wie sie das Verhalten umsetzen möchten. Die eigene Fähigkeit zur Planung und Problemlösung steht im Vordergrund. Das Ziel in dieser Phase besteht darin, einen konkreten Plan zu entwickeln, das Verhalten umzusetzen, wie zum Beispiel die Entscheidung, ab der nächsten Woche täglich mit dem öffentlichen Verkehr zur Arbeit zu fahren.

In der vierten und letzten Phase, der *Gewohnheitsphase,* wird das neue Verhalten langfristig als Gewohnheit etabliert und beibehalten. Personen stehen vor der Herausforderung, Hindernisse zu überwinden, die der Gewohnheitsbildung entgegenwirken, mit Rückschlägen umzugehen und Versuchungen zu widerstehen, wieder in die alten Gewohnheiten zurückzufallen.

Das Phasenmodell der Verhaltensveränderung und Varianten davon wurden vielfach im Kontext der Mobilität angewendet (Bamberg, 2013a; Friman et al., 2017; Said et al., 2022; Wallén Warner et al., 2021). Die Resultate der Studien haben aufgezeigt, dass mit phasenspezifischen Interventionen die Nutzung von Motorfahrzeugen signifikant gesenkt werden konnte. Zudem konnte nachgewiesen werden, dass die Interventionen den Übertritt in die jeweils nächste, handlungsorientiertere Phase fördern. Die verzeichneten Effekte waren zudem stärker als die, welche durch eher traditionelle Marketingmaßnahmen (z. B. breit angelegte Kommunikationskampagnen ohne Berücksichtigung der Handlungsphasen) erreicht wurden.

> **Praxistipp: Wohnortwechsel als Möglichkeit, Mobilitätsgewohnheiten zu verändern**
>
> Mithilfe von Langzeitdaten von fast 20.000 britischen Bewohnern wurde untersucht, wie sich der Wohnortwechsel, die übliche Art des Pendelns (Auto oder öffentlicher Verkehr) und die Ausprägung der umweltfreundlichen Einstellung auf das Mobilitätsverhalten auswirken (Thomas et al., 2016). Die Ergebnisse zeigten, dass umweltbewusste Personen weniger häufig das Auto nutzen als weniger umweltbewusste Personen – jedoch traf dies nur auf diejenigen zu, die vor Kurzem umgezogen waren, dies unabhängig von Alter, Geschlecht, Einkommen und geografischem Standort. Dieser Effekt nimmt jedoch ab, je mehr Zeit seit dem Umzug vergangen ist.

2 Einflussfaktoren und Interventionsmöglichkeiten

Basierend auf den Modellen von Bamberg (2013a, b) und Ohnmacht et al. (2017) sind in den vier Phasen jeweils unterschiedliche Einflussfaktoren wirksam, die ihrerseits auf die Übergangspunkte wirken (siehe ◘ Abb. 1). Damit wird der Übertritt in die nächste Phase positiv beeinflusst.

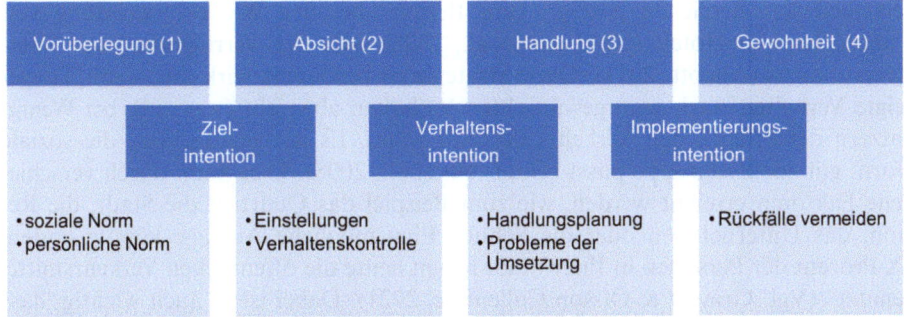

◘ **Abb. 1** Phasenmodell der Verhaltensänderung mit Übergangspunkten und Einflussfaktoren, basierend auf Bamberg (2013a, b); Ohnmacht et al. (2017)

In der ersten Phase der Vorbereitung können spezifische Maßnahmen zur Ansprache und Beeinflussung von Normen eingesetzt werden, um die Bildung einer Zielintention zu fördern. In der zweiten Phase, der Absichtsphase, wird die Verhaltensintention positiv durch Einstellung und Verhaltenskontrolle beeinflusst. In der dritten Phase, der Handlungsphase, ist es hilfreich, Personen bei ihrer Handlungsplanung und Umsetzung zu unterstützen, um die Bildung einer Implementierungsintention zu erleichtern. In der letzten Phase, der Gewohnheitsphase, sollten Maßnahmen ergriffen werden, die Personen dabei helfen, Rückfälle zu vermeiden.

Die Variablen *Norm, Einstellung* und *Verhaltenskontrolle* finden sich auch in der Theorie des geplanten Verhaltens wieder (Ajzen, 1991). Analog zum Phasenmodell beeinflussen sie auch in diesem Modell – auf direktem oder indirektem Wege – die Verhaltensintention (für Details siehe das Kapitel von Zbinden und Georgi, ▶ Kap. 13).

2.1 Vorüberlegungsphase: Verändern der Normen

Bei Personen, die sich in der Phase der Vorüberlegung befinden und den öffentlichen Verkehr (ÖV) noch wenig bis gar nicht nutzen, ist das Potenzial der Verhaltensänderung am größten. Einen ersten Ansatzpunkt, um Verhalten hin zu einer nachhaltigen Mobilität zu fördern, stellen Normen dar. Persönliche und soziale Normen sind unterschiedliche Arten von Verhaltensregeln. Soziale Normen sind gemeinsame Werte, die von der Gesellschaft vermittelt werden und bestimmte Handlungen als richtig oder gut bewerten (Ajzen, 1991). Diese sozialen Bewertungen beeinflussen Personen, indem sie ihnen Informationen darüber geben, was die Mehrheit tut oder als richtig oder falsch ansieht, und somit bestimmte Verhaltensweisen fördern oder verhindern (Bicchieri & Dimant, 2022). Persönliche Normen hingegen sind internalisierte soziale Normen oder persönliche Überzeugungen darüber, was richtig oder falsch ist (z. B. Bamberg et al., 2007). Die *Value-Belief-Norm-Theory* bringt moralische Werte und persönliche Normen direkt und kausal mit umweltfreundlichem Verhalten in Verbindung (Stern, 2000).

Das Aktivieren oder Ansprechen von sozialen Normen ist eine effektive Strategie zur Förderung gewünschter Verhaltensweisen. Dies wurde bereits in verschiedenen Bereichen gezeigt, zum Beispiel bei der Wiederverwendung von Handtüchern in Hotels (Goldstein et al., 2008) oder der Verringerung des Energieverbrauchs (Allcott, 2011). Diese Strategie ist besonders wirksam, wenn das gezeigte Verhalten stark vom gewünschten Verhalten abweicht (was z. B. bei Wenignutzern des öffentlichen Verkehrs der Fall wäre). Es ist wichtig, dass die soziale Norm gut zur Zielgruppe passt (Goldstein et al., 2008). Dies kann durch verschiedene Faktoren erreicht werden, wie zum Beispiel das Quartier, die Stadt, die Region, das Unternehmen oder die Schule. Eine mögliche Aussage könnte lauten: „X Prozent der Personen in Ihrer Stadt haben heute die öffentlichen Verkehrsmittel genutzt" (Vgl. Gravert & Olsson Collentine, 2021). Dabei ist es auch wichtig, dass die Bezugsgruppe für die Zielgruppe relevant ist und Letztere sich mit ihr identifiziert.

Verschiedene Studien zeigen einen positiven Zusammenhang zwischen persönlichen Normen und umweltfreundlichem Verhalten. Im Bereich des öffentlichen Verkehrs wurde gezeigt, dass Normen die Absicht beeinflussen, diesen zu nutzen (z. B. Bamberg et al., 2007). Je stärker die Norm bei einer Person ausgeprägt ist, desto größer ist die Wahrscheinlichkeit, dass er die Absicht bildet, den öffentlichen Verkehr zu nutzen.

Es gibt verschiedene Optionen, mittels gezielter Maßnahmen soziale bzw. persönliche Normen anzusprechen:
- bekannte Persönlichkeiten, die für den ÖV Werbung betreiben
- soziale Events (z. B. Bus-to-Work-Kampagnen)
- Werbung, die auf moralische Werte abzielt (z. B. Umweltschutz)

> **Beispiele für Good Practices**
>
> **Initiative *Mobil Gewinnt*[1]:** Eine Initiative für ein nachhaltigeres Mobilitätsmanagement in Unternehmen. Hierbei sollen betriebliche Anstrengungen bezüglich eines besseren und nachhaltigeren Mobilitätskonzepts in Firmen in Form eines Wettbewerbs gefördert werden.
>
> **Plakate der Stadt Luzern (Schweiz)[2]:** Die Stadt Luzern spricht mit ihrer Plakatwerbung an, dass man – hier mit dem ÖV – effiziente Technologien nutzen soll („Hybrid-Bus von VBL").

2.2 Absichtsphase: Verändern der Einstellung und der wahrgenommenen Verhaltenskontrolle

2.2.1 Verändern der Einstellung zum öffentlichen Verkehr

Einen weiteren Ansatzpunkt für eine Verhaltensänderung bietet die Einstellung zum öffentlichen Verkehr. Prinzipiell misst die Einstellung die Bewertung von Urteilsobjekten (z. B. Personen, Gegenstände, Ideen). Im Kontext der Mobilität geht

---

1 ▶ https://www.mobil-gewinnt.de/
2 ▶ https://www.vbl.ch/elektromobilitaet/hybridbus/

es um die Frage, ob der ÖV positiv bewertet wird (z. B. „Mit dem ÖV bin ich stressfrei unterwegs") oder negativ (z. B. „ÖV-Abos empfinde ich als teuer"). Dabei stehen die instrumentellen und emotionalen Konsequenzen der Verkehrsmittelwahl im Fokus (Ohnmacht et al., 2017).

Zur Beeinflussung der Einstellung sind zwei Kategorien von Maßnahmen relevant: Vermittlung von (a) **deklarativem** und (b) **prozeduralem Wissen.** Deklaratives Wissen umfasst faktische Zustände (Faktenwissen), zum Beispiel den Zusammenhang zwischen ÖV- bzw. Motorfahrzeugnutzung und dem CO_2-Ausstoß. Prozedurales Wissen bezieht sich auf Abläufe und Prozesse (Handlungswissen), zum Beispiel Schulungen zu nachhaltiger Mobilität. Wissen spielt eine wichtige Rolle bei der Bildung von Überzeugungen (Bamberg et al., 2007).

Der Ansatz der Wissensvermittlung basiert auf dem sogenannten *Knowledge-Attitude-Behavior-Modell* (z. B. Kollmuss & Agyeman, 2002). Durch Wissensvermittlung wird die Einstellung einer Person angesprochen, was zu Veränderungen von Überzeugungen und Problembewusstsein führt und darüber die positive Verhaltensintention beeinflusst. Fehlt relevantes Wissen, so fehlt eine wichtige Grundlage für das gewünschte Verhalten. Beispielsweise ist sich nur eine Minderheit der Amerikanerinnen und Amerikanern bewusst, dass eine Reduktion des Fleischkonsums eine wirksame Methode ist, um den CO_2-Ausstoß zu reduzieren (de Boer et al., 2016). Das Herstellen und Vermitteln dieses Zusammenhangs zwischen Konsum und Klimaerwärmung wäre eine wichtige Maßnahme, um das gewünschte Verhalten zu erzielen. Im Kontext der Mobilität könnten beispielsweise Kampagnen die faktischen Vorteile des öffentlichen Verkehrs aufzeigen, wie individuelle CO_2-Einsparungen durch die ÖV-Nutzung.

Einstellungen werden auch durch kommunikative Kampagnen beeinflusst. Insbesondere emotionale Kommunikation, die positive (z. B. Glück, Komfort, Vertrauen) oder negative Gefühle (z. B. Angst, Schuldgefühle, Sorgen) anspricht, scheint wirkungsvoll zu sein (Bagozzi et al., 1999; Ohnmacht et al., 2017; Richins, 1997). Gemäß dem *Feelings-as-Information-Framework* werden Gefühle häufig als Informationen in den Entscheidungsprozess einbezogen und beeinflussen entsprechend die Verhaltensintention, den ÖV zu nutzen (Schwarz, 2001).

Die Einstellung zum ÖV ist ein wichtiger Faktor bei der Erklärung und Vorhersage der Verkehrsmittelwahl (z. B. Herberz et al., 2020; Redman et al., 2013; Spears et al., 2013). Beispielsweise konnte gezeigt werden, dass eine positivere Einstellung mit einer erhöhten Wahrscheinlichkeit der ÖV-Nutzung einhergeht (Spears et al., 2013). In einigen Studien waren die Effekte der Einstellung gleich stark oder stärker als die Faktoren Zugänglichkeit oder Zuverlässigkeit des ÖV.

Es gibt verschiedene Maßnahmen, mit denen speziell die Einstellung zum ÖV beeinflusst werden kann. Hier sind einige Beispiele:
- Umweltberatung und Schulungen für bestimmte Segmente, z. B. Informationen zur Mobilität in Schulen und gezieltes Marketing für neu Zugezogene
- Informationen über die positiven Auswirkungen der Verhaltensänderung, wie Kosteneinsparungen, CO_2-Reduktion und verminderte Lärmbelastung
- Schaffen von Problembewusstsein, z. B. indem aufgezeigt wird, welche Folgen es hat, wenn die Mehrheit mit dem Auto in die Stadt fährt
- emotionale Kommunikation, die Gefühle transportiert (z. B. Glück, Freude)
- Imagekampagnen zur Aufwertung des ÖV und Betonung der Zuverlässigkeit

> **Praxistipp: Zielgruppen möglichst genau und langfristig ansprechen**
>
> Bei Marketingmaßnahmen und -kommunikation besteht oft die Gefahr von Streuverlusten. Um die Wirksamkeit einer Kampagne zu optimieren, sollten (a) die relevanten Zielgruppen möglichst genau angesprochen werden, indem man ihre Motive berücksichtigt, und (b) die Kampagne langfristig, das heißt über mehrere Wochen hinweg angelegt sein.

2.2.2 Verändern der wahrgenommenen Verhaltenskontrolle

Die wahrgenommene Verhaltenskontrolle bezieht sich auf die subjektive Einschätzung, ob eine Person in der Lage ist, ein bestimmtes Verhalten auszuführen; dies umfasst die entsprechenden Fähigkeiten, Fertigkeiten und Ressourcen. Interessanterweise kann es zu einem Widerspruch zwischen der wahrgenommenen Verhaltenskontrolle und der Einstellung kommen, wenn zum Beispiel die Einstellung zum öffentlichen Verkehr positiv ist, aber das erwünschte Verhalten nicht umgesetzt werden kann (z. B. bestehende Mobilitätsgewohnheiten, zu große Distanz zur nächsten Haltestelle).

Die wahrgenommene Verhaltenskontrolle kann insbesondere durch ökonomische Anreize, Infrastrukturmaßnahmen und Dienstleistungen angesprochen werden. Studien zeigen, dass finanzielle Anreize Kunden dazu bewegen können, den öffentlichen Verkehr stärker nutzen. Bestimmte Anreize, insbesondere solche, die über einen längeren Zeitraum implementiert bleiben (z. B. verlängerte Probeabos), haben den Vorteil, dass die Nutzung auch nach der Intervention positiv beeinflusst bleibt – zwar nicht auf dem Niveau wie während der Intervention, aber signifikant höher als vor der Intervention (Gneezy et al., 2011; Gravert & Olsson Collentine, 2021).

Der nachhaltige Effekt langfristiger Interventionen resultiert aus der Tatsache, dass Mobilität im Alltag stark von Gewohnheiten geprägt ist (Steg, 2007). Rund die Hälfte unserer täglichen Handlungen stellen keine bewussten Entscheidungen dar, sondern werden von Gewohnheiten und Routinen bestimmt (Verplanken & Wood, 2006). Im Alltag entscheiden wir uns oft nicht bewusst für ein Verkehrsmittel, sondern tun einfach das, was wir gewohnt sind. Dies wird in der Literatur als *Status-quo-Bias* bezeichnet – die Tendenz, das zu tun, was wir immer getan haben (Kahneman et al., 1991). Durch langfristige Interventionen (z. B. 1–2 Monate oder länger) und ökonomisch relevante Anreize für die Kundschaft kann dieses Muster durchbrochen und potenziell nachhaltig verändert werden.

Neben ökonomischen Anreizen können auch Maßnahmen im Bereich der Infrastruktur und Dienstleistungen sinnvoll sein. Zum Beispiel kann eine separate Busspur den öffentlichen Verkehr attraktiver machen, da dadurch die Fahrtzeit reduziert wird. Es wurde gezeigt, dass die Tür-zu-Tür-Reisezeit ein entscheidender Faktor für die Verkehrsmittelwahl ist (Baumgartner et al., 2022; Blainey et al., 2012). Zusätzliche Haltestellen, erhöhte Taktfrequenz oder zusätzliche Buslinien tragen ebenfalls dazu bei, den öffentlichen Verkehr attraktiver zu machen und die Nachfrage zu steigern. In verschiedenen norwegischen Städten wurde gezeigt, dass eine erhöhte Taktfrequenz mit einer höheren Nachfrage einhergeht (Tennøy, 2022).

Die Wirkung kann weiter verstärkt werden, wenn insbesondere die Kundensegmente, die das gewünschte Verhalten der öffentlichen Verkehrsnutzung noch nicht zeigen, gezielt angesprochen werden. Personen, die den öffentlichen Verkehr bereits in ihren Alltag integriert haben, benötigen keine finanziellen Anreize mehr, um das Verhalten aufrechtzuerhalten. Hier können andere Maßnahmen sinnvoll sein, wie Feedback, kleine Belohnungen oder positive Bestärkung. Das transtheoretische Phasenmodell der Verhaltensveränderung bietet eine Möglichkeit, Personen basierend auf ihrem Verhalten und ihrer Nutzungsintensität zu segmentieren und zielgruppengerechte Maßnahmen zu entwickeln (Bamberg, 2013b).

> **Feldexperiment aus dem Ausland**
>
> In Schweden wurde vor kurzer Zeit ein Feldexperiment durchgeführt, um den Effekt von verlängerter Gültigkeit von ÖV-Abos zu untersuchen (z. B. Verlängerung des Probeabos). Gravert und Olsson Collentine (2021) konnten zeigen, dass je nach Verlängerungsdauer des Abos bis 54 % der Personen nach dem Experiment angaben, „viel häufiger" oder „ein wenig häufiger" den ÖV zu nutzen. Solche Abos können die Basis legen, um die Vorteile des ÖVs erleben zu können und gleichzeitig eine neue Routine zu entwickeln.

2.3 Handlungsphase: Handlungsplanung, Probleme der Umsetzung

Der Übergang von der Handlungs- zur Gewohnheitsphase ist durch die Bildung einer **Implementierungsabsicht** gekennzeichnet. Die Implementierungsabsicht kann als konkretisierter „Wenn-dann-Plan" verstanden werden (Gollwitzer, 1999; L. Keller et al., 2020). Dadurch sollte die Handlungsplanung möglichst genau und spezifisch operationalisiert werden. Idealerweise wird entschieden, wann, wo und wie eine Handlung umgesetzt werden soll, zum Beispiel: „Von Montag bis Freitag nehme ich um acht Uhr den Zug von X nach Y, um zur Arbeit zu gelangen." Die Bildung von Implementierungsabsichten ist deshalb wirksam, da einerseits die Wahrnehmung für eine definierte Situation (z. B. ÖV vs. Motorfahrzeug) gestärkt und andererseits eine automatisierte Initiierung der zielgerichteten Handlung (z. B. tägliche ÖV-Nutzung) erleichtert wird sowie die langfristige Zielverfolgung aufrechterhalten bleibt (Gollwitzer & Sheeran, 2006; L. Keller et al., 2020). Personen, die Implementierungsabsichten für sich definiert haben, werden in den betroffenen konkreten Situationen eine gewünschte Handlung mit höherer Wahrscheinlichkeit durchführen (Brandstätter et al., 2001).

Bei der Handlungsplanung können jedoch auch Schwierigkeiten auftreten (z. B. Motivations- oder Umsetzungsprobleme), die es zu adressieren gilt. Strategien, die darauf ausgerichtet sind, diese Schwierigkeiten zu bewältigen, sollten dabei gleichzeitig auch die Implementationsabsicht stärken (Ohnmacht et al., 2017). Zwei wichtige Strategien sind dabei (a) prozedurales Wissen zu vermitteln und (b) Ziele zu definieren. Dabei können unter anderem Gemeinden, Unternehmen oder Verkehrsbetriebe aktiv werden, um relevante Segmente zu adressieren. Folgende konkrete Maßnahmen können beispielsweise umgesetzt werden:

- Informationsbroschüren zur Nutzung von ÖV (z. B. Informationen für Neuzuzügler in einer Stadt)
- Training und Beratung durch die Gemeinden (z. B. ÖV-Kurse für Senioren)
- Gemeinschaftsaktionen (z. B. *Take-the-Bus-to-Work Day*)
- Referenzpunkte durch Gemeinde setzen (z. B. CO_2-Emmissionen um X % senken)

2.4 Gewohnheitsphase: Rückfälle vermeiden

In der Phase der Gewohnheit besteht die Hauptaufgabe darin, das neue Verhalten aufrechtzuerhalten und eine Habitualisierung zu erreichen. Dabei ist es entscheidend, dass Personen Rückfälle vermeiden (z. B. wieder mit dem Motorfahrzeug zum Sport gehen) und nicht in alte Verhaltensmuster zurückfallen, um schlussendlich eine neue Gewohnheit zu etablieren. Obwohl Umsetzungsabsichten etabliert und bereits umgesetzt wurden, kann es sein, dass die langfristig erfolgreiche Verhaltensänderung durch Ablenkung, alte Gewohnheiten oder Zielkonflikte gestört wird (Gollwitzer, 1999). Hier können sinnvollerweise (a) gemeinschaftsbasierte Strategien (z. B. Ostrom, 1998) und (b) Feedback helfen (Abrahamse et al., 2005; McCalley & Midden, 2002), um nicht in alte Gewohnheiten zurückzufallen (Ohnmacht et al., 2017), beispielsweise:

- Gemeinschaftsaktionen und -treffen (z. B. Bus-to-Work-Kampagne)
- Bilden von Gemeinschaften
- Gamification (z. B. App-basiertes Feedback zu CO_2-Einsparung)
- Dankes-SMS durch Verkehrsunternehmen nach der Fahrt mit dem ÖV
- Reminder durch Verkehrsunternehmen oder Gemeinden, den ÖV zu nutzen

> **Fazit**
> Die Mobilität spielt eine entscheidende Rolle in unserer Gesellschaft, ermöglicht soziale Teilhabe und wirtschaftlichen Erfolg, birgt jedoch auch Nachteile in Form von Umweltauswirkungen. Das Phasenmodell der selbstregulierten Verhaltensveränderung bietet eine theoretisch und empirisch fundierte Basis, um unser Verkehrssystem nachhaltiger zu gestalten und Verkehrsteilnehmende dabei zu unterstützen, ihre Gewohnheiten zu verändern, und sie dazu zu bewegen, häufiger den öffentlichen Verkehr zu nutzen. Dabei ist es hilfreich, Personen verhaltensbasiert (im Sinne eines Phasenmodells) zu segmentieren (Bamberg, 2013b; Ohnmacht et al., 2017). Bei Nichtkundinnen und -kunden sowie Wenignutzenden, die in suburbanen oder urbanen Gebieten wohnhaft sind, besteht das höchste Potenzial für eine Verhaltensänderung.

> **Schlüsselbegriffe**
> - **Verhaltenskontrolle:** individuelle Wahrnehmung darüber, wie einfach ein Verhalten ausgeführt werden kann.
> - **Implementierungsabsicht** *(implementation intention):* beschreibt die spezifischen Bedingungen (Was, Wann, Wo, Wie), unter denen eine bestimmte Handlung ausgeführt werden soll.

- **Status-quo-Bias:** Tendenz des Menschen, dass etwas vorzugsweise so bleiben soll, wie es ist.
- **Value-Belief-Norm-Theory:** Theorie, die besagt, dass persönliche Werte via Einstellungen bzw. Überzeugungen das umweltfreundliche Verhalten beeinflussen.
- **Feelings-as-Information-Framework:** Gefühle werden im Entscheidungsprozess als Information mitberücksichtigt.
- **Knowledge-Attitude-Behavior-Modell:** Ansatz, durch die Vermittlung von Wissen die Einstellung zu beeinflussen und damit die Wahrscheinlichkeit einer Verhaltensveränderung zu erhöhen.

Verständnisfragen

1. Was ist die Grundidee des Phasenmodells der selbstregulierten Verhaltensveränderung?
2. Wie ist die Phase der Handlung definiert und welche zentrale psychologische Aufgabe steht dabei im Vordergrund?
3. Was bedeutet der Begriff der *Implementierungsabsicht*? Nennen Sie zudem ein konkretes Beispiel.
4. Welche Einflussfaktoren sind in der ersten Phase der Vorüberlegung besonders relevant?
5. Welche Interventionen würden Sie für die Phase der Gewohnheit empfehlen?

Literatur

Abrahamse, W., Steg, L., Vlek, C., & Rothengatter, T. (2005). A review of intervention studies aimed at household energy conservation. *Journal of Environmental Psychology, 25*(3), 273–291. ▶ https://doi.org/10.1016/j.jenvp.2005.08.002.

Ajzen, I. (1991). The theory of planned behavior. *Organizational Behavior and Human Decision Processes, 50*(2), 179–211. ▶ https://doi.org/10.1016/0749-5978(91)90020-T.

Allcott, H. (2011). Social norms and energy conservation. *Journal of Public Economics, 95*(9–10), 1082–1095. ▶ https://doi.org/10.1016/j.jpubeco.2011.03.003.

Azevedo, I. M. L. (2014). Consumer end-use energy efficiency and rebound effects. *Annual Review of Environment and Resources, 39*(1), 393–418. ▶ https://doi.org/10.1146/annurev-environ-021913-153558.

Bagozzi, R. P., Gopinath, M., & Nyer, P. U. (1999). The role of emotions in marketing. *Journal of the Academy of Marketing Science, 27*(2), 184–206. ▶ https://doi.org/10.1177/0092070399272005.

Bamberg, S. (2013a). Applying the stage model of self-regulated behavioral change in a car use reduction intervention. *Journal of Environmental Psychology, 33*, 68–75. ▶ https://doi.org/10.1016/j.jenvp.2012.10.001.

Bamberg, S. (2013b). Changing environmentally harmful behaviors: A stage model of self-regulated behavioral change. *Journal of Environmental Psychology, 34*, 151–159. ▶ https://doi.org/10.1016/j.jenvp.2013.01.002.

Bamberg, S., Hunecke, M., & Blöbaum, A. (2007). Social context, personal norms and the use of public transportation: Two field studies. *Journal of Environmental Psychology, 27*(3), 190–203. ▶ https://doi.org/10.1016/j.jenvp.2007.04.001.

Baumgartner, A., Krysiak, F. C., & Kuhlmey, F. (2022). Sufficiency without regret. *Ecological Economics, 200*, 107545. ▶ https://doi.org/10.1016/j.ecolecon.2022.107545.

Bicchieri, C., & Dimant, E. (2022). Nudging with care: The risks and benefits of social information. *Public Choice, 191*(3–4), 443–464. ▶ https://doi.org/10.1007/s11127-019-00684-6.

Blainey, S., Hickford, A., & Preston, J. (2012). Barriers to passenger rail use: A review of the evidence. *Transport Reviews, 32*(6), 675–696. ▶ https://doi.org/10.1080/01441647.2012.743489.

Brandstätter, V., Lengfelder, A., & Gollwitzer, P. M. (2001). Implementation intentions and efficient action initiation. *Journal of Personality and Social Psychology, 81*(5), 946–960. ▶ https://doi.org/10.1037/0022-3514.81.5.946.

Chatelain, G., & Messner, C. (2022). *Zielgruppenspezifische, verhaltenswissenschaftliche Massnahmen zur Förderung der öV-Nutzung in der Schweiz*. Schlussbericht, Version 2. Verhaltensarchitektur GmbH; Universität Bern. ▶ https://www.consumer.imu.unibe.ch/forschung/oev_nutzung_schweiz/zielgruppenspezifische_verhaltenswissenschaftliche_massnahmen_zur_foerderung_der_oev_nutzung_in_der_schweiz/index_ger.html.

De Boer, J., de Witt, A., & Aiking, H. (2016). Help the climate, change your diet: A cross-sectional study on how to involve consumers in a transition to a low-carbon society. *Appetite, 98,* 19–27. ▶ https://doi.org/10.1016/j.appet.2015.12.001.

Friman, M., Huck, J., & Olsson, L. E. (2017). Transtheoretical model of change during travel behavior interventions: An integrative review. *International Journal of Environmental Research and Public Health, 14*(6), 581. ▶ https://doi.org/10.3390/ijerph14060581.

Gneezy, U., Meier, S., & Rey-Biel, P. (2011). When and why incentives (don't) work to modify behavior. *Journal of Economic Perspectives, 25*(4), 191–210. ▶ https://doi.org/10.1257/jep.25.4.191.

Goldstein, N. J., Cialdini, R. B., & Griskevicius, V. (2008). A room with a viewpoint: Using social norms to motivate environmental conservation in hotels. *Journal of Consumer Research, 35*(3), 472–482. ▶ https://doi.org/10.1086/586910.

Gollwitzer, P. M. (1999). Implementation intentions: Strong effects of simple plans. *American Psychologist, 54*(7), 493–503. ▶ https://doi.org/10.1037/0003-066X.54.7.493.

Gollwitzer, P. M., & Sheeran, P. (2006). Implementation intentions and goal achievement: A meta-analysis of effects and processes. In M. P. Zanna (Hrsg.), *Advances in experimental social psychology* (Bd. 38, S. 69–119). Academic Press. ▶ https://doi.org/10.1016/S0065-2601(06)38002-1.

Gravert, C., & Olsson Collentine, L. (2021). When nudges aren't enough: Norms, incentives and habit formation in public transport usage. *Journal of Economic Behavior & Organization, 190,* 1–14. ▶ https://doi.org/10.1016/j.jebo.2021.07.012.

Heckhausen, H., & Gollwitzer, P. M. (1987). Thought contents and cognitive functioning in motivational versus volitional states of mind. *Motivation and Emotion, 11*(2), 101–120. ▶ https://doi.org/10.1007/BF00992338.

Herberz, M., Hahnel, U. J. J., & Brosch, T. (2020). The importance of consumer motives for green mobility: A multi-modal perspective. *Transportation Research Part A: Policy and Practice, 139,* 102–118. ▶ https://doi.org/10.1016/j.tra.2020.06.021.

International Transport Forum (ITF). (2023). *ITF transport outlook 2023*. OECD Publishing. ▶ https://doi.org/10.1787/b6cc9ad5-en.

Kahneman, D., Knetsch, J. L., & Thaler, R. H. (1991). Anomalies: The endowment effect, loss aversion, and status quo bias. *Journal of Economic Perspectives, 5*(1), 193–206. ▶ https://doi.org/10.1257/jep.5.1.193.

Keller, L., Gollwitzer, P. M., & Sheeran, P. (2020). Changing behavior using the model of action phases. In M. S. Hagger, L. D. Cameron, & K. Hamilton (Hrsg.), *The handbook of behavior change* (Bd. 2, S. 77–88). Cambridge University Press. ▶ https://doi.org/10.1017/9781108677318.006.

Kollmuss, A., & Agyeman, J. (2002). Mind the gap: Why do people act environmentally and what are the barriers to pro-environmental behavior? *Environmental Education Research, 8*(3), 239–260. ▶ https://doi.org/10.1080/13504620220145401.

Lindenberg, S., & Steg, L. (2007). Normative, gain and hedonic goal frames guiding environmental behavior. *Journal of Social Issues, 63*(1), 117–137. ▶ https://doi.org/10.1111/j.1540-4560.2007.00499.x.

McCalley, L. T., & Midden, C. J. H. (2002). Energy conservation through product-integrated feedback: The roles of goal-setting and social orientation. *Journal of Economic Psychology, 23*(5), 589–603. ▶ https://doi.org/10.1016/S0167-4870(02)00119-8.

Ohnmacht, T., Schaffner, D., Weibel, C., & Schad, H. (2017). Rethinking social psychology and intervention design: A model of energy savings and human behavior. *Energy Research & Social Science, 26,* 40–53. ▶ https://doi.org/10.1016/j.erss.2017.01.017.

Ostrom, E. (1998). A behavioral approach to the rational choice theory of collective action: Presidential address, American political science association, 1997. *American Political Science Review, 92*(1), 1–22. ▶ https://doi.org/10.2307/2585925.

Prochaska, J. O., & DiClemente, C. C. (1982). Transtheoretical therapy: Toward a more integrative model of change. *Psychotherapy: Theory, Research & Practice, 19*(3), 276–288. ▶ https://doi.org/10.1037/h0088437.

Redman, L., Friman, M., Gärling, T., & Hartig, T. (2013). Quality attributes of public transport that attract car users: A research review. *Transport Policy, 25*, 119–127. ▶ https://doi.org/10.1016/j.tranpol.2012.11.005.

Richins, M. L. (1997). Measuring emotions in the consumption experience. *Journal of Consumer Research, 24*(2), 127–146. ▶ https://doi.org/10.1086/209499.

Said, M., Biehl, A., & Stathopoulos, A. (2022). Interdependence in active mobility adoption: Joint modeling and motivational spillover in walking, cycling and bike-sharing. *International Journal of Sustainable Transportation, 16*(5), 422–440. ▶ https://doi.org/10.1080/15568318.2021.1885769.

Schwarz, N. (2001). Feelings as information: Implications for affective influences on information processing. In L. L. Martin & G. L. Clore (Hrsg.), *Theories of mood and cognition: A user's guidebook* (S. 159–176). Psychology Press.

Spears, S., Houston, D., & Boarnet, M. G. (2013). Illuminating the unseen in transit use: A framework for examining the effect of attitudes and perceptions on travel behavior. *Transportation Research Part A: Policy and Practice, 58*, 40–53. ▶ https://doi.org/10.1016/j.tra.2013.10.011.

Steg, L. (2007). Sustainable transportation. *IATSS Research, 31*(2), 58–66. ▶ https://doi.org/10.1016/S0386-1112(14)60223-5.

Steg, L., & Vlek, C. (2009). Encouraging pro-environmental behaviour: An integrative review and research agenda. *Journal of Environmental Psychology, 29*(3), 309–317. ▶ https://doi.org/10.1016/j.jenvp.2008.10.004.

Stern, P. C. (2000). New environmental theories: Toward a coherent theory of environmentally significant behavior. *Journal of Social Issues, 56*(3), 407–424. ▶ https://doi.org/10.1111/0022-4537.00175.

Tennøy, A. (2022). Patronage effects of changes to local public transport services in smaller cities. *Transportation Research Part D: Transport and Environment, 106*, 103276. ▶ https://doi.org/10.1016/j.trd.2022.103276.

Thomas, G. O., Poortinga, W., & Sautkina, E. (2016). Habit discontinuity, self-activation, and the diminishing influence of context change: Evidence from the UK understanding society survey. *PLoS ONE, 11*(4), e0153490. ▶ https://doi.org/10.1371/journal.pone.0153490.

United Nations (UN). (2023). *The Paris Agreement*. ▶ https://unfccc.int/process-and-meetings/the-paris-agreement.

Verplanken, B., & Wood, W. (2006). Interventions to break and create consumer habits. *Journal of Public Policy & Marketing, 25*(1), 90–103. ▶ https://doi.org/10.1509/jppm.25.1.90.

Wallén Warner, H., Björklund, G., & Andersson, J. (2021). Using a three-stage model of change to understand people's use of bicycle, public transport, and car. *Transportation Research Part F: Traffic Psychology and Behaviour, 82*, 167–177. ▶ https://doi.org/10.1016/j.trf.2021.08.002.

Experimentieren in Unternehmen

Das fehlende Bindeglied zwischen strategischem Fokus und operativer Effizienz unter Berücksichtigung der neuesten Entwicklungen im Bereich Künstliche Intelligenz

Gerhard Fehr

Inhaltsverzeichnis

1	Theoretischer Hintergrund – 228	
2	Experimente in Unternehmen – 228	
2.1	Strategievalidierung und Designphase – 229	
2.2	Prozessoptimierung und operative Prototypen – 230	
2.3	Innovationsförderung – 230	
2.4	Risikominimierung – 230	
3	Schritte in eine experimentelle Zukunft – 231	
3.1	Förderung einer experimentellen Kultur – 231	
3.2	Integration von Experimenten in den Strategieprozess – 231	
3.3	Einrichtung eines Prozesses und Nutzung von Technologie – 232	
3.4	Lernen und anpassen – 232	
3.5	Rolle des Managements – 232	
4	Herausforderungen im Experimentier-Prozess überwinden – 233	
5	Experimentierfähigkeit am Beispiel von Booking.com – 235	

© Der/die Autor(en), exklusiv lizenziert an Springer-Verlag GmbH, DE, ein Teil von Springer Nature 2024
J. Basel und S. Manchen Spörri (Hrsg.), *Angewandte Psychologie für die Wirtschaft*,
https://doi.org/10.1007/978-3-662-68559-4_17

5.1	Wer ist Booking.com? – 235	
5.2	Welche Maßnahmen hat Booking.com umgesetzt, um Marktführer unter den Online-Buchungsportalen zu werden? – 235	

6 Zukunftsperspektiven und Implikationen des Experimentierens unter Berücksichtigung der Entwicklung im Bereich Künstliche Intelligenz – 237

6.1	Automatisierung von Experimenten – 237
6.2	Personalisierung und Individualisierung – 237
6.3	Optimierung von Geschäftsprozessen – 238
6.4	Ethik und Verantwortung – 238
6.5	Wechselwirkung zwischen Mensch und Maschine – 239

Literatur – 240

Insights
- **Bedeutung des Experimentierens:** Die Bedeutung des Experimentierens in Unternehmen dient als strategisches Werkzeug zur Steigerung der operativen Effizienz.
- **Verbindung von Strategie und Effizienz:** Das Experimentieren fungiert als Bindeglied zwischen strategischem Fokus und operativer Effizienz, da es Unternehmen erlaubt, Strategien zu testen und anzupassen und gleichzeitig Prozesse zu optimieren.
- **Herausforderungen und Lösungen:** Unternehmen können beim Experimentieren verschiedenen Herausforderungen begegnen, für die es praktische Lösungsstrategien gibt.
- **Praktische Anwendungen:** Es gibt praktische Beispiele und Fallstudien, die demonstrieren, wie Experimentieren in der Praxis erfolgreich implementiert wird und welche Vorteile es Unternehmen bietet.

Einleitung

In einer schnelllebigen Wirtschaft sind Unternehmen ständig auf der Suche nach Wegen, um wettbewerbsfähig zu bleiben. Dabei geht es nicht nur darum, strategisch zu denken, sondern auch effizient zu handeln. Ein oft übersehenes Werkzeug, das diese beiden Aspekte verbinden kann, ist das Experimentieren in Unternehmen. Bloom et al. (2012) stellen ein formales Modell von *Management als Technologie* vor und betonen den positiven Einfluss des Managements auf die Unternehmensleistung.

Experimentieren sollte nicht lediglich als Aktivität in einem Labor oder in einer Forschungs- und Entwicklungsabteilung betrachtet werden. Es ist eher eine Denkweise, die es Unternehmen ermöglicht, neue Konzepte zu evaluieren, Risiken zu reduzieren und Innovationen voranzutreiben. Dieser Ansatz unterstützt Unternehmen dabei, sich rasch an sich wandelnde Marktbedingungen anzupassen, wobei stets die strategischen Ziele berücksichtigt werden. Wie durch Erik van den Steen hervorgehoben wurde, ist die Dynamik der Strategie einer ihrer anspruchsvollsten, jedoch ebenso wesentlichen Aspekte. Sie beeinflusst das Gleichgewicht zwischen Flexibilität und Kontinuität sowie zwischen Exploration und Exploitation (van den Steen, 2013).

Trotz der offensichtlichen Vorteile wird das Experimentieren in Unternehmen oft vernachlässigt oder nicht vollständig genutzt. In diesem Artikel wollen wir das Bewusstsein für seine Bedeutung schärfen und zeigen, wie es als Brücke zwischen strategischem Denken und operativer Effizienz dienen kann. Bloom et al. (2012) haben festgestellt, dass die Einführung von modernen Managementpraktiken einen signifikanten Einfluss auf die Produktivität, Rentabilität, Wachstumsrate und den Marktwert von Unternehmen hat. Wie van den Steen (2013) hervorhebt, ist die Strategie nicht nur ein organisatorisches Werkzeug, um einer Organisation eine klare Richtung zu geben, sondern auch ein nützliches Entscheidungsinstrument, um diese Richtung zu bestimmen.

Wir werden uns ansehen, wie das Experimentieren zur strategischen Ausrichtung und zur operativen Effizienz beitragen kann, welchen Herausforderungen Unternehmen dabei begegnen und wie diese überwunden werden können. Darüber hinaus werden wir einen Blick in die Praxis werfen und Beispiele für Unternehmen präsentieren, die das Experimentieren erfolgreich in ihre Prozesse integriert haben.

1 Theoretischer Hintergrund

In erfolgreichen, meist digitalen Unternehmen ist das Experimentieren mehr als nur ein Trend: Es ist ein entscheidendes Werkzeug, das ihnen dabei hilft, sich in einem sich ständig verändernden Marktumfeld zu behaupten. Aber was bedeutet das eigentlich?

Ein einmaliges Experimentieren kann als Testdurchlauf betrachtet werden, bei dem Unternehmen neue Ideen oder Strategien ausprobieren, bevor sie sich voll und ganz darauf festlegen. Bei kontinuierlicher Anwendung dient dieses Experimentieren als eine Art „Sicherheitsnetz", welches es Unternehmen erlaubt, potenzielle Fallstricke frühzeitig zu identifizieren und somit Risiken zu minimieren. Es bietet die Möglichkeit, laufend Anpassungen vorzunehmen und sicherzustellen, dass Unternehmen stets den richtigen strategischen Fokus behalten. Dabei beschränkt sich dieser Ansatz nicht nur auf Produkte oder Dienstleistungen. Er dient auch dazu, Arbeitsabläufe zu verfeinern, die Kundenzufriedenheit zu erhöhen und insgesamt die operative Leistungsfähigkeit zu verbessern. Thomke (2003) formuliert es treffend: „Experimentieren ist nicht nur ein Schritt im F&E Prozess; es ist das Herz der Innovation."

Ein strategischer Fokus ist für jedes Unternehmen unerlässlich. Er ist die Roadmap, die bestimmt, wohin das Unternehmen langfristig gehen möchte. Durch Experimentieren können Unternehmen ihre Strategien testen und anpassen, um sicherzustellen, dass sie auf dem richtigen Weg sind, um ihre Ziele zu erreichen. Wie Thomke (2003) weiter ausführt: „Je schneller und häufiger neues Wissen in einem Marktumfeld generiert wird, desto größer ist die Unsicherheit des Innovationsprozesses."

Die operative Effizienz ist ein weiterer entscheidender Faktor. Dabei geht es darum, wie gut ein Unternehmen seine Ressourcen nutzt, um seine Ziele zu erreichen. Ein effizientes Unternehmen ist in der Lage, seine Prozesse so zu gestalten und zu verwalten, dass es seine Ziele mit minimalem Ressourceneinsatz erreicht. Durch das Experimentieren können Unternehmen neue Wege finden, um ihre operative Effizienz zu steigern. Thomke (2003) betont die Rolle des Experimentierens in diesem Prozess: „Systematisches und schnelles Experimentieren kann helfen, diese Unsicherheiten in verschiedenen Phasen des Innovationsprozesses zu lösen."

Innovation und Risikominimierung sind zwei weitere Schlüsselkonzepte, die mit dem Experimentieren in Unternehmen verbunden sind. Innovation bezieht sich auf die Einführung neuer oder verbesserter Produkte, Dienstleistungen oder Prozesse, während Risikominimierung die Strategien und Maßnahmen umfasst, die Unternehmen ergreifen, um potenzielle negative Auswirkungen zu reduzieren. Wie Drucker (1985) feststellt: „Innovation ist das spezifische Werkzeug von Unternehmern, das Mittel, mit dem sie Veränderungen als Chance für ein anderes Geschäft oder einen anderen Service nutzen."

2 Experimente in Unternehmen

Eine dynamische Unternehmensstrategie, die auf Experimenten basiert, ist in der Tat ein Indiz dafür, dass das Unternehmen das Lernen und die Anpassung in den Vordergrund stellt und daher weniger dem Bias der *Sunk Cost Fallacy* unterliegt.

Die „Sunk Cost Fallacy" beschreibt das irrationale Festhalten an einer Entscheidung oder Investition aufgrund bereits getätigter Aufwendungen, selbst wenn sich diese Entscheidung als nicht vorteilhaft herausstellt. Anstatt zukunftsorientiert zu entscheiden, lassen Manager sich von bereits „versenkten" Kosten beeinflussen, was oft zu suboptimalen Folgeentscheidungen führt.

Wie van den Steen (2013, S. 30) feststellt, ist die optimale Strategie meist dynamisch:

» Sie ändert sich im Laufe der Zeit abhängig von den Ereignissen im Markt. Zweitens berücksichtigt eine solche Strategie explizit das Lernen, und solches Lernen kann eine Entscheidung im Unternehmen sowohl strategischer als auch weniger strategisch machen.

Van den Steen (2013, S. 4) weist auch darauf hin, dass ...

» „... Persistenz Entscheidungen strategischer macht". Eine Implikation davon ist, dass es in volatilen Umgebungen oft optimal ist, eine Strategie um stabile oder um interne Faktoren zu errichten, die mehr unter der Kontrolle des Unternehmens liegen, wie Ressourcen oder Fähigkeiten.

Dies unterstreicht die Bedeutung der Managementfähigkeit „Experimentieren" als Mittel zur Erzeugung von Persistenz und Stabilität in der Unternehmensstrategie.

In Unternehmen gibt es oft eine Kluft zwischen der strategischen Planung und der täglichen Betriebsführung. Strategische Pläne sind wichtig, aber wenn sie nicht effektiv in die täglichen Abläufe integriert sind, können sie ihre Wirkung verfehlen. Hier kommt wiederum das Experimentieren ins Spiel. Im Folgenden sind einige konkrete Gründe ausgeführt, warum Experimentieren das fehlende Bindeglied zwischen strategischem Fokus und operativer Effizienz darstellt.

2.1 Strategievalidierung und Designphase

Bei der Entwicklung einer neuen Geschäftsstrategie oder eines strategischen Prototyps besteht oft Unsicherheit bezüglich ihrer Wirksamkeit. Durch Experimentieren kann diese Strategie oder der Prototyp in einem kontrollierten Umfeld getestet werden, um zu überprüfen, ob sie die gewünschten Ergebnisse erzielen. Dies verbessert die Designphase, da sehr schnell empirisches Feedback generiert wird. Es minimiert das Risiko von Fehlentscheidungen und ermöglicht eine Optimierung der Strategie basierend auf realen Daten. In vielen Einstellungen ist auch die optimale Anzahl von strategischen Entscheidungen gering, sodass der Stratege nur wenige Entscheidungen experimentell testen und ankündigen muss (van den Steen, 2013, S. 30). Darüber hinaus genießen strategische Entscheidungen, die in Experimenten validiert wurden, eine höhere Glaubwürdigkeit bei den Mitarbeitenden und Kunden – und dies bewirkt eine größere Kooperationsbereitschaft im Rahmen der operativen Implementierung dieser Entscheidungen.

In vielen Fällen können kleine Experimente, etwa im Sinne eines simplen A/B-Testing, ökonomischer sein als eine sofortige vollständige Investition. Sie erfordern in der Regel weniger Ressourcen und ermöglichen es dem Unternehmen, wertvolle Informationen zu sammeln und möglicherweise Fehler zu vermeiden, die bei einer sofortigen Implementierung auftreten könnten. Mit der Durchführung eines Experiments erwirbt das Unternehmen folglich das Recht, aber nicht die Verpflichtung, eine informierte Geschäftsentscheidung zu treffen (angepasst nach Trigeorgis & Reuer, 2017).

2.2 Prozessoptimierung und operative Prototypen

Experimentieren kann auch dazu genutzt werden, die Effizienz Ihrer Geschäftsprozesse und operativen Prototypen zu verbessern. Indem Sie verschiedene Prozessvarianten testen, können Sie herausfinden, welche am effektivsten sind, und diese dann in Ihrem gesamten Unternehmen implementieren. Auch hier verbessert das schnelle Feedback die Designphase der operativen Prototypen. Die Kombination der Argumente aus den Artikeln von Bloom et al. (2012) und Thomke und Manzi (2014) legt nahe, dass dezentrales Experimentieren ein Schlüssel zur *Operational Excellence*, das heißt zur konsequenten Umsetzung der Unternehmensstrategie ist.

Bloom et al. (2012) betonen die Rolle von IT und dezentralisierten Managementpraktiken bei der Verbesserung der betrieblichen Effizienz. Thomke und Manzi (2014) unterstreichen die Bedeutung von Geschäftsexperimenten zur Identifizierung von Best-Practice-Lösungen. Diese können dann global implementiert werden, um die betriebliche Effizienz und Produktivität zu steigern.

Darüber hinaus lässt sich argumentieren, dass Experimentieren eine entscheidende Rolle bei der Transformation von *Operational Efficiency* (sprich: die Fähigkeit einer Organisation, Zeit-, Arbeits- und Materialverschwendung so weit wie möglich zu reduzieren) hin zu *Operational Excellence* spielt. Ohne Experimente bleibt die Optimierung von Geschäftsprozessen immer suboptimal, da sie nicht auf evidenzbasierten Erkenntnissen beruht. Experimente ermöglichen es Unternehmen, kontinuierlich zu lernen und zu verbessern, was letztlich zu Operational Excellence führt.

2.3 Innovationsförderung

Die Notwendigkeit von Experimenten im Innovationsprozess wird in dem Artikel „Building a Culture of Experimentation" von Thomke (2020a) deutlich hervorgehoben. Thomke argumentiert, dass Experimente eine entscheidende Rolle bei der Identifizierung von Best-Practice-Lösungen spielen und dass sie es Unternehmen ermöglichen, kontinuierlich zu lernen und sich zu verbessern. Thomke (2020a) stellt auch fest, dass die empirischen Ergebnisse von Online-Experimenten höher zu werten sind, wenn sie mit Meinungen kollidieren. Dies unterstreicht die Bedeutung von datengetriebenen Entscheidungen im Innovationsprozess.

2.4 Risikominimierung

Experimentieren hilft Unternehmen, Risiken zu minimieren, indem sie ihre Hypothesen testen und validieren, bevor sie vollständige Implementierungen durchführen. Dies kann dazu beitragen, kostspielige Fehler zu vermeiden und die operative

Effizienz zu steigern. Thomke betont, dass „es tatsächlich weniger riskant ist, eine große Anzahl von Experimenten durchzuführen als einige kleine" (Thomke, 2020a). Denn wenn ein Unternehmen nur einige wenige Experimente pro Jahr durchführt, gibt es möglicherweise nur einen Erfolg – oder keinen. Dann ist das Scheitern ein großes Problem.

3 Schritte in eine experimentelle Zukunft

3.1 Förderung einer experimentellen Kultur

Eine der größten Herausforderungen beim Experimentieren in Unternehmen ist oft der Wandel der Unternehmenskultur. In vielen Unternehmen wird jedes Scheitern als negativ angesehen, was das Experimentieren erschweren kann. Verhaltensökonomische Prinzipien wie die Verlustaversion – die Tendenz, Verluste stärker zu gewichten als gleichwertige Gewinne, – können dazu führen, dass Mitarbeiter Risiken vermeiden und somit weniger bereit sind, neue Ideen auszuprobieren und zu experimentieren. Um dies zu überwinden, ist es wichtig, eine Kultur zu schaffen, in der das Scheitern als Lernmöglichkeit und nicht als Misserfolg angesehen wird. In diesem Zusammenhang kann das Konzept der *psychologischen Sicherheit,* wie es von Edmondson (1999) beschrieben wird, eine wichtige unterstützende Rolle spielen. Psychologische Sicherheit ermöglicht es den Mitarbeitern, Risiken einzugehen und neue Ideen auszuprobieren, ohne Angst vor negativen Konsequenzen zu haben. Dies kann dazu beitragen, eine Kultur zu schaffen, in der Experimentieren und Lernen aus Fehlern gefördert wird.

3.2 Integration von Experimenten in den Strategieprozess

Um Ihre Strategieprozesse zu stärken, sollten Sie Experimentieren als festen Bestandteil in organisationale Entscheidungsprozesse integrieren. Durch Experimente gewinnen Sie wertvolle, reale Daten und Erkenntnisse, die Ihre Entscheidungsfindung unterstützen und die Glaubwürdigkeit Ihrer Strategie erhöhen. Sie verlassen sich nicht mehr nur auf Annahmen oder Vermutungen, sondern treffen fundierte Entscheidungen basierend auf konkreten Ergebnissen.

Van den Steen (2018) hebt hervor, dass Strategien dynamisch sein sollten. Das bedeutet, dass sie sich anpassen und verändern können, basierend auf dem, was Sie durch Ihre Experimente lernen. Dieses Lernen kann dazu führen, dass bestimmte Aspekte Ihrer Strategie wichtiger werden, während andere an Bedeutung verlieren.

Darüber hinaus betont van den Steen (2018) die Bedeutung der Struktur in der Strategie. Indem Sie sich auf die wesentlichen strategischen Entscheidungen konzentrieren, können Sie Ihre Strategie effizienter gestalten. Experimente können Ihnen dabei helfen, diese Schlüsselentscheidungen zu identifizieren und zu treffen. Sie sind also ein mächtiges Werkzeug im Strategieentwicklungsprozess, und zwar sowohl in der Strategieentwicklung als auch in der Strategieumsetzung und -veränderung.

3.3 Einrichtung eines Prozesses und Nutzung von Technologie

Thomke und Manzi (2014) betonen in „The Discipline of Business Experimentation" die Bedeutung eines klaren Prozesses für das Experimentieren, der Hypothesenbildung, Tests, Datensammlung und -analyse sowie Anpassungen auf Basis der Ergebnisse umfasst. Sie unterstreichen die Rolle der Randomisierung zur Vermeidung systematischer Verzerrungen und betonen die Wichtigkeit der Wiederholbarkeit eines Experiments als Goldstandard. Beginnen Sie mit kleineren Experimenten und erweitern Sie diese, sobald Sie mehr Erfahrung und Vertrauen gewonnen haben. Dies hilft Ihnen, Risiken zu minimieren und gleichzeitig wertvolle Erkenntnisse zu gewinnen.

Nutzen Sie Technologie, um das Experimentieren effizienter und effektiver zu gestalten. Es gibt viele Tools und Plattformen, die Ihnen dabei helfen können, Tests durchzuführen, Daten zu sammeln und Analysen durchzuführen. Thomke und Manzi (2014) betonen hierbei die Bedeutung der Verwendung von Datenfeeds zur Identifizierung von Situationen, in denen das getestete Programm effektiv ist.

3.4 Lernen und anpassen

Sehen Sie das Experimentieren als kontinuierlichen Lernprozess und als Werkzeug zur Überwindung von kognitiven Verzerrungen im Management. Durch das Durchführen von Experimenten können Sie objektive, datenbasierte Erkenntnisse gewinnen, die Ihnen helfen, fundiertere Entscheidungen zu treffen und potenzielle Opportunitätskosten zu erkennen. Thomke und Manzi (2014) erwähnen diesbezüglich allerdings die Tendenz, Testergebnisse, welche den Annahmen oder der Intuition von Topmanagern widersprechen, unter den Tisch fallen zu lassen. Wenn Sie sich ausschließlich auf Annahmen oder Vermutungen ohne experimentelle Evidenz stützen, könnten Sie wichtige Erkenntnisse und Lernmöglichkeiten verpassen. Diese verpassten Chancen repräsentieren die Opportunitätskosten des Nicht-Experimentierens. Daher ist es wichtig, das Experimentieren als integralen Bestandteil Ihres Strategieprozesses zu sehen und die potenziellen Vorteile zu berücksichtigen, die durch Experimentieren entstehen könnten.

3.5 Rolle des Managements

Führungskräfte sollten als Vorbilder agieren und ihre eigenen Ideen Tests unterziehen. Sie sollten bereit sein, ihre Meinung zu ändern, wenn die Daten dies nahelegen. Dies erfordert eine gewisse intellektuelle Bescheidenheit und die Bereitschaft, Fehler zuzugeben. Vermeiden Sie hierbei insbesondere den sogenannten HiPPO-Effekt *(Highest Paid Person's Opinion)*. Dies bedeutet, dass die Meinung der am höchsten bezahlten Person in einem Unternehmen nicht automatisch als die zutreffendste oder wertvollste angesehen werden sollte. Stattdessen sollten Entscheidungen auf der Grundlage von Daten und Erkenntnissen aus Experimenten getroffen werden. Kohavi et al. (2007, S. 8) betonen die Bedeutung von Daten und Experimenten gegenüber der Meinung der am höchsten bezahlten Person in einem Unternehmen und erinnern daran, dass der Erfolg in letzter Instanz von den Wahrnehmungen der Kundinnen und Kunden abhängt.

Darüber hinaus betonen Güth et al. (2007, S. 14) die Bedeutung der Führungsrolle für Verhaltensänderungen. Sie stellen fest, dass Führung durch Vorbild (das heißt Führung durch den ersten Schritt) zwar notwendig, aber nicht hinreichend für Verhaltensänderung ist. Wenn Führungskräfte jedoch das Entscheidungsrecht haben, anderen Gruppenmitgliedern Feedback über ihr Verhalten zu geben, lassen sich Veränderungsprozesse schneller anstoßen.

Die Ausführungen von Kohavi et al. und Güth et al. betonen gemeinsam die Wichtigkeit, dass Führungskräfte als Vorbilder agieren und ihre Entscheidungen auf der Basis von Daten treffen. Dies verdeutlicht, wie essenziell Experimente und eine datengesteuerte Kultur für die Führungsarbeit sind. In diesem Kontext spielen Führungskräfte eine zentrale Rolle, indem sie ihre Teams dazu anleiten, Hypothesen zu testen und Entscheidungen auf fundierten Daten zu basieren.

4 Herausforderungen im Experimentier-Prozess überwinden

In seinen beiden Arbeiten von 2014 und 2020 legt Thomke mit seinen Ko-Autoren den Fokus auf die Überwindung von Hindernissen im Innovationsprozess durch methodische und kulturelle Ansätze. Die Publikation von 2014 stellt methodische Werkzeuge für Geschäftsexperimente in den Vordergrund, während der Beitrag von 2020 die Bedeutung einer unterstützenden Organisationskultur hervorhebt (Thomke & Manzi, 2014; Thomke, 2020a).

- **Kulturwandel**
- Schulungen und Workshops zur Förderung einer experimentierfreudigen Kultur durchführen
- Führungskräfte als Vorbilder für experimentelles Denken und Handeln etablieren
- Ein positives Umfeld schaffen, in dem das Lernen aus Fehlern gefördert wird
- Eine transparente Kommunikation über Experimente und deren Bedeutung für das Unternehmen etablieren
- Feedback-Kultur einführen, die experimentierfreudiges Verhalten anerkennt und wertschätzt

- **Ressourcen**
- Experimente basierend auf klaren Prioritäten und Zielen auswählen und priorisieren
- Die potenziellen Vorteile von Experimenten durch eine Kosten-Nutzen-Analyse verdeutlichen
- Budgets und Ressourcen gezielt für Experimente bereitstellen und effektiv verwalten
- Eine klare Priorisierung von Experimenten aufgrund ihres Potenzials für Innovation und Wertschöpfung vornehmen
- Mitarbeiter aktiv in die Entscheidungsfindung über Ressourcenallokation einbeziehen, um ihr Engagement und ihre Unterstützung zu gewinnen

- **Datenerfassung und -analyse**
  — In Technologie und Tools zur effizienten Datenverarbeitung und -analyse investieren
  — Automatisierungstools und Datenanalyseplattformen einsetzen, um den Analyseprozess zu beschleunigen und zu optimieren
  — Mitarbeiter in datenanalytischen Fähigkeiten schulen und ein datenorientiertes Mindset fördern
  — Die Datenerfassung und -analyse standardisieren, um Vergleichbarkeit und konsistente Ergebnisse zu gewährleisten
  — Eine datengesteuerte Kultur fördern, in der Daten als wertvolle Ressource angesehen und Mitarbeiter befähigt werden, Daten zu interpretieren und zu nutzen

- **Integration in den Strategieprozess**
  — Kommunikationskanäle und Koordinationsmechanismen etablieren: Für den Experimentierprozess ist eine rasche und präzise Kommunikation essenziell. Durch spezialisierte Kanäle können Ergebnisse und Erkenntnisse aus Experimenten umgehend an strategische Entscheidungsträger weitergeleitet werden, um agile Anpassungen zu ermöglichen.
  — Regelmäßige Meetings und Abstimmungen durchführen: Im Zuge des Experimentierprozesses sollten regelmäßige Meetings stattfinden, um den aktuellen Stand der Experimente zu besprechen. Das Ziel ist es, zeitnahe Anpassungen vorzunehmen und die Relevanz der Experimente für die strategische Ausrichtung sicherzustellen.
  — Vertreter aus verschiedenen Abteilungen und Ebenen des Unternehmens in den Experimentierprozess einbinden: Um ein ganzheitliches Bild der Ergebnisse und von deren Implikationen zu erhalten, ist es von Vorteil, unterschiedliche Perspektiven und diverses Fachwissen in den Bewertungsprozess von Experimenten einzubringen. Dies gewährleistet eine umfassende Interpretation und Einordnung der Resultate.
  — Regelmäßige Überprüfung und Anpassung des Experimentierprozesses, um sicherzustellen, dass er den sich ändernden strategischen Zielen und Anforderungen gerecht wird
  — Eine klare Verbindung zwischen Experimenten und strategischen Zielen herstellen, um die Ausrichtung und Relevanz der Experimente sicherzustellen

- **Risikomanagement**
  — Eine umfassende Risikoanalyse durchführen, um potenzielle Risiken im Zusammenhang mit Experimenten zu identifizieren
  — Maßnahmen zur Risikominimierung entwickeln und umsetzen, um mögliche Auswirkungen von Risiken – wie unerwartete Kundenreaktionen, ungeplante finanzielle Belastungen, nicht erkannte technische Herausforderungen und potenzielle Schäden für das Markenimage – zu begrenzen
  — Einen klaren Eskalationsplan für den Umgang mit unvorhergesehenen Ereignissen und möglichen Risiken entwickeln, um eine effektive Reaktion zu gewährleisten
  — Fehler als Quelle des Lernens betrachten, welche zur Verbesserung der Experimentierpraktiken beitragen

– Eine offene Kommunikation über Risiken und Unsicherheiten ermöglichen, um ein Bewusstsein dafür zu schaffen und rechtzeitig geeignete Maßnahmen zu ergreifen

5 Experimentierfähigkeit am Beispiel von Booking.com

5.1 Wer ist Booking.com?

Booking.com ist eine führende Online-Reiseagentur mit Sitz in Amsterdam und erzielte im Jahr 2019 einen Umsatz von etwa 15 Mrd. US$. Es ist ein Tochterunternehmen der börsennotierten US-amerikanischen Booking Holdings Inc. Einer der Erfolgsfaktoren von Booking.com ist seine experimentelle Unternehmenskultur, was die finanziellen Kennzahlen des Unternehmens in diesem Zusammenhang für uns besonders relevant macht. Sie unterstreichen das Potenzial der Skalierbarkeit und Wirksamkeit von Geschäftsexperimenten in einem großen und einflussreichen Unternehmen.

- **Unternehmensprofil**
- Gründung: 1996
- Sitz: Amsterdam, Niederlande
- CEO: Glenn Fogel
- Branche: Online-Reiseagentur
- Website: ▶ www.booking.com
- Portfolio: über 28 Mio. Einträge an knapp 138.000 Orten in 229 Ländern und Gebieten weltweit
- Tägliche Reservierungen: über 1,5 Mio. Übernachtungen
- Verfügbarkeit: 43 Sprachen
- Muttergesellschaft: Booking Holdings Inc.

- **Finanzielle Kennzahlen von Booking.com der letzten fünf Jahre (seit 2018)**

◘ Tab. 1 zeigt lt. Informationen von Macrotrends Umsatz, EBITDA und ROI von 2018–2022.

5.2 Welche Maßnahmen hat Booking.com umgesetzt, um Marktführer unter den Online-Buchungsportalen zu werden?

Laut der detaillierten Analyse von Thomke (2020b) lässt sich die Unternehmenskultur von Booking.com anhand folgender Erfolgspotenziale darstellen:
1. **Betonung von Experimenten:** Booking.com führt jährlich mehr als 25.000 Tests durch.
2. **Förderung von Engagement für Tests:** Das Unternehmen ermutigt Mitarbeiter, eigene Tests zu initiieren, was die allgemeine Bereitschaft für experimentelle Ansätze stärkt.

◘ Tab. 1 Finanzielle Kennzahlen von Booking.com der letzten fünf Jahre (seit 2018) (Macrotrends)

Jahr	Umsatz (in Mrd. USD)	EBITDA (in Mrd. USD)	ROI
2018	14,5	5,3	27,5 %
2019	15,1	5,4	36,3 %
2020	6,8	−0,6	−4,1 %
2021	10,9	2,5	15,7 %
2022	17,1	5,4	40,0 %

3. **Ethik in Experimenten:** Booking.com legt großen Wert auf die ethische Durchführung von Experimenten und betreibt interne Online-Foren, in denen alle Mitarbeiter an Diskussionen über ethische Fragen teilnehmen können.
4. **Ethiktraining als Risikomanagement:** Booking.com hat ein Ethiktraining in seinen Onboarding-Prozess integriert. Interne Richtlinien besagen, dass das Unternehmen keine Experimente durchführen wird, die dazu bestimmt sind, den Gewinn des Unternehmens auf Kosten eines negativen Kundenerlebnisses zu erhöhen, die Stimmung oder Emotionen der Kunden zu manipulieren oder bestehende Einstellungen, Defaults oder Entscheidungen der Kunden zu „überschreiben".
5. **Demokratisierung der Experimente:** Booking.com hat die Demokratisierung der Experimente eingeführt, was bedeutet, dass jeder in der Organisation ein Experiment starten oder stoppen kann.
6. **Neues Führungsmodell:** Booking.com hat ein neues Führungsmodell eingeführt, das auf der Demokratisierung der Experimente und der Befolgung der Testergebnisse basiert.
7. **Zentrale Experimentierinfrastruktur:** Booking.com hat eine zentrale Experimentierinfrastruktur eingerichtet, die es ermöglicht, die organisatorische Dezentralisierung zu realisieren. Jeder verwendet die gleichen Tools, was das Vertrauen in die Daten der anderen fördert und Diskussionen sowie eine Rechenschaftspflicht ermöglicht.
8. **Training und Motivation:** Booking.com bietet Schulungen für seine Mitarbeiter an und macht Online-Tests für alle Geschäftsgruppen ohne interne Verrechnung der Kosten des Experiments auf diese Kostenstelle. Sie führten auch einen anfänglichen „Testing-Blitz" durch, bei dem die Marketingeinheiten innerhalb von 30 Tagen insgesamt 30 Online-Experimente ihrer Wahl durchführen mussten.
9. **Datenbank von Experimenten:** Booking.com hat eine zentrale, durchsuchbare Datenbank von vergangenen Experimenten eingerichtet, die vollständige Beschreibungen von Erfolgen, Misserfolgen, Iterationen und endgültigen Entscheidungen enthält.
10. **Innovation durch Experimente:** Durch die Durchführung von Experimenten hat Booking.com es geschafft, sich in weniger als zwei Jahrzehnten von einem kleinen niederländischen Start-up zur weltweit größten Online-Unterkunftsplattform zu entwickeln.

Booking.com ist ein Paradebeispiel für eine erfolgreiche experimentelle Unternehmenskultur. Laut Thomke (2020b) zeigt das Unternehmen Best Practices in zehn Kernbereichen: von der rigorosen Durchführung von Experimenten bis zur ethischen Verantwortung. Besonders hervorzuheben ist die Demokratisierung der Experimente, die jeden Mitarbeiter einbezieht und damit die Innovationskraft des Unternehmens fördert. Mit einer zentralen Datenbank und einer klaren ethischen Richtlinie sorgt Booking.com für Transparenz und Vertrauen. Diese Praktiken dienen als Grundlage für andere Unternehmen, die eine experimentelle Kultur anstreben.

6 Zukunftsperspektiven und Implikationen des Experimentierens unter Berücksichtigung der Entwicklung im Bereich Künstliche Intelligenz

Das Experimentieren in Unternehmen steht vor aufregenden Zukunftsperspektiven und hat bedeutende Implikationen, insbesondere unter Berücksichtigung der raschen Entwicklung im Bereich der Künstlichen Intelligenz (KI). In diesem Kapitel werden wir uns mit den zukünftigen Möglichkeiten und den Auswirkungen von KI auf das Experimentieren in Unternehmen befassen.

6.1 Automatisierung von Experimenten

Mit dem Fortschritt der Künstlichen Intelligenz können Experimente zunehmend automatisiert werden. Laut Davenport und Ronanki (2018) haben KI-Technologien das Potenzial, Geschäftsprozesse zu transformieren und neue Möglichkeiten der Wertschöpfung zu erschließen. Unternehmen können durch den Einsatz von KI-basierten Systemen Experimente schnell und effizient durchführen, große Datenmengen analysieren und wertvolle Erkenntnisse gewinnen.

Künstliche Intelligenz eröffnet erweiterte Analysemöglichkeiten für Experimente. Laut Davenport und Ronanki (2018) ermöglichen KI-Algorithmen Unternehmen, komplexe Daten zu analysieren und Muster, Trends und Zusammenhänge zu identifizieren, die mit herkömmlichen Analysemethoden nur schwer erkennbar wären. Die Integration von KI in Experimente ermöglicht eine tiefgreifendere Einsicht in die Ergebnisse, eine verbesserte Vorhersagefähigkeit und eine datenbasierte Entscheidungsfindung.

6.2 Personalisierung und Individualisierung

Durch den Einsatz von Künstlicher Intelligenz können Unternehmen Vorteile erzielen, die zwar prinzipiell auch mit herkömmlichen Methoden erreichbar sind, jedoch mit einer signifikanten Steigerung in Umfang, Geschwindigkeit und Effizienz. Davenport und Ronanki (2018) betonen die Relevanz von personalisierten Experimenten, die durch KI eine höhere Skalierbarkeit, dynamische Anpassungsfähigkeit, tiefere Einblicke in Kundenverhalten, Automatisierung und Echtzeitpersonalisierung erzielen können. Diese qualitativen und quantitativen Vorteile können zu einer stärkeren Kundenbindung und einer verbesserten Mitarbeiter- und Kundenerfahrung beitragen. Obwohl auch traditionelle Methoden für personalisierte Angebote und zur effektiven Gestaltung einer „Mitarbeiter-Journey" genutzt werden können, erlaubt KI eine signifikante Steigerung in Umfang, Geschwindigkeit und Effizienz.

Darüber hinaus wurde in einem Feldexperiment von Dell'Acqua et al. (2023) gezeigt, dass sich durch die Verwendung von KI nicht nur die Produktivität, sondern auch die Qualität der Arbeit von Facharbeitern erheblich erhöhen lässt. Angewandt auf die Durchführung von Experimenten in Unternehmen lassen diese Ergebnisse darauf schließen, dass sich durch die Verwendung von KI die Aufwände für die Experimente erheblich senken lassen.

6.3 Optimierung von Geschäftsprozessen

Im Gegensatz zur Personalisierung liegt der Fokus der KI-Integration zur Optimierung von Geschäftsprozessen auf der Steigerung der betrieblichen Effizienz und der Produktqualität. KI-Systeme können interne Prozesse analysieren, Engpässe identifizieren und Verbesserungspotenziale aufdecken. Darüber hinaus unterstützt KI Mitarbeiter bei komplexen Analysen und intelligentem Prozessmanagement. Dies führt zu einer verbesserten Produktqualität und reduzierten Ausschussraten (Fraunhofer-Institut für Gießerei-, Composite- und Verarbeitungstechnik [IGCV], 2023).

6.4 Ethik und Verantwortung

Die Entwicklung von KI bringt auch ethische Fragen mit sich. Unternehmen müssen sicherstellen, dass ihre KI-Systeme ethisch, fair und transparent funktionieren. Dies umfasst den Schutz von Daten, die Vermeidung von Vorurteilen und Diskriminierung sowie die Einhaltung von Datenschutzbestimmungen (Bostrom & Yudkowsky, 2014). Beispielsweise sind der Schutz von Kundendaten und die Einhaltung von Datenschutzbestimmungen von höchster Bedeutung. Ebenso können KI-Systeme unbewusste Vorurteile in den Daten aufgreifen und perpetuieren, was zu Diskriminierung führen kann. Außerdem sollten Entscheidungen von KI-Systemen nachvollziehbar und transparent sein, um das Vertrauen der Kunden und die Rechenschaftspflicht des Unternehmens zu wahren.

Darüber hinaus sollten Unternehmen sich aktiv mit den ethischen Implikationen von KI-Experimenten auseinandersetzen. Dies bedeutet, dass sie klare Richtlinien und Standards für den verantwortungsvollen Einsatz von KI festlegen müssen. Es ist für eine Nutzung von KI im experimentellen Umfeld nicht ausreichend, nur die rein technischen Aspekte von KI zu berücksichtigen; Unternehmen haben auch auf soziale, ethische und rechtliche Aspekte zu achten (Bostrom & Yudkowsky, 2014).

6.5 Wechselwirkung zwischen Mensch und Maschine

Der Begriff *Jagged Technological Frontier* bezeichnet das Phänomen, dass KI in bestimmten wissensintensiven Aufgaben stark performt, während sie in anderen Bereichen versagt (Dell'Acqua et al., 2023). Diese ungleiche Leistungsfähigkeit erfordert von der Unternehmensführung strategische Entscheidungen zur Identifizierung geeigneter Aufgaben für KI-Implementierungen und zur Abgrenzung jener Bereiche, die menschliche Expertise und ethische Verantwortung verlangen.

Die endgültige Verantwortung für den Einsatz von KI, insbesondere in ethischen und rechtlichen Fragen, liegt immer bei den Entscheidungsträgern im Unternehmen. Um eine effektive und ethisch verantwortungsvolle Mensch-Maschine-Interaktion sicherzustellen, sind klar definierte Governance-Strukturen und ethische Richtlinien unabdingbar. Diese strategischen Elemente fördern nicht nur die Einhaltung gesetzlicher Normen, sondern legen auch den Grundstein für einen offenen Dialog über die ethischen Implikationen von KI, der für die langfristige Implementierung der Technologie entscheidend ist (Dell'Acqua et al., 2023).

> **Fazit**
>
> Das Experimentieren in Unternehmen ist eine kritische Schnittstelle zwischen strategischem Fokus und operativer Effizienz. Um diesen Ansatz erfolgreich zu implementieren, sollten mehrere Schlüsselelemente berücksichtigt werden:
> - **Experimentierfreudige Kultur:** Eine Kultur, die Experimentieren fördert und belohnt, ist unerlässlich.
> - **Datengetriebene Entscheidungen:** Eine robuste Dateninfrastruktur und fortschrittliche Analysemethoden sind entscheidend.
> - **Verhaltensökonomie und Psychologie:** Ein besseres Verständnis menschlichen Verhaltens und menschlicher Entscheidungsprozesse kann die Wirksamkeit von Experimenten erhöhen.
> - **Integration in den Strategieprozess:** Eine enge Verknüpfung der Experimente mit der Unternehmensstrategie ist für den langfristigen Erfolg entscheidend.
> - **Künstliche Intelligenz (KI):** Der Einsatz von KI kann sowohl die Qualität der Datenauswertung als auch die Geschwindigkeit der Implementierung erfolgreicher Experimente signifikant steigern und damit die Kosten für Experimente senken.
> - **Herausforderungen bewältigen:** Proaktive Strategien für mögliche Herausforderungen, wie Ressourcenknappheit und Risikomanagement, sind notwendig.
> - Durch die **Integration dieser Schlüsselelemente** können Unternehmen ihre Wettbewerbsfähigkeit erhöhen und sich an die sich stetig wandelnden Marktbedingungen anpassen.

Schlüsselbegriffe

- **Experimentieren in Unternehmen:** Der iterative Prozess, Hypothesen durch Tests zu validieren, um Innovation und Risikominimierung zu fördern.
- **Strategischer Fokus:** Die Ausrichtung der Unternehmensressourcen auf langfristige Ziele für Konsistenz und Wettbewerbsfähigkeit.
- **Operative Effizienz:** Effektive Gestaltung von Geschäftsprozessen, um Ziele mit minimalem Ressourceneinsatz zu erreichen. Manager optimieren Experimentiermodi für Kosten- und Zeiteffizienz.

- **Innovation:** Einführung neuer Produkte oder Prozesse, die auf experimentellen Ergebnissen basieren. Zentral für die Wettbewerbsfähigkeit eines Unternehmens.
- **Risikominimierung:** Maßnahmen zur Reduzierung der Unsicherheit und potenzieller negativer Auswirkungen von Entscheidungen, oft durch Experimentieren.
- **HiPPO-Effekt:** Dominanz der Meinung der höchstrangigen Person im Unternehmen oder in einer Arbeitsgruppe. Lässt sich durch datengesteuerte Entscheidungen und kontrollierte Experimente überwinden.

❓ Verständnisfragen

1. Warum ist Experimentieren in Unternehmen wichtig und welche Vorteile kann es bieten?
2. Welche Probleme und Fragestellungen können beim Experimentieren in Unternehmen auftreten?
3. Wie kann eine experimentierfreudige Kultur in Unternehmen gefördert werden?
4. Wie können Unternehmen die Ergebnisse und Erkenntnisse aus Experimenten nutzen, um ihre Strategien und Geschäftsprozesse zu verbessern?
5. Welche Rolle spielt die Verhaltensökonomie beim Experimentieren in Unternehmen und wie kann sie genutzt werden?

Literatur

Bloom, N., Sadun, R., & van Reenen, J. (2012). Americans do IT better: US multinationals and the productivity miracle. *American Economic Review, 102*(1), 167–201. ▶ https://doi.org/10.1257/aer.102.1.167.

Bostrom, N., & Yudkowsky, E. (2014). The ethics of artificial intelligence. In K. Frankish & W. M. Ramsey (Hrsg.), *The Cambridge Handbook of artificial intelligence* (S. 316–334). Cambridge University Press.

Davenport, T. H., & Ronanki, R. (2018). Artificial intelligence for the real world: The business case for AI across sectors. *Harvard Business Review, 96*(1), 108–116. ▶ https://hbr.org/2018/01/artificial-intelligence-for-the-real-world.

Dell'Acqua, F., McFowland, E., Mollick, E. R., Lifshitz-Assaf, H., Kellogg, K., Rajendran, S., Krayer, L., Candelon, F., & Lakhani, K. R. (2023). *Navigating the jagged technological frontier: Field experimental evidence of the effects of AI on knowledge worker productivity and quality* (Harvard Business School Technology & Operations Mgt. Unit Working Paper 24–013). ▶ https://doi.org/10.2139/ssrn.4573321.

Drucker, P. F. (1985). *Innovation and entrepreneurship: Practice and principles*. Butterworth-Heinemann.

Edmondson, A. C. (1999). Psychological safety and learning behavior in work teams. *Administrative Science Quarterly, 44*(2), 350–383. ▶ https://doi.org/10.2307/2666999.

Fraunhofer-Institut für Gießerei-, Composite- und Verarbeitungstechnik (IGCV). (2023). *Künstliche Intelligenz (KI) in der Produktion*. ▶ https://www.igcv.fraunhofer.de/de/forschung/kompetenzen/kuenstliche_intelligenz.html.

Güth, W., Levati, M. V., Sutter, M., & van der Heijden, E. (2007). Leading by example with and without exclusion power in voluntary contribution experiments. *Journal of Public Economics, 91*(5–6), 1023–1042. ▶ https://doi.org/10.1016/j.jpubeco.2006.10.007.

Kohavi, R., Henne, R. M., & Sommerfield, D. (2007). Practical guide to controlled experiments on the web: Listen to your customers, not to the HiPPO. In P. Berkhin (Hrsg.), *13th ACM SIGKDD international conference on knowledge discovery and data mining*. Symposium im Rahmen der Tagung von Association for Computing Machinery (ACM), San Jose, California, S. 959–967.

Macrotrends. (o. J.a). *Booking holdings EBITDA 2018–2022*. ▶ www.macrotrends.net/stocks/charts/BKNG/booking-holdings/ebitda.

Macrotrends. (o. J.b). *Booking holdings revenue 2018–2022*. ▶ https://www.macrotrends.net/stocks/charts/BKNG/booking-holdings/revenue.

Macrotrends. (o. J.c). *Booking holdings ROI 2018–2022*. ▶ www.macrotrends.net/stocks/charts/BKNG/booking-holdings/roi.

Thomke, S. H. (2020a). Building a culture of experimentation. *Harvard Business Review, 98*(2), 40–48.

Thomke, S. H. (2020b). *Experimentation works: The surprising power of business experiments*. Harvard Business Review Press.

Thomke, S. H. (2003). *Experimentation matters: Unlocking the potential of new technologies for innovation*. Harvard Business School Press.

Thomke, S. H. (1998). Managing experimentation in the design of new products. *Management science, 44*(6), 743–762. ▶ https://doi.org/10.1287/mnsc.44.6.743.

Thomke, S. H., & Manzi, J. (2014). The discipline of business experimentation. *Harvard Business Review, 92*(12), 70–79.

Trigeorgis, L., & Reuer, J. J. (2017). Real options theory in strategic management. *Strategic management journal, 38*(1), 42–63. ▶ https://doi.org/10.1002/smj.2593.

Van den Steen, E. (2018). Strategy and the strategist: How it matters who develops the strategy. *Management science, 64*(10), 4533–4551. ▶ https://doi.org/10.1287/mnsc.2017.2857.

Van den Steen, E. (14. Dezember 2013). *A formal theory of strategy* (Strategy Unit Working Paper No. 14–058). Harvard Business School. ▶ https://doi.org/10.2139/ssrn.2383981.

Corporate Social Responsibility

Tim Schwertner und Matthias Sohn

Inhaltsverzeichnis

1 Wer interessiert sich für CSR, und warum? – 245

2 Investoren und CSR – 246

3 Wie kommunizieren Unternehmen ihre Nachhaltigkeitsperformance? – 247

4 Welche Faktoren begünstigen, dass Führungskräfte sich für CSR engagieren? – 250

Literatur – 253

© Der/die Autor(en), exklusiv lizenziert an Springer-Verlag GmbH, DE, ein Teil von Springer Nature 2024
J. Basel und S. Manchen Spörri (Hrsg.), *Angewandte Psychologie für die Wirtschaft*,
https://doi.org/10.1007/978-3-662-68559-4_18

Insights
- Warum engagieren sich Unternehmen für CSR?
- Welche Stakeholder interessieren sich für CSR und warum?
- Welche individuellen und organisatorischen Faktoren begünstigen ein Engagement von Führungskräften für CSR?

Einleitung

In den letzten zwei Jahrzehnten hat die Idee des nachhaltigen Wirtschaftens von Unternehmen an Bedeutung gewonnen. Zum einen ist zu beobachten, dass relevante Interessengruppen bzw. Stakeholder wie Investoren, Kunden oder Mitarbeitende sich vermehrt für die Nachhaltigkeitsperformance eines Unternehmens interessieren. Gleichzeitig zeigen sich deutlich negative Reaktionen auf unethisches oder nicht nachhaltiges Verhalten von Organisationen. Die Volkswagen AG hat beispielsweise nach dem sogenannten „Dieselgate" innerhalb weniger Tage mehrere Milliarden Euro an Börsenwert eingebüßt (Spiegel, 2015). Der Vermögensverwalter DWS, Tochter der Deutschen Bank AG, musste im Jahr 2022 empfindliche Kurskorrekturen am Finanzmarkt hinnehmen und seinen Vorstandsvorsitzenden entlassen, als öffentlich wurde, dass vermutlich wissentlich mit einer fälschlich erfassten Nachhaltigkeitsperformance geworben worden war. In der Literatur wird unternehmerische Nachhaltigkeit meist mit Begriffen wie ESG (Environmental, Social and Governance) oder CSR (Corporate Social Responsibility) bezeichnet. Während Ersterer häufig im Finanzwesen genutzt wird und dort eher eine Steuerungsfunktion hat, ist CSR umfassender und als strategische nachhaltige Ausrichtung eines Unternehmens zu verstehen. CSR umfasst dabei Maßnahmen zur Verbesserung von Umweltschutz, Sozial-, Arbeitnehmer- und Menschenrechten und zur Bekämpfung von Korruption und Bestechung.

Ein weiterer relevanter Bestandteil der CSR ist die Berichterstattung über die Umsetzung dieser Maßnahmen. Diese CSR-Berichterstattung, welche bspw. in den Mitgliedsstaaten der Europäischen Union unter bestimmten Voraussetzungen bereits verpflichtend ist, zielt darauf ab, relevanten Stakeholdergruppen Informationen für eine verbesserte Entscheidungsgrundlage bereitzustellen. Hier scheint das gestiegene Interesse ebendieser Stakeholdergruppen ein treibender Faktor hinter der zunehmend nachhaltigen Ausrichtung der Unternehmen zu sein. Zum Beispiel können Wettbewerbsvorteile an den Kapitalmärkten entstehen, wenn Unternehmen sich in CSR engagieren, da viele private und institutionelle Investoren heute primär oder ausschließlich in nachhaltige Unternehmen investieren wollen. Ein weiterer Vorteil liegt darin, dass diese Unternehmen sich auf dem Arbeitsmarkt hervorheben können, was sich positiv auf die Rekrutierung und das Halten von Mitarbeitenden und Talenten auswirkt. All das begünstigt, dass CSR in der Unternehmenssteuerung und Berichterstattung eine immer größere Rolle spielt. Das bedeutet aber auch, dass der Anreiz für Unternehmen hoch ist, die nach außen kommunizierten CSR-Maßnahmen von den tatsächlich umgesetzten Maßnahmen zu entkoppeln. Aktuelle Greenwashing-Skandale, wie der der DWS, scheinen diese Tendenz zu bestätigen. Dieser Beitrag beschäftigt sich folglich mit dem Konzept CSR, welche Stakeholdergruppen sich für CSR interessieren, wie Unternehmen ihre CSR-Performance berichten und welche Faktoren begünstigen, dass sich Führungskräfte tatsächlich für CSR in ihren Unternehmen engagieren.

Corporate Social Responsibility

1 Wer interessiert sich für CSR, und warum?

Corporate Social Responsibility, also die gesellschaftliche Verantwortung von Unternehmen, nachhaltig zu wirtschaften, gewinnt seit den 1990er Jahren immer mehr an Relevanz. Soziale und ökologische Verantwortung von Unternehmen ist heute neben der langfristigen ökonomischen Verantwortung ein integraler Bestandteil unternehmerischen Handelns. Das liegt vor allem auch daran, dass sich relevante Stakeholder – wie in ◘ Abb. 1 verdeutlicht – dafür interessieren, wie nachhaltig Unternehmen wirtschaften.

Eine zunehmend wichtige Rolle nehmen hier Konsumenten ein, die vermehrt auf ein ressourcenschonendes Wirtschaften von Unternehmen achten. Das zeigt sich beispielsweise an dem Wachstum des Biomarkts mit einem aktuellen Marktanteil bei Lebensmitteln in Deutschland von über 7 % (Statista, 2023), oder auch an Kooperationen großer Discounter mit Demeter oder Bioland.

Hinzu kommt, dass auch Mitarbeitende und Talente auf dem Arbeitsmarkt sich immer stärker dafür interessieren, wie nachhaltig der Arbeitgeber ist. Studien deuten darauf hin, dass nachhaltige Unternehmen einen Vorteil dabei haben, Talente auf dem Arbeitsmarkt zu gewinnen (Sohn et al., 2015), Mitarbeitende zu motivieren (Reichert & Sohn, 2022) und diese auch länger im Unternehmen zu binden (Lee & Chen, 2018). Hier spielt die Kongruenz der Werte der Talente und Mitarbeitenden und des Unternehmens, auch als *Person-Organisation-Fit* bekannt, eine zentrale Rolle (Greening & Turban, 2000). Unternehmen haben im „War for Talent" einen messbaren Wettbewerbsvorteil, wenn sie als besonders nachhaltig wahrgenommen werden. Das bedeutet auch, dass die Berichterstattung über CSR an Bedeutung gewinnt. Unternehmen müssen nicht nur in CSR engagiert sein, sondern zudem sicherstellen, dass die relevanten Stakeholdergruppen das auch so wahrnehmen.

Eine besondere Stellung innerhalb der Interessengruppen nehmen die Investoren ein. Unternehmen versuchen auch durch ihr Engagement in CSR auf dem Kapitalmarkt attraktiv zu sein, um ihre Kapitalkosten zu reduzieren und somit auch finanziell langfristig profitabler zu werden. Im Folgenden gehen wir darauf detailliert ein und zeigen, welche Investoren CSR in ihren Investitionsentscheidungen berücksichtigen und warum.

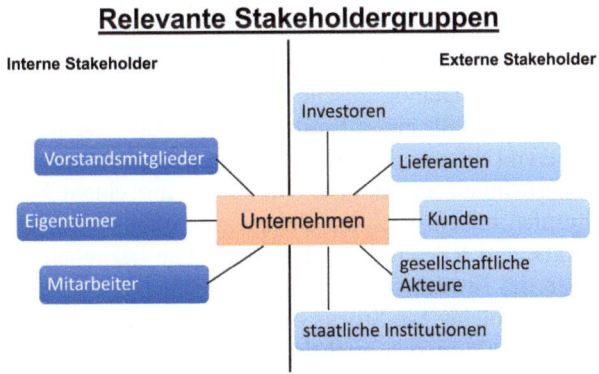

◘ Abb. 1   Relevante Stakeholdergruppen

2 Investoren und CSR

Es gibt auch heute noch zahlreiche Investoren, die Nachhaltigkeitsaspekte in ihren Investments als irrelevant, im schlimmsten Fall als kostensteigernd für Unternehmen und daher als wertmindernd für ihre Investition wahrnehmen. Die klassischen ökonomischen Entscheidungsmodelle betrachten ausschließlich wertmaximierende Entscheidungen des Investors und negieren damit den Einfluss persönlicher Werte in der Entscheidungsfindung (Markowitz, 1952). Aktuelle Erkenntnisse aus der Wirtschaftspsychologie und Verhaltensökonomie zeigen jedoch, dass sich Investmententscheidungen ohne Berücksichtigung von nichtfinanziellen Interessen und persönlichen Werten der Investoren nur unzureichend erklären lassen (Pasewark & Riley, 2010). Selbstverständlich interessieren sich Investoren für finanzielle Aspekte wie Rendite oder Diversifikation, jedoch spielen nichtfinanzielle, moralische Aspekte eine immer größere Rolle. Zum Beispiel gewinnen Investitionen in nachhaltige Fonds an Bedeutung, die ausschließlich in Unternehmen mit guter CSR-Performance investieren oder Unternehmen bestimmter Branchen (z. B. Tabak oder Rüstung) ausschließen. Bei diesen nachhaltigen Fonds handelt es sich beispielsweise um aktiv von Fondsmanagern verwaltete Investmentportfolios mit einem Schwerpunkt auf nachhaltigen Investmentanlagen oder um passiv gemanagte Indexfonds, sogenannte ETFs, mit denen Investitionen in nachhaltig orientierte Märkte ermöglicht werden. Die Forschung zeigt, dass Anleger selbst dann in nachhaltige Anlagen investieren, wenn diese sich hinsichtlich der Rendite im Vergleich zu konventionellen Anlagen als nachteilig erweisen (Barreda-Tarrazona et al., 2011). Auch behalten viele Investoren ihre nachhaltigen Anlagen, wenn diese finanziell schlecht performen. Interessanterweise halten Investoren selbst dann an nachhaltigen Anlagen fest, wenn sich die Anlagen hinsichtlich der Nachhaltigkeitsperformance als ineffektiv erweisen (Renneboog et al., 2011). All das deutet darauf hin, dass Investoren einen intrinsischen Nutzen aus dem CSR-Investment der Firmen ziehen, welcher über reine Rendite-Risiko-Erwägungen hinausgeht.

Gilt dies für alle Investoren oder gibt es bestimmte Gruppen, die sich weniger für CSR interessieren? Grundsätzlich scheint die Investorenklientel, die sich für CSR engagiert, sehr heterogen zu sein. So können prosoziale Einstellungen zwar entscheidend für ein nachhaltiges Investment sein, jedoch spielen bei einigen Investoren auch finanzielle Aspekte eine Rolle, etwa die Annahme, dass CSR-Investments langfristig finanziell besser performen (Nilsson, 2008). Weiterhin finden Riedl und Smeets (2017), dass einige Investoren mit ihrem nachhaltigen Investment soziales Signalling betreiben: Sie versuchen, sich durch Investments ein positives Image aufzubauen. Demografische Faktoren wie Geschlecht und ein hoher Bildungsstand haben ebenfalls einen Einfluss auf die Entscheidung, in nachhaltige Anlagen zu investieren (Nilsson, 2008). Mit einem Fokus auf die sogenannten „Sin Stocks", also Unternehmen aus Industrien, welche mit einem besonders schlechten Image zu kämpfen haben, wie zum Beispiel die Tabak- oder die Waffenindustrie, zeigen Pasewark und Riley (2010), dass Bedenken bezüglich der gesellschaftlichen Auswirkungen des Investments die Anlageentscheidung selbst dann beeinflussen, wenn die Rendite solcher Sin Stocks die der Vergleichsunternehmen übersteigt. Ein ähnliches Verhalten lässt sich auch bei erfahrenen, institutionellen Investoren feststellen, welche systematisch nicht in Sin Stocks investieren, obwohl diese Investments höhere Erträge generieren und folglich wertmaximierend für die von ihnen betreuten Anleger wirken würden (H. Hong & Kacperczyk, 2009). Als Grund dafür identifiziert die Literatur unter anderem moralische Überzeugungen (Niszczota et al., 2022) und auch politische Werte von Investoren (H. Hong & Kostovetsky, 2012). Das bedeutet im Umkehrschluss auch, dass Unternehmen, die als weniger nachhaltig wahrgenommen werden, besonders renditeträchtig sein müssen, um für Investoren attraktiv zu bleiben. Zu erkennen ist das beispielsweise an den hohen Dividenden, die Tabak- oder Ölkonzerne ausschütten. Für Unternehmen ist es folglich relevant zu wissen, welche Investoren bei dem Zielkonflikt zwischen Moral und finanzieller Rendite Ersterer ein höheres Gewicht beimessen.

Die psychologische Literatur bietet mit der Social Value Orientation (SVO) eine Möglichkeit, Individuen anhand stabiler Persönlichkeitseigenschaften zu kategorisieren und darauf aufbauend ihr voraussichtliches Entscheidungsverhalten abzuleiten (de Bruin & van Lange, 2000). Bezogen auf Investmententscheidungen zeichnen sich sozial orientierte Investoren, in der Literatur als *Prosocials* bezeichnet, dadurch aus, dass sie einen intrinsischen Nutzen daraus ziehen, ihr Investitionsverhalten in Einklang mit ihren sozialen und moralischen Präferenzen zu bringen. Folglich präferieren Individuen mit solch einer Persönlichkeitsausprägung Investments in Unternehmen, die selbst auch prosozial agieren, also ihre gesellschaftliche Verantwortung erfüllen. Individuen mit einer prosozialen Wertorientierung achten zudem darauf, wie sich ihre Investitionsentscheidung auf andere (negativ) auswirken könnte. Dabei fühlen diese Investoren sich moralischen Werten (intrinsisch) verpflichtet. Folglich sind utilitaristische Zielkonflikte (z. B. Moral vs. Rendite) bei den Prosocials weniger relevant in ihrer Entscheidungsfindung (Baron & Spranca, 1997). Aufgrund der Kongruenz mit eigenen Werten und Normen sind prosoziale Investoren selbst bei potenziell negativen finanziellen Auswirkungen bereit, CSR-Investments in ihren Investitionsentscheidungen zu berücksichtigen.

Dem gegenüber stehen die in der Literatur als *Proselfs* klassifizierten Individuen als eine weitere Persönlichkeitsausprägung von SVO. Proselfs kümmern sich in erster Linie um ihr eigenes wirtschaftliches Wohlergehen und sind weniger um die moralische Dimension ihrer Investitionen besorgt (R. Gibson Brandon et al., 2023). Individuen mit solch einer selbstbezogenen Persönlichkeit tendieren dazu, Informationen eher zu berücksichtigen, wenn sie für ihr eigenes Wohlergehen relevant sind (de Bruin & van Lange, 2000). Das impliziert jedoch nicht, dass sich Investoren mit solch einer Persönlichkeitsausprägung gar nicht für ein Investment in CSR entscheiden – sie tun es jedoch aus anderen Gründen als Investoren mit einer prosozialen Persönlichkeitsausprägung. So lassen sich Proselfs primär damit überzeugen, dass CSR-Investments ggf. auf langfristige Sicht finanziell besser performen und sie gegen eine wachsende Anzahl nichtfinanzieller Risiken absichern (◨ Abb. 2).

3 Wie kommunizieren Unternehmen ihre Nachhaltigkeitsperformance?

Es zeigt sich deutlich, wie wichtig es für Unternehmen ist, von ihren Stakeholdern als nachhaltig wahrgenommen zu werden. Das bedeutet, Unternehmen müssen ihre CSR-Performance aktiv nach außen kommunizieren. Das zentrale Mittel dafür ist der CSR-Bericht. In den letzten beiden Dekaden sind CSR-Berichte als Ergänzung

Key Item: Prosocials vs. Proself Investoren

Prosocial Investoren	Proself Investoren
Bringen ihre inneren sozialen und moralischen Einstellungen in Einklang mit ihren Investmententscheidungen	Das eigene **wirtschaftliche** Wohlergehen steht im Vordergrund
„Wie wirkt sich meine Investitionsentscheidung (negativ) auf andere aus?"	Moralische Werte stehen bei der Entscheidung eher im Hintergrund
Werte stehen über der Rendite	Investments in CSR aus wertrelevanten Gründen (langfristig bessere Performance, Absicherung gegen nichtfinanziellen Risiken)

Abb. 2 Key Items (Eigene Darstellung)

zur immer komplexeren Finanzberichterstattung ein bedeutender Faktor für die Entscheidung von Investoren und anderen Stakeholdern geworden, einem Unternehmen Ressourcen bereitzustellen. Die Fülle zusätzlicher Unternehmensinformationen bringt jedoch für diese Entscheidungsträger weitere Herausforderungen mit sich. So kann die Verarbeitung eines solchen Informationsüberangebotes mit einer kognitiven Überlastung einhergehen, was zu suboptimalen Entscheidungen führt (Tversky & Kahneman, 1986). Eine solche kognitive Überforderung führt zum Beispiel bei der Auswahl verschiedener Investitionsmöglichkeiten dazu, dass überwiegend eine risikoarme Standardoption gewählt wird, auch wenn diese anderen Optionen klar unterlegen ist. Finanzielle Expertise der Entscheider scheint diese Entscheidungsverzerrungen zu reduzieren, jedoch nicht vollständig aufzuheben (Agnew & Szykman, 2005). Bei dieser Problematik wirkt sich die Präsentationsform der bereitgestellten Informationen, insbesondere deren Vergleichbarkeit, positiv auf das Entscheidungsverhalten aus. Leider wird Investoren der Vergleich von CSR-Berichten durch fehlende Standardisierung und sich häufig unterscheidende industriespezifische Inhalte erschwert (Holder-Webb et al., 2009).

Trotz dieser Schwächen steigt die Nachfrage nach CSR-Berichten bei relevanten Stakeholdern, insbesondere bei den Kleinanlegern (J. R. Cohen et al., 2015). Ein Grund dafür könnte die zunehmende Lücke zwischen Buch- und Marktwerten von Unternehmen sein, welche sich durch Limitationen in der finanziellen Berichterstattung ergibt. Hier können werterelevante Informationen aus CSR-Berichten die Investmententscheidung verbessern. Neue Reporting-Formate wie das Integrated Reporting (IR) versuchen folglich, den Bedürfnissen der Investoren gerecht zu werden (International Integrated Reporting Council [IIRC], 2013). In einem integrierten Bericht wird der Beitrag von finanziellen und nichtfinanziellen Ressourcen zur Wertschöpfung identifiziert, in die Unternehmensstrategie integriert und über diesen Prozess dann berichtet. Durch diese Verknüpfung von Informationen soll IR die Nutzung von Informationen durch die Adressaten verbessern und Informationsüberlastung und Urteilsverzerrungen reduzieren. Inwieweit IR zu solch einer Verbesserung führt, ist jedoch umstritten. So wird CSR auch bei Anwendung von IR nur begrenzt in Investitionsentscheidungen berücksichtigt (Baboukardos & Rimmel, 2016). Zudem führt IR entgegen der allgemeinen Erwartung dazu, dass die Transformation der Unternehmen hin zu nachhaltigem Wirtschaften unzureichend bleibt (Stubbs & Higgins, 2014). Andererseits hat die Anwendung von IR jedoch einen direkten Einfluss auf die Denkweise der Unternehmensführung. So kann IR mehr Verständnis für die Komplexität der Wertschöpfung und folglich mehr Bewusstsein für Nachhaltigkeitsthemen im Unternehmen schaffen (Adams, 2017).

Neben der Verknüpfung mit der finanziellen Berichterstattung ist ein weiterer Faktor für die Berücksichtigung von Nachhaltigkeitsinformationen in Entscheidungsprozessen der Investoren relevant: deren Verlässlichkeit. Die CSR-Berichterstattung ist, abgesehen von einzelnen Bestrebungen, weitestgehend unreguliert.[1] Demnach hat sich die bisherige Forschung primär auf diese freiwillige Berichterstattung konzentriert. Freiwillige Berichterstattung ist zwar umfassend und häufig visuell ansprechend aufbereitet, wird jedoch als inhaltlich begrenzt, schwer vergleichbar und wenig glaubwürdig kritisiert (Adams & Narayanan, 2014). So ist freiwillige CSR-Berichterstattung tendenziell übermäßig positiv im Tonfall und liefert häufig unvollständige, detailarme und wenig relevante Informationen (Holder-Webb et al., 2009). Das ist insofern problematisch, als nur glaubwürdige, verlässliche Berichterstattung für Investoren entscheidungsrelevant ist (Healy & Palepu, 2001). Sofern CSR-Berichterstattung relevant und verlässlich ist, scheint dies die Legitimität eines Unternehmens zu steigern und sorgt so für eine größere Resilienz gegenüber exogenen Schocks, wie beispielsweise Wirtschaftskrisen (Zahller et al., 2015). Qualitative CSR-Berichterstattung wird jedoch häufig durch Vermeidungsstrategien verhindert. Solche Strategien, wie zum Beispiel „Soft Talk" (Cho et al., 2010) und „Impression Management" (Merkl-Davies & Brennan, 2007), sind scheinbar kostengünstigere, symbolische Kommunikationsstrategien, welche einseitig positiv, unvollständig oder gänzlich irrelevant für eine realitätsnahe Bestimmung der Nachhaltigkeitsperformance eines Unternehmens sind. Insbesondere Unternehmen, die unter großer öffentlicher Aufmerksamkeit stehen, eine schlechte CSR-Performance aufweisen (Cho et al., 2010) oder mit negativen Vorfällen zu kämpfen haben (Hahn & Lülfs, 2014), scheinen verstärkt in solche Strategien involviert zu sein. Greenwashing stellt eine weitere dieser Strategien dar und ist durch seine opportunistische Komponente charakterisiert; das heißt, das Unternehmen täuscht substanzielle Maßnahmen vor, um Stakeholder zu täuschen (Testa et al., 2018).[2]

Auf gesellschaftlicher Ebene können diese symbolischen Strategien das Vertrauen der Stakeholder in substanzielle, nachhaltige Maßnahmen untergraben und

---

1 Zum Beispiel hat die Europäische Union mit der im Jahr 2014 publizierten CSR-Direktive und der im Jahr 2021 veröffentlichten Überarbeitung für bestimmte kapitalmarktorientierte Unternehmen die verpflichtende CSR-Berichterstattung und -Prüfung in einem begrenzten Umfang eingeführt.
2 Dass die Problematik des Greenwashings nicht nur in akademischen Kreisen an Relevanz gewinnt, sondern in den letzten Jahren vermehrt in der Mitte der Gesellschaft und in der medialen Berichterstattung angekommen zu sein scheint, zeigt der kürzliche Greenwashing-Skandal des Vermögensverwalters DWS, Tochter der Deutschen Bank AG. Der durch das Whistleblowing einer involvierten Mitarbeiterin initiierte Skandal umfasste den Vorwurf, dass vermutlich wissentlich mit einer fälschlich erfassten Nachhaltigkeitsperformance geworben wurde, die das Unternehmen nicht erreicht hatte (J. Miller et al., 2021). Die Folge waren umfangreiche negative Auswirkungen auf das Unternehmen wie Ermittlungen der Finanzaufsicht, erhebliche Kurskorrekturen am Kapitalmarkt und letztlich die Entlassung des Vorstandsvorsitzenden der DWS.

die Identifikation tatsächlich nachhaltiger Unternehmen erschweren (Parguel et al., 2011). Es ist daher wichtig zu wissen, was die Glaubwürdigkeit von CSR-Berichten steigern kann. Grundsätzlich scheint externer, institutioneller Druck durch verschiedene Stakeholder-Gruppen einen transformativen Effekt auf Unternehmen auszuüben (Testa et al., 2018). So lässt sich Greenwashing durch NGO und Medienkampagnen langfristig mindern (Islam & van Staden, 2018). Hierbei scheint auch der Kapitalmarkt eine wichtige Rolle zu spielen. So führt das Bekanntwerden von Greenwashing häufig aufgrund höherer Risiken und Transaktionskosten zu Unterbewertung am Kapitalmarkt (Walker & Wan, 2012), was wiederum stark transformativ auf Unternehmen wirkt (Hombach & Sellhorn, 2019). Eine Möglichkeit, negativen Kapitalmarkteffekten entgegenzutreten und die Qualität zu erhöhen, ist die externe Überprüfung der CSR-Berichterstattung. Im Gegensatz zum herkömmlichen Jahresabschluss müssen Unternehmen dabei häufig auf Wirtschaftsprüfer zurückgreifen, die nicht aus der klassischen Audit-Profession stammen, da die Prüfung von CSR ein sehr heterogenes Anforderungsprofil hat (Simnett et al., 2009). Anspruchsvoll wird die CSR-Berichterstattung zudem dadurch, dass sie aus qualitativen Informationen besteht, die für Stakeholder schwierig zu verifizieren sind und daher weniger glaubwürdig erscheinen (Hutton et al., 2003). Eine externe, unabhängige Prüfung verringert dieses Problem jedoch effektiv (Healy & Palepu, 2001). Sowohl professionelle Investoren als auch Kleinanleger berücksichtigen extern geprüfte, nichtfinanzielle Informationen vermehrt im Entscheidungsprozess, was wiederum die Bewertung der geprüften Unternehmen am Markt steigern kann (Cheng et al., 2015). Es kommt dabei jedoch auf die wahrgenommene Prüfungsqualität, insbesondere auf den Detaillierungsgrad der Prüfung an (Fuhrmann et al., 2017). Ähnlich wie beim Integrated Reporting hat die externe Nachhaltigkeitsprüfung einen nützlichen Nebeneffekt: Sie wirkt sich positiv auf die interne CSR-Strategie aus (Casey & Grenier, 2015), da durch die Prüfung zusätzliche durch das Management verwendbare Informationen generiert werden.

4 Welche Faktoren begünstigen, dass Führungskräfte sich für CSR engagieren?

Inwiefern CSR-Engagement den Wert eines Unternehmens steigert oder lediglich eine Möglichkeit darstellt, von schlechter finanzieller Performance zulasten der Anteilseigner abzulenken, wurde zwar umfangreich erforscht, ist jedoch weiterhin umstritten (Cappucci, 2018; Krüger, 2015). Einerseits können sogenannte Agency-Kosten vorliegen, die dadurch entstehen, dass Führungskräfte CSR opportunistisch nutzen, um eigene Interessen über die der Anteilseigner zu stellen, um etwa bei ineffizienter Unternehmensführung die eigene Position abzusichern (Cespa & Cestone, 2007). Andererseits hängt das CSR-Engagement eines Managers häufig stark mit der tatsächlichen CSR-Performance zusammen (z. B. Orlitzky et al., 2003), was wiederum zu einer besseren finanziellen Unternehmensperformance beiträgt (Karim et al., 2018). Gegen die genannte Agency-Kosten-Perspektive sprechen jedoch noch weitere Gründe. So scheinen Führungskräfte durch eine hohe CSR-Performance das Unternehmen eher gegen Reputationsrisiken absichern zu wollen (Georgakopoulos & Thomson, 2008). Zudem erfolgt bei Unternehmen mit stärkerer

Corporate Governance, also einer besseren Überwachung und Steuerung des Topmanagements, eine stärkere Verknüpfung der Managementvergütung mit den CSR-Zielsetzungen (B. Hong et al., 2016). Verursachte CSR-Engagement ausschließlich Agency-Kosten und wäre nicht wertrelevant, hätte eine stärkere Corporate Governance als Durchsetzungsmechanismus der Anteilseigner den Anteil der CSR-Performance an der Managementvergütung reduziert.

Es lässt sich ferner feststellen, dass Manager sich bei der unternehmerischen Entscheidungsfindung vermehrt auf Nachhaltigkeitskennzahlen stützen. Zudem sind relevante Stakeholder an der Überwachung und Kommunikation dieser Leistungen interessiert (O'Dwyer et al., 2005). Um Stakeholderinteressen zu wahren, ist die Ausgestaltung der Managementvergütung relevant, da diese Entscheidungen hinsichtlich verstärkter CSR-Orientierung fördern können (Fabrizi et al., 2014). CSR-Performance und Vergütungssysteme scheinen dabei bedingt zusammenzuhängen. Eine CSR-basierte Vergütung ist dann wirksam, wenn durch eine effektive Corporate Governance Manager auf die Ausgestaltung der Vergütung keinen Einfluss haben (Ikram et al., 2023) und die Vergütung auf gut quantifizierbaren und objektiven Zielen basiert anstelle von qualitativen Vorgaben (K. Maas, 2018). Falsch ausgestaltete, kurzfristig orientierte Vergütungssysteme können hingegen einen negativen Effekt auf die CSR-Performance eines Unternehmens haben, da CSR-Investments häufig kurzfristig kostensteigernd sind und sich etwaige finanzielle Vorteile eher langfristig einstellen (McGuire et al., 2003). Auch zeigt sich der Trend, bestehende klassische Bonusmodelle für Manager um nachhaltigkeitsorientierte Aspekte zu ergänzen. Eine Option dafür sind sogenannte „Clawback"-Klauseln, die es Unternehmen für einen begrenzten Zeitraum erlauben, bereits ausgezahlte Boni zurückzufordern, wenn Manager sich nicht im Sinne der (nachhaltigen) Unternehmensziele verhalten (Hirsch et al., 2017). Eine andere Option ist es, vorgesetzten Managern oder dem Aufsichtsrat die Möglichkeit zu geben, die Boni der Führungskräfte im Nachhinein zu reduzieren, wenn diese Boni durch unethisches Verhalten begünstigt wurden (Maske et al., 2021).

Zudem scheint eine Reihe von Manager-Charakteristika das CSR-Engagement und die CSR-Performance eines Unternehmens zu erklären (◘ Abb. 3). Manager von Unternehmen mit hoher CSR-Performance scheinen altruistischer veranlagt und daher eher bereit zu sein, Managementpositionen mit niedriger Vergütung anzunehmen (Francoeur et al., 2017). Die von Hambrick und Mason (1984)

Begünstigende Faktoren für Manager, sich für CSR zu engagieren		
steigender externer Druck relevanter Stakeholdergruppen	**wertorientierte Faktoren**	**andere Faktoren**
• Markt- und Wettbewerbsdruck • Druck der Gesellschaft • Druck wichtiger Stakeholder	• eine starke Corporate Governance • CEO-Anreizsysteme/ CSR-basierte Vergütungssysteme	• Religion • Bildung • Geschlecht • Vertragslaufzeit des CEO

◘ Abb. 3 Manager Faktoren pro CSR

entwickelte Upper-Echelons-Theorie bietet sich hier als Erklärung für dieses altruistische Verhalten an: Die Theorie postuliert, dass organisatorische Strategien und deren effektive Umsetzung letztlich ein Ergebnis von Werten und kognitiven Biases der relevanten Entscheidungsträger dieser Organisation sind. So besteht bspw. zwischen der Ausprägung des Materialismus der Manager, also ihrer Präferenz für Besitz, Wohlstand und Status, und der CSR-Performance eines Unternehmens ein starker Zusammenhang (Davidson et al., 2019): Besonders materialistisch eingestellte Manager wirken sich negativ auf die CSR-Performance eines Unternehmens aus. Neben diesen werteorientierten Einstellungen existieren noch weitere Ursachen wie religiöse Motive (Parker, 2014), das Bildungsniveau und das Geschlecht (Manner, 2010) sowie die verbleibende Vertragslaufzeit (Chen et al., 2019) für ein erhöhtes CSR-Engagement von Managern.

Neben diesen intrinsischen Gründen scheint insbesondere der durch wichtige Stakeholdergruppen ausgeübte Druck relevant für die Ausgestaltung einer effektiven CSR-Strategie zu sein. So steigt bei unverantwortlichem Handeln eines Unternehmens die Wahrscheinlichkeit, dass eine verantwortliche Führungskraft ersetzt wird. Eine vorab aufgebaute hohe CSR-Performance schützt hingegen vor diesen häufig extern und unkontrolliert auftretenden Events, was Manager dementsprechend motiviert, sich für CSR zu engagieren (Chiu & Sharfman, 2018). Dieser Zusammenhang wird durch eine hohe Sichtbarkeit des Unternehmens gegenüber den Stakeholdern moderiert; folglich fällt es Managern von im öffentlichen Interesse stehenden Unternehmen schwerer, sich zu halten. Weiterhin wirken sich Sorgen und Ansprüche externer Stakeholder hinsichtlich der nachhaltigen Ausgestaltung eines Unternehmens direkt auf interne Managementpraktiken aus, was dann in höherer CSR-Performance resultiert (Rodrigue et al., 2013). Sobald eine solche hohe CSR-Performance im Markt hergestellt ist, motiviert der Wettbewerb die Manager, in Bezug auf CSR-Performance Marktführer zu sein und diese entsprechend zu steigern (Contrafatto, 2014).

> **Fazit**
>
> Unternehmen haben sich in den letzten Jahren immer intensiver mit ihrer gesellschaftlichen Verantwortung auseinandersetzen müssen. Corporate Social Responsibility in die Unternehmensstrategie zu implementieren und über die CSR-Performance zu berichten, ist dabei zentral, um einen Wettbewerbsvorteil zu erzielen. So können Unternehmen mit einer hohen CSR-Performance mehr Konsumenten erreichen oder einfacher Fachkräfte rekrutieren. Auch erwarten institutionelle Investoren wie Pensions- oder Staatsfonds und auch Privatinvestoren, dass sich Unternehmen in CSR engagieren und transparent darüber berichten. Für Investoren spielt CSR eine zentrale Rolle, sei es aus moralischen Gründen oder aus der Idee, langfristig einen finanziellen Vorteil zu ziehen. Folglich haben Unternehmen einen Anreiz, sich in CSR zu engagieren und über dieses Engagement zu berichten. Ob das Berichten über CSR eher symbolischer Natur ist oder tatsächlich Teil unternehmerischen Denken und Handelns, hängt von diversen Faktoren ab. Eine besondere Rolle kommt hier den Charakteristika des Topmanagements, dessen Vergütung sowie der Corporate Governance zu. All das in Kombination mit dem Druck unterschiedlicher Stakeholder kann Unternehmen bei der Transformation zu einem nachhaltigen, gesellschaftlich verantwortlichen Unternehmen unterstützen.

Dank Wir danken Luise-Henriette Prager und Werner Sohn für die Unterstützung und die konstruktiven Verbesserungsvorschläge.

> **Schlüsselbegriffe**
>
> - **Person-Organisation-Fit:** Übereinstimmung von unternehmerischen Werten mit den persönlichen Werten der Mitarbeiter.
> - **Social-Value-Orientation:** Psychologisches Konzept, mit dem individuelles Entscheidungsverhalten anhand stabiler Persönlichkeitseigenschaften abgeleitet werden kann.
> - **Greenwashing:** Symbolische, opportunistische, einseitig positive, unvollständige oder gänzlich irrelevante Unternehmenskommunikation, die von der tatsächlichen Nachhaltigkeitsleistung eines Unternehmens abweicht.
> - **Upper-Echelons-Theorie:** Ansatz zur Erklärung, wie eine effektive Umsetzung von organisatorischen Strategien von Werten und kognitiven Verzerrungen relevanter Entscheidungsträger abhängt.

? Verständnisfragen

1. Was ist Corporate Social Responsibility und warum müssen sich Unternehmen damit auseinandersetzen?
2. Welche Gründe gibt es für Investoren, in Unternehmen mit hoher CSR-Performance zu investieren?
3. Welche Faktoren begünstigen, dass sich Führungskräfte in Unternehmen für CSR engagieren?

Literatur

Adams, C. A. (2017). Conceptualising the contemporary corporate value creation process. *Accounting, Auditing & Accountability Journal, 30*(4), 906–931. ▶ https://doi.org/10.1108/AAAJ-04-2016-2529.

Adams, C. A., & Narayanan, V. (2014). The 'standardization' of sustainability reporting. In J. Bebbington, J. Unerman, & B. O'Dwyer (Hrsg.), *Sustainability accounting and accountability* (2. Aufl., S. 89–104). Routledge.

Agnew, J. R., & Szykman, L. R. (2005). Asset allocation and information overload: The influence of information display, asset choice, and investor experience. *Journal of Behavioral Finance, 6*(2), 57–70. ▶ https://doi.org/10.1207/s15427579jpfm0602_2.

Baboukardos, D., & Rimmel, G. (2016). Value relevance of accounting information under an integrated reporting approach: A research note. *Journal of Accounting and Public Policy, 35*(4), 437–452. ▶ https://doi.org/10.1016/j.jaccpubpol.2016.04.004.

Baron, J., & Spranca, M. (1997). Protected values. *Organizational Behavior and Human Decision Processes, 70*(1), 1–16. ▶ https://doi.org/10.1006/obhd.1997.2690.

Barreda-Tarrazona, I., Matallín-Sáez, J. C., & Balaguer-Franch, M. R. (2011). Measuring investors' socially responsible preferences in mutual funds. *Journal of Business Ethics, 103*(2), 305–330. ▶ https://doi.org/10.1007/s10551-011-0868-z.

Cappucci, M. (2018). The ESG Integration Paradox. *Journal of Applied Corporate Finance, 30*(2), 22–28. ▶ https://doi.org/10.1111/jacf.12296.

Casey, R. J., & Grenier, J. H. (2015). Understanding and contributing to the enigma of corporate social responsibility (CSR) assurance in the United States. *Auditing: A Journal of Practice & Theory, 34*(1), 97–130. ▶ https://doi.org/10.2308/ajpt-50736.

Cespa, G., & Cestone, G. (2007). Corporate social responsibility and managerial entrenchment. *Journal of Economics & Management Strategy, 16*(3), 741–771. ▶ https://doi.org/10.1111/j.1530-9134.2007.00156.x.

Chen, W., Zhou, G., & Zhu, X. (2019). CEO tenure and corporate social responsibility performance. *Journal of Business Research, 95*, 292–302. ▶ https://doi.org/10.1016/j.jbusres.2018.08.018.

Cheng, M. M., Green, W. J., & Ko, J. C. W. (2015). The Impact of Strategic Relevance and Assurance of Sustainability Indicators on Investors' Decisions. *Auditing : A Journal of Practice & Theory, 34*(1), 131–162. ▶ https://doi.org/10.2308/ajpt-50738.

Chiu, S.-C., & Sharfman, M. (2018). Corporate social irresponsibility and executive succession: An empirical examination. *Journal of Business Ethics, 149*(3), 707–723. ▶ https://doi.org/10.1007/s10551-016-3089-7.

Cho, C. H., Roberts, R. W., & Patten, D. M. (2010). The language of US corporate environmental disclosure. *Accounting, Organizations and Society, 35*(4), 431–443. ▶ https://doi.org/10.1016/j.aos.2009.10.002.

Cohen, J. R., Holder-Webb, L., & Zamora, V. L. (2015). Nonfinancial information preferences of professional investors. *Behavioral research in accounting, 27*(2), 127–153. ▶ https://doi.org/10.2308/bria-51185.

Contrafatto, M. (2014). The institutionalization of social and environmental reporting: An Italian narrative. *Accounting, Organizations and Society, 39*(6), 414–432. ▶ https://doi.org/10.1016/j.aos.2014.01.002.

Davidson, R. H., Dey, A., & Smith, A. J. (2019). CEO materialism and corporate social responsibility. *The Accounting Review, 94*(1), 101–126. ▶ https://doi.org/10.2308/accr-52079.

De Bruin, E. N. M., & van Lange, P. A. M. (2000). What people look for in others: Influences of the perceiver and the perceived on information selection. *Personality and Social Psychology Bulletin, 26*(2), 206–219. ▶ https://doi.org/10.1177/0146167200264007.

Fabrizi, M., Mallin, C., & Michelon, G. (2014). The role of CEO's personal incentives in driving corporate social responsibility. *Journal of Business Ethics, 124*(2), 311–326. ▶ https://doi.org/10.1007/s10551-013-1864-2.

Francoeur, C., Melis, A., Gaia, S., & Aresu, S. (2017). Green or greed? An alternative look at CEO compensation and corporate environmental commitment. *Journal of Business Ethics, 140*(3), 439–453. ▶ https://doi.org/10.1007/s10551-015-2674-5.

Fuhrmann, S., Ott, C., Looks, E., & Guenther, T. W. (2017). The contents of assurance statements for sustainability reports and information asymmetry. *Accounting and Business Research, 47*(4), 369–400. ▶ https://doi.org/10.1080/00014788.2016.1263550.

Georgakopoulos, G., & Thomson, I. (2008). Social reporting, engagements, controversies and conflict in an arena context. *Accounting, Auditing & Accountability Journal, 21*(8), 1116–1143. ▶ https://doi.org/10.1108/09513570810918788.

Gibson Brandon, R., Sohn, M., Tanner, C., & Wagner, A. F. (2023). Earnings Management and the Role of Moral Values in Investing. *European Accounting Review, 32*, 1–31. ▶ https://doi.org/10.1080/09638180.2023.2291408.

Greening, D. W., & Turban, D. B. (2000). Corporate social performance as a competitive advantage in attracting a quality workforce. *Business & Society, 39*(3), 254–280. ▶ https://doi.org/10.1177/000765030003900302.

Hahn, R., & Lülfs, R. (2014). Legitimizing negative aspects in GRI-oriented sustainability reporting: A qualitative analysis of corporate disclosure strategies. *Journal of Business Ethics, 123*(3), 401–420. ▶ https://doi.org/10.1007/s10551-013-1801-4.

Hambrick, D. C., & Mason, P. A. (1984). Upper echelons: The organization as a reflection of its top managers. *Academy of Management Review, 9*(2), 193–206. ▶ https://doi.org/10.5465/amr.1984.4277628.

Healy, P. M., & Palepu, K. G. (2001). Information asymmetry, corporate disclosure, and the capital markets: A review of the empirical disclosure literature. *Journal of Accounting and Economics, 31*(1–3), 405–440. ▶ https://doi.org/10.1016/S0165-4101(01)00018-0.

Hirsch, B., Reichert, B. E., & Sohn, M. (2017). The impact of clawback provisions on information processing and investment behaviour. *Management Accounting Research, 37*, 1–11. ▶ https://doi.org/10.1016/j.mar.2016.12.001.

Holder-Webb, L., Cohen, J. R., Nath, L., & Wood, D. (2009). The supply of corporate social responsibility disclosures among U.S. firms. *Journal of Business Ethics, 84*(4), 497–527. ▶ https://doi.org/10.1007/s10551-008-9721-4.

Hombach, K., & Sellhorn, T. (2019). Shaping corporate actions through targeted transparency regulation: A framework and review of extant evidence. *Schmalenbach Business Review, 71*(2), 137–168. ▶ https://doi.org/10.1007/s41464-018-0065-z.

Hong, B., Li, Z., & Minor, D. (2016). Corporate governance and executive compensation for corporate social responsibility. *Journal of Business Ethics, 136*(1), 199–213. ▶ https://doi.org/10.1007/s10551-015-2962-0.

Hong, H., & Kostovetsky, L. (2012). Red and blue investing: Values and finance. *Journal of Financial Economics, 103*(1), 1–19. ▶ https://doi.org/10.1016/j.jfineco.2011.01.006.

Hong, H., & Kacperczyk, M. (2009). The price of sin: The effects of social norms on markets. *Journal of Financial Economics, 93*(1), 15–36. ▶ https://doi.org/10.1016/j.jfineco.2008.09.001.

Hutton, A. P., Miller, G. S., & Skinner, D. J. (2003). The role of supplementary statements with management earnings forecasts. *Journal of Accounting Research, 41*(5), 867–890. ▶ https://doi.org/10.1046/j.1475-679X.2003.00126.x.

International Integrated Reporting Council (IIRC). (2013). *Integrated reporting: The international framework*. ▶ https://integratedreporting.org/wp-content/uploads/2013/12/13-12-08-THE-INTERNATIONAL-IR-FRAMEWORK-2-1.pdf.

Ikram, A., Li, Z. F., & Minor, D. (2023). CSR-contingent executive compensation contracts. *Journal of Banking & Finance, 151* (1), 105655. ▶ https://doi.org/10.1016/j.jbankfin.2019.105655.

Islam, M. A., & van Staden, C. J. (2018). Social movement NGOs and the comprehensiveness of conflict mineral disclosures: Evidence from global companies. *Accounting, Organizations and Society, 65*, 1–19. ▶ https://doi.org/10.1016/j.aos.2017.11.002.

Karim, K., Lee, E., & Suh, S. (2018). Corporate social responsibility and CEO compensation structure. *Advances in Accounting, 40*, 27–41. ▶ https://doi.org/10.1016/j.adiac.2017.11.002.

Krüger, P. (2015). Corporate goodness and shareholder wealth. *Journal of Financial Economics, 115*(2), 304–329. ▶ https://doi.org/10.1016/j.jfineco.2014.09.008.

Lee, L., & Chen, L.-F. (2018). Boosting employee retention through CSR: A configurational analysis. *Corporate Social Responsibility and Environmental Management, 25*(5), 948–960. ▶ https://doi.org/10.1002/csr.1511.

Maas, K. (2018). Do corporate social performance targets in executive compensation contribute to corporate social performance? *Journal of Business Ethics, 148*(3), 573–585. ▶ https://doi.org/10.1007/s10551-015-2975-8.

Manner, M. H. (2010). The impact of CEO characteristics on corporate social performance. *Journal of Business Ethics, 93*(S1), 53–72. ▶ https://doi.org/10.1007/s10551-010-0626-7.

Markowitz, H. (1952). Portfolio selection. *The Journal of Finance, 7*(1), 77–91. ▶ https://doi.org/10.1111/j.1540-6261.1952.tb01525.x.

Maske, M. K., Sohn, M., & Hirsch, B. (2021). How managerial accountability mitigates a halo effect in managers' ex-post bonus adjustments. *Management Accounting Research, 51*, 100738. ▶ https://doi.org/10.1016/j.mar.2021.100738.

McGuire, J., Dow, S., & Argheyd, K. (2003). CEO incentives and corporate social performance. *Journal of Business Ethics, 45*(4), 341–359. ▶ https://doi.org/10.1023/A:1024119604363.

Merkl-Davies, D., & Brennan, N. (2007). Discretionary disclosure strategies in corporate narratives: Incremental information or impression management? *Journal of Accounting Literature, 27*, 116–196. ▶ https://ssrn.com/abstract=1089447.

Miller, J., Flood, C., Mooney, A., & Morris, S. (26. August 2021). DWS shares slide after greenwashing claims prompt BaFin investigation. *Financial Times*. ▶ www.ft.com/content/0eb64160-9e41-44b6-8550-742a6a4b1022.

Nilsson, J. (2008). Investment with a conscience: Examining the impact of pro-social attitudes and perceived financial performance on socially responsible investment behavior. *Journal of Business Ethics, 83*(2), 307–325. ▶ https://doi.org/10.1007/s10551-007-9621-z.

Niszczota, P., Białek, M., & Conway, P. (2022). Deontological and utilitarian responses to sacrificial dilemmas predict disapproval of sin stocks. *Social Psychology, 53*(2), 51–62. ▶ https://doi.org/10.1027/1864-9335/a000474.

O'Dwyer, B., Unerman, J., & Hession, E. (2005). User needs in sustainability reporting: Perspectives of stakeholders in Ireland. *European Accounting Review, 14*(4), 759–787. ▶ https://doi.org/10.1080/09638180500104766.

Orlitzky, M., Schmidt, F. L., & Rynes, S. L. (2003). Corporate social and financial performance: A meta-analysis. *Organization Studies, 24*(3), 403–441. ▶ https://doi.org/10.1177/0170840603024003910.

Parguel, B., Benoît-Moreau, F., & Larceneux, F. (2011). How sustainability ratings might deter 'greenwashing': A closer look at ethical corporate communication. *Journal of Business Ethics, 102*(1), 15–28. ▶ https://doi.org/10.1007/s10551-011-0901-2.

Parker, L. D. (2014). Corporate social accountability through action: Contemporary insights from British industrial pioneers. *Accounting, Organizations and Society, 39*(8), 632–659. ▶ https://doi.org/10.1016/j.aos.2014.10.001.

Pasewark, W. R., & Riley, M. E. (2010). It's a matter of principle: The role of personal values in investment decisions. *Journal of Business Ethics, 93*(2), 237–253. ▶ https://doi.org/10.1007/s10551-009-0218-6.

Reichert, B. E., & Sohn, M. (2022). How corporate charitable giving reduces the costs of formal controls. *Journal of Business Ethics, 176*(4), 689–704. ▶ https://doi.org/10.1007/s10551-020-04695-y.

Renneboog, L., ter Horst, J., & Zhang, C. (2011). Is ethical money financially smart? Nonfinancial attributes and money flows of socially responsible investment funds. *Journal of Financial Intermediation, 20*(4), 562–588. ▶ https://doi.org/10.1016/j.jfi.2010.12.003.

Riedl, A., & Smeets, P. (2017). Why do investors hold socially responsible mutual funds? *The Journal of Finance, 72*(6), 2505–2550. ▶ https://doi.org/10.1111/jofi.12547.

Rodrigue, M., Magnan, M., & Boulianne, E. (2013). Stakeholders' influence on environmental strategy and performance indicators: A managerial perspective. *Management Accounting Research, 24*(4), 301–316. ▶ https://doi.org/10.1016/j.mar.2013.06.004.

Simnett, R., Vanstraelen, A., & Chua, W. F. (2009). Assurance on sustainability reports: An international comparison. *The Accounting Review, 84*(3), 937–967. ▶ https://doi.org/10.2308/accr.2009.84.3.937.

Sohn, M., Sohn, W., Klaas-Wissing, T., & Hirsch, B. (2015). The influence of corporate social performance on employer attractiveness in the transport and logistics industry: Insights from German junior talent. *International Journal of Physical Distribution & Logistics Management, 45*(5), 486–505. ▶ https://doi.org/10.1108/IJPDLM-07-2014-0150.

Spiegel. (21. September 2015). *Abgas-Skandal: Volkswagen-Aktie stürzt ab*. ▶ https://www.spiegel.de/wirtschaft/unternehmen/vw-volkswagen-aktie-verliert-wegen-abgas-skandals-13-prozent-a-1053918.html.

Statista. (2023). *Anteil von Bio-Lebensmitteln am Lebensmittelumsatz in Deutschland in den Jahren 2011 bis 2022*. ▶ https://de.statista.com/statistik/daten/studie/360581/umfrage/marktanteil-von-biolebensmitteln-in-deutschland/.

Stubbs, W., & Higgins, C. (2014). Integrated reporting and internal mechanisms of change. *Accounting, Auditing & Accountability Journal, 27*(7), 1068–1089. ▶ https://doi.org/10.1108/AAAJ-03-2013-1279.

Testa, F., Boiral, O., & Iraldo, F. (2018). Internalization of environmental practices and institutional complexity: Can stakeholders pressures encourage greenwashing? *Journal of Business Ethics, 147*(2), 287–307. ▶ https://doi.org/10.1007/s10551-015-2960-2.

Tversky, A., & Kahneman, D. (1986). The Framing of decisions and the evaluation of prospects. *Studies in Logic and the Foundations of Mathematics, 114*, 503–520. ▶ https://doi.org/10.1016/S0049-237X(09)70710-4.

Walker, K., & Wan, F. (2012). The harm of symbolic actions and green-washing: Corporate actions and communications on environmental performance and their financial implications. *Journal of Business Ethics, 109*(2), 227–242. ▶ https://doi.org/10.1007/s10551-011-1122-4.

Zahller, K. A., Arnold, V., & Roberts, R. W. (2015). Using CSR disclosure quality to develop social resilience to exogenous shocks: A test of investor perceptions. *Behavioral research in accounting, 27*(2), 155–177. ▶ https://doi.org/10.2308/bria-51118.

Eigennutz oder Gemeinschaftssinn?

Macht und Vertrauenswürdigkeit der Behörden

Erich Kirchler

Inhaltsverzeichnis

1   Soziale Dilemmata – 258

2   Kontrollen und Strafen – 260

3   Psychologische Verhaltensdeterminanten – 261

4   Fehlschläge von Kontrollen und Strafen – 261

5   Macht der Behörden und Vertrauen – 263

6   Strategien zur Förderung der Kooperationsbereitschaft – 265

    Literatur – 268

© Der/die Autor(en), exklusiv lizenziert an Springer-Verlag GmbH, DE, ein Teil von Springer Nature 2024
J. Basel und S. Manchen Spörri (Hrsg.), *Angewandte Psychologie für die Wirtschaft*,
https://doi.org/10.1007/978-3-662-68559-4_19

Insights
- Soziale Dilemmata sind Situationen, in denen die individuellen Interessen im Widerspruch zu den Interessen der Gruppe oder Gemeinschaft stehen.
- In sozialen Dilemmata sind Entscheidungen, zu kooperieren oder nicht zu kooperieren, Entscheidungen unter Unsicherheit. Je nach Kontrollwahrscheinlichkeit und drohenden Strafen bei eigennützigem Verhalten entscheiden sich nutzenmaximierende Menschen, für oder gegen die Gemeinschaft zu handeln.
- Kontrollen und Strafen sind Machtinstrumente der Behörde, die Kooperationsbereitschaft zum Teil erklären. Genauso wichtig ist das Vertrauen in die Behörde.
- Das „Slippery-Slope-Rahmenmodell" beschreibt die Dynamik zwischen Macht und Vertrauen.

Einleitung

Wir stehen vor großen Herausforderungen. Laut dem Global Risk Report 2022 (World Economic Forum [WEF], 2022) zählen der Klimawandel und damit zusammenhängend extreme Wetterlagen, der Rückgang der Biodiversität mit folgenschweren Auswirkungen, Umweltverschmutzung und die Vernichtung von natürlichen Ressourcen zu den zehn schwerwiegendsten globalen Risiken in den kommenden Jahren. Zudem wird vor der Brüchigkeit der sozialen Kohäsion in vielen Ländern gewarnt. Infektionskrankheiten, die sich zu weltweiten Pandemien entwickeln können, stellen eine weitere Herausforderung dar. Die komplexen sozialen Probleme verschärfen sich zudem aufgrund des Verlustes der Lebensgrundlagen vor allem in wirtschaftlich armen Gebieten. Erschwerend kommen geopolitische Auseinandersetzungen und Kriege, wirtschaftliche Krisen, enorme Schulden und steigende Preise sowie verstärkter Fachkräftemangel hinzu, verbunden mit dem demografischen Wandel in vielen Ländern. Die westlichen Länder „müssen sich langfristig auf niedrige Wachstumsraten und kleiner werdende Verteilungsspielräume einstellen", schreiben Goldschmidt und Küppers (2022, S. 12) und weiter: Werden die ökonomischen Spielräume kleiner, müssen wir verstärkt in den sozialen Zusammenhalt investieren. Die betroffenen Länder und auch die internationale Gemeinschaft müssen sich den Herausforderungen stellen und Lösungswege finden. „Länder" und „internationale Gemeinschaft" – das klingt ziemlich abstrakt. Tatsächlich sind *wir* selbst gemeint.

Über die aktuellen Herausforderungen und Entwicklungen und über Lösungswege mögen Fachleute und Politikerinnen und Politiker diskutieren. Sie werden um Entscheidungen ringen, Kompromisse schließen und sich auf konkrete Maßnahmen einigen müssen. Zur Bewältigung der Herausforderungen müssen jedoch alle gemeinsam beitragen: die Politik, die öffentlichen Institutionen, Unternehmen und Medien und vor allem auch die Bürgerinnen und Bürger. Solidarität ist das Gebot, um den lokalen und globalen Herausforderungen erfolgreich begegnen zu können. Solidarität hält die Gesellschaft zusammen. Fairness, Kooperation und Altruismus sind die Grundpfeiler der Solidarität. Allerdings stehen diese konträr zur (egoistischen) Nutzenmaximierung, die als oberstes Ziel rational handelnder Individuen postuliert wird.

1 Soziale Dilemmata

Viele Herausforderungen stellen soziale Dilemmata (Dawes, 1980) dar. Ein soziales Dilemma ist eine Situation, in der die individuellen Interessen im Widerspruch zu den Interessen der Gruppe oder Gemeinschaft stehen. Konflikte zwischen der

Maximierung individueller und kollektiver Interessen bestehen, wenn sich beispielsweise Fahrgäste überlegen, ob sie eine Fahrkarte lösen oder den Preis des Tickets sparen und trotzdem öffentliche Verkehrsmittel nutzen; oder wenn in Zeiten einer Pandemie manche eine erfolgversprechende Impfung ablehnen, in der Annahme, viele andere würden sich impfen lassen und damit die Infektionswahrscheinlichkeit eindämmen. Wer seine Steuern nicht in voller Höhe bezahlt, gewinnt doppelt: zum einen den unterschlagenen Steuerbetrag und zum anderen können öffentliche Güter, die mit den Steuergeldern von vielen kooperierenden Steuerpflichtigen finanziert werden, trotzdem in Anspruch genommen werden. Betriebe, die sich weigern Filteranlagen zur Reduktion der Luftverschmutzung einzubauen, sparen nicht nur die nötigen Investitionsmittel, sondern profitieren als Trittbrettfahrer von sauberer Luft, wenn der überwiegende Teil der anderen nicht egoistisch handelt.

Wer in sozialen Dilemmata-Situationen nicht zum Gemeinwohl beiträgt, profitiert – es sei denn, die Mehrheit würde ihren Eigennutzen auf Kosten der Gemeinschaft maximieren. Dann könnten öffentliche Verkehrsmittel nicht finanziert werden, die Ansteckungsgefahr in Zeiten der Pandemie würde steigen, der Staat würde öffentliche Güter nicht zur Verfügung stellen können und die Umwelt würde schwer geschädigt werden. Letztlich würde egoistisches Handeln allen schaden.

Außer den sogenannten Beitragsdilemmata, wo jeder einen Beitrag für die Allgemeinheit leisten sollte, gibt es Spannungsfelder, in denen Einzelne zu viel von den gemeinsamen Gütern in Anspruch nehmen, sogenannte Nutzungsdilemmata. Die „Tragödie des Allgemeinguts" oder die „Allmendeklemme" wurde von Garret Hardin (1968) beschrieben, und Beispiele dafür finden sich dort, wo Ressourcen allen zur Verfügung stehen und viele versuchen, so viel Ertrag wie möglich zu erwirtschaften. Wenn im Freundeskreis die Restaurantrechnung zu gleichen Teilen gezahlt wird, profitiert der Einzelne bei der Bestellung teurer Speisen. Wenn viele in der Runde überlegen, wie sie ihren eigenen Nutzen maximieren können, dann zahlen am Ende alle mehr, als sie ausgeben wollten. Wenn Sozialleistungen im Übermaß in Anspruch genommen werden, auch von jenen, denen sie nicht zustehen, dann ist das Staatsbudget bald erschöpft und Unterstützung auch in sozialen Notfällen nicht möglich. Während der Corona-Pandemie boten viele Regierungen eine breite Palette an Hilfsinstrumenten an, um Unternehmen und Selbstständigen durch die Krise zu helfen und drohende gesamtwirtschaftliche Folgen abzuwehren (Alm et al., 2020). Bald wurde aber klar, dass finanzielle Hilfe auch dann kassiert wurde, wenn sie nicht notwendig war, und die Kosten der Überförderung von allen zu tragen sind. Die Schieflage in diesem Nutzungsdilemma muss korrigiert werden, um Misstrauen zwischen den Akteuren im Staat zu vermeiden und zu verhindern, dass die Kooperationsbereitschaft erodiert.

Soziale Dilemmata bestehen nicht nur innerhalb von Gruppen, sondern auch zwischen Gruppen oder zwischen Ländern. Wenn sich beispielsweise manche Staaten für Klimaabkommen mit dem Ziel entscheiden, die Treibhausgasemissionen zu reduzieren und den Klimawandel einzudämmen, tragen sie hohe Investitionskosten, während die anderen die Ausgaben für die notwendigen Investitionen einsparen, aber die Vorteile einer besseren Umwelt allen global zugutekommen.

Soziale Dilemma-Situationen können gemeistert werden, wenn alle Beteiligten bereit sind zusammenzuarbeiten und ihre individuellen Interessen zugunsten der Gemeinschaft zurückzustellen. Wie kann verhindert werden, dass durch eigennütziges Verhalten letztlich allen geschadet wird? Die Bereitschaft zur Kooperation ist fragil. Wenn angenommen werden muss, dass Menschen bestrebt sind, sich rational zu verhalten, mit dem Ziel, ihren Nutzen zu maximieren, dann müssen Verhaltensnormen verpflichtend für alle definiert und eingefordert werden. Die Befolgung der Normen – oder von Gesetzen, Geboten und Verboten – muss seitens der Gesellschaft und von staatlichen Institutionen kontrolliert werden und die Verletzung von Normen darf nicht ohne Konsequenzen bleiben.

2 Kontrollen und Strafen

Sind Kontrollen und Strafen die geeigneten Maßnahmen, um Kooperation sicherzustellen? Die Effizienz von Kontrollen und Strafen lässt sich anschaulich im Steuerkontext untersuchen. Ein Staat, der sich an den Bedürfnissen und Wünschen seiner Bürgerinnen und Bürger orientiert und versucht, deren Interessen bestmöglich zu vertreten, und der bestrebt ist, öffentliche Güter zu schaffen, die allen zugutekommen (z. B. Einrichtungen für Bildung, Gesundheit und Sicherheit, Verkehrswege und nicht zuletzt eine funktionierende öffentliche Verwaltung), benötigt finanzielle Ressourcen. Ein Großteil der Aufwendungen wird über Abgaben und Steuern finanziert. Es ist also notwendig, dass die Bürgerinnen und Bürger Steuern entrichten, und es ist wichtig, dass alle ihren fairen Beitrag leisten. Aber wer sich vor der Pflicht drückt, spart sein Geld und kommt trotzdem in den Genuss der öffentlichen Güter.

Die Entscheidung, Steuern zu zahlen oder nicht, ist eine Entscheidung unter Unsicherheit. Während die Entscheidung zur korrekten Zahlung den sicheren „Verlust" der Steuerschuld bedeutet, behalten unehrliche Steuerpflichtige ihren Anteil und verfügen nicht nur über ihr Nettoeinkommen, sondern auch über den hinterzogenen Betrag. Allerdings riskieren sie bei einer Kontrolle, dass sie nicht nur die fällige Steuer nachzahlen, sondern auch eine Strafe, sodass sie letztlich weniger zur Verfügung haben als ihr Nettoeinkommen. Was also tun?

Laut der ökonomischen Theorie des kriminellen Handelns (G. S. Becker, 1968) und ihrer Übertragung auf das Steuerverhalten (Allingham & Sandmo, 1972; Srinivasan, 1973) wägen Steuerpflichtige Kosten und Nutzen der Alternativen „Zahlen" oder „Nicht-Zahlen" gegeneinander ab und entscheiden sich für die attraktivere Alternative. Wenn die Wahrscheinlichkeit effizienter Kontrollen gering ist und Strafen milde sind, dann zahlt es sich aus, Steuern zu hinterziehen. Ist die Wahrscheinlichkeit einer Prüfung hoch und drohen harte Strafen, dann ist Ehrlichkeit angeraten. Kontrollwahrscheinlichkeit und Strafe sind also die Werkzeuge, um Kooperation im Steuerdilemma zu fördern oder zu erzwingen.

Empirische Studien belegen, dass Kontrollen und Strafen gegen Steuerhinterziehung wirken. Zahlreiche Experimente wurden in Labors oder im Feld durchgeführt (Kirchler, 2007). Bereits in den 1970er Jahren wurden Laborexperimente konzipiert, in welchen die Studienteilnehmenden eine Arbeit verrichten mussten, für die sie entlohnt wurden, oder sie stellten sich vor, für eine Arbeit bezahlt worden zu sein. Sie erhielten ihren Bruttolohn und mussten Steuern entrichten. Dabei wurde nicht nur die Höhe der Steuern variiert, sondern auch die Wahrscheinlichkeit einer Steuerprüfung und von Strafen im Falle entdeckter Hinterziehung. In einem Experiment von Friedland et al. (1978) wurden die Prüfwahrscheinlichkeit und die Strafhöhe sowie die Steuerrate variiert und deren Einfluss auf das deklarierte Einkommen erfasst. Wie hypothetisch angenommen, stieg die Steuerehrlichkeit mit zunehmenden Kontrollen und Strafen. Damit aber Strafen auch wirksam sind, müssen sie als *Strafe* empfunden werden. Wenn beispielsweise das Management von Kinderbetreuungszentren sich Strategien überlegt, Eltern dazu zu bewegen, ihre Kinder pünktlich abzuholen, dann kann eine geringe monetäre „Strafe" als Preis für eine längere Betreuungszeit aufgefasst werden, und die Eltern holen ihre Kinder nicht nur weiterhin zu spät ab, sondern dann ohne Schuldgefühl, weil sie für ihre Verspätung bezahlen (Gneezy & Rustichini, 2000). Üblicherweise werden Steuerstrafen nach dem hinterzogenen Betrag bemessen. Wirksamer wäre aber die Bemessung einer finanziellen Strafe nach dem Einkommen oder Vermögen der nicht kooperativen Steuerpflichtigen, oder anstelle monetärer Strafen könnten Reputationsschäden oder Freiheitsentzug wirken (Muehlbacher et al., 2007). Die Wirkung von Kontrollen und Strafen scheint nicht so klar und direkt zu sein, wie theoretisch angenommen.

Außerdem erklären Kontrollen und Strafen nur unzureichend die allgemein hohe Kooperationsbereitschaft in der Gemeinschaft.

3 Psychologische Verhaltensdeterminanten

Alm et al. (2012) fassen Determinanten der Steuerehrlichkeit zusammen und listen neben ökonomischen auch eine Reihe nichtökonomischer Variablen auf. Neben der Prüfwahrscheinlichkeit, Art und Höhe von Strafen, Grenzsteuersatz, Einkommen der Steuerpflichtigen, Möglichkeiten zur Steuervermeidung oder -hinterziehung sind die psychologischen Variablen, die in ◘ Tab. 1 gelistet sind, verhaltensbestimmend.

Auch wenn die Variablen in ◘ Tab. 1 im Steuerkontext untersucht sind und ihr Einfluss auf das Verhalten empirisch weitgehend bestätigt werden konnte (Kirchler, 2007), kann doch angenommen werden, dass in den meisten oben genannten sozialen Dilemmata-Situationen Prüfungen und Strafen, Komplexität der Verhaltensregeln, Einstellungen und Moral, persönliche, soziale und gesellschaftliche Normen und Fairnessüberlegungen wichtig sind. Wie schon betont, dürfte der Einfluss der Kontrollwahrscheinlichkeit und der Strafen auf das Verhalten komplexer sein, als ursprünglich angenommen, und manchmal scheint es, dass Kontrollen und Strafen das Gegenteil dessen bewirken, was bezweckt wird.

4 Fehlschläge von Kontrollen und Strafen

Kontrollen und Strafen können manchmal den intendierten Auswirkungen entgegengesetzte Folgen haben. Beispielsweise können Prüfungen nach hinten losgehen, wenn sie zu oft eingesetzt werden (Mendoza et al., 2015) oder wenn die Prüfung in einem Klima wechselseitigen Misstrauens stattfindet und Prüfungsergebnisse als ungerecht erlebt werden und Angst und Ärger hervorrufen (Erard et al., 2019).

Mendoza et al. (2015) untersuchten den Zusammenhang zwischen Prüfintensität und Steuerverhalten in über 50 Staaten und über einen längeren Zeitraum. Außer der geschätzten Steuerhinterziehung und Prüfungsintensität wurden eine Reihe

Tab. 1 Psychologische Faktoren des Steuerverhaltens. (Nach Alm et al., 2012, S. 138)

Komplexität des Steuerrechts	Das Steuerrecht ist komplex, und auch bei hoher Motivation zur Steuerehrlichkeit können Angaben fehlerhaft oder strittig sein
Einstellungen/Steuermoral	Einstellungen zur Regierung und zum Staat, zu Steuern und den Finanzbehörden sowie zu Steuervermeidung und -hinterziehung wirken auf das Verhalten. Solche Einstellungen werden oft als Grundlage der Steuermoral gesehen. Die Messung von Einstellungen ist ähnlich der Messung der Steuermoral
Normen	
Persönliche Normen	Persönliche Normen sind verinnerlichte Werte, die persönliche Tendenz zur Befolgung von Gesetzen. Oft sind religiöse Überzeugungen mit persönlichen Normen verbunden
Soziale Normen	Soziale Normen sind die im sozialen Umfeld geltenden Regeln und Werte, an denen sich viele Menschen orientieren
Gesellschaftliche Normen	Gesellschaftliche Normen beziehen sich auf die Werte der Gesellschaft und die Gesetze im Land
Gerechtigkeit	
Verteilungsgerechtigkeit	Verteilungsgerechtigkeit bezieht sich auf das Verhältnis zwischen der Steuerlast und den öffentlichen Gütern, an denen Steuerpflichtige teilhaben können. Es geht also um die Balance zwischen Geben und Nehmen. Dabei wird zwischen horizontaler Fairness (Steuerbelastung einer Person im Vergleich zu anderen mit vergleichbarem Einkommen) und vertikaler Fairness (Steuerbelastung einer Person im Vergleich zu anderen, die mehr oder weniger verdienen oder ein geringeres oder höheres Vermögen haben) unterschieden. Zudem wird die Steuerlast mit der Verfügbarkeit öffentlicher Güter verglichen
Verfahrensgerechtigkeit	Verfahrensgerechtigkeit bezieht sich auf die Fairness von Entscheidungsverfahren. Wichtige Bestandteile der Verfahrensgerechtigkeit sind Professionalität und Kompetenz der Behörde, Integrität und Umsicht im Umgang mit den Steuerpflichtigen, Wohlwollen und Wertekongruenz, Transparenz der Verfahren, Kohärenz und Neutralität sowie das Recht, angehört zu werden
Retributive Gerechtigkeit	Retributive Gerechtigkeit bezieht sich auf die Angemessenheit der Art und Höhe von Strafen im Falle von Regelverletzungen

weiterer Merkmale berücksichtigt (z. B. Bruttosozialprodukt, Vertrauen in die Regierung, Strafen im Falle eines Vergehens). In ◘ Abb. 1 ist der Zusammenhang zwischen Prüfintensität und Steuerhinterziehung dargestellt. Was sich zeigt, ist überraschend: Steuerunehrlichkeit wurde nicht nur bei geringer Prüfungsintensität festgestellt, sondern auch in Ländern, wo die Prüfungsintensität überdurchschnittlich hoch war. Bei niedriger Prüfwahrscheinlichkeit sind Steuerpflichtige wahrscheinlich der Meinung, dass ihre Unehrlichkeit ohnehin nicht entdeckt wird und sie keine Strafe riskieren. Aber in Ländern mit sehr vielen Kontrollen werden häufig auch kooperative Bürgerinnen und Bürger geprüft; die Prüfungen werden als Signal des Misstrauens interpretiert, was Misstrauen aufseiten der Pflichtigen bewirkt und die Bereitschaft zur Kooperation unterminiert.

S. Beer et al. (2015, 2017) stellten bei US-amerikanischen Selbstständigen fest, dass Betriebsprüfungen einen positiven langfristigen Einfluss auf die Compliance

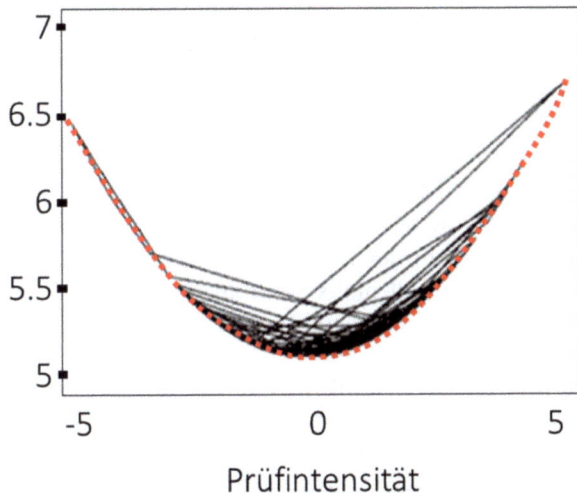

◘ Abb. 1 Zusammenhang zwischen Prüfintensität und Hinterziehungshöhe in verschiedenen Staaten. (Nach Mendoza et al., 2015, S. 290)

der Steuerpflichtigen haben, wenn diese ihr Einkommen und ihre Ausgaben falsch deklariert hatten. Steuerpflichtige, denen bei einer Prüfung korrektes Steuerverhalten bescheinigt wurde, meldeten jedoch in den Folgejahren weniger zu versteuernde Gewinne. Gemmell und Ratto (2012) berichten von ähnlichen Effekten: Stichprobenartige Steuerprüfungen führen zu geringerer Compliance bei Steuerpflichtigen, die sich gesetzeskonform verhalten haben. Vielleicht schätzen diese Steuerpflichtigen die Wahrscheinlichkeit zukünftiger Betriebsprüfungen falsch ein und meinen, die Wahrscheinlichkeit einer weiteren Kontrolle würde sinken (Kastlunger et al., 2009; Mittone et al., 2017), oder sie erleben Prüfungen als Ausdruck von Misstrauen, als zeit- und kostenaufwendig und ärgerlich. Deshalb könnte die Kooperationsbereitschaft in den Folgejahren sinken (Lederman, 2019). Ein niederländisches Forscherteam kommt zu ähnlichen Erklärungen (Mooijman et al., 2017). Die Motivation zur Compliance scheint abzunehmen, weil Kontrollen Misstrauen signalisieren und das Vertrauen in die Behörde sinkt. Es scheint also, dass Prüfungen und Strafen wirksame Machtinstrumente der Behörden sind, aber dass sie mit Bedacht eingesetzt werden müssen und dass das Vertrauen in die Behörde genauso wichtig ist.

5 Macht der Behörden und Vertrauen

Das Zusammenspiel verschiedener Akteure im Staat ist komplex. Bürgerinnen und Bürgern, Unternehmen, Medien, Behörden und die politisch Verantwortlichen interagieren miteinander, und abhängig vom Interaktionsklima wird solidarisch gehandelt oder nicht. Im Steuerkontext kann Solidarität und Kooperation dann erwartet werden, wenn die Akteure einander vertrauen. Das Vertrauen der Steuerpflichtigen basiert vor allem auf

- den Einstellungen, die Menschen zu Steuern, zum Staat und zur Politik haben,
- dem Wissen über Regeln und der Kenntnis von Gesetzen,
- der Überzeugung, andere würden auch kooperieren,
- der Wahrnehmung fairer Verteilung von Pflichten und Vorteilen sowie
- als fair erlebten Verfahren.

Wenn das wechselseitige Vertrauen hoch ist und ein synergistisches Interaktionsklima besteht, dann wird auch die Bereitschaft zur Kooperation und damit zu ehrlichem Steuerverhalten groß sein. Bei geringem Vertrauen, in einem antagonistischen Interaktionsklima, steht der Eigennutz und nicht die Gemeinschaft im Vordergrund. Kooperation kann allenfalls erzwungen werden. Das Interaktionsklima ist ausschlaggebend dafür, ob Kooperation freiwillig erfolgt oder erzwungen werden muss.

Wenn die Kooperationsbereitschaft gering ist, muss sie erzwungen werden, um öffentliche Güter finanzieren zu können. Kooperation wird durch die Machtinstrumente der Autoritäten durchgesetzt. Kontrollen und Sanktionen sind die wichtigsten Instrumente, um sicherzustellen, dass alle im Sinne des Kollektivs handeln.

Im „Slippery-Slope-Rahmenmodell" (Kirchler, 2007; Kirchler et al., 2008; Kirchler et al., 2014) wird das Zusammenspiel von Macht und Vertrauen beschrieben (◘ Abb. 2). Vereinfacht besagt das Modell, dass mittels Kontrollen und Strafen Kooperation erzwungen werden kann, während mit zunehmendem Vertrauen in die

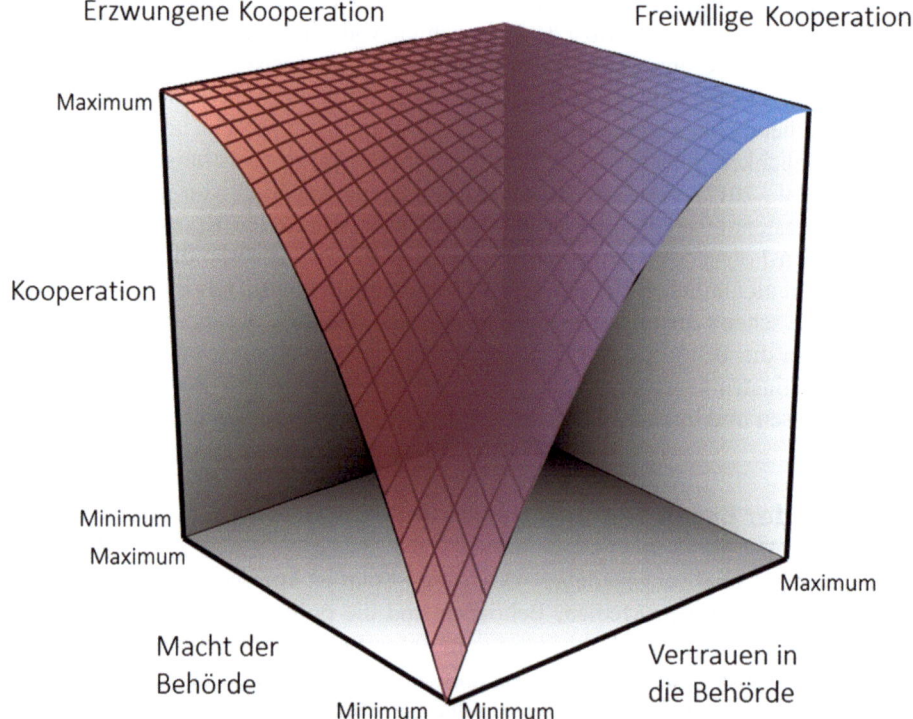

◘ Abb. 2 „Slippery-Slope-Rahmenmodell". (Nach Kirchler, 2007; Kirchler et al., 2008, S. 212)

Behörden und anderen Akteure im Staat freiwillig kooperiert wird und egoistische Motive den kollektiven weichen. Macht und Vertrauen wurden anfänglich als Antagonisten gesehen, wobei mit zunehmender Macht das Vertrauen schwindet. Empirische Studien legen jedoch nahe, dass in einem gut funktionierenden Staat die Kooperationsbereitschaft steigt, wenn Macht und Vertrauen groß sind. Wenn Macht auf Vertrauen aufbaut, dann können selbst Zwang und harte Strafen für die Nichtbefolgung von Regeln und Gesetzen das Vertrauen in der Bevölkerung weiter stärken und die Kooperationsbereitschaft im Staat erhöhen.

Das Wechselspiel zwischen Macht und Vertrauen erscheint auf den ersten Blick widersprüchlich. Dieser Widerspruch löst sich aber in sozialen Dilemmata-Situationen schnell auf. Wenn eine Gemeinschaft ihr Zusammenleben verhandelt und Kooperation zur verbindlichen Regel wird, dann gefährden einzelne Gruppenmitglieder, die ihren Eigennutz auf Kosten der Allgemeinheit maximieren, die verhandelten Werte. Je häufiger egoistisches Verhalten Einzelner beobachtet wird, umso mehr werden anfänglich kooperative Mitglieder auch ihren eigenen Nutzen zu maximieren versuchen, um nicht letztlich als Betrogene dazustehen, bis schließlich das System der Kooperation kippt. Deshalb ist es wichtig, dass kontrolliert und unsolidarisches Verhalten streng geahndet wird. Allerdings dürfen Kontrollen nicht nach dem Zufallsprinzip erfolgen und kooperative Mitglieder „verdächtigen", sondern müssen gezielt gegen Trittbrettfahrende eingesetzt werden. Wenn dies gelingt, dann müssen sich kooperative Mitglieder nicht vor Kontrollen fürchten, sondern können sie als Strategie zum Schutz von Kooperationswilligen vor der Ausbeutung durch Trittbrettfahrende erleben.

Die Dynamik zwischen Macht und Vertrauen im Steuerkontext lässt sich auf viele Situationen im Staat und in Organisationen übertragen (Wahl et al., 2023). Solidarität und Kooperation sind Werte, die geschützt werden müssen. Egoistisch handelnde Personen müssen daran gehindert werden, das System auszubeuten, damit kooperativ handelnde vor Schäden geschützt sind.

6 Strategien zur Förderung der Kooperationsbereitschaft

Was muss unternommen werden, um die Kooperationsbereitschaft im Staat im Allgemeinen und bezogen auf Steuerehrlichkeit im Besonderen zu fördern? Generell muss ein Klima des wechselseitigen Vertrauens zwischen allen Akteuren geschaffen und stabilisiert werden. Dann ist es notwendig, dass die Behörden professionell arbeiten, die Mitarbeitenden Expertise in ihrem Arbeitsfeld besitzen und ihnen genügend Mittel zur Verfügung stehen, um professionell und gezielt Kontrollen durchzuführen. Unsolidarisches Verhalten muss bestraft werden, sodass es sich für Trittbrettfahrer nicht lohnt, ihren Eigennutz auf Kosten der Gemeinschaft zu maximieren. Kurz: Vertrauen ist die Basis für Kooperation, und Macht – in Form von Expertise und Professionalität, aber auch Zwang – unterbindet eigennützigen Opportunismus.

Ausgehend von praktischen Empfehlungen im Steuerkontext (Alm & Torgler, 2011; James et al., 2003) lassen sich allgemeine Empfehlungen zur Stärkung der Kooperation in sozialen Dilemmata-Situationen ableiten:

1. Verhaltensregeln (z. B. Gesetze, Gebote, Verbote) müssen so gestaltet sein, dass sie der Förderung des Gemeinwohls dienen und ihre Ziele von den Mitgliedern der Gruppe oder Gemeinschaft befürwortet werden.
2. Verhaltensregeln müssen klar formuliert sein, sodass sie klar verständlich sind. Steuergesetze sind häufig äußerst kompliziert, mit vielen Ausnahmen und mit Interpretationsspielraum. Deshalb sollte überlegt werden, ob anstelle einer Fülle von Regeln nicht Verhaltensgrundsätze formuliert werden.
3. Die Kontrolle der Befolgung der Verhaltensregeln ist notwendig. Behörden und deren Mitarbeitende müssen professionell geschult sein. Die Expertise bezieht sich dabei nicht nur auf die Kenntnis der geltenden Verhaltensregeln, sondern auch auf das Wissen, dass Menschen unterschiedlich sind, unterschiedliche motivationale Tendenzen aufweisen und trotz bester Absicht Fehler machen können. Im Steuerkontext unterscheidet Braithwaite (2003) fünf motivationale Muster, die von hohem Commitment bis zur Abkehr von der Gemeinschaft reichen. Zudem werden im Steuerkontext Fehler beobachtet, die von Missverständnissen und Fehlinterpretationen bis hin zu intendierter Hinterziehung reichen. Kontrollen und Strafen dürfen die Motivationsmuster und Absichten nicht ignorieren.
4. Kontrollen müssen effizient und effektiv sein und Strafen müssen als Strafe erlebt werden. Deshalb ist weder die Art noch die Höhe von Strafen unerheblich. In manchen Fällen kann die Verordnung von Arbeit für die Gemeinschaft, die Veröffentlichung des Fehlverhaltens und damit einhergehend ein Reputationsschaden oder gar Freiheitsentzug weitaus stärker wirken als eine Geldstrafe.
5. Kooperation muss zur verbindlichen sozialen Norm werden. Deshalb ist es wichtig zu kommunizieren, dass der Großteil der Gruppe oder Gemeinschaft kooperativ handelt.
6. Gerechtigkeit ist von größter Bedeutung, sowohl Verteilungs- und Verfahrens- als auch Vergeltungsgerechtigkeit. Zum einen muss klar sein, wer welche Lasten trägt und welche Vorteile genießt, und die Relationen müssen als fair akzeptiert werden. Zum anderen müssen Prozesse und Verfahren als fair empfunden werden. Nach Leventhal (1980) müssen Verfahren bestimmten Regeln genügen:
    a) Konsistenzregel: Festgelegte Regeln müssen unabhängig von Person oder Zeit konsistent sein; niemand darf bevorzugt oder benachteiligt werden.
    b) Unvoreingenommenheitsregel: Interessen und Parteilichkeit von Entscheidungsbefugten müssen vermieden werden.
    c) Genauigkeitsregel: Alle relevanten Informationsquellen müssen ausgeschöpft werden, um eine Entscheidung basierend auf verlässlichen und vollständigen Informationen zu treffen.
    d) Korrekturmöglichkeitsregel: Anpassungen und Revisionen von Entscheidungen müssen möglich sein, falls nachträglich Fehler bemerkt werden.
    e) Repräsentativitätsregel: Interessen und Meinungen aller vom Entscheidungsprozess Betroffenen sind zu berücksichtigen.
    f) Regel der ethischen Vertretbarkeit: Die angewandten Verfahren müssen mit den kulturellen und ethischen Werten der Gruppe oder Gemeinschaft vereinbar sein.

❓ Fazit

Wir stehen vor großen Herausforderungen: ökologischen, sozialen, gesundheitsbedrohenden und wirtschaftlichen. Diese sind nur gemeinsam zu meistern, durch solidarisches Handeln, Kooperation und Fairness. Viele der Herausforderungen lassen sich als soziale Dilemmata beschreiben, in welchen das Ziel, den Eigennutz zu fördern, mit dem Ziel, den Nutzen für die Gemeinschaft zu fördern, kollidiert. Deshalb muss in sozialen Dilemmata-Situationen eigennütziges Verhalten auf Kosten der Allgemeinheit verhindert werden.

Verbindliche Verhaltensregeln müssen formuliert und durchgesetzt werden. Kontrollen und Strafen sind starke Machtmittel zur Stabilisierung von Kooperation. Aber Kontrollen und Strafen können den beabsichtigten Auswirkungen entgegenstehende Folgen haben, und sie erklären Kooperation nur zum Teil. Wesentliche psychologische Faktoren betreffen die Einstellungen und die Moral der Mitglieder einer Gruppe oder Gemeinschaft, ihre Normen und Gerechtigkeitsvorstellungen. Die psychologischen Faktoren bilden die Grundlage für wechselseitiges Vertrauen in der Gruppe oder Gemeinschaft. Im „Slippery-Slope-Rahmenmodell" wird das Wechselspiel zwischen Macht und Vertrauen beschrieben; unter anderem davon lassen sich Strategien zur Förderung der Kooperation in sozialen Dilemmata-Situationen ableiten, die sich auf die vereinbarten Verhaltensregeln beziehen, auf die Art von Kontrollen und Strafen, auf die Expertise der kontrollierenden Behörde, auf soziale Normen und die wahrgenommene Gerechtigkeit von Lasten und Vorteilen sowie Verfahren.

Dank Ich danke Dr. Gisela Kirchler und Dr. Erwin Kirchler für kritische Kommentare und Verbesserungsvorschläge einer vorherigen Version des Beitrags.

Schlüsselbegriffe

- **Soziales Dilemma:** Konflikt zwischen individuellen und gemeinschaftlichen Interessen.
- **Macht der Behörde:** Kontrollen und Strafen als Instrumente, um Kooperation zu erzwingen.
- **Vertrauen in die Behörde:** Resultat des Wissens über und der Einstellungen zu Behörden, den Zielen der Gemeinschaft und Verhaltensregeln, sozialen Normen und Gerechtigkeitserleben.
- **„Slippery-Slope-Rahmenmodell":** ökonomisch-psychologisches Konzept zur Beschreibung der Kooperation zwischen Behörden und Bürgern, welches im Kontext der Steuerpsychologie entwickelt wurde.

❓ Verständnisfragen

1. In welcher Weise stellen gemeinsam zu bewältigende Herausforderungen im Staat ein soziales Dilemma dar?
2. Wie wirken Kontrollen und Strafen in Entscheidungen unter Unsicherheit (z. B. ehrlich Steuern zu entrichten oder nicht)? Welche nicht intendierten Effekte können auftreten, wenn zu viele Kontrollen stattfinden beziehungsweise Strafen nicht als Strafe empfunden werden?

3. Wie kann das Wechselspiel zwischen Macht der Behörde und Vertrauen in die Behörde in Bezug auf Kooperationsbereitschaft der Bürgerinnen und Bürger beschrieben werden?
4. Welche Maßnahmen zur Förderung der Kooperationsbereitschaft lassen sich aus dem „Slippery-Slope-Rahmenmodell" ableiten?

Literatur

Allingham, M. G., & Sandmo, A. (1972). Income tax evasion: A theoretical analysis. *Journal of Public Economics, 1*(3–4), 323–338. ▶ https://doi.org/10.1016/0047-2727(72)90010-2.

Alm, J., & Torgler, B. (2011). Do ethics matter? Tax compliance and morality. *Journal of Business Ethics, 101*(4), 635–651. ▶ https://doi.org/10.1007/s10551-011-0761-9.

Alm, J., Blaufus, K., Fochmann, M., Kirchler, E., Mohr, P. N. C., Olson, N. E., & Torgler, B. (2020). Tax policy measures to combat the SARS-CoV-2 pandemic and considerations to improve tax compliance: A behavioral perspective. *FinanzArchiv, 76*(4), 396. ▶ https://doi.org/10.1628/fa-2020-0014.

Alm, J., Kirchler, E., & Muehlbacher, S. (2012). Combining psychology and economics in the analysis of compliance: From enforcement to cooperation. *Economic Analysis and Policy, 42*(2), 133–151. ▶ https://doi.org/10.1016/S0313-5926(12)50016-0.

Becker, G. S. (1968). Crime and punishment: An economic approach. *Journal of Political Economy, 76*(2), 169–217. ▶ http://www.jstor.org/stable/1830482.

Beer, S., Kasper, M., Kirchler, E., & Erard, B. (2017). Do audits deter future noncompliance? Evidence on self-employed taxpayers. In *6th Annual IRS-TPC Joint Research Conference on Tax Administration*. Symposium im Rahmen der Tagung von IRS (S. 9–11). ▶ https://www.irs.gpub/irs-soi/16resconkirchler.pdf.

Beer, S., Kasper, M., Kirchler, E., & Erard, B. (2015). *Audit impact study: Taxpayer advocate service annual report to Congress*. ▶ https://www.taxpayeradvocate.irs.gov/reports/2015-annual-report-to-congress/full-report/.

Braithwaite, V. (Hrsg.) (2003). *Taxing democracy: Understanding tax avoidance and evasion*. Ashgate.

Dawes, R. M. (1980). Social Dilemmas. *Annual Review of Psychology, 31*(1), 169–193. ▶ https://doi.org/10.1146/annurev.ps.31.020180.001125.

Erard, B., Kasper, M., Kirchler, E. & Olsen, J. (2019). What Influence do IRS Audits Have on Taxpayer Attitudes and Perceptions? Evidence from a National Survey. *TAS Research and Related Studies* (78–130). ▶ https://taxpayeradvocate.irs.gov/Media/Default/Documents/2018-ARC/ARC18_Volume2_04_InfluenceAudits.pdf.

Friedland, N., Maital, S., & Rutenberg, A. (1978). A simulation study of income tax evasion. *Journal of Public Economics, 10*(1), 107–116. ▶ https://doi.org/10.1016/0047-2727(78)90008-7.

Gemmell, N. & Ratto, M. (2012). Behavioral responses to taxpayer audits: Evidence from random taxpayer inquiries. *National Tax Journal, 65*(1), 33–58. ▶ https://doi.org/10.17310/ntj.2012.1.02.

Gneezy, U., & Rustichini, A. (2000). A fine is a price. *The Journal of Legal Studies, 29*(1), 1–17. ▶ https://doi.org/10.1086/468061.

Goldschmidt, N., & Küppers, A. (2022). Ökonomie der Versöhnung: Wirtschaftlicher Erfolg und sozialer Zusammenhalt gehören zusammen. In *Impulse 2023* (S. 12–13). Roman Herzog Institut (RHI). ▶ https://www.romanherzoginstitut.de/fileadmin/user_upload/Publikationen/Impulse_2023/RHI-Impulse_2023_Ökonomie_der_Versöhnung_Nils_Goldschmidt_Arnd_Küppers.pdf.

Hardin, G. (1968). The tragedy of the commons. *Science, 162*(3859), 1243–1248. ▶ https://doi.org/10.1126/science.162.3859.1243.

James, S., Hasseldine, J. D., Hite, P. A., & Toumi, M. (2003, December). *Tax compliance policy: An international comparison and new evidence on normative appeals and auditing* [Paper presented at the ESRC Future Governance Workshop]. Institute for Advanced Studies, Vienna, Austria.

Kastlunger, B., Kirchler, E., Mittone, L., & Pitters, J. (2009). Sequences of audits, tax compliance, and taxpaying strategies. *Journal of Economic Psychology, 30*(3), 405–418. ▶ https://doi.org/10.1016/j.joep.2008.10.004.

Kirchler, E. (2007). The economic psychology of tax behavior. *Cambridge University Press*. ▶ https://doi.org/10.1017/CBO9780511628238.

Kirchler, E., Kogler, C., & Muehlbacher, S. (2014). Cooperative tax compliance: From deterrence to deference. *Current Directions in Psychological Science, 23*(2), 87–92. ▶ https://doi.org/10.1177/0963721413516975.

Kirchler, E., Hoelzl, E., & Wahl, I. (2008). Enforced versus voluntary tax compliance: The "slippery slope" framework. *Journal of Economic Psychology, 29*(2), 210–225. ▶ https://doi.org/10.1016/j.joep.2007.05.004.

Lederman, L. (2019). Does enforcement reduce voluntary tax compliance? *Birgham Young University Law Review Collections, 2018*(3), 623–693. ▶ https://digitalcommons.law.byu.edu/lawreview/vol2018/iss3/6/.

Leventhal, G. S. (1980). What should be done with equity theory? In K. J. Gergen, M. S. Greenberg, & R. H. Willis (Hrsg.), *Social exchange* (S. 27–55). Springer US. ▶ https://doi.org/10.1007/978-1-4613-3087-5_2.

Mendoza, J. P., Wielhouwer, J., & Kirchler, E. (2015). The backfiring effect of auditing on tax compliance. *SSRN Journal*.

Mittone, L., Panebianco, F., & Santoro, A. (2017). The bomb-crater effect of tax audits: Beyond the misperception of chance. *Journal of Economic Psychology, 61*, 225–243. ▶ https://doi.org/10.1016/j.joep.2017.04.007.

Mooijman, M., van Dijk, W. W., van Dijk, E., & Ellemers, N. (2017). On sanction-goal justifications: How and why deterrence justifications undermine rule compliance. *Journal of Personality and Social Psychology, 112*(4), 577–588. ▶ https://doi.org/10.1037/pspi0000084.

Muehlbacher, S., Hoelzl, E., & Kirchler, E. (2007). Steuerhinterziehung und die Berücksichtigung des Einkommens in der Strafbemessung. *Wirtschaftspsychologie, 9*, 116–121.

Srinivasan, T. N. (1973). Tax evasion: A model. *Journal of Public Economics, 2*(4), 339–346. ▶ https://doi.org/10.1016/0047-2727(73)90024-8.

Wahl, I., Brugger, M., & Walenta, C. (2023). Effects of teleworkers' perceptions of superiors' power and trust on their working behavior: An application of the slippery slope model. *International Journal of Work Innovation, 3*(4), 338–366. ▶ https://doi.org/10.1504/IJWI.2023.10053927.

World Economic Forum (WEF). (2022). *The global risks report 2022*. Insight report, 17th ed. ▶ https://wef.ch/risks22.

Verhaltensorientierte Wirtschaftsethik

Eine psychologische Perspektive

Jörn Basel

Inhaltsverzeichnis

1   Bad Apples – individuelle Einflussgrößen – 274

2   Bad Barrels – organisationale Einflussgrößen – 279

3   Unethische Komplizenschaft – 282

4   Gestaltungspotenziale im Rahmen der Compliance – 284

       Literatur – 287

© Der/die Autor(en), exklusiv lizenziert an Springer-Verlag GmbH, DE, ein Teil von Springer Nature 2024
J. Basel und S. Manchen Spörri (Hrsg.), *Angewandte Psychologie für die Wirtschaft*,
https://doi.org/10.1007/978-3-662-68559-4_20

Insights

- *Verhaltensorientierte Wirtschaftsethik* versucht den menschlichen Faktor bei moralischen Entscheidungen zu dechiffrieren. Bei diesem interdisziplinären und anwendungsorientierten Ansatz geht es nicht nur um die Verletzung von rechtlichen Vorgaben, sondern auch um die Einhaltung selbstauferlegter Ziele und Werte, etwa im Bereich der gesellschaftlichen Unternehmensverantwortung.
- *Ethische Dissonanz* entsteht aus den konfligierenden Bestrebungen, ein moralisch integres Selbstbild zu wahren, und der Versuchung, von unethischem Verhalten zu profitieren. Der Wunsch nach Vermeidung dieser Dissonanz und damit die Wahrung des Selbstbildes erklärt unter anderem, weshalb man in spieltheoretischen Experimenten eine höhere Ehrlichkeit feststellt, als eine strikte Nutzenmaximierung postulieren würde.
- Das Unvermögen eines Entscheidungsträgers, die ethische Dimension einer Entscheidung zu erkennen und im Rahmen der Arbeit in einer Organisation moralisch zu handeln, wird als *Ethical Blindness* („ethische Blindheit") bezeichnet und steht exemplarisch für die unbewusste Verletzung bestehender Normen oder Standards.
- Unsere beschränkten kognitiven Kapazitäten bedeuten auch für ethische Entscheidungen, dass wir hier auf komplexitätsreduzierende Vereinfachungs-, Verifizierungs- und Regulierungsmechanismen setzen müssen und im Rahmen eines kognitiven Selbstschutzes einer systematisch verzerrten (im Englischen *biased*) Selbstwahrnehmung unterliegen können.
- Auf organisationaler Ebene wirkt sich insbesondere das *ethische Klima* auf die Einhaltung geltender Standards aus. Ethisches Klima kann als Gesamtheit von präskriptiven Rahmenbedingungen verstanden werden, die die organisatorischen Verfahren, Strategien und Praktiken mit moralischen Konsequenzen widerspiegeln. Im Gegensatz zu einer schwerer erfassbare Organisationskultur kann ethisches Klima – etwa mit dem *Ethical Climate Index* (ECI) nach Arnaud (2010) – gemessen werden.
- Wenn ein ethisches Fehlverhalten darin besteht, dass erkennbare Norm- oder sogar justiziable Rechtsverstöße von anderen Personen nicht adressiert und somit bewusst toleriert werden, spricht man von (unethischer) *Komplizenschaft*. Diese wird durch Faktoren wie indirekte Schadensverursachung, moralische Kurzsichtigkeit, Unterlassungs- und Dammbrucheffekte sowie singuläre Schuldzuweisungen verstärkt.
- *Behavioral Compliance* kann für die Gestaltung und das Management von Compliance verwendet werden und nutzt hierzu das breite Spektrum von Verhaltensvorhersagen über das individuelle und organisatorische Verhalten.

Einleitung

Wie lässt sich unmoralisches Handeln im wirtschaftlichen Kontext aus einer verhaltensorientierten Perspektive erklären? Fehlt manchen Personen schlicht ein moralischer Kompass? Sind rechtliche Rahmenbedingungen als Abschreckung nicht streng genug, oder haben vielleicht Unternehmen auf die falschen Anreize gesetzt und dadurch erst eine toxische Unternehmenskultur geschaffen?

Verhaltensorientierte Wirtschaftsethik (im Englischen meist als *Behavioral Business Ethics* bezeichnet) versucht zur Beantwortung dieser Fragen den menschlichen Faktor bei moralischen Entscheidungen zu dechiffrieren und hat in den letzten 30 Jahren einen bedeutenden Aufstieg erfahren (Kish-Gephart et al., 2019). Bei diesem interdisziplinären und anwendungsorientierten Ansatz geht es bewusst nicht nur um die Verletzung von rechtlichen Vorgaben, sondern insbesondere auch um die Einhaltung selbstauferlegter Ziele und Werte, etwa im Bereich der gesellschaftlichen Unternehmensverantwortung. Im Fokus stehen daher etwa auch übergeordnete Themen wie organisationale Fairness, Legitimität oder Vertrauen (Brühl, 2018). In Abgrenzung zu rein philosophischen Überlegungen setzen verhaltensorientierte Ethikansätze dabei stark auf einen deskriptiv-empirischen Erkenntnisgewinn, insbesondere auf Basis experimenteller Untersuchungsdesigns (Irlenbusch & Neschen, 2014). Diese Ausrichtung erscheint auch vor dem praxisorientierten Hintergrund wichtig, dass dieser Ansatz bei der Einschätzung helfen soll, welche Maßnahmen, Trainings oder auch Richtlinien dabei helfen können, dass Unternehmen wirkungsvoll den externen wie internen moralischen Ansprüchen, etwa im Bereich Compliance, genügen (Basel et al., 2018).

Für einen einführenden Überblick lässt sich die psychologische Perspektive auf die verhaltensorientierte Wirtschaftsethik in zwei Hauptstoßrichtungen aufteilen: Die eine Perspektive untersucht die Bedeutung individueller Einflussfaktoren. In der Literatur wird dieser Faktor oftmals als die sogenannten *Bad Apples* (schlechte bzw. faule Äpfel) bezeichnet (Treviño & Youngblood, 1990). Er soll nicht nur individuelles Fehlverhalten erklären, sondern dient auch als Metapher dafür, wie sich schlechte Verhaltensweisen auf andere Personen übertragen. Die zweite Betrachtungsweise sind die *Bad Barrels* (schlechte Fässer), welche für organisationale Einflussgrößen stehen, die sich negativ auf das moralische Verhalten auswirken können. Diese Betrachtungsweise ist etwa dann bedeutsam, wenn bestimmte organisationale Kulturausprägungen, insbesondere in Form von Anreizsystemen, analysiert werden, aber auch bei der Diskussion von generellen Branchenmerkmalen, etwa innerhalb des Finanzsektors (Cohn et al., 2014).

Das Verhältnis von „faulen Äpfeln" und „schlechten Fässern" ist allerdings kein Entweder-oder, denn beide Betrachtungsweisen bieten wichtige Erklärungsansätze für moralisches Fehlverhalten und beeinflussen sich auch gegenseitig. Aktuelle Übersichtsarbeiten beschäftigen sich daher intensiv mit dem Zusammenspiel der beiden Faktoren. So zeigen beispielsweise Cialdini et al. (2021) auf, wie sich unethisches Führungsverhalten in einem unethischen Unternehmensklima manifestiert. Gonin et al. (2012) ergänzen die Äpfel-Fässer-Diskussion dahingehend, dass sie zusätzlich den gesellschaftlichen Kontext miteinbeziehen. Dies erscheint deshalb sinnvoll, weil die Einhaltung bestimmter Werte und Standards eng mit gesamtgesellschaftlichen Vorstellungen verbunden ist, welche Maßstäbe als adäquat erachtet werden. Dies zeigt sich unter anderem auch darin, dass die gesellschaftliche Bewertung von moralischen Verfehlungen oftmals stärker an bestimmten Werten ausgerichtet ist als etwa an einer quantifizierbaren Schadenshöhe (Castro et al., 2020).

Eine weitere wichtige externe Einflussvariable ist schließlich die mediale Abbildung von (un)moralischen Verhaltensweisen. Hier beobachtet man, dass auch in diesem Bereich mediale Hypes generiert werden können, die als Gegenbewegung auch zu einer wahrgenommenen Irrelevanz führen können (Barkemeyer et al., 2020). So bewirkt beispielsweise die x-te Korruptionsaffäre eines globalen Sportverbandes nur noch Schulterzucken trotz immenser Schadenssummen (Hölzen & Meier, 2019). Die Gesetze der modernen Aufmerksamkeitsökonomie gelten schließlich auch für ethische Themenfelder.

1 Bad Apples – individuelle Einflussgrößen

Wenn man sich das Ausmaß und die Konsequenzen moralischer Verfehlungen vor Augen führt, könnte man zu dem Schluss kommen, dass sich moralische Werte insgesamt in einer Abwärtsspirale befinden. Dies ist laut Mastroianni und Gilbert (2023) tatsächlich eine global verbreitete Überzeugung, allerdings zeigen diese Autoren auch auf, dass diese subjektive Einschätzung einer objektiven Überprüfung nicht standhält. Menschliches Handeln ist über die letzten Jahrzehnte konstant geblieben, wird aber nicht schlechter im Sinne eines generellen Sittenverfalls.

Dies nur als kleine Vorbemerkung, um zu verdeutlichen, dass eine bessere Erkenntnis der Einflussfaktoren moralischen Handelns nicht bedeutet, dass sich hier aktuell dramatisch negative Entwicklungen vollziehen. Was sich jedoch bemerkbar in den letzten Jahren verändert hat, ist zum einen eine stärkere Zunahme moralischer Anforderungen, getragen durch verschiedene Stakeholder-Interessen. Es stellt sich folglich die Frage, ob Unternehmen, etwa in der Personalauswahl, stärker auch moralische Entscheidungsqualitäten gewichten müssten, um dadurch in der Gesamtheit auch rechtschaffener zu agieren. Dies wäre allerdings nur der Fall, wenn man davon ausgeht, dass es stabile Persönlichkeitseigenschaften gibt, die in einem direkten Zusammenhang mit unmoralischem Verhalten stehen. Die dem zugrunde liegenden Fragen nach der menschlichen Natur und danach inwieweit der Mensch als solcher sich in bestimmten Situationen von bestehenden Werten abwendet, ist dabei eine der großen und klassischen Themen philosophischer Auseinandersetzungen. Von Aristoteles über Rousseau bis Marx oder Darwin lassen sich hierzu unterschiedliche Auffassungen finden, welche ein immenses Spektrum zwischen prosozialer Orientierung an Kollektivinteressen und striktem Streben nach Eigennutz abdecken (Loptson, 2006).

Wie sieht jedoch das deskriptive Bild aus, das sich in zahlreichen verhaltenswissenschaftlichen Studien herausgebildet hat? Aus Sicht der modernen Psychologie besteht großer Konsens darüber, dass moralische Entscheidungen oftmals intuitiv und ohne größere Abwägung getroffen werden, und dementsprechend auch sind von affektiven Reaktionen geleitet sind (Haidt, 2001). Die bedeutende Rolle intuitiver und affektiver Prozesse zeigt insbesondere deutlich auf, dass auch in diesem Bereich klassische Rationalitätsüberlegungen nicht mit dem beobachtbaren Verhalten übereinstimmen. Rational würde im Kontext von unmoralischem Handeln bedeuten, dass bewusst die folgenden Faktoren gegeneinander abgewogen werden:

a) Höhe des Ertrags, welcher durch eine bestimmte inkriminierte Handlung erzielt werden kann
b) Wahrscheinlichkeit, dass diese die Handlung als unrechtmäßig entdeckt bzw. deklariert wird
c) Höhe der Strafe bzw. der Kosten bei einer Ahndung

Für Schwerkriminelle mag eine solche Kalkulation gültig sein, bei kleineren, alltäglichen Vergehen und in bestimmten Grauzonen findet dieser Ansatz jedoch nur eingeschränkte empirische Bestätigung. So zeigen verschiedenen experimentelle Studien, dass Probanden, selbst wenn man ihr Risiko, erwischt zu werden (Faktor b), gegen Null reduziert und gleichzeitig die finanzielle Belohnung erhöht (Faktor a), in ihrer Unehrlichkeit erstaunlich konstant bleiben (Abeler et al., 2019).

Wie kann man jedoch unethisches Verhalten systematisch erheben? Denn klar ist, dass aus Gründen der sozialen Erwünschtheit eine direkte Befragung kaum zielführend ist. Die Messung der Unehrlichkeit beziehungsweise des unethischen Verhaltens geschieht daher meist mittels bestimmter Spiele, welche eine bekannte Wahrscheinlichkeit in der Ergebnisverteilung aufweisen, etwa der Wurf einer Münze oder eines Würfels (für eine Übersicht siehe Gerlach et al., 2019). So ist die Wahrscheinlichkeit, eine bestimmte Zahl mit einem klassischen sechsseitigen Würfel zu werfen, ein Sechstel – und wenn man nun hypothetische 1000 Personen einen Würfel werfen lässt und die Regel definiert, dass die Punktzahl den Gewinn widerspiegelt, jedoch eine geworfene Sechs bedeutet, dass man leer ausgeht, würde man gemäß der bekannten Verteilung annehmen, dass etwa 167 Personen hier eine Fünf würfeln und dadurch den maximalen Gewinn einstreichen. Sind es nun deutlich mehr, so ist davon auszugehen, dass diese Differenz auf der Unehrlichkeit der Probanden beruht. Natürlich wird die Ehrlichkeit höher, wenn der Würfel direkt vor dem Versuchsleiter geworfen wird, – allerdings widerspricht es der rationalen Selbstnutzenmaximierung, dass auch bei einem Wurf, der nicht für den Versuchsleiter sichtbar ist, nicht immer die höchstmögliche Gewinnzahl als Ergebnis genannt wird. Ein solches Verfahren wird beispielsweise in einer experimentellen Studie von Fischbacher und Föllmi-Heusi (2013) genutzt, und sie zeigen über verschiedene Bedingungen, dass rund 20 % der Probanden im größtmöglichen Ausmaß lügen, während rund 39 % der Probanden vollkommen ehrlich sind. Die restlichen 41 % lassen sich als partiell Unehrliche bezeichnen, die etwas die Grenzen ausloten, aber nicht das Maximum an Unehrlichkeit zeigen. Diese Personen haben vielleicht eine Zwei geworfen, geben dann aber eine Drei oder Vier an.

Erklären lässt sich dieser Effekt mit der Überlegung, dass bezogen auf unsere Ehrlichkeit, und damit auch auf unsere ethischen Entscheidungen, nicht primär der reine ökonomische Nutzen im Vordergrund steht, sondern die meisten Menschen einen gewissen moralischen Standard vertreten und diesen auch an sich selbst anlegen – allerdings mit einem gewissen Spielraum. Es geht folglich darum, dass wir vergleichbar mit kognitiver Dissonanz ebenfalls versuchen, *ethische Dissonanz* zu vermeiden.

> **Ethische Dissonanz**
>
> Gemäß Barkan et al. (2015, S. 157) entsteht ethische Dissonanz aus dem Widerspruch zwischen dem Bestreben, ein moralisch integres Selbstbild zu wahren, und der Versuchung, von unethischem Verhalten zu profitieren. Zentral ist bei diesem Ansatz daher weniger die reine (finanzielle) Nutzenmaximierung, sondern wie sich Abweichungen von vorgegebenen Regeln oder Normen rechtfertigen lassen.

Dieser Aspekt wurde bereits durch den Soziologen und Kriminologen Donald R. Cressey (1953) erkannt, der unethisches Verhalten im Rahmen seines weit verbreiteten Betrugsdreiecks („Fraud Triangle", siehe ◘ Abb. 1) als das Produkt aus Gelegenheit, Anreiz und Rationalisierung beschreibt. Die aktuelle psychologische und verhaltensökonomische Forschung ergänzt diesen Ansatz, sodass die Bedeutung der Rechtfertigungsoptionen noch stärker ins Gewicht fällt als Opportunitäten (welche von bestimmten Persönlichkeitstypen bewusst gesucht werden) oder ein monetärer

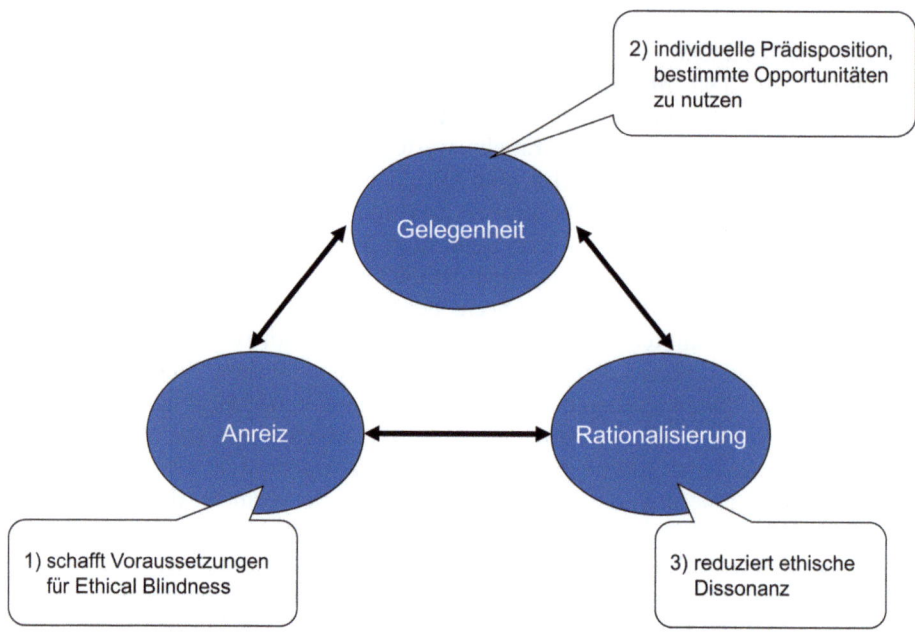

Abb. 1 Betrugsdreieck aus verhaltensorientierter Perspektive. (In Anlehnung an Cressey, 1953)

Anreiz (der jedoch als Fehlanreiz eine initiierende Funktion hat). Dies hat im wirtschaftlichen Bereich insbesondere dort Konsequenzen, wo Regeln nicht eindeutig definiert sind, also bestimmte Grauzonen bestehen. In solchen Fällen ist die Rechtfertigung deutlich leichter, weil die individuelle Entscheidung einen flexibleren Rahmen hat und daher keine ethische Dissonanz auftritt.

Zusätzlich ist es auch denkbar, dass bestimmte Regeln oder Standards gar nicht erst erkannt werden und somit ethische Dissonanz ausgeschlossen ist.

> **Ethical Blindness**
>
> Palazzo et al. (2012) nennen das Unvermögen eines Entscheidungsträgers, die ethische Dimension einer Entscheidung zu erkennen und im Rahmen der Arbeit in einer Organisation moralisch zu handeln, Ethical Blindness.

Diese *ethische Blindheit* entsteht wiederum in einem Prozess, innerhalb dessen ethische Aspekte in den Hintergrund rücken und in unserer Wahrnehmung verblassen (im Englischen als *ethical fading* bezeichnet, vgl. Tenbrunsel & Messick, 2004). Dieser Verlust des ethischen Fokus kann beispielsweise dadurch entstehen, dass man sich allein an einem Ziel wie Auftragsakquise oder Profitabilität orientiert und Mittel und Entscheidungen auf dem Weg dorthin nicht hinterfragt. Die organisationale Anreizgestaltung, etwa in Form von Boni, spielt hierbei eine wichtige Rolle. Dieser Blindheit auslösende Mechanismus funktioniert aber auch im Sinne einer individuellen Rechtfertigung, nach dem Motto: „Ich machte dies zum Wohl der Firma." Eine Rechtfertigung, die man selbst für glaubwürdig hält, ist schließlich laut Pittarello et al. (2015) besonders geeignet, um ethische blinde Flecken zu verursachen. In unseren ethischen Urteilen und Entscheidungen zeigt sich daher oftmals eine deutliche und systematische Tendenz zum (kognitiven) Selbstbetrug.

Wenn man also berücksichtigt, dass wir in manchen Situationen ethische Aspekte übersehen, bedeutet dies wiederum, dass man systematisch Faktoren identifizieren kann, welche hier einen limitierenden Einfluss ausüben. Angelehnt an das Konzept der begrenzten Rationalität *(Bounded Rationality)* von Herbert Simon (Basel & Brühl, 2013) wird diese Forschungsrichtung insbesondere unter dem Schlagwort *Bounded Ethicality* (Chugh et al., 2005; Kern & Chugh, 2009) diskutiert.

Bounded Ethicality

Unsere beschränkten kognitiven Kapazitäten bedeuten auch für ethische Entscheidungen, dass wir hier auf komplexitätsreduzierende Vereinfachungs-, Verifizierungs- und Regulierungsmechanismen setzen (Oreg & Bayazit, 2009) und im Rahmen eines kognitiven Selbstschutzes einer systematisch verzerrten Selbstwahrnehmung unterliegen können.

An dieser Stelle trifft die verhaltensorientierte Ethik auf Forschungsergebnisse, die innerhalb der sogenannten *Zwei-Prozess-Modelle* auch im Bereich von Organisations- und Managementstudien einen breiten Einzug gehalten haben (Basel & Brühl, 2013). Zwei-Prozess-Modelle besagen – stark vereinfacht – dass sich unser Denken im Wesentlichen in zwei Modi bzw. Systeme unterteilen lässt. Das eine System (oftmals als *System 1* bezeichnet) agiert hierbei primär schnell, intuitiv und stark affektgesteuert. Das andere System *(System 2)* ist dagegen langsamer und stärker durch bewusste Prozesse und Regelanwendungen charakterisiert (Kahneman, 2011).

Aus dieser umfangreichen Forschung lassen sich wiederum bestimmte kognitive Verzerrungen (im Englischen *bias*) identifizieren, welche typischerweise mit dem intuitiven Wirkungsmechanismus des Systems 1 in Verbindung gebracht werden und auch bei ethischen Entscheidungen das Verhalten beeinflussen können. Diese Verzerrungen reichen von selektiver Informationsaufnahme und -verarbeitung (z. B. Bestätigungsfehler) über Fehleinschätzungen gegenüber anderen Personen (z. B. falscher Konsens) hin zu sprachlichen Ausdrucksweisen (z. B. beschönigende Sprache), welche alle die ethische Verantwortung kaschieren (siehe ◻ Tab. 1 in Anlehnung an Watts et al., 2020).

Bei der Betrachtung von individuellen Einflussgrößen auf ethische Entscheidungen darf nicht vergessen werden, dass es unabhängig von den genannten kognitiven Mechanismen durchaus auch zeitstabile Persönlichkeitseigenschaften gibt, die mit unethischem Verhalten in Organisationen in Verbindung stehen. In diesem Kontext wird insbesondere auf die sogenannte *dunkle Triade* der Persönlichkeit verwiesen, die sich aus einem Zusammenspiel von *Narzissmus* (insbesondere hohe Eindrucksmotivation), *Machiavellismus* (Streben nach Macht) und *Psychopathie* (insbesondere wenig Empathie) ergibt (Schiemann & Jonas, 2020). Interessanterweise wirken hohe Ausprägungen dieser Persönlichkeitsmerkmale im Modell von Harrison et al. (2018) dann besonders nachteilig für ethische Entscheidungen, wenn sie auf eine

Tab. 1 Kognitive Verzerrungen ethischer Entscheidungen. (Adaptiert von Watts et al., 2020)

Bias	Definition und kognitiver Mechanismus
Engstirnigkeit (*closed-mindedness*)	Mangelnde Bereitschaft, die eigene Meinung angesichts neuer Informationen zu revidieren
	Vereinfachung
Bestätigungsfehler (*confirmation*)	Suche nach Fakten, die den eigenen Standpunkt unterstützen; Herunterspielen von Fakten, die dem eigenen Standpunkt widersprechen
	Verifikation
Verantwortungsdiffusion (*diffusion of responsibility*)	Vermeidung der Übernahme persönlicher Verantwortung für die eigenen Entscheidungen
	Regulierung
Falscher Konsens (*false consensus*)	Überschätzung der Ähnlichkeit zwischen den Ansichten anderer und den eigenen
	Verifikation
Euphemistische Sprache (*euphemistic language*)	Beschönigende Sprache, die zur Beschreibung unethischen Verhaltens verwendet wird
	Regulierung
Unterlassung (*omission*)	Annahme, dass eine Maßnahme mehr negative Folgen nach sich ziehen würde als ein Nichthandeln
	Regulierung
Verfügbarkeit (*representativeness/availability*)	Die Annahme, dass die Leichtigkeit, mit der ein Ereignis in Erinnerung gerufen werden kann, die Häufigkeit des Auftretens des Ereignisses vorhersagt
	Vereinfachung
Tunnelblick (*tunnel vision*)	Übermäßige Fokussierung auf oder Beschäftigung mit einem einzigen Aspekt einer Entscheidung
	Vereinfachung

günstige Ausgangslage des bereits vorgestellten Betrugsdreiecks (Gelegenheit, Anreiz und Rationalisierung) nach Cressey (1953) treffen. Es wird davon ausgegangen, dass die dunkle Triade vor allem die wichtige Rationalisierung des unethischen Verhaltens erleichtert: Der selbstverliebte Narzisst hegt schlicht weniger Bedenken in seinem machiavellistischen Machtstreben. Insbesondere suchen und nutzen Personen mit hohen Werten in der dunklen Triade jedoch Opportunitäten, welche dem Persönlichkeitsprofil entsprechend oftmals mit moralischen Standards kollidieren.

Aus organisationaler Perspektive ist das Wissen um dieses toxische Zusammenspiel zwar wertvoll, jedoch gilt es im Rahmen der Personaldiagnostik und -entwicklung als sehr anspruchsvoll, diese Faktoren zu identifizieren und hier sinnvoll zu intervenieren. Dies liegt zum einen daran, dass Persönlichkeitsstörungen, wie sie in der dunklen Triade auftreten, zum einen durch die betroffenen Personen nicht erkannt werden (Bierhoff et al., 2019). Des Weiteren gehen diese Eigenschaften oft mit einem manipulativen Persönlichkeitsstil einher, der nicht nur schwierig zu diagnostizieren ist, sondern zusätzlich für bestimmte Aspekte einer organisationalen Karriere durchaus förderlich sein kann (Spurk et al., 2016).

Die populärwissenschaftliche Verbreitung der dunklen Triade bedeutet allerdings nicht automatisch auch eine hohe Prävalenz in den Führungsetagen der Unternehmen. So argumentiert Schwarzinger (2020), dass im Bereich des Topmanagements zwar eine im Vergleich zur Allgemeinbevölkerung höhere Verbreitung festzustellen ist, allerdings wird auch dort „nur" für ca. drei Prozent eine hohe psychopathische Disposition (um einmal den destruktivsten Faktor der Triade zu nennen) vermutet. Analog zu den spieltheoretischen Befunden zeigt auch diese Einschätzung, dass die große Mehrheit der Managerinnen und Manager in wirtschaftlichen Unternehmen nicht pathologisch unethisch handelt. Vollwertige „Bad Apples" sind daher zum Glück eine Ausnahme und entsprechen in den meisten Fällen nicht der Realität, wie in Organisationen gearbeitet wird. Dies bedeutet im Umkehrschluss, dass es besonders lohnend ist, sich mit den Faktoren auseinanderzusetzen, die für das potenziell unethische Verhalten der breiten Masse verantwortlich sind.

2 Bad Barrels – organisationale Einflussgrößen

Unter dem Schlagwort *Bad Barrels* („schlechte Fässer") werden in der angewandten Ethikforschung organisationale und kollektive Faktoren diskutiert, die sich negativ auf ethische Entscheidungen auswirken. Übergeordnet wird hierbei oftmals betont, dass in Organisationen ein bestimmtes ethisches Klima herrscht, welches je nach Ausprägung unethisches Verhalten reduziert oder begünstigt.

> **Ethisches Klima**
>
> K. D. Martin und Cullen (2006) definieren ethisches Klima als eine Gesamtheit von präskriptiven Rahmenbedingungen, die die organisatorischen Verfahren, Strategien und Praktiken mit moralischen Konsequenzen widerspiegeln.

In Abgrenzung zur generellen Organisations*kultur* kann in Anlehnung an Fichter (2018, S. 163) festgehalten werden, dass das *Klima* einer Organisation bewusster wahrgenommen wird, tendenziell besser messbar ist und sich dadurch auch eher aktiv gestalten lässt. So schlägt etwa Arnaud (2010) hierzu einen Index vor, der eine valide Messung des ethischen Klimas ermöglichen soll. Der *Ethical Climate Index* (ECI)[1] orientiert sich an über 36 Items entlang vier Dimensionen und kann auch spezifisch für einzelne Organisationseinheiten bzw. Abteilungen verwendet werden:
1. **Kollektives moralisches Empfinden** (*Collective Moral Sensitivity,* 12 Items)
   Beispielitem: „Wenn eine Vorschrift oder ein Gesetz missachtet wird, wird dies durch die Mitarbeitenden schnell bemerkt."
2. **Kollektives moralisches Urteilsvermögen** (*Collective Moral Judgement,* 10 Items)

---

1 Für den ECI (Arnaud, 2010) existiert aktuell keine validierte deutsche Übersetzung; die Beispielitems sind nicht validierte Übersetzungen des Autors.

Beispielitem: „Die Mitarbeitenden meiner Abteilung haben Mitgefühl mit jemandem, der Schwierigkeiten in seinem Arbeitsalltag hat."
3. **Kollektive Moralvorstellungen** (*Collective Moral Character,* 8 Items)
Beispielitem: „Die Mitarbeitenden in meiner Abteilung denken zuerst an ihr eigenes Wohl, wenn sie vor einer schwierigen Entscheidung stehen."
4. **Kollektive moralische Motive** (*Collective Moral Motivation,* 6 Items)
Beispielitem: „Die Mitarbeitenden haben ein starkes Verantwortungsgefühl gegenüber der Gesellschaft und den Mitmenschen."

Aus Praxissicht ist vor allem die nachgewiesene Kriteriumsvalidität dieses Instruments hervorzuheben. Dies bedeutet, dass der ECI zuverlässig unethisches Verhalten im jeweiligen Setting vorhersagen kann (Salamon & Mesko, 2016). Der ECI fokussiert insbesondere auf die motivationale und entscheidungsleitende Wahrnehmung von Mitarbeitenden, folglich werden externe Einflussgrößen, welche ebenfalls mit unethischem Verhalten in Verbindung gebracht werden, nicht abgedeckt. So betonen Ford und Richardson (1994) beispielsweise die generelle Wettbewerbsintensität und Moberg (2000) stetigen Zeitdruck als weitere Treiber unethischen Verhaltens.

Ein unvorteilhaftes ethisches Organisationsklima kann folglich dazu führen, dass – analog zu der bereits geschilderten ethischen Blindheit (Palazzo et al., 2012) – bestimmte Verstöße gar nicht erst bemerkt werden. Unethisches Handeln wird gemäß ECI auch mit unzureichend ausgeprägter Empathie und stark ausgeprägter Selbstfokussierung in Verbindung gebracht. Diese beiden Aspekte zeigen wiederum ebenfalls Parallelen zu den beiden Traits Psychopathie und Narzissmus der dunklen Triade (Spurk et al., 2016). Das ethische Klima ist folglich ein Ergebnis kollektiver ethischer oder unethischer Wahrnehmungs- und Entscheidungsmuster.

Dass sich ein ungünstiges Klima stabilisieren oder sogar verstärken kann, hängt wiederum auch mit gruppenspezifischen Dynamiken zusammen. Als soziale Wesen orientieren wir uns – teilweise unbewusst – stark an den Verhaltensmustern unserer jeweiligen sozialen Gruppe. Man spricht in diesem Kontext von *sozialer Imitation,* welche im Rahmen der Theorie des sozialen Lernens einen zentralen Stellenwert einnimmt (Hanna et al., 2013). Der Wunsch, in unserer Ingroup harmonisch zu agieren, kann dazu führen, dass Einstimmigkeit angestrebt wird, auch wenn individuelle Präferenzen nicht dem Gruppenkonsens entsprechen. Diese Tendenz ist in der Sozialpsychologie unter dem Begriff *Groupthink* eindrücklich dokumentiert und spielt auch bei unethischem Gruppenverhalten eine wichtige Rolle (Sims, 1992). So zeigen große Unternehmensskandale, wie etwa der Bilanzbetrug um Enron, welche destruktive Wirkung Groupthink entfalten kann. Sims und Brinkmann (2003) schildern, dass die Unternehmenskultur von Enron als prototypisch für Groupthink angesehen werden konnte. Einzelne Mitarbeitende verspürten starken Druck, keine Argumente gegenüber (den unethischen) Handlungen von Kollegen vorzubringen. Obwohl Enron in der Analyse von Sims und Brinkmann als individualistisch betrachtet wird, sind Entscheidungsprozesse von einem hohen Grad an Konformität bestimmt. Sims und Brinkmann (2003, S. 252) zitieren hierzu exemplarisch einen ehemaligen Enron-Manager mit der Aussage: „Man hatte einfach keine andere Wahl, als die Geschäfte zu genehmigen, wenn alle auf den Abschluss des Geschäfts fixiert waren." Konformität bedeutet in diesem Kontext, dass bestimmte Praktiken als organisationaler Standard, und damit als akzeptabel oder sogar erwünscht wahrgenommen werden. Gerade wenn Verhaltensmuster aus der entsprechenden Ingroup (Abteilung, Team, Organisationseinheit) kommen, sind wir besonders anfällig für eine Übernahme des Verhaltens. Man spricht hier auch von einem *sozialen Beweis (social proof)* oder *sozialem Konsens,* welcher das eigene Verhalten dadurch legitimiert. Als Beispiel für unethisches Verhalten, das aus einem solchen sozialen Beweis resultieren kann, nennt Prentice (2004) etwa die exorbitant ausufernden Vergütungs- und Bonipraktiken im Topmanagement. Diese wurden durch die jeweiligen Akteure unter anderem damit gerechtfertigt, dass konkurrierende Unternehmen eine vergleichbare Vergütungsstruktur aufwiesen.

Ein weiterer Aspekt, der auf Gruppenebene unethisches Verhalten begünstigen kann, ist Verantwortungsdiffusion bzw. Gruppenignoranz. Dies bedeutet, dass individuell bestimmte Missstände zwar auffallen, man jedoch der Überzeugung ist, dass sich bereits andere Personen des Sachverhaltes annehmen. So zeigt eine Studie von Chekroun und Brauer (2002), dass allein die physische Anwesenheit anderer Personen (die sogenannten „Bystander", deshalb auch der *Bystander-Effekt*) die Meldung von bestimmten Normverstößen deutlich reduziert. Allein die Tatsache, dass eine Organisation als soziales Gebilde funktioniert, kann – sofern keine spezifischen Regeln und Verantwortlichkeiten existieren – die Wahrnehmung der individuellen Verantwortlichkeit unterminieren.

Die Frage nach spezifischen Regeln und Prozessen wird oftmals auch im Kontext des sogenannten *Whistleblowings* diskutiert. Whistleblowing bedeutet die Meldung unethischen Verhaltens einer anderen Person an eine unabhängige Stelle innerhalb oder außerhalb der betroffenen Organisation (Dungan et al., 2015). Für Organisationen besteht hierbei die Herausforderung, dass Strukturen geschaffen werden müssen, welche den Balanceakt zwischen wahrgenommener Loyalität und Fairness des Whistleblowers sicherstellen. Nur wenn dies gelingt, kann über diesen Weg unethischem Verhalten (vor allem in einem frühen Stadium) entgegengesteuert werden.

Solche Formen von pluralistischer Ignoranz gelten vor allem, wenn zusätzlich Aspekte wie mögliche Interessenkonflikte berücksichtigt werden. Wenn ein Ziel lautet, dass ein erfolgreicher Geschäftsabschluss in einem kompetitiven Umfeld erreicht werden soll, sinkt selbstredend die Wahrscheinlichkeit, dass Faktoren benannt werden, welche diesem potenziell im Wege stehen. Die Verantwortungsdiffusion kann in daher ebenfalls im Kontext einer Rationalisierung betrachtet werden, aufgrund derer ein bestimmtes Verhalten toleriert wird, obwohl die individuelle Bewertung es durchaus als Normverstoß kategorisiert.

Zusätzlich kann auch die Anonymität einer großen Organisation die Wahrscheinlichkeit von *Moral Hazard* erhöhen (im Deutschen teilweise als moralisches Risiko bezeichnet). Moral Hazard bezieht sich gemäß Dembe und Boden (2000) auf eine Situation, in der eine Person oder eine Institution eher bereit ist, (ethische) Risiken einzugehen, weil die Kosten, die sich daraus ergeben könnten, nicht von der Partei getragen werden, die die Risiken eingeht. In diesem Fall können Risiken von Individuen auf eine Organisation übergehen und die Risiken von Organisationen auf externe, etwa staatliche Institutionen. Murray et al. (2017) sehen diesen Mechanismus beispielsweise im Kontext der globalen Finanzkrise ab 2008. Sie argumentieren, dass es neben Interessenkonflikten insbesondere die Tatsache war, dass zu diesem Zeitpunkt in der Finanzbranche oftmals große Risiken eingegangen werden konnten mit der Gewissheit, im Verlustfall nicht die Verantwortung hierfür übernehmen zu müssen.

3 Unethische Komplizenschaft

Die empirische Befundlage deutet darauf hin, dass Personen in Organisationen sich tendenziell an einem persönlichen Wertesystem orientieren und in der großen Mehrheit nicht die pathologischen Charakteristika im Rahmen der dunklen Triade aufweisen. Dass es in Organisationen dennoch regelmäßig zu großen und strukturierten Formen von ethischem Fehlverhalten kommt, liegt folglich auch daran, dass eine bedeutende Mehrheit innerhalb der Organisation bestimmtes Fehlverhalten toleriert. Skandale wie die VW-Abgasaffäre (auch bekannt als „Dieselgate", vgl. Remmerbach & David, 2016; Rhodes, 2016) wären nicht möglich, wenn nicht eine große Anzahl von Mitwissenden ethische Fehlentscheidungen des (Top-)Managements mittrügen.

> **Unethische Komplizenschaft**
>
> Wenn das ethische Fehlverhalten darin besteht, dass erkennbare Norm- oder sogar justiziable Rechtsverstöße von anderen Personen nicht adressiert oder bewusst toleriert werden, spricht man von (unethischer) Komplizenschaft (Bazerman, 2022).

Dieser Aspekt ist aus der Perspektive verhaltensorientierter Wirtschaftsethik bedeutsam, da er den Blickwinkel von den Hauptakteuren löst und stattdessen die ethische Verantwortung der gesamten Mitarbeiterschaft in den Blick nimmt. Unter den bereits dargestellten individuellen und organisationalen Einflussfaktoren finden sich Aspekte, welche auch eine unethische Komplizenschaft begünstigen. Gerade gruppenbezogene Dynamiken wie Groupthink, Bystander-Effekt oder sozialer Konsens erleichtern es im Sinne der ethischen Dissonanz, dass das Fehlverhalten anderer toleriert wird – zumal man selbst von dem unethischen Verhalten anderer profitieren kann (siehe ◘ Tab. 2).

◘ Tab. 2 Ethisch relevante Gruppendynamiken. (Adaptiert von Watts et al., 2020)

Dynamik	Definition und kognitiver Mechanismus
Gruppendenken *(groupthink)*	Mit der Gruppe übereinstimmen, um die Gruppenharmonie zu wahren
	Verifikation
Moralisches Risiko *(moral hazard)*	Eingehen eines ethischen Risikos, weil die Kosten, die sich daraus ergeben könnten, nicht von der Partei getragen werden, welche das Risiko eingeht
	Regulierung
Sozialer Konsens/Sozialer Beweis *(social consensus/social proof)*	Das eigene (unethische) Verhalten wird dadurch legitimiert, dass das soziale Umfeld vergleichbar agiert
	Verifikation
Soziale Imitation *(social imitation)*	Nachahmung der Verhaltensweisen und Praktiken von Kollegen und Peers
	Verifikation

Es gibt jedoch noch weitere psychologische Mechanismen, die verschiedene Formen von Komplizenschaft verstärken können. Nach Bazerman (2022, S. 157–160) sind dies zum einen individuelle Faktoren, wie ein *Self-Serving-Bias* (eigennützige Voreingenommenheit), welcher die menschliche Tendenz beschreibt, Informationen so zu verarbeiten, dass sie die eigenen Interessen fördern oder die eigenen bereits bestehenden Ansichten unterstützen. Zusätzlich sind jedoch für eine verbreitete Komplizenschaft folgende fünf Aspekte von Bedeutung:

1. **Indirekte Schadensverursachung:** Unethisches Verhalten wird eher toleriert, wenn der Schaden nicht direkt durch die Hauptakteure verursacht wird. Bazerman (2022) nennt hierzu als Beispiel die Rolle von Beratungsunternehmen im Zuge der andauernden Opioidkrise in den USA. Diese berieten das Unternehmen Purdue Pharma im Zuge der Distribution des stark abhängig machenden Schmerzmedikaments OxyContin, zu einem Zeitpunkt, als ein weit verbreiteter Missbrauch dieses Medikaments bereits hinreichend dokumentiert war. Nur eine Empfehlung geben, aber den Schaden nicht direkt selbst verursachen, ist ein häufiger Treiber unethischer Komplizenschaft.
2. **Moralische Kurzsichtigkeit:** Eine Komplizenschaft fällt leichter, wenn analog zu dem bereits vorgestellten Ethical Fading übergeordnete Ziele – wie etwa im Fall Volkswagen das Ziel einer Rekord-Verkaufsmarge – als primäre Ziele im Sinne eines Framing im Vordergrund stehen und dadurch ethische Überlegungen in den Hintergrund treten bzw. verblassen (Landy & Royzman, 2018).
3. **Unterlassung Effekt:** Nicht zu handeln wird in der Regel präferiert, wenn die Folgen einer Handlung unklar sind. Dies bedeutet im Sinne einer Komplizenschaft, dass teilweise ein unethischer Status quo von vielen Personen toleriert wird, weil negative Konsequenzen, die aus einer aktiven Handlung resultieren, als schlechter bewertet werden als identische negative Konsequenzen, welche aus einer Untätigkeit resultieren (Spranca et al., 1991).
4. **Dammbruch Effekt:** Komplizenschaft im Sinne einer Toleranz zunehmend unethisch werdender Praktiken funktioniert inkrementell. Metaphorisch ausgedrückt wird hier ein bestehender Damm (z. B. bestehende Reglemente) schrittweise durch stetiges unethisches Verhalten brüchig. Ab einem gewissen Stadium ist dieser Damm dann gesamtorganisational gebrochen, wie etwa die Aufarbeitung des Enron-Skandals durch Sims und Brinkmann (2003) offenbart. Auch dort war es nicht allein ein isoliert agierendes, kriminelles Topmanagement, sondern unethische Praktiken konnten sich über Jahre in verschiedenen Geschäftsbereichen etablieren.
5. **Singuläre Schuldzuweisung:** Komplizenschaft funktioniert laut Bazerman (2022) oftmals auch deshalb gut, weil man durch die menschliche Tendenz, einfache Erklärungen zu bevorzugen, im Fall von Fehlverhalten eher die alleinige Verantwortung bei einzelnen Personen oder der gesamten Organisation sieht. Komplizen werden dadurch aus der Verantwortung genommen und auch präventive Maßnahmen richten sich stärker an die vermuteten Hauptverursacher.

Der Blick auf psychologische Wirkmechanismen soll allerdings nicht davon ablenken, dass oftmals auch offenkundige Motive, etwa die Angst, seinen Job zu verlieren, einen bedeutenden Anteil an einer unethischen Komplizenschaft haben können.

4 Gestaltungspotenziale im Rahmen der Compliance

Wie lässt sich den geschilderten Merkmalen unethischen Handelns in Organisationen entgegenwirken? Typischerweise wird dies im Rahmen der Compliance versucht. Formell steht Compliance dabei für die regelkonforme Einhaltung von regulatorischen Standards und gesetzlichen Bestimmungen. Der menschliche Faktor – und wie er in ein rechtliches Rahmenwerk integriert werden kann – wird hierbei unter dem Begriff *Behavioral Compliance* („verhaltensorientierte Compliance") diskutiert.

> **Behavioral Compliance**
>
> Gemäß Langevoort (2018, S. 263) kann Behavioral Compliance für die Gestaltung und das Management von Compliance verwendet werden. Dieser Ansatz stützt sich auf das breite Spektrum von Verhaltensvorhersagen über das individuelle und organisatorische Verhalten.

Zum Verständnis der Ausgangslage ist es hilfreich, zunächst zu differenzieren, dass unethisches Verhalten von bewussten wie unbewussten Entscheidungsprozessen geleitet sein kann. Die in ◗ Tab. 3 dargestellte Matrix von Everest und Kaufhold (2019, S. 121) gibt hierzu eine gute Orientierung.

Für verhaltensorientierte Compliance bedeutet dies, dass insbesondere das unbewusste ethische Verhalten adressiert wird. Dies kann zum einen dadurch geschehen, dass die geltenden Standards, etwa anhand von Fallstudien und Tutorials vermittelt werden. Zum anderen können auch die in diesem Kapitel in ◗ Tab. 2 und 3 genannten Einflussgrößen als Ausgangspunkte entsprechender Trainings genutzt werden. Zusätzlich nutzen zahlreiche Unternehmen auch spezifische Verhaltenskodizes *(Codes of Conduct),* welche die gewünschten Verhaltensweisen der Mitarbeitenden in einem Unternehmen dokumentieren. Basel et al. (2018) zeigen hierzu auf, wie bei einem solchen Code of Conduct auch psychologische Aspekte berücksichtigt werden können, angelehnt an eine Aufteilung auf individuelle, situative und organisationale Einflussfaktoren. Dieser Ansatz erscheint durchaus vielversprechend, denn während die generelle Wirksamkeit von Verhaltenskodizes noch nicht eindeu-

◗ **Tab. 3** Verhaltensoptionen als Ergebnis ethischer Entscheidungsprozesse nach Everest und Kaufhold (2019)

Verhaltensweise	Ethisch	Unethisch
Bewusst	1. Bewusst ethisches Verhalten: Der Mensch erkennt das ethische Problem und handelt bewusst ethisch	2. Bewusst unethisches Verhalten: Der Mensch erkennt das ethische Problem und verhält sich dennoch unethisch
Unbewusst	3. Unbewusstes ethisches Verhalten: Der Mensch erkennt das ethische Problem nicht, verhält sich jedoch unbewusst ethisch	4. Unbewusstes unethisches Verhalten: Der Mensch erkennt das ethische Problem nicht. In dem Fall glaubt er, ethisch zu handeln, obwohl er es nicht tut

tig geklärt ist (Kaptein & Schwartz, 2008), zeigt etwa eine Studie von Rorie und West (2022), dass eine gezielte Berücksichtigung von psychologischen Prinzipien diese Wirksamkeit substanziell erhöhen kann.

Unbewusstes unethisches Verhalten lässt sich ferner damit erklären, dass die moralische Intensität einer Situation nicht ausreichend ist, um Abweichungen von gewünschten Standards festzustellen. Gestaltungsoptionen für eine wirksame Unternehmensethik, etwa mittels eines Code of Conduct, liegen folglich darin, an der moralischen Intensität anzusetzen und dadurch die Mitarbeitenden für bestimmte Themen zu sensibilisieren. Nach Jones (1991, S. 377) wird die moralische Intensität anhand von sechs Faktoren beurteilt:

1. **Gesamtausmaß** – der Gesamtschaden, der den Betroffenen durch eine unethische Entscheidung entstehen könnte
2. **Grundkonsens** – das Ausmaß der Übereinstimmung unter den Kollegen, dass eine Handlung falsch ist
3. **Eintrittswahrscheinlichkeit** – die Wahrscheinlichkeit, dass die Handlung zu einem Schaden führen wird
4. **Unmittelbarkeit** – die Kürze der Zeitspanne, bevor die schädlichen Folgen der Handlung eintreten
5. **Betroffenheitsgrad** – die soziale, psychologische, kulturelle und physische Nähe zum Betroffenen
6. **Wirkungsgrad** – die Anzahl der Personen, welche von einer Handlung in einem bestimmten Ausmaß betroffen sind

Belege für die Annahme, dass ein hoher Wert der moralischen Intensität tatsächlich auch compliance-konformes Verhalten fördert, konnten Crossler et al. (2017) liefern. Für Unternehmen bedeutet dies, dass sie nicht nur bestimmte Regularien kommunizieren, sondern gleichzeitig auch deren moralische Intensität verdeutlichen sollten. Dies ist als Grundvoraussetzung dafür anzusehen, dass ethische Gestaltungsansätze überhaupt eine Wirkung entfalten können.

❓ Fazit

Die Quintessenz der verhaltensorientierten Wirtschaftsethik lautet, dass Menschen weniger unethisch handeln, als oftmals postuliert wird, aber mehr, als sie sollten (Langevoort, 2018, S. 265). Der Versuch, ethische Dissonanz zu vermeiden, aber auch evolutionär angelegtes Verhalten wie Kooperationsbereitschaft und prosoziale Loyalität tragen dazu bei, dass wirtschaftliches Handeln weniger opportunistisch und selbstzentriert ausfällt, als manche negative Schlagzeile angesichts diverser Unternehmensskandale vermuten lässt.

Aus psychologischer Sicht ist ethisches Verhalten als Kontinuum zu verstehen. Dies bedeutet, dass lediglich wenige Moralisten und (zum Glück) noch weniger pathologische Straftäter sich an den Endpunkten befinden. Die typischen Mitarbeitenden legen mehrheitlich ein pragmatisch-ethisches Verhalten an den Tag, geleitet durch Gelegenheit, Anreiz und insbesondere durch die Möglichkeit, ein potenziell unethisches Verhalten sich selbst gegenüber zu rationalisieren.

Die Bedeutung der Rationalisierung tritt dann in den Hintergrund, wenn die ethische Dimension einer Handlung gar nicht als solche erkannt wird. Eine niedrige moralische Intensität oder die intuitive Imitation eines vorgelebten Gruppenverhaltens sind Hinweise darauf, dass unethisches Verhalten aus psychologischer Perspektive in die Bereiche bewusst und unbewusst unterteilt werden sollte, wobei auch hier ergänzt werden muss, dass man nicht von einer eindeutigen Dichotomie ausgehen kann (Dhami & Thomson, 2012).

Als empirisch ausgerichtete Disziplin ist es ferner ein zentrales Anliegen der verhaltensorientierten Wirtschaftsethik, aus den gesicherten Erkenntnissen konkrete Gestaltungsempfehlungen vor allem im Bereich Compliance abzuleiten. Compliance-Strategien, welche den menschlichen Faktor nicht adäquat berücksichtigen, dürften die handlungsleitende Funktion solcher Vorgaben verfehlen. Wichtig erscheinen hierbei nicht nur die grundlegenden Überlegungen, auf welchen vor allem der Bounded-Ethicality-Ansatz basiert, sondern auch eine (Selbst-)Reflexion, wie Interessenkonflikte (Loewenstein et al., 2011) und falsche Anreize (Gneezy, 2023) ethisches Handeln untergraben können. So bewirken beispielsweise turnusmäßig geäußerte ambitionierte Wachstums- oder Umsatzziele, dass hier Mitarbeitende unter starkem Leistungsdruck stehen und nicht auf eine nachhaltige Art motiviert werden. Ja, noch weiter, eine regelmäßige Erreichung anspruchsvoller Ziele stellt unter Compliance-Gesichtspunkten schon ein Alarmsignal dar, da hier Effekte wie ethische Blindheit und Tunnelblick unethisches Handeln und dessen Rationalisierung erleichtern. Ein verhaltensorientierter Blick auf Wirtschaftsethik und Compliance bedeutet nicht, vieles anders zu machen, aber viele der elementaren Aspekte wirksamer zu gestalten.

> **Schlüsselbegriffe**
>
> - **Ethische Dissonanz:** Entsteht aus dem Widerspruch zwischen dem Bestreben, ein moralisch-integres Selbstbild zu wahren, und der Versuchung, von unethischem Verhalten zu profitieren.
> - **Bounded Ethicality:** Unsere beschränkten kognitiven Kapazitäten bedeuten auch für ethische Entscheidungen, dass wir komplexitätsreduzierende Urteils- und Entscheidungsregeln verwenden. Teilweise unterliegen diese jedoch systematischen kognitiven Verzerrungen.
> - **Ethical Blindness:** Bezieht sich auf das Unvermögen eines Entscheidungsträgers, die ethische Dimension einer Entscheidung zu erkennen und im Rahmen der Arbeit in einer Organisation moralisch zu handeln.
> - **Ethisches Klima:** Bezeichnet die Gesamtheit von präskriptiven Rahmenbedingungen, welche die organisatorischen Verfahren, Strategien und Praktiken mit moralischen Konsequenzen widerspiegeln.

❓ Verständnisfragen

1. Welche generellen Resultate zeigen spieltheoretische Studien zur menschlichen Ehrlichkeit?
2. Welcher Aspekt des Betrugsdreiecks nach Cressey (1953) ist aus psychologischer Sicht besonders bedeutsam?
3. Durch welchen theoretischen Ansatz werden die Befunde im Rahmen der Bounded Ethicality erklärt?
4. Welche Gruppendynamiken können zu unethischem Verhalten in Organisationen beitragen?

Literatur

Abeler, J., Nosenzo, D., & Raymond, C. (2019). Preferences for truth-telling. *Econometrica, 87*(4), 1115–1153. ▶ https://doi.org/10.3982/ECTA14673.

Arnaud, A. (2010). Conceptualizing and measuring ethical work climate: Development and validation of the ethical climate index. *Business & Society, 49*(2), 345–358. ▶ https://doi.org/10.1177/0007650310362865.

Barkan, R., Ayal, S., & Ariely, D. (2015). Ethical dissonance, justifications, and moral behavior. *Current Opinion in Psychology, 6,* 157–161. ▶ https://doi.org/10.1016/J.COPSYC.2015.08.001.

Barkemeyer, R., Faugère, C., Gergaud, O., & Preuss, L. (2020). Media attention to large-scale corporate scandals: Hype and boredom in the age of social media. *Journal of Business Research, 109,* 385–398. ▶ https://doi.org/10.1016/j.jbusres.2019.12.011.

Basel, J., & Brühl, R. (2013). Rationality and dual process models of reasoning in managerial cognition and decision making. *European Management Journal, 31*(6), 745–754. ▶ https://doi.org/10.1016/j.emj.2013.07.004.

Basel, J., Krasniqi, B., & Sohn, M. (2018). Behavioral Compliance: Psychologische Gestaltungspotenziale für den Code of Conduct. *Wirtschaftspsychologie aktuell, 2,* 17–20.

Bazerman, M. H. (2022). *Complicit: How we enable the unethical and how to stop.* Princeton University Press.

Bierhoff, H.-W., Brailovskaia, J., & Rohmann, E. (2019). Diagnostische Verfahren zur Messung des Narzissmus. *Psychotherapie im Dialog, 20*(03), 38–43. ▶ https://doi.org/10.1055/a-0771-7058.

Brühl, R. (2018). *Corporate Social Responsibility: Eine Ethik der gesellschaftlichen Verantwortung und ihre Umsetzung.* Vahlen.

Castro, A., Phillips, N., & Ansari, S. (2020). Corporate corruption: A review and an agenda for future research. *ANNALS, 14*(2), 935–968. ▶ https://doi.org/10.5465/annals.2018.0156.

Chekroun, P., & Brauer, M. (2002). The bystander effect and social control behavior: The effect of the presence of others on people's reactions to norm violations. *European Journal of Social Psychology, 32*(6), 853–867. ▶ https://doi.org/10.1002/ejsp.126.

Chugh, D., Bazerman, M. H., & Banaji, M. R. (2005). Bounded ethicality as a psychological barrier to recognizing conflicts of interest. In D. A. Moore (Hrsg.), *Conflicts of interest: Challenges and solutions in business, law, medicine, and public policy* (S. 74–95). Cambridge University Press. ▶ https://doi.org/10.1017/CBO9780511610332.006.

Cialdini, R. B., Li, Y. J., Samper, A., & Wellman, N. (2021). How bad apples promote bad barrels: Unethical leader behavior and the selective attrition effect. *Journal of Business Ethics, 168*(4), 861–880. ▶ https://doi.org/10.1007/s10551-019-04252-2.

Cohn, A., Fehr, E., & Maréchal, M. A. (2014). Business culture and dishonesty in the banking industry. *Nature, 516*(7529), 86–89. ▶ https://doi.org/10.1038/nature13977.

Cressey, D. R. (1953). *Other people's money: A study in the social psychology of embezzlement.* Free Press.

Crossler, R. E., Long, J. H., Loraas, T. M., & Trinkle, B. S. (2017). The impact of moral intensity and ethical tone consistency on policy compliance. *Journal of Information Systems, 31*(2), 49–64. ▶ https://doi.org/10.2308/isys-51623.

Dembe, A. E., & Boden, L. I. (2000). Moral hazard: A question of morality? *New Solutions, 10*(3), 257–279. ▶ https://doi.org/10.2190/1GU8-EQN8-02J6-2RXK.

Dhami, M. K., & Thomson, M. E. (2012). On the relevance of cognitive continuum theory and quasirationality for understanding management judgment and decision making. *European Management Journal, 30*(4), 316–326. ▶ https://doi.org/10.1016/j.emj.2012.02.002.

Dungan, J., Waytz, A., & Young, L. (2015). The psychology of whistleblowing. *Current Opinion in Psychology, 6,* 129–133. ▶ https://doi.org/10.1016/j.copsyc.2015.07.005.

Everest, S., & Kaufhold, L. A. (2019). Organisatorischer Kontext und sein Einfluss auf moralisches Handeln in Unternehmen. In K.-U. Remmerbach (Hrsg.), *Behavioral Business Ethics: Eine Einführung in die Grundlagen* (S. 103–150). FH Münster.

Fichter, C. (Hrsg.). (2018). *Wirtschaftspsychologie für Bachelor.* Springer. ▶ https://doi.org/10.1007/978-3-662-54944-5.

Fischbacher, U., & Föllmi-Heusi, F. (2013). Lies in disguise: An experimental study on cheating. *Journal of the European Economic Association, 11*(3), 525–547. ▶ https://doi.org/10.1111/jeea.12014.

Ford, R. C., & Richardson, W. D. (1994). Ethical decision making: A review of the empirical literature. *Journal of Business Ethics, 13*(3), 205–221. ▶ https://doi.org/10.1007/BF02074820.

Gerlach, P., Teodorescu, K., & Hertwig, R. (2019). The truth about lies: A meta-analysis on dishonest behavior. *Psychological Bulletin, 145*(1), 1–44. ▶ https://doi.org/10.1037/bul0000174.

Gneezy, U. (2023). *Mixed signals: How incentives really work*. Yale University Press. ▶ https://www.degruyter.com/isbn/9780300271430 ▶ https://doi.org/10.12987/9780300271430.

Gonin, M., Palazzo, G., & Hoffrage, U. (2012). Neither bad apple nor bad barrel: How the societal context impacts unethical behavior in organizations. *Business Ethics: A European Review, 21*(1), 31–46. ▶ https://doi.org/10.1111/j.1467-8608.2011.01643.x.

Haidt, J. (2001). The emotional dog and its rational tail: A social intuitionist approach to moral judgment. *Psychological Review, 108*(4), 814–834. ▶ https://doi.org/10.1037/0033-295x.108.4.814.

Hanna, R. C., Crittenden, V. L., & Crittenden, W. F. (2013). Social learning theory. *Journal of Marketing Education, 35*(1), 18–25. ▶ https://doi.org/10.1177/0273475312474279.

Harrison, A., Summers, J., & Mennecke, B. (2018). The effects of the dark triad on unethical behavior. *Journal of Business Ethics, 153*(1), 53–77. ▶ https://doi.org/10.1007/s10551-016-3368-3.

Hölzen, M., & Meier, H. E. (2019). Do football consumers care about sport governance? An analysis of social media responses to the recent FIFA scandal. *Journal of Global Sport Management, 4*(1), 97–120. ▶ https://doi.org/10.1080/24704067.2018.1432983.

Irlenbusch, B., & Neschen, A. (2014). Zur Bedeutung der experimentellen Wirtschaftsforschung für die Wirtschaftsethik – dargestellt an Beiträgen zur Korruptionsforschung. *Zeitschrift für Wirtschafts- und Unternehmensethik, 15*(3), 303–318. ▶ https://ideas.repec.org/a/rai/ethics/doi10.1688-zfwu-2014-03-irlenbusch.html.

Jones, T. M. (1991). Ethical decision making by individuals in organizations: An issue-contingent model. *Academy of Management Review, 16*(2), 366–395. ▶ https://doi.org/10.2307/258867.

Kahneman, D. (2011). *Thinking, fast and slow*. Farrar, Straus and Giroux.

Kaptein, M., & Schwartz, M. S. (2008). The effectiveness of business codes: A critical examination of existing studies and the development of an integrated research model. *Journal of Business Ethics, 77*, 111–127. ▶ https://doi.org/10.1007/s10551-006-9305-0

Kern, M. C., & Chugh, D. (2009). Bounded ethicality: The perils of loss framing. *Psychological science, 20*(3), 378–384. ▶ https://doi.org/10.1111/j.1467-9280.2009.02296.x.

Kish-Gephart, J. J., Treviño, L. K., Chen, A., & Tilton, J. (2019). Behavioral business ethics: The journey from foundations to future. In D. M. Wasieleski & J. Weber (Hrsg.), *Business ethics* (S. 3–34). Emerald Publishing Limited. ▶ https://doi.org/10.1108/S2514-175920190000003001.

Landy, J. F., & Royzman, E. B. (2018). The moral myopia model. In G. Pennycook (Hrsg.), *The new reflectionism in cognitive psychology: Why reason matters* (S. 70–92). Taylor & Francis, Routledge.

Langevoort, D. C. (2018). Behavioral ethics, behavioral compliance. In J. Arlen (Hrsg.), *Research handbook on corporate crime and financial misdealing* (S. 263–281). Elgar. ▶ http://ssrn.com/abstract=2651101.

Loewenstein, G., Cain, D. M., & Sah, S. (2011). The limits of transparency: Pitfalls and potential of disclosing conflicts of interest. *American Economic Review, 101*(3), 423–428. ▶ https://doi.org/10.1257/aer.101.3.423.

Loptson, P. (2006). *Theories of human nature* (3. Aufl.) (Broadview guides to philosophy). Broadview Press.

Martin, K. D., & Cullen, J. B. (2006). Continuities and extensions of ethical climate theory: A meta-analytic review. *Journal of Business Ethics, 69*(2), 175–194. ▶ https://doi.org/10.1007/s10551-006-9084-7.

Mastroianni, A. M., & Gilbert, D. T. (2023). The illusion of moral decline. *Nature, 618*(7966), 782–789. ▶ https://doi.org/10.1038/s41586-023-06137-x.

Moberg, D. J. (2000). Time pressure and ethical decision-making: The case for moral readiness. *Business and Professional Ethics Journal, 19*(2), 41–67. ▶ https://doi.org/10.5840/BPEJ200019214.

Murray, N., Manrai, A. K., & Manrai, L. A. (2017). The financial services industry and society: The role of incentives/punishments, moral hazard, and conflicts of interests in the 2008 financial crisis. *Journal of Economics, Finance and Administrative Science, 22*(43), 168–190. ▶ https://doi.org/10.1108/JEFAS-02-2017-0027.

Oreg, S., & Bayazit, M. (2009). Prone to bias: Development of a bias taxonomy from an individual differences perspective. *Review of General Psychology, 13*(3), 175–193. ▶ https://doi.org/10.1037/a0015656.

Palazzo, G., Krings, F., & Hoffrage, U. (2012). Ethical blindness. *Journal of Business Ethics, 109*(3), 323–338. ▶ https://doi.org/10.1007/s10551-011-1130-4.

Pittarello, A., Leib, M., Gordon-Hecker, T., & Shalvi, S. (2015). Justifications shape ethical blind spots. *Psychological science, 26*(6), 794–804. ▶ https://doi.org/10.1177/0956797615571018.

Prentice, R. (2004). Teaching ethics, heuristics, and biases. *Journal of Business Ethics Education, 1*(1), 55–72. ▶ https://doi.org/10.5840/jbee2004117.

Remmerbach, K.-U., & David, H. (2016). VW-Abgasmanipulation: Ein Fall der Ethical Blindness. In K.-U. Remmerbach (Hrsg.), *Behavioral Management: Eine Einführung in ausgewählte Aspekte* (S. 497–526). Fachhochschule Münster.

Rhodes, C. (2016). Democratic business ethics: Volkswagen's emissions scandal and the disruption of corporate sovereignty. *Organization Studies, 37*(10), 1501–1518. ▶ https://doi.org/10.1177/0170840616641984.

Rorie, M., & West, M. (2022). Can "Focused Deterrence" produce more effective ethics codes? An experimental study. *Journal of White Collar and Corporate Crime, 3*(1), 33–45. ▶ https://doi.org/10.1177/2631309X20940664.

Salamon, T., & Mesko, M. (2016). Can an ethical work climate influence payment discipline? *Journal of Industrial Engineering and Management, 9*(1), 73–89. ▶ https://doi.org/10.3926/jiem.1537.

Schiemann, S. J., & Jonas, E. (2020). Streben nach Macht fern von Ethik: Die „dunkle Triade" bei Führungskräften und die Folgen für Organisationen. *Organisationsberat Superv Coach, 27*(2), 251–263. ▶ https://doi.org/10.1007/s11613-020-00653-9.

Schwarzinger, D. (2020). *Die dunkle Triade der Persönlichkeit in der Personalauswahl: Narzissmus*. Machiavellismus und subklinische Psychopathie am Arbeitsplatz: Hogrefe. ▶ https://doi.org/10.1026/03014-000.

Sims, R. R. (1992). Linking groupthink to unethical behavior in organizations. *Journal of Business Ethics, 11*(9), 651–662. ▶ https://doi.org/10.1007/BF01686345.

Sims, R. R., & Brinkmann, J. (2003). Enron ethics (or: Culture matters more than codes). *Journal of Business Ethics, 45*(3), 243–256. ▶ https://doi.org/10.1023/A:1024194519384.

Spranca, M., Minsk, E., & Baron, J. (1991). Omission and commission in judgment and choice. *Journal of Experimental Social Psychology, 27*(1), 76–105. ▶ https://doi.org/10.1016/0022-1031(91)90011-T.

Spurk, D., Keller, A. C., & Hirschi, A. (2016). Do bad guys get ahead or fall behind? Relationships of the dark triad of personality with objective and subjective career success. *Social Psychological and Personality Science, 7*(2), 113–121. ▶ https://doi.org/10.1177/1948550615609735.

Tenbrunsel, A. E., & Messick, D. M. (2004). Ethical fading: The role of self-deception in unethical behavior. *Social Justice Research, 17*(2), 223–236. ▶ https://doi.org/10.1023/B:SORE.0000027411.35832.53.

Treviño, L. K., & Youngblood, S. A. (1990). Bad apples in bad barrels: A causal analysis of ethical decision-making behavior. *Journal of Applied Psychology, 75*(4), 378–385. ▶ https://doi.org/10.1037/0021-9010.75.4.378.

Watts, L. L., Medeiros, K. E., McIntosh, T. J., & Mulhearn, T. J. (2020). Decision biases in the context of ethics: Initial scale development and validation. *Personality and Individual Differences, 153,* 109609. ▶ https://doi.org/10.1016/j.paid.2019.109609.

Serviceteil

Glossar für das Buch Angewandte Psychologie für die Wirtschaft; Basel & Manchen Spörri – 2

Glossar für das Buch Angewandte Psychologie für die Wirtschaft; Basel & Manchen Spörri

Kapitel	Begriff	Erklärung
1	Multioptionsgesellschaft	Begriff, welcher im wirtschaftspsychologischen Kontext auf die Tatsache hinweist, dass sich bei zahlreichen (Konsum-)Entscheidungen die Auswahlalternativen signifikant erhöht haben und dass die entsprechenden Produkte oder Güter nun leichter und schneller verfügbar sind
1	Nachhaltige Entwicklung von Organisationen	Berücksichtigung ökonomischer, sozialer und ökologischer Aspekte bei der Entwicklung von Unternehmen, ihren Zielen und Führungsansätzen
1	Resilienz	Widerstandskraft von Individuen, Teams und Organisationen
1	Sozio-digitale Systemgestaltung und partizipative Projektdesigns	Gestaltung des Zusammenspiels von sozialem und digitalem System (als Erweiterung des technischen Systems) unter Berücksichtigung der Kriterien humaner Arbeitsgestaltung und unter Einbezug von Betroffenen
1	Virtual Man	Bild vom Menschen, der in der durch neue Informations- und Kommunikationstechnologien geprägten Arbeitswelt individuell digitale Kompetenzen entwickelt, flexibel ist, in Netzwerken arbeitet und sich zwischen zahlreichen Wahloptionen entscheidet
1	Wirtschaftspsychologie	Empirische Wissenschaft, die sich mit dem Erleben und Verhalten des Menschen im ganzheitlichen wirtschaftlichen Kontext beschäftigt
2	Erwerbsarbeit	Arbeit, die bezahlt und professionalisiert ist sowie vertragliche Verpflichtungen umfasst
2	Freiwilligenarbeit	Arbeit, die unbezahlt, gemeinnützig, organisiert und öffentlich sichtbar verrichtet wird
2	Generationenübergreifendes Lernen	Spezifische Form des Lernens zwischen Generationen, das sich in voneinander, miteinander und übereinander Lernen gliedert
3	Chatbot	Computerbasiertes Dialogsystem
3	Mensch-Roboter-Kollaboration	Zusammenarbeit von Menschen und Robotern
3	Situative Führung	Agiler Führungsstil, der sich an der Leistungsfähigkeit und Leistungsbereitschaft der Mitarbeitenden ausrichtet
4	Digital Leadership	Führung in einer zunehmend digitalen Arbeitswelt
4	New Work	Schaffung Motivierender Arbeitsbedingungen mitten im digitalen Wandel

Glossar für das Buch Angewandte Psychologie für die ...

Kapitel	Begriff	Erklärung
5	Dezentrale Führung	Verantwortung für die Zielerreichung und den sozialen Zusammenhalt wird kollektiv übernommen und die hierarchische Führung kann ergänzt werden, bei verteilter Führung und geteilter Führung nehmen Teammitglieder Führungsaufgaben zum Teil in fließendem Wechsel wahr
5	Führung	Zielgerichtete soziale Einflussnahme auf einzelne Mitarbeitende oder auch auf eine ganze Gruppe, zentrale Funktionen sind dabei die Zielorientierung der aufgabenbezogenen Aktivitäten sowie die Stärkung des sozialen Zusammenhaltes
5	Hybrides Team	Team mit ungleich verteilten Möglichkeiten von Face-to-Face-Kommunikation unter den Beteiligten
5	Kollaborationsplattform	Integration verschiedener digitale Werkzeuge (z. B. für die Dokumentenablage, Videokonferenzen, Messenger-Dienste), um das Arbeiten aus dem Homeoffice zu ermöglichen, externe Expertinnen und Experten sowie Kundinnen und Kunden in ein Projekt einzubeziehen und generell die Vernetzung der Mitglieder eines Teams oder einer Organisation zu fördern
5	Virtuelles Team	Team, das an einer gemeinsamen Aufgabe von verschiedenen Orten aus oder auch asynchron zusammenarbeitet, die Kommunikation findet dabei medienvermittelt und nur selten Face-to-Face statt
6	Ethische Führung	Demonstration normativ angemessenen Verhaltens durch persönliche Handlungen und zwischenmenschliche Beziehungen
6	Gesundheitsförderliche Führung	Steigerung und Erhalt der physischen und psychischen Gesundheit der Mitarbeitenden
6	Integrität	Führungskräfte verfolgen glaubwürdig Werte
6	Nachhaltige Führung	Verfolgung nachhaltiger Ziele mit den Mitarbeitenden in der Arbeit und Entwicklung nachhaltiger Organisationen
6	Nachhaltigkeit in der Führungskräfteentwicklung	Förderung der Integration der nachhaltigen Entwicklung in das Führungsverhalten durch Erfahrungslernprogramme und Inner Development Goals
6	Sustainable Development Goals (SDGs)	Agenda für nachhaltige Entwicklung als globaler Referenzrahmen
6	Transformationale Führung	Transformation von Werten, Einstellungen und Motivation der Mitarbeitenden auf eine höhere Stufe und Ausrichtung auf Nachhaltigkeit
3 und 4	Digitale Transformation	Tiefgreifender Strukturwandel mit Auswirkungen auf das Lebens- und Arbeitsverhalten der Menschen durch stetige Weiterentwicklung digitaler Technologien
7	Future Skills	Kompetenzen, welche in einer immer stärker digitalisierten und sich immer schneller verändernden Welt an Bedeutung gewinnen

Kapitel	Begriff	Erklärung
7	Kompetenzen	Umfassung von Wissen, sowie Fertigkeiten, Fähigkeiten, Haltungen und Verhaltensweisen, wobei der Fokus auf der Anwendung des Wissens und der Lösung praktischer Probleme liegt
7	Skills	Elemente der Kompetenzen, welche sich auf praktische, handlungsbezogene und messbare Fähigkeiten beziehen, die jedoch oft synonym zum Kompetenzverständnis genutzt werden
8	Arbeitsentgrenzung	Extensivierung von Arbeitszeiten in die Privatdomäne
8	Arbeitsflexibilisierung	Anpassung des Arbeitspotenzials an betriebliche Erfordernisse durch numerische, monetäre, zeitliche, räumliche und funktionale Flexibilisierungsformen
8	Arbeitskontrolle	Selbstbestimmter Einfluss auf die Nutzung betrieblicher Arbeitsgestaltungsoptionen
8	Boundary Management	Formen der Grenzziehung zwischen Erwerbsarbeit und Privatleben in Abhängigkeit von individuellen Präferenzen und normativen Einflüssen
9	Altersstereotype	Vereinfachende und verallgemeinernde Vorstellungen über die Eigenschaften der Gruppe der älteren Menschen, die der Reduktion der Komplexität der sozialen Stimuluswelt dient.
9	Grundhaltungen in der personenzentrierten Psychotherapie	Fokus im Kern auf die generelle Wertschätzung einer Person und daher gute Eignung für die Umsetzung einer Werteorientierung in Unternehmen durch Empathie, Akzeptanz, Kongruenz, Vertrauen und Neugierde
9	Soziotechnisches System	Ansatz, der die Beziehungen und Wechselwirkungen zwischen sozialen und technischen Systemen hervorhebt und untersucht und in der Übertragung auf Unternehmen deren Gestaltung und Weiterentwicklung ermöglicht
9	Werteorientiertes Generationsmanagement	Management, das auf Basis einer generationsübergreifenden Bestimmung und Umsetzung relevanter Werte für die Zusammenarbeit eine zukunftsträchtige und nachhaltige Steuerung des strategischen Personalmanagements ermöglicht
10	Intelligenztest	Erfassung der kognitiven Fähigkeiten eines Menschen durch einen Test
10	Künstliche Intelligenz in der Personalauswahl	Versuch, die Eignung von Bewerberinnen und Bewerbern über computergenerierte Algorithmen festzustellen
10	Mythen der Personalauswahl	Überzeugungen, die häufig in der Praxis anzutreffen sind, jedoch im Widerspruch zu den Ergebnissen der Forschung stehen
10	Strukturiertes Einstellungsinterview	Verwendung eines Interviewleitfadens zur Einstellung in dem sowohl die Fragen als auch die Kriterien zur Bewertung der Antworten festgelegt sind
11	Erfahrungsgüter	Produkte, die eine direkte Erfahrung erfordern, um Qualität zu bewerten (z. B. durch Berührung, Sehen oder Riechen)

Glossar für das Buch Angewandte Psychologie für die ...

Kapitel	Begriff	Erklärung
11	Komplementarität der Kanäle	Positive Wechselwirkung zwischen Verkaufskanälen, die zu Synergien führt, anstatt Kannibalisierung („Win–Win")
11	Omni-Channel	Stark integriertes System von Verkaufskanälen eines Händlers im Gegensatz zu weniger integrierten Multi-Channel-Systemen
11	Online Werbekanäle	Digitales Werbemedium, um Kunden über Angebote zu informieren, z. B. mittels Onlinebanner
11	Research-Shopping	Wechsel zwischen Verkaufskanälen im Kaufprozess, um Vorteile zu maximieren (z. B. Onlinerecherche und Offlinekauf)
11	Showrooming	Informationsbeschaffung offline gefolgt von Onlinekauf
11	Suchgüter	Produkte, bei denen Informationen leicht durch Recherche gesammelt werden können
11	Verkaufskanäle	Plattformen, auf denen Kundinnen und Kunden sich informieren und Produkte kaufen können
11	Webrooming	Onlinerecherche gefolgt von Offlinekauf
12	Attribution	Kognitiver Prozess, bei dem der Vertrauensgeber die Verantwortlichkeit des Vertrauensnehmers für ein negatives Ereignis bewertet
12	HX Trust Score™	Praxisorientierte Messung des Kundenvertrauens
12	Riskante Vorleistung	Kundenakzeptanz, dass ein gewisses Risiko als Voraussetzung für das Vertrauen in den Anbieter besteht
12	Verbale Reaktionen	Strategien, die im Umgang mit Vertrauensverlusten angewendet werden können (z. B. Rechtfertigungen oder Ausreden)
13	Heuristik	Mentale Strategien, Faustregeln oder Abkürzungen, die uns bei Entscheidungen und Urteilen helfen
13	Theorie des geplanten Verhaltens	Bekanntes Modell zur Vorhersage des menschlichen Verhaltens
13	Trittbrettfahrerproblem	Vorteile aus einem öffentlichen Gut oder einer öffentlichen Ressource ziehen, ohne einen gerechten Beitrag zu deren Bereitstellung zu leisten
14	Nutzerzentrierte Qualitätskriterien	Beurteilung der Qualität erfolgt durch die Ausrichtung an den Bedürfnissen, Erwartungen und Kenntnissen der Benutzer
14	Entwicklungsprozess	Iterativ und kooperativ unter Einbezug aller Stakeholder gestaltete Entwicklung
1 und 13	Intentions-Verhaltens-Lücke	Differenz zwischen der Verhaltensabsicht und dem tatsächlich gezeigten Verhalten
1 und 13	Nudging	Systematische Ausrichtung einer Entscheidungsumwelt um eine Person ohne Zwang, vorgegebene Regeln oder monetäre Anreize dazu zu bewegen, sich auf eine bestimmte Weise zu verhalten
14	User Experience	Schlüssel zum Produkterfolg

Kapitel	Begriff	Erklärung
14	User-Centered Design	Vorgehen mit einer Vielzahl von Methoden, um sicherzustellen, dass das entwickelte Produkt auf dem Markt erfolgreich sein kann
15	Customer Experience (CX)	Gesamterlebnis der Kunden mit dem Unternehmen, basierend auf Interaktionen und Berührungspunkten während der Kundinnen- oder Kundenreise (Customer Journey)
15	Customer Experience Management (CXM)	Kontinuierlicher Prozess zur Verbesserung von Kundinnen- oder Kundenerlebnissen durch Datenanalyse
15	Customer Journey (Kundinnen- oder Kundenreise)	Ablauf von Interaktionen und Berührungspunkte mit einem Unternehmen. Von dem ersten Kontakt bis zur Kaufentscheidung und bis zum Ende der Kundinnen- oder Kundenbeziehung
15	Personalisierung	Individuelles Eingehen auf Bedürfnisse und Präferenzen von Kundinnen und Kunden, um maßgeschneiderte Erlebnisse zu schaffen
15	Predictive Analytics	Verwendung historischer Daten und statistischer Algorithmen zur Vorhersage zukünftiger Ereignisse und Verhaltensweisen
16	Feelings-as-Information-Framework	Einbeziehung von Gefühlen als Informationsquelle im Entscheidungsprozess
16	Implementierungsabsicht	Beschreibung der spezifischen Bedingungen (Was, Wann, Wo, Wie), unter denen eine bestimmte Handlung ausgeführt werden soll
16	Knowledge-Attitude-Behavior-Modell	Ansatz zur Beeinflussung von Einstellungen durch Wissensvermittlung zur Förderung von Verhaltensänderungen
16	Status-quo-Bias	Tendenz, dass Menschen einen bestehenden Zustand bevorzugen
16	Value-Belief-Norm-Theory	Theorie, dass persönliche Werte über Einstellungen das umweltfreundliche Verhalten beeinflussen
16	Verhaltenskontrolle	Individuelle Wahrnehmung, wie einfach ein Verhalten ausgeführt werden kann
17	Methoden zur Risikominimierung bei Innovationen	Iterativer Prozess zur Hypothesenvalidierung für Innovation und Risikominimierung
17	HiPPO-Effekt	Dominanz der Meinung der höchstrangigen Person im Unternehmen, überwindbar durch datengesteuerte Entscheidungen und kontrollierte Experimente
17	Innovation	Einführung neuer Produkte oder Prozesse basierend auf experimentellen Ergebnissen
17	Operative Effizienz	Effektive Gestaltung von Geschäftsprozessen für Ziele mit minimalem Ressourceneinsatz
17	Risikominimierung	Maßnahmen zur Reduzierung der Unsicherheit und negativer Auswirkungen von Entscheidungen, oft durch Experimentieren

Kapitel	Begriff	Erklärung
17	Strategischer Fokus	Ausrichtung von Unternehmensressourcen auf langfristige Ziele für Konsistenz und Wettbewerbsfähigkeit
18	Greenwashing	Symbolische, opportunistische, einseitig positive, unvollständige oder irrelevante Unternehmenskommunikation, die von tatsächlicher Nachhaltigkeitsleistung eines Unternehmens abweicht
18	Person-Organisation-Fit	Übereinstimmung von unternehmerischen Werten mit den persönlichen Werten der Mitarbeitenden
18	Social-Value-Orientation	Psychologisches Konzept zur Ableitung des individuellen Entscheidungsverhaltens basierend auf stabilen Persönlichkeitseigenschaften
18	Upper-Echelons-Theorie	Erklärungsansatz, wie die Umsetzung organisatorischer Strategien von den Werten und kognitiven Verzerrungen relevanter Entscheidungsträger abhängt
19	Slippery-Slope-Rahmenmodell	Ökonomisch-psychologisches Konzept zur Beschreibung der Kooperation zwischen Behörden und Bürgern, entwickelt im Kontext der Steuerpsychologie
19	Soziales Dilemma	Konflikt zwischen individuellen und gemeinschaftlichen Interessen
20	Bounded Ethicality	Beschränkte kognitive Kapazitäten führen zu komplexitätsreduzierenden Urteils- und Entscheidungsregeln, unterliegen jedoch systematischen kognitiven Verzerrungen
20	Ethical Blindness	Unvermögen eines Entscheidungsträgers, die ethische Dimension einer Entscheidung zu erkennen und im Rahmen der Arbeit in Organisationen moralisch zu handeln
20	Ethische Dissonanz	Widerspruch zwischen dem Bestreben, ein moralisch-integres Selbstbild zu wahren und der Versuchung, von unethischem Verhalten zu profitieren
20	Ethisches Klima	Gesamtheit präskriptiver Rahmenbedingungen, die organisatorische Verfahren, Strategien und Praktiken mit moralischen Konsequenzen beeinflussen

 springer.com

Jetzt bestellen:
link.springer.com/978-3-662-65574-0

MIX
Papier aus verantwortungsvollen Quellen
Paper from responsible sources
FSC® C105338

If you have any concerns about our products,
you can contact us on
ProductSafety@springernature.com

In case Publisher is established outside the EU,
the EU authorized representative is:
**Springer Nature Customer Service Center GmbH
Europaplatz 3, 69115 Heidelberg, Germany**

Printed by Libri Plureos GmbH
in Hamburg, Germany